求職者支援と社会保障

イギリスにおける労働権保障の法政策分析

丸谷浩介 著

法律文化社

　　　　　　　　は　し　が　き

　失業ないし求職活動は、当事者の意思によって作出され、維持される。そして、要保障事故として把握され、社会保障給付が行われる。社会保障法上の給付は通常稼得能力の低下喪失や当事者の意思を媒介しない要保障事故に対して行われるが、失業ないし求職活動は、この点で独自性を有している。

　ところが、社会保障法学はこの点を自覚してこなかった。社会保障法学は経済成長期に失業は主たる研究領域とせず、その後の高齢社会の到来とともに医療福祉へと問題関心を移していった。労働市場、社会保障制度の在り方というマクロの視点と、失業者ないし求職者の権利義務というミクロの問題が交錯するこの領域について、法的研究の必要性が認識されるに至ったのはリーマンショック以降である。

　筆者は、この問題について大学院修士課程からイギリスを研究対象国として選定し、少しずつ研究に従事してきた。本書はその時々の関心事に従って執筆した既発表論文の一部を元にしている。既発表論文を大幅に削り、書き加え、移し替えた上に、半分以上は新たに執筆することになった。本書各章のベースとなった論文は次の通りであるが、ほとんどが原形を留めていない。

　序章及び第1章　本書のために執筆
　第2章　「イギリスの非正規雇用と社会保障」季刊労働法218号（2007年）
　第3章　「イギリスにおける『福祉契約』の特質」週刊社会保障2502号（2008年）、「世帯単位の失業給付」週刊社会保障2606号（2010年）及び「公的扶助法における自営業者の位置付け」週刊社会保障2821号（2015年）
　第4章　「失業給付における自発的な離職」山田晋ほか編『社会法の基本理念と法政策』（法律文化社、2011年）及び「職業紹介拒否を理由とする給付制限——イギリスにおける判例法理の展開」経済論集44巻6号（2012年）
　第5章　「職業訓練受講拒否を理由とする失業給付の給付制限」経済論集44巻4号（2012年）及び「中間的就労の『危うさ』——イギリスにおける立法と司法」賃金と社会保障1606号（2014年）

第6章　「失業労働法の今日的意義―求職者法試論」良永彌太郎・柳澤旭編『労働関係と社会保障法』（法律文化社、2013年）

　本書は筆者が研究者生活を開始して以来の研究テーマにつき一応のまとめを行ったに過ぎず、未だに習作に過ぎない。叙述には統一感を欠き、分析方法や文章作法も稚拙であり、反省すべき点の多いことを認めざるを得ない。

　本書のような拙い書物でも、その完成に至るまでには多くの方々からのご指導とご協力を頂いた。河野正輝先生には、厳しくかつ暖かいご指導を頂き、研究者としての自立まで導いて頂いた。河野先生には感謝の言葉もない。良永彌太郎先生には、大学院時代に研究テーマをご示唆頂いた。小さな種が実を結ぶまで、実直に研究することの大切さを教えて頂いた。社会法研究会（九州地区）においては、法律学が対話の学であることを身をもって学ぶ事で、研究会の先生方には不出来な私をいつも支えて頂いた。同研究会は私にとって得がたい研究の場であり、社会法研究会の存在なくして今の私はなかった。このような師や研究者仲間に恵まれたことに感謝したい。この小著がいささかでも学恩に報いることになれば望外の幸せである。

　勤務先の佐賀大学経済学部にはたいへん恵まれた研究環境を与えてもらった。佐賀大学経済学部スタッフには心より感謝している。

　また、本書の刊行にあたっては、法律文化社小西英央氏にひとかたならぬご尽力を賜った。小西氏には企画段階から数年にわたってご助言頂いただけでなく、私の拙い原稿や面倒な校正作業に大変忍耐強くおつきあい頂いた。改めて御礼申し上げる。

　最後に私事にわたるが今日に至るまで精神的援助を惜しみなく与え続けてくれた両親と妻にも心から感謝したい。

　なお、本書は佐賀大学経済学会叢書として刊行される。

　　2015年8月

丸谷浩介

目　　次

はしがき

序　章　本書の問題意識と研究方法 ―――――――――――― 1

第1節　はじめに　1
1　問題の所在（1）／2　本書の目的（2）

第2節　日本法の状況　4
1　労働権保障のための所得保障法（4）／2　労働権保障法（5）／3　所得保障と求職者支援制度（8）

第3節　比較対象としてのイギリス法　12
1　イギリス法を取り上げる意味（12）／2　イギリスにおける「社会保障法学」独自の視点（13）

第4節　分析方法と枠組み　14
1　制度史（14）／2　制定法の構造（14）／3　本書の構成（15）

第1章　イギリス求職者法の史的展開 ―――――――――――― 17

第1節　救貧法と労働　17
1　救貧法体制前史（17）／2　エリザベス救貧法の成立と展開（19）／3　改正救貧法体制下における貧困と職業（22）／4　改正救貧法体制下における失業時の所得保障（28）／5　1934年失業法と救貧法体制の崩壊（38）

第2節　第2次大戦後のベヴァリッジ体制　41
1　ベヴァリッジ報告（41）／2　1946年国民保険法（42）／3　1948年国民扶助法（46）／4　第2次大戦後の職業訓練――1948年雇用訓練法（49）／5　1950年代の職業訓練と1964年産業訓練法（51）／6　1965年

国民保険法と66年改正 (54) ／ 7　1966年社会保障省法 (56) ／ 8　1973年雇用・訓練法と民営職業紹介業法 (58)

第 3 節　サッチャー政権と社会保障法　60

1　1980年社会保障法の成立 (60) ／ 2　雇用訓練法の改正と職業訓練 (62) ／ 3　1986年社会保障法改革による所得補助の導入 (65) ／ 4　1989年社会保障法 (68) ／ 5　1992年社会保障拠出給付法 (69) ／ 6　1995年求職者法 (70) ／ 7　保守党政権下の失業と貧困 (73)

第 4 節　1997年ブレア労働党政権における就労支援　75

1　福祉から就労へ (75) ／ 2　ニューディール (77) ／ 3　求職者手当の改革論 (82) ／ 4　リーマンショックと障害者の労働能力活用 (84) ／ 5　2007年の求職者支援制度議論 (87) ／ 6　2009年福祉改革法 (91) ／ 7　2009年福祉改革法案に対する反応 (93)

第 5 節　保守党の改革──2012年福祉改革法とユニバーサル・クレジット　93

1　保守＝自民連立政権 (93) ／ 2　政権交代前の福祉改革議論 (95) ／ 3　ユニバーサル・クレジットの選択 (96) ／ 4　2012年福祉改革法の成立 (99)

第 6 節　小　　括　99

1　所得保障 (100) ／ 2　就労支援 (101) ／ 3　所得保障と就労支援との法的関係 (101)

第 2 章　求職者の所得保障法 ──────────── 103

第 1 節　所得保障法──拠出制求職者手当の法的構造　103

1　稼働年齢者に対する給付の体系 (103) ／ 2　国民保険制度 (104)

第 2 節　ユニバーサル・クレジット　115

1　法の構造 (115) ／ 2　経過措置 (116) ／ 3　地理的適用範囲 (119) ／ 4　ユニバーサル・クレジットの運営 (120) ／ 5　申請と決定 (124)

第 3 節　受給権者の基本的要件　129

1　夫　　婦 (129) ／ 2　重婚関係 (135) ／ 3　年　　齢 (136) ／ 4　居

目　次

　　　　住（141）／5　教育課程（143）／6　経済的要件（145）

　第4節　給付の種類と給付水準　151
　　　　1　給付額の算定方法（151）／2　給付の種類と給付水準（155）

　第5節　小　　括　161
　　　　1　包括性（161）／2　就労支援（163）／3　給付内容と水準（164）

第3章　受給要件としての求職活動 ———————— 165

　第1節　求職者手当における労働市場テスト　165
　　　　1　求職者法の労働市場テストとユニバーサル・クレジットの受給者誓約（165）／2　就労可能性（166）／3　求職者協定（168）

　第2節　受給者誓約と制裁　173
　　　　1　労働関連要件（work-related requirements）（173）／2　受給者誓約（179）／3　制　裁（186）

　第3節　契約としての就労支援　188
　　　　1　就労支援の契約的性質（188）／2　求職者協定の契約的性質（189）／3　自立支援「契約」としてのニューディール（191）／4　契約原理に関する議論（194）

　第4節　人的適用範囲の拡大——配偶者への就労強制　197
　　　　1　共同申請者制度の導入（197）／2　共同申請者制度の制度枠組み（199）／3　共同申請者制度の影響（202）／4　報告書の政策提言（203）

　第5節　自営業者就労の支援　203
　　　　1　経済的自立と自営業（203）／2　自営業者の判別（204）／3　自営業開始後の保護期間（206）／4　自営業者の所得（207）／5　保有資産（210）／6　自営業者ルールの浸透と現実（211）

　第6節　小　　括　213
　　　　1　受給要件としての求職活動の評価（213）／2　就労自立支援プログラムの法的態様（214）

第4章　労働市場と社会保障法 ── 217

第1節　本章の課題　217

第2節　自発的離職に対する制裁　218
　　1　自己都合退職と失業給付（218）／2　自発的離職への給付制限（219）／3　自発的離職の判断（222）

第3節　職業紹介、職業選択と社会保障法　233
　　1　職業選択の意義（233）／2　法規定の推移（234）

第4節　職業紹介拒否に関する給付制限　240
　　1　「適職」紹介における雇用の適切性（240）／2　拒否の正当事由に関する法規制（244）／3　拒否の正当事由をめぐる事例（245）

第5節　小　括　252
　　1　辞職の自由と労働法、社会保障法（252）／2　所得保障による求職条件の制限（253）

第5章　求職者支援と社会保障法・労働法 ── 257

第1節　求職者支援サービス法　257
　　1　求職者支援に関する国家の役割（257）／2　「福祉から就労へ」プログラムの推移（258）／3　現行就労支援プログラムの概要（265）／4　ワーク・プログラム（269）

第2節　求職者支援サービス受給者の労働法上の地位　273
　　1　求職者支援サービス受給者の法的地位（273）／2　徒弟契約（274）／3　訓練生と訓練契約（277）／4　ボランティア労働者（280）

第3節　職業訓練受講拒否を理由とする失業給付の給付制限　281
　　1　職業訓練への従事と失業給付（281）／2　職業訓練に関する指示違反（283）／3　職業訓練・求職活動指示違反に関する裁判例・裁決例（284）

目　次

第 4 節　就労支援の強制労働性──Reilly と Wilson 事件の
　　　　 影響　292

　　1　就労支援の根拠法と給付制限の根拠（292）／2　事案の概要（293）／3　高等法院判決（302）／4　控訴院判決（306）／5　規則制定による控訴院判決への対応（310）／6　2013年求職者（復職スキーム）法（311）／7　最高裁判所判決（314）／8　さらなる司法審査（316）／9　Reilly 事件の示唆（319）

第 5 節　小　　括　320

　　1　労働権（right to work）から見た適職選択の権利（320）／2　職業紹介と社会保障給付（322）／3　就労支援プログラムの強制労働性（323）

第 6 章　求職者法試論　　　325

第 1 節　はじめに　325

　　1　イギリス法が日本法へ与える示唆（325）／2　失業の役割分担（325）／3　長期雇用の労働関係（326）／4　現代の失業者像（327）

第 2 節　社会保障法学における失業労働法　328

　　1　社会保障法体系における失業の位置付け（328）／2　「失業労働法」の構造的把握（328）／3　失業労働法における失業時生活保障法（329）／4　積極的雇用政策と労働権論（332）／5　失業対策事業の評価と労働権（334）

第 3 節　失業者像の法的再構成　337

　　1　失業労働法の現代的課題（337）／2　長期失業と潜在的失業（337）／3　雇止めと断続的・反復的失業者（339）／4　パートタイム労働と就労中の労働権保障（341）／5　労働者と自営業者──完全参加型社会（342）

第 4 節　労働市場法、雇用政策法、雇用保障法　344

　　1　労働市場法（344）／2　雇用政策法（346）／3　雇用保障法（346）／4　従属労働概念（347）

第 5 節　求職者法の構想　350

　　1　前提条件（350）／2　求職者法の規範的根拠（354）／3　求職者法

の法主体(355)／4　社会的包摂／排除と法(356)／5　求職者法の体系(357)

第6節　求職者法の限界と課題　361

索　引

序　章　本書の問題意識と研究方法

第1節　はじめに

1　問題の所在

　労働は、生活を維持するための経済的な価値を有する。それ故に憲法は労働権を保障し（憲法27条1項）、国家は、労働者が自己の能力と適性を活かした労働の機会を得ることができるように労働市場の体制を整える義務を負い、そのような機会を得ることができない者に対しては生活を保障する[1]。

　ところが、人間はパンのみにて働くのではない。労働は、人格的自律を保持するために重要な価値を有している[2]。人格的自律を保持するための活動が必ずしも経済的な価値を有するとは限らない。それ故に労働は、経済的価値を有さない活動をも含むことができる。もっとも、経済的価値の有無は労働の定義に依存するのであるから、広義の労働には経済的価値を有さない活動が含み、狭義のそれには含まれないということになろう。

　成文憲法が存在しないイギリスでは、制定法上の権利として生存権や労働権

---

[1]　菅野和夫『労働法（第10版）』（弘文堂、2012年）21頁、菊池馨実「貧困と生活保障」日本労働法学会誌122号（2013年）117頁など。

[2]　この点を指摘するものとして、下井隆史『労働契約の理論』（有斐閣、1985年）116頁。「就労価値」論の側面からは有田謙司「『就労価値』論の意義と課題」日本労働法学会誌124号（2014年）111頁、長谷川聡「『就労価値』の法理論」日本労働法学会誌124号（2014年）121頁、神吉知郁子「『就労価値』の法政策論」日本労働法学会誌124号（2014年）130頁。個人の尊重・人間の尊厳から見た日本国憲法の勤労概念拡大を通した再定位を行うものとして押久保倫夫「無償労働と『勤労の権利及び義務』―勤労概念の拡大と『個人の尊重』・『人間の尊厳』」戸波江二編『企業の憲法的基礎―早稲田大学21世紀COE叢書・企業社会の変容と法創造［第2巻］』（日本評論社、2010年）199頁。

が保障されているわけではない。したがって、生存や労働が侵害されたとしても、憲法上の権利としてそれを請求できるわけではない。立法政策策定指針としても生存権や労働権を持ち出すことができるわけでもない。だからといって労働の機会を得ることができない者に対する生存が否定されるのでも、求職者に対する求職活動支援が行わないわけでもなく、結果としてそのような権利を保障する法体系が整えられている。そして、所得保障と求職者支援の立法政策はしばしばわが国でも参照されてきた。

　そうすると、イギリスにおける経済的価値を含む労働と含まない労働につき、個人の尊厳を基調とする人格的価値を見出し、それを支援する法的なしくみがいかなる構造を有しているのかを把握することは有益であろう。もっとも、求職者の支援には、経済的なものと求職活動支援といった非貨幣的価値を有するサービス、それを行う行政組織などの様々な分野から構成されている。わが国でもこの分野の研究については、社会保障法学が所得保障法として、労働法学が労働市場法ないしキャリア権保障として、個別領域毎に行ってきた。ところが求職者支援については生存権保障や労働権保障といった側面が密接に関連し、相互に不可分のものであることからすると、求職者に関する法の総合的な研究を行う必要性を痛切に感じるのである。

2　本書の目的

　本書は、労働移動を希求する者に対する所得保障と求職活動支援がいかなる法的構造を有し、それがいかなる法規範によって支えられているかを検討することを目的としている。

　日本における求職者の所得保障は、従来、新たに求職活動を行う者については生活困窮状態に着目した生活保護法が、離職により求職活動を行う者については在職中に拠出した保険料給付に対する雇用保険法の基本手当が、それぞれ役割を担ってきた。それ故、生活困窮状態にない新規学卒者や雇用保険給付を受けることができない離職者は所得保障の枠外に置かれ、失業関連給付を受給していない求職者が多数を占め、求職活動中の所得保障法制の再編成が必要な事態を迎えた。

もっとも、所得保障法が求職者に対応しにくい状況であることは、それなりの理由がある。新たに労働市場へ参入しようとする者にとって、生活保護法における受給要件には資産活用と能力活用を満たすことは困難であり、これを満たしたとしても就労による自立の芽を摘んでしまうことになりかねない。また、雇用保険は長期雇用慣行を前提とした社会保険であるので、就労経験の乏しい者や非正規労働者、自己の都合によって離職したような者にとっては利用が事実上困難となっていた。[3]　つまり、戦後の社会保障法が所与のものとしてきた失業者観、雇用慣行が変容しようとしているにもかかわらず、これらの転換を図らずに十分な対応をしてこなかったことに原因がある。

　日本における求職者の所得保障は、生活困窮者と離職者といった人的カテゴリー別に整理され、カテゴリー毎に異なる求職活動要件を課してきた。そして、カテゴリー別に求職者支援制度が構築されてきた。所得保障給付の受給要件は求職活動と不可分であり、各カテゴリーが要求する求職活動を行わないことは所得保障を喪失することを意味していた。所得保障を軸に求職活動支援を構築してきたということは、求職者の意思能力、取り巻く状況、社会的関係、就労阻害要因に応じないで就労支援が強制されてきたことを意味した。

　もちろん、このような状況に無策であったわけではない。リーマンショック後には生活保護と社会保険給付との間に「第二のセーフティネット」として特定求職者支援法[4]が、生活保護法の対象とならない生活困窮になるおそれのある者に関する生活困窮者自立支援法が、それぞれ制定施行されている。

　ただ、これら第二のセーフティネットに関する立法動向は、求職者支援の対象者拡大には資するものの、求職者にとっていかなる所得保障と求職者支援サービスが必要であるのか統一的な視点を欠いており、カテゴリーを増やした

---

3 ）　これらについては丸谷浩介「社会保障法から見たセーフティネットのあり方―労働法と社会保障法をつなげるもの」労働法律旬報1687＝88号（2009年）18頁以下。

4 ）　「職業訓練の実施等による特定求職者の就職の支援に関する法律」につき、一般的には「求職者支援法」と略称される。同法はすべての求職者を対象とするのではなく、ごく限られた特定の求職者のみを対象としていることから、筆者は「特定求職者支援法」との略称を使用している。なお、「特定」の意義につき丸谷浩介「時の法律―職業訓練の実施等による特定求職者の就職の支援に関する法律」ジュリスト1430号（2011年）45頁。

に過ぎないとの評価も可能である。そうすると、求職者という視点で所得保障と求職者支援を把握する場合、そこにいかなる法的意義を見出すことができるかを探究する必要がある。

第2節　日本法の状況

1　労働権保障のための所得保障法

そこでまず日本法の状況を確認しておこう。労働の機会を得られない労働者に対して生活を保障する国家の義務としては次のような所得保障法が整備されている。

(1) 生活保護法

生活保護法は、日本国憲法25条の理念に基き、国が生活に困窮するすべての国民に対し、その困窮の程度に応じ、必要な保護を行い、その最低限度の生活を保障するとともに、その自立を助長することを目的としている（生活保護法1条）。同法は生活扶助や住宅扶助を通した所得保障を行い、その基準は最低限度の生活の需要を満たすに十分なものであつて、且つ、これをこえない程度において（生活保護法8条2項）、厚生労働大臣の告示によって設定される（生活保護法8条1項、「生活保護法による保護の基準」（昭和38年厚告158号））。勤労収入は原則的に収入認定されるが、勤労控除により就労意欲を喚起しつつ就労による自立に結びつける。また、勤労収入増加により保護が廃止される場合、一時的に必要となる出費を補塡するために就労自立給付金が支給される（生活保護法55条の4）。

(2) 特定求職者支援法

特定求職者に対し、職業訓練の実施、当該職業訓練を受けることを容易にするための給付金の支給その他の就職に関する支援措置を講ずることにより、特定求職者の就職を促進し、もって特定求職者の職業及び生活の安定に資することを目的とし（特定求職者支援法1条）、認定職業訓練又は公共職業訓練等を受講した特定求職者に対して、職業訓練受講給付金を支給することができる（特定

5）「生活保護法による保護の実施要領について」（昭和38年4月1日社発第246号）

求職者支援法7条1項)。職業訓練受講給付金は、特定求職者本人の収入額が8万円以下、金融資産の合計額が300万円以下などを条件とし、給付金支給単位期間ごとに10万円を支給するものであり(職業訓練の実施等による特定求職者の就職の支援に関する法律施行規則11条)、実際の世帯の必要性に関わらず定額給付となっている。もっとも、職業訓練受講給付金は認定職業訓練又は公共職業訓練等を「特定求職者が受けることを容易にするため(特定求職者支援法7条1項)」に支給されるものであり、認定職業訓練又は公共職業訓練等を受給している間の生活保障を直接の目的としているわけではないことには留意が必要である。

(3) 雇用保険法

雇用保険法は、労働者が失業した場合及び労働者について雇用の継続が困難となる事由が生じた場合に必要な給付を行う(雇用保険法1条)。その中心的な所得保障給付の基本手当は、被保険者が失業した場合において、原則として離職の日以前2年間に被保険者期間が通算して12月以上であったときに支給される(雇用保険法13条1項)。基本手当の日額は、賃金日額に100分の80から100分の50までの範囲で、賃金日額に応じ逓減するように厚生労働省令で定める率を乗じて得た金額とされ(雇用保険法16条1項)、低賃金であった失業者には高率を乗じ、高賃金であった失業者には低率を乗じることにより生活保障機能を発揮している。

2 労働権保障法

求職者が自己の能力と適性を活かした労働の機会を得られるように労働市場の体制を整える国家の義務としては、次のような法律がそれを具体化している。

(1) 雇用対策法

雇用対策法は、労働者の職業の安定と経済的社会的地位の向上とを図るとともに、経済及び社会の発展並びに完全雇用の達成に資することを目的としている(雇用対策法1条)。国は、この目的を達成するために職業指導及び職業紹介、職業訓練及び職業能力検定等の施策を充実させ、労働者の職業の転換、地域間の移動、職場への適応等を援助するなどの事業を行う(雇用対策法4条1項)。

(2) 職業安定法

　職業安定法は、公共職業安定所その他の職業安定機関が職業紹介事業等を行うこと等により、各人にその有する能力に適合する職業に就く機会を与え、及び産業に必要な労働力を充足し、もって職業の安定を図ることを目的の一つとし（職業安定法1条）、職業選択の自由（職業安定法2条）と均等待遇（職業安定法3条）を明記している。同法は、労働力の需給調整、無料の公共職業紹介、求職者に対する職業指導等の事業を行う旨定めている（職業安定法5条）。

(3) 職業能力開発促進法

　職業能力開発促進法は、職業に必要な労働者の能力を開発し、及び向上させることを促進し、もって、職業の安定と労働者の地位の向上を図るとともに、経済及び社会の発展に寄与することを目的としている（職業能力開発促進法1条）。労働者がその職業生活の全期間を通じてその有する能力を有効に発揮できるようにすることが、職業の安定及び労働者の地位の向上のために不可欠であるから、産業構造の変化、技術の進歩その他の経済的環境の変化による業務の内容の変化に対する労働者の適応性を増大させ、転職に当たっての円滑な再就職に資するよう、労働者の職業生活設計に配慮しつつ、その職業生活の全期間を通じて段階的かつ体系的に行われることを基本理念として（職業能力開発促進法3条）、職業能力開発の促進、技能訓練等の事業を行うこととしている。

(4) 生活保護法

　生活保護法は、国が生活に困窮するすべての国民に対して自立を助長することを目的としている（生活保護法1条）。就労の場面でこれを実現するために、生活保護法は、生業に必要な資金、生業に必要な技能の修得、就労のために必要なものを給付する生業扶助（生活保護法17条）を設けている。

　被保護者は、能力に応じて勤労に励む努力を義務付けられ（生活保護法60条）、それを実現するために、保護の実施機関は就労指導を行うことができる（生活保護法27条1項）。この就労指導は被保護者の自由を尊重し、必要の最少限度に止めなければならず（生活保護法27条2項）、被保護者の意に反して強制することができないが（生活保護法27条3項）、その範囲内で正当に行われた指導及び指示には従う義務があり（生活保護法62条1項）、この義務に違反したときは保

護の変更、停止又は廃止が予定されている（生活保護法62条3項）。

このような指導及び指示は、行政処分と行政指導の複合的な性格を有しており、保護の実施機関の権限行使の一環として行われる[6]。これに対し、保護の実施機関が要保護者からの求めに応じ行う支援（相談及助言）として、生活保護法27条の2を根拠とする自立支援プログラムが2005年より実施されてきた。現在はこれが被保護者からの相談に応じ、必要な情報の提供及び助言を行う被保護者就労支援事業として整理された（生活保護法55条の6）。これらは被保護者と保護の実施機関との間で合意によって開始される事業であって生活保護法27条の2がその根拠となり、生活保護法62条3項の適用の余地がないことから、被保護者が合意事項に反する行動をとったとしても、当該非行為を理由として保護の変更、停止、廃止といった不利益変更処分を行うことができない[7]。

(5) **特定求職者支援法**

公共職業安定所長は特定求職者に対して就職支援計画を策定する（特定求職者支援法11条）。公共職業安定所長は就職支援計画に基づき、特定求職者に対して就職支援措置により就職支援計画を実現するように指示する（特定求職者支援法12条1項）。就職支援計画に記載されるのは①職業指導及び職業紹介、②認定職業訓練又は公共職業訓練等、③その他であるが、本法の主たる事業は認定職業訓練である。認定職業訓練を行う者は民間事業者が想定されており、厚生労働大臣は民間事業者に対して報告を求め（特定求職者支援法15条）、立入調査（特定求職者支援法16条）を行う権限を有している。

(6) **雇用保険法**

雇用保険法は、基本手当求職者給付の受給者に対して必要に応じ職業能力の開発及び向上を図りつつ、誠実かつ熱心に求職活動を行うことにより、職業に

---

6) 丸谷浩介「生活保護ケースワークの法的意義と限界」季刊社会保障研究50巻4号（2015年）422頁。

7) もっとも、当該事項を内容とする指導指示を行い、それに反したことをもって不利益変更処分を課すという構成を採用することは可能である。また、合意事項に反して求職活動等を行わないということが稼働能力を活用する意思を喪失したものと推認させ、要件を充足しないことから保護を廃止するという構成を採用することは、十分に考えられる。

就く努力義務を課している(雇用保険法12条)。これを実現するため、基本手当の受給権者に対する失業認定を行うことを通して就労支援を行う。ただ、実際は職業安定法と職業能力開発促進法による就労支援が行うこととされており、その限りで雇用保険法は所得保障法に純化する。もちろん失業認定のしくみは職業安定法と職業能力開発促進法に依存するから、両者は不可分のものである。

(7) 生活困窮者自立支援法

生活困窮者自立支援法は、生活困窮者の自立を促進するために①雇用による就業が著しく困難な生活困窮者に対し就労に必要な知識及び能力の向上のために必要な訓練を行う生活困窮者就労準備支援事業を行うとともに、②雇用による就業を継続して行うことが困難な生活困窮者に対し、就労の機会を提供するとともに、就労に必要な知識及び能力の向上のために必要な訓練その他の便宜を供与する生活困窮者就労訓練事業を行う旨定めている。いずれの事業も稼働能力が低いか、就労阻害要因を抱えるために直ちに就労による経済的な自立が困難な者が対象者として想定されている。生活困窮者自立支援法以外の法律は就労による経済的な自立を直接の目的としているのに対し、本法は就労阻害要因の除去そのもの、あるいは就労することの意義そのものに法的な価値を置いていることが特徴的である。

3 所得保障と求職者支援制度

それでは、このような所得保障法と実際に労働権を保障するための施策とは、どのような関係にあるのか。

(1) 職業紹介

雇用保険法では、受給資格者が、公共職業安定所の紹介する職業に就くこと又は公共職業安定所長の指示した公共職業訓練等を受けることを拒んだときは、その拒んだ日から起算して1か月は、基本手当を支給しない旨定めている(雇用保険法32条1項)。その限りで公共職業安定所の職業紹介と基本手当とは条件関係にある。

特定求職者支援法は、民間事業者が職業訓練(申請職業訓練)にかかる認定を受けようとする場合、職業相談、求人情報の提供、履歴書の作成に係る指導、

公共職業安定所が行う就職説明会の周知、公共職業安定所への訪問指示、求人者に面接するに当たっての指導、ジョブ・カードの作成の支援及び交付、その他申請職業訓練を受講する特定求職者等の就職の支援のため必要な措置を講ずることが許可要件とされている（職業訓練の実施等による特定求職者の就職の支援に関する法律施行規則2条）。それ故に、認定職業訓練事業者が直接に求人情報を提供したり公共職業安定所を介して職業紹介を行うことが予定されている。ただ、これらの職務は認定職業訓練事業者の権限に止まり、職業訓練受講給付金の受給要件とされているわけではない。

生活保護法と職業紹介との関係は明示的ではない。生活保護法の受給要件として稼働能力の活用があるが、その判断基準は①稼働能力があるか否か、②稼働能力を活用する意思があるか否か、③稼働能力を活用する場があるか否かによって決することが、行政運営上も[8]裁判例上も[9]確立している。このうち②稼働能力を活用する意思の有無は、意思の存否が外形上判断不可能であるから、意思が具体化した求職活動状況によって判断されることになる。この場合、公共職業安定所が紹介した職業を拒否したことが、意思の存在を否定する方向で推認させることになろう。もちろん、求人の拒否がすべての意思不存在を構成するのではなく、意思不存在にかかるひとつの構成要素としてみるに止まる。

生活困窮者自立支援法は、対象となる生活困窮者に対して直接に何らかの所得保障を行うことはない。したがって、職業紹介と所得保障との関係が発生する余地がない。

(2) **職業訓練**

雇用保険法との関係では、職業紹介と同様に公共職業安定所長の指示する公共職業訓練等と基本手当とは条件関係にある（雇用保険法32条1項）。

特定求職者支援法は、明確にその関係性を有している。職業訓練受講給付金

---

[8] 「就労可能な被保護者の就労及び求職状況の把握について」（平成14年3月29日社援発第0329024号）

[9] 名古屋地判平8・10・30判時1605号34頁、名古屋高判平9・8・8判時1653号71頁、大津地判平24・3・6賃社1567＝1568号35頁、東京地判平23・11・8賃社1553＝1554号63頁、東京高判平24・7・18賃社1570号42頁、大阪地判平25・10・31賃社1603＝1604号81頁など。

（特定求職者支援法7条）における職業訓練受講手当（職業訓練の実施等による特定求職者の就職の支援に関する法律施行規則10条）は、認定職業訓練等の全ての実施日に当該認定職業訓練等を無欠席で（やむを得ない理由がある場合には8割）受講していることが受給要件であり（特定求職者支援法11条1項）、特定求職者が認定職業訓練を受講しても過去6年以内に職業訓練受講給付金を受給していた場合に受給できないほか（同施行規則13条）、正当な理由がなく公共職業安定所長の指示に従わなかったときには職業訓練受講給付金が不支給となる。このように、特定求職者支援法における所得保障と職業訓練とは、密接な関連性を有しているものといえる。

　生活保護法との関係では、職業紹介と同じく稼働能力活用要件の判断において、稼働能力活用意思の有無を判断する際の考慮要素として把握される。職業訓練の受講を拒否した、あるいは職業訓練を途中で退所した等の理由によって直接に生活保護受給権を欠いたり、保護の変更、停止、廃止を招くことはない。ただ、生活保護法27条に基づく指導及び指示内容において、職業訓練の受講について正当な指導及び指示が文書によってなされた場合、被保護者がこれに反した行動をとる場合には生活保護法62条3項による保護の変更、停止、廃止が行われることがある。なお、生業扶助における技能修得費は、生計の維持に役立つ生業に就くために必要な技能を修得する経費を必要とする被保護者に対し、その必要とする実態を調査確認の上、基準額の範囲内における必要最小限度の額を計上するものである。支給対象は技能修得に直接必要な授業料（月謝）、教科書・教材費であって技能習得を容易にするための費用であり、直接に生活保障を目的としているわけではない。

　生活困窮者自立支援法は、対象となる生活困窮者に対して直接に何らかの所得保障を行うことはない。したがって、職業紹介と所得保障との関係が発生する余地がない。むしろ、生活困窮者自立支援法は、就労による自立生活を獲得するための基盤整備を行うことがその主眼なのであり、日常生活自立、社会生活自立の支援して就労阻害要因を除去することが中心となる。

　なお、ジョブ・カード制度に基づく雇用型訓練は、有期実習型訓練と実践型人材養成システムから構成されている。これらはOJT（オンザジョブトレーニ

グ）を原則としており、実施事業主において賃金が支払われる。所得保障制度との直接的な関係は発生しない。また、公共職業訓練の一環として行われる在職者訓練は、高齢・障害・求職者支援機構と都道府県がそれぞれ実施主体となり、短期的に技能及び知識を習得させるための職業訓練を実施している。在職者を対象とするこれらも所得保障給付との直接的な関係は存在していない。

(3) 所得保障法と求職者支援制度との関係

これら日本法の状況を整理すると、次のような印象を受ける。

積極的雇用政策の類型化において、ワークフェアとアクティベーションに分類することがある。ワークフェアを正規雇用を獲得するための努力が社会保障給付を受給するための条件になるものであるとし、そのような雇用を得るための努力を支援するしくみであって直接に所得保障給付との関連性を有さないものをアクティベーションとするならば、日本の施策はいずれも採用しているように思われる。雇用保険法と特定求職者支援法は条件関係が明確であるが、生活保護法は解釈論上の問題として必ずしも条件関係が成立するわけではない。そしてこのような関係性は、稼働能力を有する被保護者が増加したとされるリーマンショック以降においても、基本的にその構造が変わっているわけではない。

他方で、日本の法制度をみるにつけ、所得保障給付を受給しながら就労するための支援を受けることが権利として確立しているのかという疑問が生じる。確かに、所得保障給付は生存権や拠出に対応する権利として、明文上その権利が根拠づけられる。しかし、求職者が求職活動を受けることについて、所得保障法制とは別個の、どのような所得保障法の適用を受けているかにかかわらない、一般法としての求職者支援法というものが存在しているわけではない。それ故に、求職者としての支援を受ける権利が明文上確立しているとは言い難い状況にある。

労働権としての規範的要請は、労働者の能力と適性を最大限尊重し、自立に向けた最大限の支援を受けることにあろう。近年の理論状況によると、求職者の個別性に配慮しつつ、求職者の自立目標の設定と就労阻害要因の除去といった、個別的且つ数値化が困難な支援を、伴走型で行うことが重要であると認識

されるに至っている。

　このような労働の権利と義務は、憲法上表裏の関係をなすものではなく、異なる位相ながらも並立が可能なものとして規定されていることに気づくのである。

第3節　比較対象としてのイギリス法

1　イギリス法を取り上げる意味

　本書は、求職者に係る所得保障法と求職者支援法の法的構造を理解するため、イギリス法を検討対象として選定した。その理由はふたつある。

　ひとつは、イギリスの社会保障法（イギリスにおいては所得保障法を意味する）が、就労を軸として展開されていることである。[10] 戦後世界の社会保障モデルのひとつとなったベヴァリッジ報告、1980年代のサッチャリズム、1997年の労働党政権に見られるよう、イギリスの社会保障法は労働政策ないし就労支援との密接な関係を持ちながら展開してきた。イギリスの社会保障法は就労との関係を無視して分析することは不可能である。

　もうひとつが、日本の社会保障制度がイギリスのそれを参照しつつ発展してきたことである。1995年の社会保障制度審議会「社会保障体制の再構築（勧告）～安心して暮らせる21世紀の社会をめざして～」においては、社会保険制度を中心とした「イギリスの社会保障体制に刺激を受け」社会保険方式を採用したことが、わが国にとっては「やむを得ざる選択であったが、結果的にはより良い途を選んだといって誤りではない」とした。そうすると、イギリス社会保障法がいかなる展開を見せているかを参照することは、わが国の社会保障法を研究する際にも十分示唆的であるように思われる。

---

10)　この点を指摘する最近の著作として、西村淳『所得保障の法的構造―英豪両国の年金と生活保護の制度史と法理念』（信山社、2013年）、井上恒男『英国所得保障政策の潮流―就労を軸とした改革の動向』（ミネルヴァ書房、2014年）。

2 イギリスにおける「社会保障法学」独自の視点

ところがイギリスにおいて学問体系としての「社会保障法(学)」は、立法・行政・司法を分析対象としつつ学問的な研究体系として独立しているものとは言いがたい状況にある。確かに、いくつかの教科書[11]や研究書[12]、学術雑誌[13]はあるが、立法制度史と現行法制の分析紹介に止まるものであったり、関連法領域から見た社会保障法の分析であったり、社会保障法学として独自の領域を開拓するものではない。そもそも学問領域として社会保障法学を主たる専門とした研究者はごく僅かであり、学会が形成されているわけでもないようである。これに加え、求職者支援の法制度に関しても同様、社会保障法学ないし労働法学から専門的に研究したものはごく僅かである[14]。

そうすると、イギリス法の研究は学説から演繹される分析方法を採用することができない。立法の背後にある社会経済状態の分析と立法政策の動向、現実に生じた法的紛争とその解決指針からいかなる規範が抽出できるか、帰納法的な分析方法が必要となる。本書は可能な限り政府文書、制定法、裁判例を参照して検討する[15]。

---

11) Harry Calvert, *Social Security law* (Sweet & Maxwell, 1974), Robert East, *Social Security Law* (Palgrave Macmillan,1999), N. Wikeley and A. Ogus, *The Law of Social Security [5th ed.]* (Butterworths, 2002, Martin Partington, *Social Security Law in the United Kingdom* (Wolters Kluwer, 2012).

12) Martin Partington, *Claim in Time: Time Limits in Social Security Law* (Legal Action Group, 1994), Trevor Buck ed., *Judicial Review and Social Welfare (Citizenship and the Law Series)* (Bloomsbury Academic, 1998), Neville Harris ed., *Social Security Law in Context* (Oxford University Press, 2000) など。

13) *Journal of Social Security Law* (Sweet & Maxwell), *Journal of Social Welfare and Family Law* (Routledge).

14) Amir Paz-Fuchs, *Welfare to Work: Conditional Rights in Social Policy* (Oxford University Press, 2008).

15) このような分析に有益なのがCPAGが出版するコンメンタールである。D. Bonner, P. Wood, R. Poynter, N. Wikeley, *Jobseeker's Allowance, State Pension Credit and the Social Fund: Social Security Legislation 2014/15 Volume 2* (Sweet & Maxwell, 2014).

第4節　分析方法と枠組み

　このように見てくると、イギリスにおける求職者支援と社会保障法の関係を研究する際には、イギリス学説に依拠した検討を行うことが困難であることがわかる。したがって、本書は次のような分析方法と枠組みで検討することにした。

1　制度史

　社会保障と求職者支援が法律に基づいて行われる以上、その法律がいかに制定施行されてきたのかを確認することが必要である。現在の法制度は過去の延長にあるものであって、歴史の上に積み重ねられてきた産物である。立法史は単に立法の事実からのみ把握されるのではなく、求職者支援行政、社会保障行政、経済動向と労働市場、政治状況、そしてコモンロー国家における裁判例の展開といった、多様な要因によって積み重ねられてくる。そうすると、ある制度がいかなる構造を有し、それが社会においていかなる作用を及ぼし、法体系の中でいかなる評価を受けてきたのかを、歴史上跡づける作業が必要である。

　ただ、本書は制度史そのものを研究の中心には置いていない。とりわけイギリスの救貧法と労働との関係は数多くの参照に値する研究が存在する。そこで、制度史については本書の検討に必要な限りにおいて、1997年のブレア労働党政権以降に重きを置いて検討する。

2　制定法の構造

　イギリスの求職者支援と所得保障法の制度は、制定法上きわめて複雑な構造を有している。求職者支援はその時代の政府の方針、雇用失業情勢、世論等によって変化する一方、求職者の需要と労働市場の需要とに応じて可変的な仕組みを採用せざるを得ない。それはどうしても複雑な法構造から乖離した運用をもたらすことになる。ただ、法律による行政の原理の下、柔軟な構造を有している求職者支援のしくみも法によって規律されなければならない。そうすると

ますます複雑な法構造になるという特色を有している。

　法的な分析は、関係当事者にいかなる権利義務が発生し、いかなる権利侵害をいかなる規範で解決するのかを必要とする。そうすると、制定法上の構造が複雑であるとしても、その構造を把握しなければ、紛争解決指針にはなり得ない。この点が他の学問領域とは異なる法律学の独自性を示すものである。

3　本書の構成

　本書は次のような構成を採用する。

　第1章「イギリス求職者法の史的展開」は、救貧法から現在に至る求職者支援と社会保障法がいかなる関係を持ちつつ発展してきたのかを検討する。

　第2章「求職者の所得保障法」は、1995年求職者法に基づく求職者手当と2012年福祉改革法に基づくユニバーサル・クレジットの概要と、所得保障給付と就労とがいかなる関係を持つかについて検討する。

　第3章「受給要件としての求職活動」は、所得保障給付を受給するために科されている求職活動要件について、その法的意義を検討する。

　第4章「労働市場と社会保障法」は、労働力の需給調整と所得保障法を検討する。不本意な雇用関係からの離脱を所得保障法でいかに評価するか、求職者の求職条件としていかなる権利保障がなされるかを検討する。

　第5章「求職者支援と社会保障法・労働法」は、求職者の職業能力開発において職業訓練が強制されるのはなぜか、その法的意義と限界について検討する。

　第6章「求職者法試論」は、イギリス法の状況を踏まえ、日本の社会保障法において「求職者法」という視点を投入することによって新たな視座を得ることを提唱するものである。

第1章　イギリス求職者法の史的展開

第1節　救貧法と労働[1]

1　救貧法体制前史

(1) 16世紀の救貧体制

　16世紀頃のイギリスでは、身分制社会に基づいた地域共同体やキリスト教的隣人愛思想に基づく慈善事業に止まる救済が行われていたが、法的手段での救済ではなく恩恵の域を出るものではなかった。貧困に窮する者に対する最初の立法は1531年法であった[2][3]。1531年法の内容は、処罰の対象となる労働能力者の物乞いや浮浪を禁止した上で出生地等に送還し、労働能力のない者には裁判所から乞食の札が与えられ物乞いをすることを認める、といったものであった。

　1531年法に引き続き、1536年法[4]が制定された。1536年法ではまず貧民を労

---

1 ）　救貧法に関する文献には邦語文献だけでも多数にわたり、社会学・社会福祉学、経済学、社会政策学、労働経済学だけでなく法律学の視点からも多くの先行研究がある。主なものでも岡田与好『イギリス初期労働立法の歴史的発展（増補版）』（御茶の水書房、1961年）、小山路男『イギリス救貧法史論―救貧法と福祉国家』（日本評論社、1962年）、樫原朗『イギリス社会保障の史的研究Ⅰ』（法律文化社、1973年）、大沢真理『イギリス社会政策史』（東京大学出版会、1986年）、伊藤周平『社会保障史恩恵から権利へ―イギリスと日本の比較研究』（青木書店、1994年）など。
2 ）　An Act concerning Punishment of Beggars and Vagabonds 1531.
3 ）　公的扶助法の萌芽としては1349年貧民対策法まで遡る説もあるが、この法の内容は労働能力のある者に施与を与えることを禁ずるとともに、農業労働者として土地に定着させようとするものであり、救貧立法というよりは貧民抑圧立法であった。
4 ）　An Act for Punishment of Sturdy Vagabonds and Beggars 1536.

働能力者と労働能力のない者とに分割し、労働能力者には就労の機会を、労働能力のない者には治安維持政策として援助されるべきと位置づけた。1536年法の内容は1531年法で認められていた労働能力のない者の物乞いを禁止し、その代替措置として高齢者の施与の分配を定めたのであった。施与の財政的基盤の確立のため教会に慈善箱を設置し、教区 (parish) の慈善的拠出を基礎にして組織的に管理運営されることとなった。

その後、労働意欲のない労働能力者に対する処罰は、1547年法[5]によって一層強化された。同法の内容は、労働意欲のない労働能力者の浮浪者の胸にV字型の焼印を押し、2年間奴隷として強制労働させ、逃亡した場合には前額か頬にS字型の焼印を押して永久に奴隷としての取り扱いを受けさせ、それでも再犯した者は死刑に処するといった苛酷なものであった。

(2) 16世紀の職人と徒弟

一方、労働市場に目を向けると、16世紀中葉に失業が深刻な社会問題へと発展した。これを受け、1563年職人規制法[6]が制定され、救貧立法における強制労働を基礎とした被用者の就業拒否を禁止する一方で、使用者側の不当解雇をも禁止した。つまり解雇を失業問題と認識することで雇用を維持する原則を打ち出したのであった[7]。

同法は、徒弟条項 (apprenticeship clauses) を設け、徒弟雇用を制限して職人を雇用することを強制する規定が設けられた。これは職人の「浮浪化」または「失業化」を防止するためのものであり、毛織物仕上業などの指定業種に対して、徒弟3人を雇用する業者は職人1人を、徒弟3人を超える場合はその徒弟1人ごとに職人1人を雇用すべきことを定めたのであった。徒弟就労については、徒弟の強制を通じて未成年者に対する強制就労の定めと成人の農業労働従事義務を定め、農業を営まない成人については手工業へ徒弟に出すこととしていた。

1572年、貧民を監獄に収容するとともに、救済すべき貧民に対する救済基金

---

5) An Act for the Punishment for the Relief of the Poor and the Impotent Persons 1547.
6) Statute of Artificers (the Statute of Apprentices) 1563.
7) 岡田前掲注(1)111頁。

の徴収事務を従来の教会と治安判事から各地域毎に新たに任命された貧民監督官に移行することを定めた1572年法が制定され、1563年法は廃止されることとなった。ここにきて慈善的拠出であった救済基金の性格は救貧税へと変容するとともに、貧民監督官は社会保障分野における最初の行政官となった。

1572年法では貧民を監獄に収容したが、1576年法は労働意欲のない労働能力者を懲治監（house of correction）に収容し、強制就労させることを定めた。これはのちの労役場（Workhouse）の原型となった。

2 エリザベス救貧法の成立と展開

(1) エリザベス救貧法の成立

16世紀末、水害と凶作による経済不況は悪化の一途であった。特に1539年から1598年は寒冷・多雨が続き飢餓状態があらゆる地域で見られるようになり、農村部にも都市部にも労働能力者が職を得ることのできない状態が続いた。このような背景の下に1597年法が制定された。1597年法は従前の救貧立法を再制定したものであり、貧民の救済に関する総合的な措置、労働能力ある浮浪者と乞食の処罰などを定めていた。

労役場（Workhouse）とは元来「働くための家（Working House）」という言語から派生したものであったが、「労役場」という文言が最初に制定法に登場したのは1597法によるものであった。1597年法以前は、労働能力者で困窮している者に対する強制労働規定を設けていた一方で、その受け入れ先である建物の建築あるいは購入に関する規定は存在していなかった。1597年法は民間団体に「貧民のための養育院、あるいは居住及び労働の家（hospitals or abiding and working houses for the poor）」を建設する権限を付与する規定を設けた。

---

8) An Act for the Punishment of Vagabonds and the Relief of the Poor and Impotent 1572.
9) An Act for Setting the Poor on Work and for Avoiding Idleness 1576.
10) サイモン・ディーキン「労働の義務—歴史の中のイギリス労働法・社会保障法制」労働法律旬報No.1796（2013年）7頁。
11) Hospitals for the Poor Act 1597.

その4年後の1601年、従前の救貧立法を集大成したエリザベス救貧法[12]が制定された。エリザベス救貧法は1597年法の扶養義務の範囲を祖父母まで拡大したこと以外の相違点はみられず実質的には大部分が1597年法の焼き直しであったが、1601年法は初期救貧法の発達史における高度の発展的形態との評価を得た。

　エリザベス救貧法は、従前曖昧なものであった救済すべき貧民（deserving poor）と救済すべきでない貧民（undeserving poor）との区分を明確化し、救済すべき貧民としてのカテゴライズの「労働能力の存在しない者」「浮浪癖のある者」に新たに「真に失業している者」を加えた。そして、扶養能力なき貧民の子弟には徒弟雇用を強制し、労働能力のある貧民には強制就労、労働能力なき貧民には生活扶助をもって対応するという、3種に区分することとした。

(2) エリザベス救貧法の展開

　貧民が救済を受ける法的権利は、その治安維持的性格から存在するべくもなかった。法制化されたのは救済を受ける権利ではなく、救貧税納付の義務であった。[13] 救貧行政は国家から教区中心になるとともに、1662年居住地法[14]が制定され貧民の移住の自由が制限された。市民社会は資本主義の発達と手工業者や小作民の没落が加速し、さらに景気の循環による失業の発生と相俟って新たな貧民層が増大し、エリザベス救貧法体制では解決し得ない問題が噴出することとなった。

　ところで、1536年職人規制法は織元の織工に対する不当解雇を禁止していたが、その実施が不完全なものであった上、織元やその他の労働者が依然として土地に結び付いていた。1834年改正救貧法の制定まで「貧民」とは「働く貧民」を指し、[15] 救貧対策とはすなわち失業と低賃金対策であり、失業した織工の貧困対策であった。そこで彼らを産業に雇用し、そこから得られる収益を利用し

---

12) An Act for the Relief of the Poor 1601.
13) 実際は貧民のセツルメント（居住権）を基礎として「セツルメントによる扶養の権利」を導入していた、とする説もある。なお、1788, *Steel v. HoughtonetUxor*. 伊藤前掲注(1)60頁。
14) An Act for the Better Relief of the Poor of This Kingdom 1662.
15) 小山前掲注(1)3頁。

て、国富の増大と救貧税負担の減少を図ろうとする議論が活発になった。すなわちそれが「貧民の有利な雇用論 (The Profitable Employment of The Poor)」であった。労働能力者の就業促進による救済はエリザベス救貧法でも前提とされていたのではあるが、エリザベス救貧法での貧民の就業の目的が労働能力者に職業を与えておいて怠惰を防ぎ、浮浪化するのを防ぐ目的であったのに対し、「貧民の有利な雇用論」は社会秩序の維持とともに、貧民の労働を国富の源泉として労役場に組織化し、労働能力者で窮乏している者に対する救済を合理化するものであった。「貧民の有利な雇用論」は17世紀後半を通して多くの論者が提唱し、またあらゆる地域で実験されたものであったが、経済的には失敗に終わった。

　1722年、労役場を雇用の手段としてではなく、救済すべきでない怠惰な貧民から生活の自由を奪い、苦痛と恐怖を与えることによって救済の濫用を防ぐ目的でナッチブル法(貧民の居住、雇用及び救済に関する諸法律の改正のための法律)[16]が制定された。ナッチブル法は、労役場を救貧行政抑制の手段や就労意欲の判定手段として使用するという作用を及ぼすことから、「ワークハウス・テスト法」とも呼ばれ、「貧民の有利な雇用論」とはまったく正反対の効果を与えることとなった。ナッチブル法は施行後2～3年は成功を収めていたが、労役場に収容される貧民はその大部分が労働無能力者であり、労働能力ある貧民を請負を通して救済するという原則は崩壊しつつあった。労役場は試行錯誤を繰り返しながらもナッチブル法の失敗によって労役場も外形的には失敗・崩壊していた。

　制度的には院外救済が発展する一方、労働者の実質賃金は下落を重ねていた。最低賃金を法制化する議論も活発であったが、実現することはなかった。1793年ローズ法(友愛組合の奨励と救済に関する法律)[17]による友愛組合(friendly societies)の奨励も貧民の窮乏を緩和しなかった。この問題については国家レベルでの議論が活発に行われていたが、地方の治安判事が実質的にその問題に対

---

16) An Act For Amending The Laws Relating To The Settlement, Employment, And Relief Of The Poor 1722.

17) Friendly Societies Act 1793.

処していた。実施方法は地方によって異なっており、議会では最低賃金政策と賃金補助政策の選択についての議論がなされたが、賃金補助政策が実施されることが多かった。それはおおむね労働者の「賃金補助率（rate in aide of wages）」を設定し、パンを給付する制度であった。その代表的なものがスピーナムランド（Speenhamland）制度である。スピーナムランド制度はパンの価格と家族数によって決定される救助率を下回る賃金しか得られない者なら誰でも、失業者のみならず就労している者にも適用される賃金補助制度であった。その後、スピーナムランド制度を中心とする賃金補助制度の導入の影響は、当初の目的からは遊離したものになった。すなわち、賃金補助制度は賃金の補助というよりもむしろ、雇主への補助金となり、低賃金を誘発・合理化する結果になった。また、スピーナムランド制度を中心とする賃金補助制度が広範な影響力を持っていた南部イングランドにおいては、農村を荒廃させることとなった。このようにしてスピーナムランド制度を中心とする賃金補助制度は失敗に終わった。

19世紀になると対仏戦争後の復員と恐慌による労働力供給増大が相乗した雇用不定や凶作が起こり、救貧税が毎年上昇することとなり、有産階級の不満が爆発し、エリザベス救貧法の改正案が提出されることとなる。

3　改正救貧法体制下における貧困と職業

(1)　改正救貧法の成立と展開

1832年、勅令救貧法委員会が設置された。その任務はエリザベス救貧法行政の実態調査を行った上で改革案を準備し、改革に好都合な世論を醸成することにあった。1834年報告書[18]の目次によれば、立法の原則は「試行され有益であると認められた救貧行政の諸様式が、一般的に執行されること。よく管理された労役場内で救済を与える慣行、および労働能力者に対する部分的救済（partial relief）[19]の廃止は、すでに試行され有益であると認められており、全ての場所に

---

18) *The Report From His Majesty's Commissioners For Inquiring Into The Administration And Practical Operation Of The Poor Laws, 1834.*

19) 手当制度や間接的賃金補助制度が念頭に置かれていたようである。大沢前掲注(1)68頁。

拡張すること」であった。すなわち、労働能力者に対する院外救済の廃止を明記した上で、生活自助原則（selfhelp）を打ち出したものである。1834年報告書は、エリザベス救貧法の治安維持的性格からの脱却を明確に示し、救貧法制度を原理的に擁護する立場をとった。労働能力者には単に就労の機会を付与するだけに止まらず、救済の対象者としての位置付けが与えられたのであった。エリザベス救貧法とは異なり、労働能力者の「就労措置（setting to work）」は、労働無能力者の「必要な救済（necessary relief）」とは異なるカテゴリーに属するものであるという立場をとった。すなわち、雇用政策と救貧政策が分離されたのである。また、労働能力者が救済される場合、その条件は実際上も外見上も最下層の独立労働者の境遇よりも望ましくないものでなければならないという「劣等処遇の原則（the principle of less eligibility）」、具体的には現実の救済が就業時の収入よりも低く設定されなければならないとする賃金停止条項（wagestop clause）が導入された。さらに、労働しなければ最低生活資料（subsistence）を得ることのできない者、すなわち「貧困（poverty）」と、労働し得ないか、ないしは労働の対価としての最低生活資源を得ることができない者、すなわち「困窮（indigence）」とを区別することにし、後者は救貧の対象となるが、前者についてまで拡大することは適切ではない、とした。

19世紀には団結禁止法（Combination Act）や全般的団結禁止法に見られるように、労働者階級に対する圧迫政策がとられるようになった。労働組合はもちろん、それに類似するような友愛組合も禁止された。その一方、労働者の権利意識は強まってゆき、団結禁止法の廃止、居住地域制限制度の廃止、工場における労働条件の改善などを要求することとなった。救貧法の改正もこの文脈で語られることができよう。労働者階級の要求をよそに成立した1834年改正救貧法である。以下、改正救貧法の内容を概観することとする。

改正救貧法は、労働能力者の院外救済を原則として禁止することにした。貧

---

20) 河野正輝「1834年救貧法改正の一考察―1834年法と救貧法委員会命令の内容を中心として」岡山大学法学会雑誌17巻4号（1968年）553頁。
21) The General Combination Act 1799, c. 106. The General Combination Act 1800.
22) An Act For the Amendment and Better Administration of the Laws to the Poor in England and Wales 1834.

民監督官または貧民救済委員会がこれらに反して救済を与えることは、緊急の場合を除き、違法なものとなった。高齢者などの労働無能力者の院外救済については、完全に労働不能であること、教区連合内で救済を得る資格を得ていること、院外救済を受けることを希望していることの3要件を満たすときに院外救済を与えられた。

　すなわち、改正救貧法の原則は労働能力者とその家族の生活自助、労働無能力者の劣等処遇の原則などを通じての労役場内での救済をすることにあった。救済を受ける権利を認めるものではなく、改正救貧法の下での国家が教区連合に課した救済義務の反射的利益に過ぎないものであった[23]。

(2) 改正救貧法体制における労働能力者

　改正救貧法下の救貧制度は、様々な試行錯誤を繰り返しながら結果的には20世紀まで継続することとなった。たとえば19世紀中葉には相互扶助による「自助の制度化」ないし「自助を助ける」目的で多数の友愛組合、共済事業、生活協同組合や慈善団体が生まれた。このような慈善団体が組織化されたのが慈善組織協会（COS（the Charity Organization Society））である[24]。慈善組織協会の成立によって救貧法委員会と教区連合、教区との連絡調整が図られるとともにケースワークの質の向上を図っていった。

　20世紀初頭の景気は悪化するばかりであり、1905年失業労働者法もさしたる効果をあげなかった。貧困はもはや自己の責任のみに止まらず、現代産業社会の産物であると認識され、改正救貧法の見直しのために1905年「救貧法および窮乏救済に関する勅令委員会」が設置された。勅令委員会報告書は多数派、少数派に分かれた。多数派報告は改正救貧法の貧民抑圧的性格に反対し、過酷さと絶望の連想をもたらすというスティグマの問題を考慮し、実体の伴った改革をするため改正救貧法を「公的扶助（Public Assistance）」に変更することを勧告した。しかし、労働能力者への処遇は労役場内での救済と劣等処遇を原則とし、1834年改正救貧法制定当時の原則であった集団的自由放任主義（collective

---

[23]　河野前掲注(20) 592頁。
[24]　高野史郎『イギリス近代社会事業の形成過程―ロンドン慈善組合協会の活動を中心として』（勁草書房、1985年）

laissez-faire)へと回帰することを主眼としていた。一方、ウエッブ婦人（Sidney Webb）を中心とする少数派報告は、改正救貧法解体過程を完成することを勧告した。[25] 少数派報告は、労働能力者の救済に関して自己及び自己の家族の扶養義務を体系化することを前提とし、労働無能力者に対する救済と完全に分離し、労働能力者に対する救済を失業対策に置き換えた。失業対策とは職業紹介所の設置を前提にして(1)過剰労働力の吸収策としての労働時間短縮(2)労働需要の規則化(3)失業保険及び(4)国民保険制度の適用されない者には職業訓練を前提にして公的扶助を与えることから構成されていた。

結局政府は多数派、少数派双方の報告を採用せず、改正救貧法の改正には至らなかった。しかし、勅令委員会報告書の過程において各種雇用関係立法が制定された。

(3) 改正救貧法体制における職業紹介

イギリス労働法の特徴は、長らくヴォランタリズム若しくは集団的自由放任主義で説明されてきた。19世紀末の職業紹介事業も例外ではなく、国家が労働市場に介入するのは好ましくないものと考えられた。当初、公共部門による職業紹介事業は存在しておらず、労働組合による職業紹介と民間の職業紹介事業者によるもののふたつが存在していた。

労働組合による職業紹介の対象者は組合員に限られていた。労働組合の構成員のほとんどが男子ブルーカラー労働者であった上に組織率も高くなかったため、労働組合による職業紹介を利用することは一般的ではなかった。[26] 女性や未組織労働者は民営職業紹介事業を利用していたが、民営職業紹介事業者に対する国家の介入は最小限であり、事業者の登録制程度の規制しか存在していなかった。民営職業紹介事業が紹介する求人内容には、劣悪な労働条件を提示するものや事実と相違するようなものも少なくなかった。

1885年には試行的に公共労働登録所が地方機関として設置され、地方当局の自主的な運営が行われていた。失業者が求職を希望する場合には名前を登録し、そこで求人と求職のマッチングが行われるようになった。しかし、公共労

---

25) 大沢前掲注(1)193頁。
26) 寺井基「イギリスにおける職業紹介システム」同志社法学48巻6号（2006年）52頁。

働登録所もまた集団的自由放任主義を基調としており、労働条件や雇用関係上の問題には介入しない立場であった。

　20世紀に入ると公共職業紹介機関の必要性が認識されるに至り、1902年労働局（ロンドン）法[27]が制定された。イギリスにおける公共職業紹介はロンドン労働局を基点として発足することになった。

　次いで1905年、失業者の急増とともに失業者運動の圧力を受けて失業労働者法[28]が制定され、職業紹介を拡充した。この法律は救貧制度における失業者対策の総合的な法律であり、1902年労働局（ロンドン）法の適用範囲をロンドンのみならず地方にまで拡大し、失業者の救済問題に対する新しい公的接近を明確化した。ただ、救貧法体制下における職業斡旋の色彩が強く、不運な一時的失業者とそれ以外の者を形式上区別し、一時的失業者でない者は教区及び議会の投票権を喪失させるなどの不利益を付与した。同法は恩恵的性格が強く、求人側と求職側の選択の自由を尊重するために悪質事業主の排除を目的としていなかったため、職業紹介の効果も不十分であった。このため、市民には失業者運動が生じることとなった。

　失業者運動過程で生じていた圧力をかわすため、政府は救貧法調査勅令委員会を設置し、その報告に基づき1909年職業紹介法[29]を制定した。職業紹介業務の管轄をベヴァリッジを職業紹介委員会議長とする商務省に移譲することによって職業紹介と救貧行政を分離した。翌1910年、職業選択法[30]が成立し、地方教育庁に若年者のための職業紹介部が設置された。

　公共職業紹介所の発足は、必ずしも順調ではなかった。労働組合が行っていた職業紹介事業と対抗関係に立つことになり、組合未組織労働者が組合に加入する動機付けを損なわせるだけでなく、組合員の脱退を促す結果になったからである。そこで公共職業紹介所は労働組合のナショナルセンターであるTUC（イギリス労働組合会議）との間で事業の峻別に関する合意をした。国家の労働争

---

27) Labour Bureau (London) Act 1902.
28) An Act for Provision of Employment and Assistance for Unemployed Workmen 1905.
29) Labour Exchanges Act 1909.
30) Choice of Employment Act 1910.

議に対する中立義務の要請から、ストライキ中の代替労働者を紹介してはならない旨の合意が存した。使用者側はストライキ中の代替労働者を公共職業紹介所から供給されないことから、産業界は必ずしも公共職業紹介を信頼していなかった。結果として、労使ともに公共職業紹介事業を信頼せず、求職と求人のマッチングにさほど効果があったとは認められていなかった。20世紀初頭の公共職業紹介事業は多難な運営を強いられていたといってよい。

(4) 改正救貧法体制下における職業訓練

一方、職業訓練制度が発足発展してきたのも改正救貧法体制下であった。そもそも公の機関による職業訓練の源泉は1563年職人規制法の徒弟強制（compulsory apprenticeship）やエリザベス救貧法以前の1576年法の職業「教育」による労役場を例示することができるかもしれない。しかし、これらは救貧法体制下における労働能力のある貧民に対する強制労働の施策なのであり、現代的職業訓練の一環としての機能を有していたとすることはできないであろう。

イギリスは現代も資格社会であるといわれ、客観化された職業能力を持っていることが労働市場における求人と求職のマッチングに重要な役割を果たしている。1878年ロンドン市の同業者組合委員会が技術教育に関する報告書を提出し、産業革命期に混乱した徒弟訓練の整備を図る勧告をするなど、徒弟訓練を含めて職業訓練は相当の実績を持っていた。すなわち、職業訓練の社会的基盤は確立していたのである。ところが、このような客観化された職業能力を醸成するための職業訓練は、19世紀から20世紀にかけてあまり発達しなかった。その理由は、国民の一般的な教育水準が低いこと、使用者が雇用する労働者に対して教育訓練の投資をしようとしないこと、しかるべき教育を受け一定程度の能力を身につけた労働者がブルーカラー労働に従事することを嫌ったからである。

現代的職業訓練としての最初の規定は1911年国民保険法と1920年失業保険法の成立による失業者技術教育の規定に見られる。これらは国民保険料拠出に基づく給付であって、救貧政策としての職業訓練の性格を有しているものではなかった。

4 改正救貧法体制下における失業時の所得保障[31]
(1) 1911年法の成立

他方、失業に対する所得保障については20世紀以前、失業に対する救済は主としてふたつの形態があった。ひとつは、労働組合や友愛組合などによる私的な保険制度によるものであり、もうひとつは相対的に役割が低下していた救貧法によるものである。

労働組合の運営する失業共済制度は、60万～90万人の失業組合員に対して労働組合が失業手当を支給するものであった。当時の失業共済制度の適用をしていた労働組合は特殊な業種の労組に限られており、その上労働者拠出による財政を基礎としていた。それ故に財政的基礎が脆弱であり、独占資本段階における大量的・慢性的失業に対しては全く無力であった。1905年失業労働者法は、救済されるべき失業者に対して地方自治体の公共事業を通じて雇用することにしていたが、実際にはそれほど成果を上げなかった。

ひとたび失業が個人的な責任によるものではなく社会経済的な要因によって作り出されたものであるということが人々に承認されるようになると、救貧法の外で国家的な保護が行われるようになってくる。しかし、1909年に制定された職業紹介法[32]は公共職業紹介事業を規定するものであったが、労働市場における求人と求職のマッチングにはさほど比重が高くなかった。

救貧法勅令委員会の多数意見は失業保険の範囲を拡大することであったが、それには民間ベースでこれを行う限界が認識され、産業団体からこれを独立させることが必要であるとされたのである。

20世紀初頭のイギリスにおいて失業に関して卓越した見解を有していたのがベヴァリッジである。『失業論』によれば、公共職業紹介所の存在は失業者対策のごく一部なのであり、本質は所得の維持にあると見ていた。産業構造が転換するまでに失業者が就労意欲を喪失させずに生計が維持されることが重要で

---

31) 救貧法からベヴァリッジ以前までの労働政策と社会保障政策の法的分析については林健太郎「イギリス失業保険制度史から見る"労働と社会保障の関係性"(1)～(4・完)」早稲田大学法研論集147号 (2013年) 233頁、148号 (2013年) 179頁、149 (2014年) 309頁、150号 (2014年) 365頁。

32) Labour Exchanges Act 1909.

第 1 章　イギリス求職者法の史的展開

あると考えていたのである。[33]

　労働者保険を成立させていたドイツを視察したロイド・ジョージは、イギリスにおいて労働者階級の疾病と失業に対処するための社会保険を発足させることとした。1911年5月4日に提出された国民保険法案は第1部の国民医療保険が反響を呼んだのに比して、第2部失業保険はさしたる議論もなく同年12月16日に1911年国民保険法として結実した。[34][35]

(2) 1911年法の概要

　1911年国民保険法は、第1部の医療保険、第2部の失業保険、第3部の総則から構成された。

　同法第2部の失業保険は、国労使三者の拠出に基づいて実施される世界で初めての強制国営失業保険となった。ただ、国営とはいっても実際には労働組合や友愛組合等が設置する認可組合（approved society）が保険者となって運営することになっており、失業リスクが高く組織化されていた7業種（保険産業（insured trades））に限って運営された。[36]

①費用負担

　失業保険に必要な費用は、保険産業に雇用される労働者の拠出、当該労働者を雇用する使用者、国庫の三者によって構成される。[37] 保険料は労働者拠出が週あたり2.5ペンス（18歳未満は1ペンス）であり、これと同額の使用者負担を付加して、使用者が保険料拠出義務を負った。[38]

　国庫による負担については、法制定過程において大きな議論を呼んだ。当初は国労使3分の1ずつ（国労使各2ペンスずつ）で議論されていたが、国家の負担が重いという議論がなされた。結局、国庫負担は労使拠出分の3分の1、つまり週1.67ペンスということになったのである。失業保険の管理運営は商務

---

33) Willam Beveridge, *Unemployment: A Problem of Industry* (Longmans, 1909) p.236.
34) 片桐由喜「イギリス国民保健制度の形成過程—国民保健サービス法（1946年）を中心として」北海道大学大学院環境科学研究科邦文紀要6号（1993年）75頁。
35) National Insurance Act 1911.
36) 建設業、土木業、機械工業、造船業、車両製造業、製鉄業、製材業。
37) National Insurance Act 1911, s.85 (1).
38) National Insurance Act 1911, Eighth Schedule.

省内部に設置される失業保険基金 (unemployment fund) が所管し、失業者が想定外に増加した場合には国庫から借り入れることができる旨の規定を置いた。実際には第1次大戦後の失業危機によって多額の借入金が必要となった。

②受給要件

失業保険給付を受給するためには、次の要件が必要とされた。[39]

a 保険産業に雇用される労働者が、過去5年間に26週間以上の雇用関係にあったこと。
b 公共職業紹介所において所定の様式で失業保険給付の申請を行っており、申請時において継続的に失業していること。
c 労働能力を有するにもかかわらず、適切な雇用 (suitable employment) を得ることができないこと。
d 過去に失業保険給付の受給権を使い果たしていないこと。

ただし、次の場合には上記の要件を満たすものとみなされた。

a 労働争議の結果生じている欠員に応募していない場合。
b 前職に比して賃金、労働条件、勤務地等が劣ることを理由として就職しない場合。
c 当該地域における労働協約で定められているものよりも低い賃金や労働条件が提示されている場合。

1911年法は失業の定義を置いていなかったことが特徴的である。公共職業紹介所で給付申請を行うことで離職の事実と労働能力、雇用を得ることができない状態から失業状態を推認させるという法形式を採用したのである。さらには、求める雇用は任意でなく、労働者の労働条件を保護することが法的に重要な価値であるとされ、その判断には労働者本人の絶対的な水準低下に止まらずに、他の労働者との関係での相対的な労働条件を加味して判断されたのである。

③給付の欠格

失業保険給付の支給要件を満たしたにもかかわらず、求職者の行動によって失業保険給付が制限されることを法文上明らかにした。[40] 次のような場合である。

---

39) National Insurance Act 1911, s.86.
40) National Insurance Act 1911, s.87.

a 労働争議によって操業が停止されている間、失業給付を欠格する。[41]
b 非違行為により職を失った労働者（workman）、十分な理由（just cause）なく自発的に離職した労働者は、雇用を喪失してから6週間給付を欠格する。
c 労働者が刑務所あるいは労役場に収監されている間、全部又は一部が公的基金から支出されている何らかの施設に入所している間、一時的あるいは永続的に英国（United Kingdom）から離れている間、給付を欠格する。
d 国民保険法所定の疾病給付や障害給付の受給権を有する間、失業給付を欠格する。

このように、失業保険制度の創設当時は、離職の態様（労働争議や自己都合、懲戒解雇）によって給付を欠格するということが予定されていたものの、職業紹介拒否によって欠格するとの考え方は採用されてはいなかった。

④保険給付

商務省は、失業保険制度が実験的な措置であることから保険給付水準決定に当たって様々な配慮を行っていた。失業保険制度の特性上、制度の悪用を防止しなければならず、その反面で制度を維持するために保険料拠出を正当化させ、保険料拠出者への払い戻しを考慮せざるを得なかった。さらには、保険数理計算ができないだけでなく、準備金が用意されていたわけではなかったことから、手探りの状態で制度設計せざるを得なかった。[42]

そこで決定されたのは次のような内容であった。[43]

a 離職から1週間を待機期間とし、その間は保険給付を行わない。
b 失業保険給付額は週あたり7シリングとする。
c 18歳未満の失業者には支給しない。
d 保険給付は1年間の支給対象期間のうち、15週間の所定給付日数を超えない失業日に支給する。
e 5週間の保険料拠出実績に対して1週間の所定給付日数が付与される。

---

41) この経緯については、山田省三「労働争議を理由とする社会保障給付欠格の法理―イギリスにおける社会保障法と労働争議法との交錯―(1)(2)(3)」比較法雑誌24巻2号、3号、4号（1990・1991年）。
42) 樫原前掲注(1)526-527頁。
43) National Insurance Act 1911, Seventh Schedule.

これらの規定に見られる特徴は、失業は摩擦的なものであり長期失業は対象としないこと、給付を受けるにはある程度安定的な雇用に就いた経験を有していることが必要であり、循環的に離職と就職を繰り返している者については給付の対象とならないことである。つまり、1911年法における失業状態は、安定的雇用が一時的に喪失し者を対象としたのであって、再就職するにあたっての職業能力の維持向上をさほど真剣に考えなくとも良かったものともいえる。

⑤拠出保険料の払い戻し

　失業保険制度は試験的措置であった。保険料を拠出する事業主にとっては可能な限り保険料負担を回避したいと考える。そこでは失業保険の財政的均衡に関心を抱くことになるだけであって、使用者が労働者を解雇しようがしまいが保険給付に関するメリット制があるわけではないことから解雇を生じさせない使用者からの反発が予想された。他方で、離職しなかった労働者からは保険料拠出に対する見返りを生じさせないことからも反発が予想された。そこで、保険事故が生じなかった場合の拠出保険料払い戻しの制度が設けられた。

　1911年法で想定されたのは次の3つであった。

　　a 特定の労働者が継続する1年間に雇用され続けていた場合、事業主が負担した保険料の3分の1を払い戻す[44]。
　　b 500週間以上にわたって保険料を拠出した労働者が60歳に達した場合、労働者またはその代理人に対して拠出保険料総額の2.5％を払い戻す[45]。
　　c 事業遂行過程において不況により短縮操業を余儀なくされた使用者が、その雇用する労働者のために保険料を拠出している場合、当該保険料を払い戻す[46]。

　これらの保険料払い戻し制度は、制度導入当初の緩衝材としての役割を担っていた。その一方で失業保険が拠出に基づく給付であることにも由来していた。つまり、失業が使用者か労働者の行為によって発生する人為的なものであるが故に、本来的に望ましくない失業を回避するためには、保険料を通じて解雇や辞職を回避する政策的誘導策であった。

---

44)　1911 National Insurance Act, s.94.
45)　1911 National Insurance Act, s.95.
46)　1911 National Insurance Act, s.96.

(3) 1916年法の制定

　1911年国民保険法による失業給付制度は、大規模産業都市では強制適用で国労使三者同額の拠出で実施された。[47] しかし、1911年国民保険法による失業給付は当初7業種に限定して強制適用されていたので、第1次大戦中に軍事産業が拡大するにつれ、全面適用が要求されるようになった。実際、第1次大戦中は失業率がゼロに近く、失業保険基金も安定的に推移したのでこれが可能になると思われた。

　しかし、戦争終結によって復員者と軍事産業も縮小による大量失業を生み出すことは必至であった。これに対処するために、ふたつの方策がとられた。

　ひとつは、失業保険を軍事産業労働者に適用拡大することである。このために、1916年国民保険（第2部）（軍事産業労働者）法が制定された。もうひとつは、復員軍事、官公労働者に対する「失業扶助金」の支給決定であった。失業扶助金は国民保険に基づかない無拠出の給付金なのであり、失業保険を補完するものとして構想された。しかしながら実際には、給付水準が国民保険に基づく失業保険給付が週7シリングのみであったのに対して、男子24シリング、女子20シリング、これに扶養児童への加算があるなど、生活保障としての色彩が濃いものであった。

　このような無拠出で高額の失業扶助制度は、戦後の一時的な大量失業を摩擦なく処理することに成功し、経済の再編を促した。しかしながら、急激な大量失業に失業保険制度が対処することができないことを明らかにさせ、「失業扶助は失業保険を駆逐する―グレシャムの法則に近い経済理論[48]」とまで評され、無拠出給付に対する国民の依存度を高める結果となってしまった。

(4) 第1次大戦の終焉と1918年失業扶助制度

①1918年失業扶助制度

　しかし、失業保険の全面適用体制が実現する前に終戦を迎え、大量の国民保

---

47) N. Wikeley and A. Ogus *The Law of Social Security [5th ed.]* (Butterworths, 2002) p.75.
48) Flex Morley, *Unemployment Relief in Great Britain a study in state socialism* (Routledge, 1924) p.20.

険拠出をしていなかった復員求職者が発生したため失業給付が一時停止された。そこで法外措置である1918年失業扶助制度を策定し、退役軍人に無拠出の失業手当 (out of work donation) を給付した。失業扶助制度は6か月の時限措置であったが、保険料を拠出していなかった者も対象となり、農業従事者、公務員などを除き全労働者に適用された。無拠出での失業手当は1911年法が原則としていた拠出に基づく給付という制度の枠組みを歪めさせ、贈与関係に基づく生活保障給付が国民の依存度を高めるものとして後にベヴァリッジが批判するところになった。

②1920年失業保険法の制定

1920年、経過措置としての失業扶助制度が廃止され、1911年国民保険法を健康保険部門と失業保険部門とに分離した1920年失業保険法[49]が制定された。

第1次大戦後、失業保険に加入していなかった多くの復員軍人たちが再就職することができずにいた。彼らには1916年法の下で救済が与えられていたが、このことは同時に失業が失業者の過失によるものではないことを承認させる契機ともなった。そして、このような失業に対しては権利として給付を得ることができるようにしようとの機運が高まった。1920年代の改革は、この約束を果たすべきものであった。この制度は、周期的失業の危険がないと考えられた農業労働者、家事使用人 (domestic workers)、鉄道従業員、官公吏などを除く16歳以上の全肉体労働者及び年収250ポンド以下の非肉体労働者の全員に適用された。1916年法による被保険者が400万人程度であったのに対して、1920年法による被保険者は1275万人にまで拡大した。

1920年法での主要な改正点は二点あった。第1に、1911年法で規定されていた拠出保険料払い戻しが廃止されたことである。もうひとつの改正点は、強制加入からの適用除外 (contracting-out) を認めたことである。政府は、各産業に対して労使の合同会議で運営する特別制度 (Special Scheme) を創設した場合には、国家が運営する失業保険からの離脱を認めた。これは、失業率の低い産業には保険料負担を軽減させることを通じて雇用の安定を図るという目的を持っていた。

---

49) Unemployment Insurance Act 1920.

③1920年法の展開

1920年法は、大恐慌の荒波にさらされて21年、22年、24年、30年との4度にわたる改正を余儀なくされた。1920年法の保険料率と給付水準は失業率5.32％を前提に設計されていたが、1920年から1940年にかけての失業率は10％を下回ることはなく、失業の長期化にも対応しなければならない状況となった。また、1920年代の特色として、ごく限られた地域における特定産業に失業が集中していることが明らかになった。この結果、当該地域における慢性的・長期的失業に対しては失業給付制度が実効性を欠き、ごく限られた人物に、ごく限られた期間しか給付をしていないことが明らかになった。

そこで3つの改正がとられた。第1が保険給付期間が満了した失業者に対する延長給付の創設である。第2が、延長給付を含む失業給付に扶養家族手当が加給されたことである。第3が、以上ふたつの給付に係る支出増大に対処するために国庫からの貸付金を受けることを法文上明らかにしたことである。この結果、保険財政には多額の負債が生じ、国庫負担も増大したことから批判の対象となった。

延長給付や扶養家族手当は、保険料拠出に基づく給付というよりはむしろ、失業者の生活上のニーズに基づく給付であり、保険原理からの逸脱、つまり失業保険における扶助原理の導入を意味していた。このような保険原理からの逸脱は、失業保険制度の理念を大きく変革させ、必要原理に支配された理念的価値を指摘されるに至った。[50] 総じて、1920年代の改正は、拠出に基づかない給付の拡大を指向するものであり、とりもなおさず失業扶助の規範的意義を確認させるものであった。延長給付の創設によって保険に扶助が「接ぎ木」され、[51]失業保険の拡大にもかかわらず、失業保険から脱落する失業者が増大することによって扶助の機能と国庫負担の増大を生じさせた。失業保険はまさに混乱の時代へと突入したのである。

なお、ここで注目すべきは1921年法の受給要件である。20年法86条3項が

---

50) Mary Barnett Gilson, *Unemployment Insurance in Great Britain* (Industrial Relations Counsellors, 1931) p.49.

51) W.H.Beveridge, *The Past and Present of Unemployment Insurance* (Oxford, 1930) p.19.

「労働能力を有するにもかかわらず、適切な雇用を得ることができない」として いたけれども、21年法3条3項b号では「常勤（whole-time）の雇用を求めて いるが、かかる雇用を得ることができない」とした。すなわち、失業状態にお ける求職条件につき、雇用の適切性が必要とされていたことが転換され、適切 性を不要としたのである。

(5) 1927年法

扶助原理に基づく「過渡的給付」「経過的給付」の支給は、国務大臣の裁量に 委ねられた。その裁量行使は申請者の財産や個人的状況を調査されたのちに決 定されることになっており、保険料拠出に基づくものとは明らかに異なるシス テムであった。これに関して1927年、ブレインズバラ委員会は保険と扶助とい うデュアルシステムが存在していることによって「すべての給付は権利として 保障されるべきである」ということが曖昧にされていると指摘した。かかる観 点からブレインズバラ委員会は「無契約給付」の廃止を勧告したが、ついに実 現することはなかった。「経過的措置（transitional arrangements）」も廃止される どころか、幾度にもわたって延長された。実際、1933年には経過的措置による 受給者数は、本体部分である保険給付の受給者数を上回っていたのである。

ブレインズバラ委員会は、失業保険制度で大量的な失業を処理するために は、保険原理に関してこれまでと異なる視点に立脚した制度作りが必要である と勧告した。それは①受給資格要件の緩和、②国庫負担の3分の1への増額、 ③産業別失業保険を廃止し、広範な労働者を被保険者にすることが主要な内容 であった。とりわけ受給資格要件の緩和は、離職の日以前2年間に30週の被保 険者期間を必要とする原則の一方で、例外的に被保険者期間要件を満たさない 場合でも「真に雇用を求めている」間は給付を受けられることを勧告しており、 経過的措置としての給付を恒久的措置にするものであった。これにより保険料 拠出は保険給付との対応関係を欠くことになり、保険と扶助の統合化が図られ ていたということができる。この背景には、「自分自身の落ち度によらずして 雇用を失った者が救貧法に追いやられてはならない」という必要原理が支配し ていたのであって、保険料拠出が財源調達手段のひとつに過ぎないことを表明 したことは看過すべきでないであろう。

ブレインズバラ委員会の報告書は受け入れられ、1927年失業保険法が制定された。同法は「真に雇用を求めている（genuinely seeking work）」ことを立証しさえすれば、失業者の権利として保障されるものとなった。このことを踏まえてベヴァリッジは、1911年法は保険料拠出と保険料給付との対価関係にその根拠を見出した「契約」であったが、1927年法はこれを「資格」へと変質させたものであったという。[52] ただ、ブレインズバラ委員会は失業率6％を想定して制度設計を行っていたのであるが、実際には8.7％から13.6％と高率に推移し、すべての失業者に給付を行うことができなくなってしまった。このように、1927年法がすべての失業者を包括的に対処しようとする目的は達成されなかったといってよいだろう。

(6) 1930年失業保険法

　1927年法は1928年4月に施行された。同法は経過的措置を恒久化して新規の経過的給付申請を受けつけないことにしていた。しかし、法施行後にも失業率は上昇し続けたことから、経過的給付の延長が繰り返された。その結果、経過的給付の受給者は1929年に12万人であったのが、1931年には52万人へと増加してしまった。

　経過的措置が恒久措置に置き換わらなかったのは、1927年法によって導入された「真に雇用を求めている」要件の充足判断にあたって、担当行政官の裁量が広く、判断に相当の主観が入り込まざるを得ない問題があったからである。一般的には、失業給付を求めると同時に求職活動を行うことによってこの要件を充足することができたが、求職活動中に何らかの求人が紹介されるまで待っている限りにおいては、この要件を充足することができなくなってしまっていた。そして、失業率が高止まっている労働市場においては、失業者にとって新規の求人を紹介することには限界があった。それ故に、「真に雇用を求めている」客観的な資料を提示することができなかった求職者にとっては、給付を否定される結果となってしまっていた。

　そこで、労働党が政権をとった1929年には、この「真に雇用を求めている」条項を廃止すべく検討が加えられた。その目的は、求職者にとっての証明責任

---

52) Beveridge, id., at 51, p.21.

軽減と同時に、行政裁量実施にあたってのコスト削減にもあった。この結果成立した1930年法失業保険法[53]では、従来失業者が「真に雇用を求めている」ことを証明することが必要であったのに対し、①行政機関側が求人を提供しているにもかかわらずそれを拒否しているか、②雇用を求めるための努力を怠っていることを証明しなければ、失業保険給付を法的権利として給付しなければならないこととした。すなわち、失業状態に関する証明責任を個人から国家へと転換させたのであった。

これに加え、1921年失業保険法で否定されていた提供される求人に関する雇用の適切性について、1930年失業保険法6条ではこれが復活した。このように、1930年失業保険法は、失業保険行政の構造転換とともに、職業選択の権利保障に資する結果となり、「効果的な失業保険制度の危険は給付を得る人を堕落させ、そして彼をして仕事の探求を放棄せしめるかもしれないというよりはむしろ、それが当時の政府を堕落せしめ、そして彼らをして救済策の探求を放棄せしめるということである」とのベヴァリッジの指摘が現実のものとなった[54]。大恐慌に至るまでに受給者数と保険財政が増大し続けてしまったのである。

5 1934年失業法と救貧法体制の崩壊

(1) 経　　緯

1930年代に入ると失業率が高止まりした、1930年法が支給要件を厳格化したことによっても特別給付が失業者の所得保障として機能しにくくなった。その結果、救貧法の役割が相対的に上昇した。そこで勅令委員会は失業保険制度から保険料拠出に基づかない特別な給付を独立させ、失業扶助制度を設けることを提案した。1934年失業法が成立し[55]、第1部で適用範囲を拡大して保険給付としての失業保険、第2部で失業扶助庁（Unemployment Assistance Board）の行う資力調査を伴った救済（relief）としての失業扶助を規定し、後者については

---

53) Unemployment Insurance Act 1930.
54) W. Beveridge, "Unemployment Insurance in the War and After" Norman Hill, *War and Insurance* (1927) pp.249-250. 訳出は樫原朗『イギリス社会保障の史的研究Ⅱ―両大戦機の保険・救貧法の運営から戦後の社会保障の形成へ』（法律文化社、1980年）223頁。
55) Unemployment Act 1934.

長期失業者に対する過渡的給付を行うこととなった。1935年、これらを整備再編成する形で失業保険法が制定された。

1927年法によって再び混乱に陥っていた失業保険を再構築すべく、勅令失業保険委員会（Royal Commission on Unemployment Insurance）が設置された。その多数意見で失業の本質が構造的性格を有していることを明らかにした上で、失業者すべてを把握する新しい体系の必要性を主張した。これには雇用可能性を維持向上させるための援助と、必要時における経済的支援が充当されなければならないとした。

報告書の多数意見（1932年11月）は次のように指摘した。「失業者には、機会が到来したならば新しい雇用を得る見通しをもって雇用可能性を維持向上させるような援助を与えられる必要がある。これは、個人の関心事であると同様、社会一般の関心事でもある。無条件の失業扶助制度を廃することは、社会一般の利益に資する。継続的・長期的な失業状態は労働意欲を減退させることが不可避なのであり、この状態が永続するのであれば自立心と独立心を損なわせるであろう。したがって、失業者に金銭給付を行うにあたって、社会は、このような傾向を阻止する条件を受給に付すことが必要となるであろう[56]」。

報告書多数意見はこのような問題認識に立脚し、具体的政策として全失業者に対する保険・扶助・訓練の3つの制度による失業給付体系を構築するように要求したのであった。

勅令失業保険委員会の多数意見に基づいて、政府は1933年に失業保険法の改正案を提出した。

(2) 1934年法の概要

1934年失業法第1部の保険給付においては、離職当初6か月間を拠出制失業保険給付を支給することとし、第2部失業扶助においてそれを経過したとき、あるいは拠出要件を満たさないときに中央集権的に管理されたミーンズ・テスト付き給付として支給される失業扶助から構成されることになった。かくして、全階級の人々が地方で管理された救貧法の対象から除外され、中央政府が行う失業保険と失業扶助の対象となることになったのである。政府は、1934年

---

56) Royal Commission on Unemployment Insurance, *Final Report* (1932) [Cmnd. 4185].

法によって失業保険法定委員会 (Unemployment Insurance Statutory Committee) を設立し、失業保険の財務状況を管理するとともに、保険料率の決定に関して政府に勧告する権限を付与した。これを受けた中央政府は必ずしもこれに従う必要がなかったが、委員会の設定した財政的制限範囲内で保険料率を決定する責務を有することになった。他方で、扶助を含めた給付水準は、失業者の個々の状況に応じて決定されることになったので、行政上の複雑性が増すとともに、国家の関与程度も増すことになったのである。

1934年失業法は、失業を156日未満の短期摩擦的失業とそれ以上の長期失業とに分け（3条1項）、前者については第1部の失業保険で、後者については失業扶助で対処することにした。

第1部の失業保険においては、16歳以上を被保険者とし（1条）、65歳までを被保険者とした。そして18歳までは教育機関において職業能力を養成することとし（法13条）、職業能力養成の位置づけを与えた。給付期間は最長156日であったが、被保険者期間5年以上の者の失業については被保険者期間に応じて1年間まで延長されることから（3条2項）、再就職困難事由が雇用期間に連動するもの位置づけていたのである。

第2部失業扶助は失業保険の受給期間を満了した長期失業者と、家事使用人などの失業保険適用対象とならない者が対象となった。支給期間の上限は設定されず、資力調査を要件として失業保険と同程度の給付が行われた。失業扶助の管理運営は失業扶助委員会 (Unemployment Assistance Board) が掌握し、給付判定を行うほか、受給者が通常の雇用 (regular employment) を得ることができるような措置を行うことが主要な任務とされた（35条）。

(3) 1934年法の展開

1934年失業法は社会保険と公的扶助の二本立てで失業者の所得保障と再就職支援を行うこととした。これと同時に労働能力がある者は救貧法から離れて対応することとなり、救貧法体制の脱却を意味していた。

1935年には1920年から1934年までの失業保険法を整理統合する1935年失業保

険法が制定された。翌1936年には失業保険（農業）法[58]が制定され、1937年からは家事使用人も失業保険の被保険者となる措置が講じられた。これらの措置により1940年には失業保険の全面適用が実現した。

一方、1934年失業法による失業扶助は世帯単位のニーズ決定がなされており、世帯単位で資力調査が行われていた。1941年のニード決定法で資力調査を個人単位化した[59]。給付の個人単位化は救貧法体制からの脱却を意味し、救貧法廃止の路線が明確になった[60]。

第2節　第2次大戦後のベヴァリッジ体制

1　ベヴァリッジ報告

第2次世界大戦が勃発すると、失業者は急速に軍需産業や兵力として吸収されていった。そのため、失業扶助財源にも余裕が生じた。既に1941年ニード決定法で個人ミーンズ・テストに改めたことによって救済を受ける者が増大し、現実的に改正救貧法で救済を受ける者は年金生活者になっていた。また、1940年失業扶助庁は扶助庁と改称されるとともに、老齢年金及び60歳以上の寡婦年金の受給者に補足年金（Supplementary Pensions）を支給する権限を与えられ、失業扶助の公的扶助化現象が進行していた[61]。これにより1834年改正救貧法の原則と現実とが乖離した。

1942年、社会保障制度の抜本的改革を目的として有名なベヴァリッジ報告[62]

---

57) Unemployment Insurance Act 1935.
58) Unemployment Insurance (Agriculture) Act 1936.
59) Determination of Needs Act 1941.
60) 1911年から1934年法までの状況については菅谷章「イギリス失業保険小史（戦前）——1911年法の成立とその後の展開」東海大学政治経済学部紀要19号（1987年）31頁。
61) 両大戦間の公的扶助法の推移についてはA.Harding, LL.B, F.C.I.S, *Law & Practice of Social Security* (Jordan & Sons Limited, 1972) p.129. Rex Pope, Alam Aratt and Bernard Hoyle, *Social Welfare in Britain 1885-1985* (Croom Helm, 1986) p107.
62) W. Beveridge, *Social Insurance and Allied Services* (Stationery Office Books, 1942) [Cmnd. 6404.]. 邦語訳として、山田雄三監訳『ベヴァリジ報告—社会保険および関連サービス』（至誠堂、1969年）、一圓光彌監訳『ベヴァリッジ報告—社会保険および関連サー

が提出された。社会保障の最低基準は社会保険による均一給付水準でのナショナル・ミニマムであり、それがもれなく全国民に無差別平等に適用されるということを原則とし、戦後各国の社会保障モデルとなった。[63]

「ここでいう『社会保障』とは、失業、疾病もしくは災害によって収入が中断された場合にこれに代わるための、また老齢による退職や本人以外の者の死亡による不要の喪失に備えるための、さらに出生、死亡および結婚などに関連する特別の支出をまかなうための、所得の保障を意味する。もとより、社会保障はある最低限度までの所得の保障を意味するものであるが、所得を支給するとともに、できるだけ速やかに収入の中断を終わらせるような措置を講ずべきである」との社会保障の定義によると、失業という事故を終わらせるような措置を講ずることが国家の責務ということになる。そこで社会保険を中心とした社会保障制度を構想するにあたって、「失業または労働不能の期間に、就業時と同等のまたはそれ以上の額の給付を与えるのは、危険である」との前提条件の下、失業保険給付に要する費用の増大は社会の資力を浪費させ、「失業は…最悪の形態の浪費」になることから、給付水準は低廉に抑えるべきことを示唆した。

もともと失業研究の権威であったベヴァリッジであるが、それまでの経歴に比して同報告書における失業に関する言及はきわめて簡素である。それはベヴァリッジが完全雇用を社会保険の前提条件に位置づけた以上、雇用の維持による完全雇用が第一義であり、失業者の救済は副次的なものであるとされたからであった。それ故に6か月以上の長期失業者に対しては職業訓練を義務づけることにより、失業者に怠惰の習慣がつくのを防ぐとともに失業給付の濫用を防止する施策を提唱していたのであった。

2　1946年国民保険法

(1)　経　　緯

戦後最初の総選挙では、イギリス国民を勝利へと導いたチャーチルが退けら

　　ビス』(法律文化社、2014年)。
63)　荒木誠之『社会保障法読本 (改訂2版)』(有斐閣、1991年) 3頁。

れ、大方の予想に反して労働党が圧勝した。労働党が圧勝したのは戦後再建の最優先課題として福祉国家建設を選挙キャンペーンで訴えたことを国民が支持した結果であった。アトリー労働党政権は、1945年の家族手当法、1946年には国民保険法、国民保険（業務災害）法、国民保健サービス法、そして1948年に国民扶助法を制定させ、イギリスの福祉国家体制がここに成立することになった[64]。

1946年国民保険法は、保守党チャーチルが1944年に設置していた国民保健省を実施主体として、1942年に公表されていたベヴァリッジプランに沿うものであった。失業給付に関するベヴァリッジ報告による提案は、一旦戦時連立内閣によって退けられていたが、アトリー労働党政権はベヴァリッジ報告に大幅な修正を加えて採用した[65]。ベヴァリッジ報告における社会保険の6原則中第4原則として掲げていた給付の「充分性」につき、失業保険に関しては失業の全期間を給付対象とすることにしていたが、1946年法はそれを180日に限定することにした（同法12条1項）。失業保険給付が180日に限定されたことにより、失業者のうち失業保険給付を受給することができた者は恒常的に半数程度に絞られることになってしまった。つまり、保険給付事故としての失業概念を短期失業ないし摩擦的失業とし、実際に産業構造の変化や経済状況によって不可避的に生じる長期失業は社会保険としての給付対象とならなくなってしまった。

これに加え、失業保険給付は生活を維持することができるに足りる給付水準を確保することはできなかった。社会保険による給付は最低生活を保障するに足る水準を確保するというのがベヴァリッジの構想であったが、ベヴァリッジ報告以降に出された連立政府の白書『社会保険』ではその原則を放棄してしまった。そこで扶助の必要性が不可避となったのである。

(2) 1946年国民保険法の概要

1946年国民保険法は、第1部「被保険者と保険料」、第2部「保険給付」、第3部「財政、行政、及び訴訟手続」、第4部「雑則と一般規則」から構成された。

---

64) 片桐前掲注(34)75頁。
65) F.ラフィット（藤林敬三・角田豊訳）『社会保障制度―英国社会保障への道』（好学社、1949年）129頁。

保険給付の種類として失業給付、疾病給付、分娩給付、寡婦給付、保護者手当、退職年金、死亡補助金(同法10条)から構成される、総合的・普遍的な社会保険法であった。1934年失業法は失業に特化した社会保険と公的扶助法であったが、1946年国民保険法は失業保険を他の社会保険給付とともに統合化された一部門となった。

1946年法国民保険法には、次のような規定が設けられていた。[66]

まず、「雇用中断期間の凡ての失業日に関し失業給付を受取る権利がある(11条1項)」が、「失業期間に対し180日間失業給付を受けた者は、その後如何なる失業日(前の同一又は継続した失業期間)に対しても失業給付を受ける権利はな(12条1項)」く、長期失業状態を排除することを明らかにした。

そして失業給付受給権の帰趨については次のように定めた。

【13条2項】「給付請求権の決定に関しては本法に基く細則の定むるところにより、次の場合には6週間を超えない期間だけ失業給付を受ける資格を失う。
(a)自己の過失により又は正当な理由がなく、任意に退職し被傭保険料分担者の職業を失った場合、
(b)適当な職業の地位を、空席であり又空席となる見込があるとして、職業紹介所、認可された紹介機関、雇主の何れからか通知を受けた後に、正当な理由がなくその地位につくことを拒絶し、申出を怠り、又は引受を拒んだ場合、
(c)適当な職業につく書理のない機会を利用することを怠った場合、
(d)職業紹介所の所員が、適当な職業を見付ける為に与へた推せん状の利用を、正当な理由がなく拒絶し又は怠った場合。但し、その推せん状はその者の環境及びその居従地方でその職業を得る時に、通常用いられる方法を考慮した合理的なものであることを要する。
(e)常傭の職業に新に就くか復帰せしめる為に、労働及国民事務大臣(the minister of Labour and National service)が認可した訓練を受ける機会を利用することを、正当な理由なく拒絶したか怠った場合」

この規定からは、次の三点を特徴としてあげることができよう。
第1点は、同法は、失業保険給付の受給対象日となる「失業日」の定義につ

---

66) 引用部分は労働省職業安定局『失業保険制度調査資料第2号　1946年英国国民保険法』の訳出による。

いて「雇用に就業可能な日（法12条2項a号）」と規定したことである。つまり、現実として職業に就いていない事実だけで失業を認定するのではなく、何らかの要因で職業に就くことが阻害されている状態にある日という、労働市場との関係で相対的に決せられる日であるということを明示したことにある。つまり、職を得ていない状態にある者が求める職業と、それを結果として得ていないという事実の認定といった2段階によって判断されるものとしたのである。このため、この文言は「自ら就業可能としている仕事を得る正当な見込み（reasonable prospect）がある日[67]」と解釈された。それ故に、就業可能性を失業者自ら制限することによって再就職を避け、失業保険給付を受給しようとする傾向が生じた。そこで、就業可能性の自己制限を限定する規則が制定された[68]。

第2点は、職業訓練との関係である。1934年法では職業訓練と給付との関係が明示されていなかったのに対し、1946年法では本条によって整理することにしたことである。つまり、失業給付の停止事由としてそれまでの職業紹介拒否に止まらず、命じられた職業訓練に従うことも法的義務であると構成することにより、職業訓練命令違反を給付制限事由にするとの位置付けを与えたのであった。

第3に、職業紹介機関が提供する職業を拒んだときは給付制限を受けるが、失業者はいかなる職業であったもそれを受け入れなければならない、という法規定にはなっていない、という点である。法13条5項では次のように定めていた。

「次の職業は何人に対しても適当な職業とは見做されない。
(a)労働争議による作業中止の結果、空位となった地位につく職業、
(b)最後に従事していた地方における本人が常に従事していた職業で、その報酬の率は前述の職業の報酬と比して本人が当然期待し得た報酬又は続いて従事したならば得ることができたと考へられる報酬よりも低いさらに不利益な職業、
(c)その地方における雇主組合と被傭者組合間の契約によって一般に守られて報酬、又はかかる契約（筆者注：労働協約のこと）がない時はその地方で善良な雇主が通常認めているよりも低い更に不利益な報酬の条件の報酬で、本人の従来の勤務地方外の地

---

67) R (U) 12/52.
68) S.I. 1955 No.143 Reg.

域で本人が常に従事していた職業に就く場合。

但し、その者が失業してから相当週間経過後は、新たな報酬が雇主組合と被傭者組合間の契約により一般に守られているものであるか、かる（ママ）契約のない時は善良な雇主が通常認めているものよりも低くなく更に不利益でない条件である場合は、その者の職業とは異なるとの理由のみでは新たな職業を不適当とは見做されない」

この規定に該当する職業紹介機関が提供する求人を拒否することができる場合について、①労働争議によって生じた職を拒否することができ、②賃金水準については前職との関係と地域における当該産業の賃金水準との関係で一定額の賃金が保障されるけれども、③報酬額については失業期間の経過につれて保障される範囲が縮減するということが示唆されている点は興味深い。

(3) 1946年国民保険法の展開

1946年国民保険法は、1966年国民保険法に至る20年間大幅な改正を施されることなく実施された。失業給付に関しては、1950年代から60年代にかけて完全雇用が達成され、失業保険給付の政策的比重が必ずしも高くなかったからである。1950年代は産業構造の転換に伴って剰員解雇が行われつつあったが、これも労働力不足が常態であったため他の産業に吸収されていった。失業者も長期失業者が減少し、摩擦的失業者の比重が高まっていたこともあって、短期給付たる失業給付が失業時の所得保障としての役割を担ってきたからであった。[69]

他方、1960年代に入ると構造的失業問題が顕在化してきた。とりわけ年齢、身体的能力、精神的条件により労働能力に著しい制約を加えられるような失業者の失業期間が長期化し、労働力不足の産業においても吸収することができずにいた。ベヴァリッジによれば、このような長期失業者の所得保障は、例外的制度としての公的扶助制度で対応することになっていた。

3　1948年国民扶助法

(1) 経　　緯

「扶助は、社会保険によって包括されないあらゆるニードをみたすためにもちいら

---

69)　福島勝彦『イギリスの社会保障政策―戦後の展開』（同文舘、1983年）121頁。

れる。…扶助はかならず扶助が必要であることの証明と資力調査を条件として支給される。さらに扶助は、稼得能力の回復を早めるように思われる行動をとるという条件のもとで支給される」[70]。

ベヴァリッジ報告で言及していた公的扶助の原則にしたがい、1948年国民扶助法[71]が制定された。ベヴァリッジ報告は雇用の質について直接言及した箇所になく、すべて雇用の量の問題として処理している。それは、ベヴァリッジ報告が完全雇用を前提とし、全国民が雇用されており、保険給付を受ける権利を有しているものとの位置付けが与えられていたからである。

既に見たように、1934年失業法第2部で失業扶助が法制化されていた。労働能力のある貧民は1941年ニード決定法以降は個人単位で算定される資力調査によって受給資格が判定されていた。ただ、失業者は国の失業扶助委員会が所管していたのに対して無年金高齢者に対する扶助は地方の救貧法行政が担っており、両者に一貫した関係性が存在していなかった。そこでベヴァリッジは、扶助を中央政府に一元化された制度の中で単一の行政機関に収斂することを提案していた。この行政機関は国民保険とともに社会保障省が所管されるべきとしていたが、現実には国民保険が国民保険省 (Ministry of National Insurance) へ、国民扶助は国民扶助庁 (National Assistance Board) が管理することになった[72]。

1948年国民扶助法の制定によって改正救貧法は廃止され[73]、失業扶助と救貧政策は国民扶助に統合化された。1948年国民扶助法は公的扶助から失業扶助へ、失業扶助から公的扶助へという戦前の動きの集大成であった[74]。

(2) **1948年国民扶助法の概要**

1948年法は4部から構成された。救貧法の廃止を定める第1部、国民扶助の

---

70) 山田前掲注(62)218頁。
71) National Assistance Act 1948.
72) この理由についてティトマスは、救貧法下の地方扶助行政がロビー活動に左右されていたこと、保険料拠出に伴う給付と資力調査に伴う給付が明確に区別されるべきであることをあげていた。Richard M. Titmuss, "New Guardians of the Poor in Britain" S. Jenkins ed., *Social Security in International Perspective: Essays in Honer of Eveline M. Burns* (Columbia University Press, 1969) p.156.
73) National Assistance Act 1948.
74) 小山路男『西洋社会事業史論(社会福祉選書5)』(光生館、1978年)260頁。

総則を定める第2部、地方当局の責務を定める第3部、附則・補足を定める第4部である。

1948年国民扶助法は国民扶助庁を設置し（2条）、国民扶助庁は有資格と判定されたニードのある者に対する扶助を義務づけた（4条）。

扶助の欠格条項として、16歳以下の者、フルタイム労働者及びその扶養者、労働争議によって影響を受けている者をあげた（9条。ただし緊急の場合を除く）。扶助を申請する者の資産要件としては扶助申請者の家屋、一定額の貯蓄、及びそこから生ずる利子を認定せず（7条）、扶助申請者には必ずしも就労の義務を負わせないという措置をとった。

扶助費は金銭によって給付されることを原則とし、小切手によって支払うことも禁止した（8条）。ただ金銭によって給付することができないときは例外的に現物を給付することができるものとされた（12条）。そして支給・不支給決定、扶助費基準などに関する国民扶助委員会の決定について不服がある場合には上訴審判所（Appeal Tribunal）へ申立てる権利を認めた（14条）。

扶助申請者がフルタイム労働に従事している者を排除したため、対象となるのはパートタイム労働に従事しているか職業に従事していない者となる。とりわけ長期失業者の扶助が問題になっていたことから、産業構造の転換に適応させるため国民扶助委員会に対して職業訓練（Instruction or Training）に従事するよう指示する権限を付与した（10条2項）。ただ、扶助受給者がこれに反した場合の措置が明文で定められているわけではなかった。

(3) 1948年国民扶助法の展開

失業保険の給付水準は報酬比例ではなくナショナルミニマムに設定された。有配偶者の失業保険給付水準は、1948年が2.10ポンドで1951年も同額であった。ところが必要原理に支配される国民扶助の給付水準は、1948年は保険よりも低い2.10ポンドであったものの、1951年には2.50ポンドとなり、保険と扶助の逆転現象が生じてしまった。[75] 国民保険の給付水準がナショナルミニマムに設定されるべきとの当初の原則が放棄された結果であった。

---

75) Michael Hill, *The Welfare State in Britain: A Political History since 1945* (Edward Elger, 1993) p.31.

第1章　イギリス求職者法の史的展開

　社会保険を基軸とする社会保障制度の構築というベヴァリッジの目見は外れ、施行時に80万人であった国民扶助の受給者数は、1966年には200万人を超える事態を招来した。この原因は、国民保険の均一給付原則に対して国民扶助の給付水準が上回ったこと、低賃金労働者にとっては均一保険料の拠出が困難であったこと、生計費の上昇に均一給付水準がついていけなくなったこと、国民扶助の加算による給付水準の底上げなどがあった。これに加え、生活上のニーズに対応するための加算制度には現場の裁量の幅が大きく、制度運営を困難にさせたのである。

　法制度に外在する問題も残った。捕捉率があまり高くなかったのであった。この原因には国民扶助制度の存在の不知、自助努力でどうにかやっていく者がいたこと、国民保険の管轄が年金・国民保険省で一方国民扶助の管轄が国民扶助庁であったことから、国民扶助を受給することに対するスティグマは解消されなかったことなどがあった。とりわけ高齢者においては、受給資格のある3分の1程度が受給していなかった。

　そこで政府は1966年、年金・国民保険庁と国民扶助庁の業務を一括して移管する社会保障省（Ministry of Social Security）を設置する社会保障省法（Ministry of Social Security Act 1966）を制定した。ここにきて国民扶助法は解体することとなった。[76]

4　第2次大戦後の職業訓練——1948年雇用訓練法

(1)　1948年雇用訓練法の制定

　第2次大戦直後は失業者が出ることがなく、完全雇用状態が達成されていた。それでも当然ながら新たに雇用を求める者は少なくなかった。学卒無業者、失業者、在職中に転職を求める求職者につき、登録により職業訓練を実施し職業をあっせんすることにした。とりわけ技能を有さない若年の学卒者については若年者雇用サービス機関（Youth Employment Service）へ登録させることにして労働市場との適合を図った。1948年にはこのような内容の雇用訓練法[77]

---

76)　小山前掲注(1)261頁。
77)　Employment and Training Act 1948.

が制定された。

(2) 1948年雇用訓練法の概要

　1948年雇用訓練法は、あくまでも完全雇用政策の一環であった。そのため、職業訓練に関する労働大臣の責務と権限が定められただけであって、職業紹介や職業訓練を受ける権利を保障するような趣旨の法律ではなかった。

　第3条では雇用訓練についての定めを置いた。雇用訓練は労働大臣の権限で設置されるものであるが、「職業に就いているといないとにかかわらず」訓練が必要だと考える者に対して提供されることになった。これに加え、訓練中の者に対する生計費と交通費の支給、寄宿手当の支給が定められた。

　労働力の再配置に関しては、産業構造の変化に対応するような措置を講ずる旨の規定（4条）と衰退産業における労働力再配置に関する規定（5条）が置かれた。

　若年者雇用に関しては特別の施策を講じた。中央若年者雇用機関（Central Youth Employment Executive）が設置され、教育大臣の管轄とされた（7条）。そして、若年求職者の失業給付と国民扶助については地方当局の管轄として、若年者雇用事業の責任実施主体を地方当局が一括して行うこととした。

(3) 1948年雇用訓練法の展開

　第2次大戦後は完全雇用体制が維持され、その間は1948年雇用訓練法が特段政策課題となることはなかった。しかし、1950年代に入ると産業構造の転換に伴い雇用政策も転換を余儀なくされた。産業構造の転換に失業者を適合させるには、標準化された職業能力評価と職業能力を養成するための職業訓練が必要となった。

　職業能力の養成は、その出口である雇用契約の締結状況に左右される。そのため、完全雇用が達成されていた第2次大戦後から1950年代までの職業訓練はいささか精彩を欠いたものであったと評され[78]、1946年国民保険法による給付との関係性も曖昧なままであった。そもそも当時のイギリスにおける職業訓練

---

78) Hugh Pemberton, *The 1964 Industrial Training Act: a failed revolution* (Economic History Society, 2001).

は若年者に対する徒弟制度が中心的な役割を担っていた。[79] 徒弟制度は若年者がブルーカラーの熟練労働者としての労働能力を習得することを目的とされ、公認された技能習得のための訓練を徒弟契約の使用者の下で5～7年間従事しなければならなかった。徒弟契約においては、親方の下で週5～6日間の徒弟を遂行し、残りの週1～2日は有給の職業休暇制度を利用して地元の継続教育カレッジや技術学院での理論を学ぶという形態であった。1948年雇用訓練法は、その限りで機能していたといってよい。

5　1950年代の職業訓練と1964年産業訓練法
(1)　徒弟制度の衰退と1964年産業訓練法の制定

1960年代に入ると徒弟制度は次第に衰退の一途をたどる。それは、訓練経費の面で、事業主が自ら徒弟を訓練するよりも他から熟練労働者を獲得した方が安上がりだったからである。徒弟制度は製造業や建設分野で強みを発揮したが、ホワイトカラーでの展開はなく、男性優位の職業に限られており、女性の活躍ができなかった。さらに、若年者にとっても長期に徒弟教育を受けなくても高い賃金を得ることができる職業があり、上級学校への進学希望者が増加していった。こうして徒弟制度へ進む若年者が減少した。

機械工業を中心とする熟練労働者不足の一方で、徒弟制度の衰退によって熟練工の養成が急務の課題とされた。1950年代は公的な訓練センター（Government Training Centre）は体系的な訓練を提供していないばかりか、職業訓練全般を規定する法律が存在していなかった。また、産業構造の変化に対応することができる職業訓練の振興が必須となった。

1962年の白書『産業訓練―政府の提案』[80]では、経済産業環境の変容に適応すべき訓練内容の改善、訓練全般の質の向上、訓練に関する最低基準の確立を提言し、そのための訓練に要する費用を産業全体で公平に分担することを明示した。

---

79)　稲川文夫・瀬水ゆきの『イギリスにおける職業教育訓練と指導者等の資格要件』労働政策研究報告書No.16（2004年）。

80)　Ministry of Labour, *Industrial training: Government proposals* (1962) [Cmnd. 1892].

この白書を受け、産業界と教育界は様々な反応を示した。産業界は多くの必要とされる職業技能が産業別の枠に限定されるものではなく、産業間の調整を行うための中央機関による運営の必要性を説いた。教育界は地方教育機関で実施されるべき継続教育による教育の現実的な可能性を主張した。結局、労働省大臣の下に置かれる中央訓練審議会（Central Training Council）を設置し、その下に産業訓練委員会（Industrial Training Boards）を設置することとなった。このような内容の1964年産業訓練法が制定された。[81]

(2) 1964年産業訓練法の概要

　1964年産業訓練法は、義務教育終了後の者に対する職業訓練の権限を産業訓練委員会に付与し（第1条）、産業訓練委員会は職業訓練のアレンジをするほか、対象者の選抜や対象者との間で訓練に関する労働契約（contract of services）ないし徒弟契約を締結しようとする権限まで付与された（2条2項）。産業訓練委員会は産業別に組織され、1969年までには27の委員会が設置された。これを統括するのが中央訓練協議会（Central Training Council）であった（11条）。

　産業訓練委員会が認める訓練に従事する訓練生については、職業に就いていない者だけでなく就労中の者も含まれた。これらの者が訓練を受講する間、産業訓練委員会は生計費と交通費（maintenance and travelling allowance）を支給し、訓練機関に対しては助成金や貸付金を与える権限が付与された（2条4項）。この賦課金は賃金総額の0.5〜2.5％であったが、不足分は国民保険料財源から補填することが認められていた（17条）。

　この訓練生に対する生計費や職業訓練を実施するためのコストを徴するため、産業訓練委員会は企業から賦課金を徴収する権限も付与された（4条）。そして、訓練を行った企業に対しては産業訓練委員会が交付金を配分することとしていた。

(3) 1964年産業訓練法の展開

　1964年産業訓練法は、民間事業者からの賦課金と助成金を通じた、民間部門を活用した職業訓練であった。このようなしくみによる職業訓練は、あまり実効的でなかったとの評価が一般的であった。それは、訓練内容が必ずしも労働

---

81) Industrial Training Act 1964.

市場に適合的ではないという訓練内容も疑問視されたが、それよりも産業界がこのようなしくみを歓迎しなかったことに由来していた。[82] 訓練を遂行できないような中小企業にも賦課金が課せられ、訓練を実施して助成金を得ることができる大企業との間で不公平感が生じていたのである。そして訓練を実施している大企業においても、訓練そのものが合理化されたわけではなかったので、助成金を受領しても労務管理上のコストであることには変わりがなかったのである。

これに加え、産業訓練委員会が産業別に組織化されていたことにも課題が残った。産業訓練委員会は結局のところ自らの産業ないし企業の利益を最大化することを是としていたのであり、中央訓練協議会によって調整を図るとしても成長産業への配分という視点に欠けていた。その結果、産業保守的に機能してしまい、産業構造の転換に対応する人材育成という当初の目的を達することができなかったのである。

さらに、主な訓練生である若年者にとっても使いにくいものであった。訓練先企業ではクローズド・ショップが温存しており、職業能力を身につけても有利な立場で職業を求めることができなかったのである。そもそも訓練機関でのトレイナーが不足しており、能力を身につけることが困難であった。さらに相対的に地位が低下していたとはいっても、徒弟制度が温存しており、技能訓練に徒弟制度で習得することもできた。

このように、経済成長期における民間部門を活用した産業訓練法による職業訓練制度はさほど実効的ではなかったのである。そもそもヴォランタリズムと集団的自由放任主義を基調とするイギリス労働政策において、政府がこの分野に介入することは望ましくないものと考えられていたので、中央政府ないし地方当局が直接運営する公共職業訓練機関が今日まで存在していないこともまた、特徴的である。

---

82) この紛争を解決するために労働審判所（Industrial Tribunal）が設けられた。有田謙司「イギリス雇用審判所・雇用上訴審判所における三者構成と専門性(1)」山口大学経済学雑誌48巻4号（2000年）167頁。

6　1965年国民保険法と66年改正

(1)　1965年国民保険法と66年改正

1964年、政権についたウィルソン労働党政権は、社会保障制度の改革に着手した。総選挙時のマニフェストに「(退職年金や失業給付などの)社会保障給付は、最低限度の生活水準を下回る給付水準が許容されている。その結果、こんにちの国民保険の受給者の多くが国民扶助に依存せざるを得ない状況にある。労働党は、このような社会保障制度を再構築しなければならない」としていたのを受けてのことであった[83]。

1965年国民保険法[84]は、1948年国民保険法制定以来部分的に修正されてきたものを整理した法律であった。これに続いて行われた1966年国民保険法[85]は、1948年法制定以来の大改正であった。改正目的は主として給付水準にあった。1948年法はベヴァリッジ報告を受けて均一拠出均一給付を原則としていたが、1965年法は所得比例給付を導入し、ベヴァリッジ体制からの脱却を図るものであった。

(2)　1965年国民保険法と66年法の概要

①保険給付

失業給付 (unemployment benefit) は、年金支給開始年齢未満の者が国民保険料拠出要件を満たしたとき失業日について支給され (65年法19条)、原則として1年間を上限として支給された。年金支給開始年齢に到達した者でも通常の雇用 (regular employment) から引退した場合には失業給付が支給されることになっていた (65年法19条3項)。しかもこの場合には、年金との併給も可能であったため、退職金類似のものとして機能していた (ただし一部減額支給された。同条3項、4項)。

②給付水準

1965年国民保険法による失業給付は、ベヴァリッジ原則通りの均一給付を原則とし、扶養家族に応じて加算が加えられた。ただし失業保険における夫婦の

---

83)　Hill *supra* note 75, at pp.63-73.
84)　National Insurance Act 1965.
85)　National Insurance Act 1966.

地位は平等でなく、夫が失業していても妻が働いている場合には扶養家族加算対象とならず、妻が失業している場合には基本的な給付額が減額された。このような配偶者間の不平等は、ベヴァリッジの世帯観と均一給付による最低保障原理に由来していた。すなわち、ナショナルミニマムは国民保険で充足すべきであるが、これを超える従前生活保障は民間保険を活用すべきであるとしていたのであった。

　1966年の国民保険法は、これを転換させた。[86] 均一給付原則から構成された国民保険給付水準に、報酬比例給付が導入されたのである。これにはふたつの理由があった。ひとつは、労働者は失業時に従前生活保障水準を求めたが、実際にはそれがベヴァリッジが考えていたような民間保険で賄うことが難しかったのであった。もうひとつは、産業構造の転換に伴う労働力移動促進策にあった。すなわち、失業給付の給付水準が低額であれば、斜陽産業に従事する労働者であっても退職を決意することが困難であるが、従前生活水準が保障されるのであれば短期の失業を受け入れる事が容易になるということにあったのである。こうしてベヴァリッジの均一給付原則からの逸脱が見られるようになった。

　失業給付の給付水準は、二階建ての構造を採用した。個人別の要素と扶養家族の状況から構成される定額部分と、従前得ていた賃金に比例する賃金比例補足部分（earnings-related supplement）である。このうち賃金比例補足部分は失業給付を受給し始めた当初の156日間に限って支給され、長期失業者には給付されないことになった（1966年国民保険法2条2項）。

　賃金比例補足部分の存在は、従前生活水準を保障するとともに、再就職を困難にさせる事態が生じかねない。再就職後の賃金水準が離職前賃金よりも高額か同等になるとは限らないからである。そこで、失業給付の定額部分と賃金比例補足部分の合算額が、離職前賃金の85％を超えてはならないとする賃金停止（wage stop）条項が設けられた。失業者の経済状態は稼働期のそれよりも低位でなければならないという考え方に基づいて設けられたものだが、1966年国民保険法案が議会で審議されたとき、野党であった保守党からもこの条項の必要性が強調されたのであった。

---

86) John Mesher, *Compensation for Unemployment* (Sweet & Maxwell, 1976) pp.100-104.

もっとも、失業保険を受給する場合には国民保険料が減免されるか、失業保険給付が非課税であったので、実際の手取額は離職前と遜色ないものであった。これに加え、失業給付の定額部分と賃金比例補足部分の合算額は、離職前賃金の85％を超えることが多かったため、かなり多くの失業者の生活水準は、離職前賃金と遜色ないものとなっていた。

③失業給付における給付制限

1965年国民保険法は、求職者に求人を提供にもかかわらずそれを拒否する場合に関していくつかの欠格事由を設けた。その規定は、適切な雇用とされる求人を正当な理由なく拒否する場合には、給付を受けられない、というものであった。この「雇用の適切性 (to be employment suitable)」を判断するに際しては、判断に係る行政裁量を統制するための基準を設けた。これにより、求職者にとって提供されるべき求人が適切なものであるとの権利保障がなされ、適切な雇用であったとしても正当な理由がある限り拒否することができる、という二重の権利保障がなされたことが特徴的であった。

7　1966年社会保障省法

(1)　補足給付の成立と実施

国民扶助は、発足時国民保険とは完全に切り離されていた。前者がミーンズ・テストを伴った給付であり、後者は拠出の対価としての性格を有するものであることから、行政機関も切り離されていたのである。ところが前述のように、特に高齢者に対する国民扶助のスティグマと、行政官の広範な裁量権によって申請者が潜在化して捕捉率が低下したことが明らかになるにつれ、これを改める必要が生じた。労働党政権は、社会保障省を発足させ両者の行政機関を一体化することと、国民扶助を解体することとした。そこで、1966年ハービソン年金・国民保険大臣は、高齢者の貧困だけでなく、慢性疾患患者や母子家庭など年齢に関係ない貧困層の存在を踏まえて国民扶助法の改正案を提出した。これに対する政府の回答は、拠出給付と無拠出給付との行政機構の区別を

---

87)　Income and Corporation Taxes Act , s.219.
88)　Wikeley and Ogus, *supra* note 47, at p.445.

なくすこと、老人に対する無拠出給付を権利として与えること、老人以外の無拠出給付について資力調査を簡素化し、給付水準の改善を図ることを提案した[89]。

こうして1948年国民扶助法は廃止され、1966年社会保障省法[90]が成立した。66年法は事実上1948年国民扶助法の原則を変更しなかったが、公的扶助受給権の明確化と補足率（takeup rate）上昇の要請により公的扶助給付が国の義務であるという構成から申請者の権利であるという構成へ変更した。すなわち、法文上は申請者にとっては公的扶助の抽象的権利から、具体的権利へと変容したということができよう[91]。

(2) 1966年社会保障法の概要

そこで以下のような変更が加えられた[92]。

①国民扶助を補足給付（Supplementary Benefit）に改称し、国民年金受給権を有する高齢者については補足年金（Supplementary Pension）を、その他の者については補足手当（Supplementary Allowance）を支給する。
②イギリスにおける16歳以上でその資力（resources）がその者の需要（requirement）を満たすことができない者に受給権を付与する。
③労働契約によるフルタイム就労者、中等教育（secondary education）課程従事者、労働争議に参加している者の場合に受給権を喪失する。
④労働能力者は失業給付を管轄している公共職業紹介所に登録しなければならない。
⑤スティグマ除去の目的で補足年金受給者については年金手帳と国民扶助手帳を廃止し、ひとつの手帳とする。
⑥高齢者の受給手続を社会保障事務所、または自宅のいずれか本人の希望する場所で行う。
⑦家屋や銀行貯蓄などの資産の保有限度額が600ポンドまでであったのを廃止し、325ポンドまでは全面的に認定すべき資産から控除し、325ポンドを超える場合は25ポンド毎に週1シリング、800ポンドを超える場合は25ポンド毎に週2シリング6ペ

---

89) 篭山京・江口英一・田中寿『公的扶助制度比較研究』（光生館、1968年）11頁。
90) Ministry of Social Security Act 1966.
91) Her Majesty's Stationery Office, *Reform of Social Security － Programme for Change － Volume 2*（1985）[Cmnd. 9518] p.11.
92) 補足給付法（Supplementary Benefit Act）が制定されたのは1976年である。

ンスの収入として認定される[93]ことを規則[94]に定める。
⑧補足年金受給権者と受給期間が2年以上にわたる補足手当受給権者には付加給付（additional payment）受給権を付与した。これは1973年、独立の長期高額給付（separate (higher) longterm scale rate）になった。
⑨不服申立手続も社会保険と統合し、法律、規則、集積された判例法（precedents established by case law）に基づいて審決（decision）される。

しかし、依然として、賃金停止条項や行政庁の幅広い裁量が残されていた。そのため補足給付法の制定はスティグマ解消の観点での名称変更以上の原則的な変更はなかったともいわれる[95]。

8　1973年雇用・訓練法と民営職業紹介業法
(1)　1973年法制定の背景

1964年産業訓練法による職業訓練システムは、訓練の質の向上や効率化については成果を上げた。しかし訓練費用の分担については産業間と企業規模によって不満が生じていた。

保守等ヒース政権時の1973年には、重要な法律3つが制定された。制定順に、民営職業紹介事業法[96]、社会保障法[97]、雇用訓練法[98]である。このうち社会保障法については1975年4月施行予定であったが、施行前にウィルソン労働党政権へと政権交代した影響を受け、施行前に廃止された。

---

93)　小山前掲注(1)261頁。

94)　規則（Regulation, Statutory instrument）は、法律（Act）の下位規則であるが、日本の行政規則とは異なり、国会の審議を経ることが必要である。マイケル・ヒル／ゾーイ・アービング（埋橋孝文・矢野裕俊監訳）『イギリス社会政策講義—政治的・制度的分析』（ミネルヴァ書房、2015年）63頁。

95)　M.S.Rowell and A.M.Wilton, *The Law of Supplementary Benefits* (Butterworths, 1982) p.6, Harry Calvert, *Social Security law* (Sweet & Maxwell, 1974) p.280, Wikeley and Ogus, *supra* note 47, at p.456.

96)　Employment Agencies Act 1973. 同法については有田謙司「イギリス民営職業紹介業法制」山口大学経済学雑誌44巻3・4号（1996年）87頁。

97)　Social Security Act 1973.

98)　Employment And Training Act 1973.

民営職業紹介業法は差別的な職業紹介や不当な料金、不適切な広告などを規制するものであった。これに止まらず、労働者派遣業も規制対象とする幅広い業界規制法であった。このため、適切な雇用を得ることができない者についてのサービスを受ける権利を保障したようなものではなく、失業保険給付との直接の関係も持っていなかった。

　公共職業紹介所はジョブセンター（Job Centre）に移行された。ジョブセンターは繁華街などに設置され、セルフサービスの求人票閲覧と専門員による個別支援の人的サービスを充実させた。

(2) 1973年雇用訓練法の概要[99]

　他方、1964年産業訓練法を改正した雇用訓練法は、求職者が雇用を得ることを可能にするための施策と、国務大臣が職業訓練を実施する権限を定めた。これと同時に公共部門が臨時的雇用機会を付与する権限をも与えた。

　同法は、マンパワーサービスコミッション（Manpower Service Commission）と、その下に雇用サービスエージェンシー（Employment Service Agency）と訓練サービスエージェンシー（Training Service Agency）を設置し、独立行政委員会となった（1～3条）。国務大臣は求職者が職業選択、職業訓練、年齢や能力に相応しい職業能力の維持獲得、適切な雇用を得るための支援を行う責務を有する（2条1項）。

　訓練サービスエージェンシーは、求職者個人の状況に応じ、訓練ニードを充足する役割を担うことになった。既に実施されていた訓練機会制度（Training Opportunity Scheme）では技能センター、カレッジ、事業主の施設などで集中訓練を受けることができるプログラムが提供され、500ものコースが設定された。これらの受講生には扶養家族に応じて訓練手当が支払われた（2条4項）。

　1964年産業訓練法で課題となっていた賦課金と助成金制度は、助成金・補助金・免除制度に変更された。賦課金は賃金総額の1％を上限とすることになり、職業訓練を実施する企業は賦課金を免除され、小規模事業所は賦課金の拠出義務を負わないことになった。

　これらの事業は徴収された賦課金を原資とするが、政府からの補助金を配分

---

[99] 馬渡淳一郎「イギリスにおける最近の雇用立法」季刊労働法107号（1978年）78頁。

して運営されることになったので、職業紹介と職業訓練に関しては地方当局と教育機関にその実施方法が委ねられることになった。そこで地域特性や労働市場の状況に応じた運営が可能になったのである。

(3) 1970年代の展開

1970年、保守等ヒース政権（1970-1974）は労働党と僅差の議席で発足し、1974年には炭鉱ストを契機とする労働者層の不満によって政権を労働党へ譲り渡した。その後のサッチャー政権（1979年）までの過渡的な政権であった。社会保障政策については、ベヴァリッジ体制によって無年金となっていた80歳以上の無拠出年金を導入したり、寡婦年金の支給開始年齢の引き下げなどを行った。しかし、これらに要する財政負担は些少であり、費用を要したのは障害者に対する付添手当の導入であった。社会保険給付に関しては賃金比例の要素を強め、次第にベヴァリッジの均一拠出・均一給付原則から離脱する方向性が顕著になった。このような方向性の変更は、その後の1978年には民間年金保険に加入する中高所得者が公的年金の報酬比例部分から離脱することを認める適用除外年金制度（contract-out）につながった。このように、社会保障制度全般で選択と集中による制度改変が行われる契機となった。[100]

第3節　サッチャー政権と社会保障法

1　1980年社会保障法の成立

1966年に社会保障法が改正されて間もなく、労働市場の構造変化によって失業者が増大した。また同時期には伝統的家族モデルの分解による単親世帯が飛躍的に増加した。これによって補足給付申請者数の継続的な増大とニードの多様化が生じ、多様化に応じるために裁量による付加給付が増大した。

補足給付が社会経済上の変化に対応するために、法律によって担当大臣にその制定を委任されている規則は改正を重ねて複雑なものとなった。[101] 1975年補足給付委員会（Supplementary Benefit Commission）の報告書は、裁量による給付

---

100) Hill *supra* note 75, at pp.92-100.
101) H.M.S.O., *supra* note 91, at p.11.

をいかに統制するかが議論の中心となっていた。1978年の保健社会保障省（Department of Health and Social Security）の調査報告は、補足給付制度が詳細で複雑になっていることを認識した上で、受給権者を減少させるか、または大量救済の役割を担うような制度に改正する必要があるとした。これを行うためには、補足給付以外の制度を改善して補足給付受給権者の削減を図ることが必要であるが、実際には困難であった。そこで、裁量による給付を例外的措置に限定して、資格判定については法的な規則に基づいて行うことを表明した。[102]

これを受けて1980年社会保障法が制定された。[103] サッチャー政権は、補足給付のいわゆる裁量給付に関し大幅な簡素化を図った。それまで出産費、葬祭費、住宅費（household expenses）、住居費用（housing expenses）などといった例外的ニードに対する給付（exceptional needs payment）は法附則（Schedules）に定められていた。これを単一給付規則（Single Payments Regulations）に一括して変更し、現場の裁量で給付決定を行うなど、制度を簡略化するために様々な規則上の変更がなされた。

これに加え、補足給付の給付水準を国民保険給付と一致させることとした。これによって補足給付委員会が非公式な規則を制定したり裁量行使の政策をとる必要性はなくなり、規則制定に関する権限を、社会保障に関するすべての事項についての勧告権限を有する社会保障諮問委員会（Social Security Advisory Committee）に委譲することとなった。[104]

このことは、申請者が規則に規定された要件を満たすときに補足給付受給権を発生させるという効果を持つ一方、裁量権を行使する上で必要な内部規則が膨大な量で複雑なものとなった。結果的に申請者の補足給付に対するアクセスを阻害し、末端行政においても規則の複雑さに困惑することとなった。1980年改正は制度の簡略化を図るという目的でなされたものであったが、1980年改正によってますます制度が複雑になったのである。そもそも、法律や規則による

---

102) 曽原利満「補足給付」社会保障研究所編『イギリスの社会保障』（東京大学出版会、1987年）132頁。
103) Social Security Act 1980 (40 Statutes 228), Social Security Act (No. 2) 1980.
104) Wikeley and Ogus, *supra* note 47, at p.456.

制度の簡略化という当初の目的にも、諸規則中にseriousやreasonableといった文言が残ることで、新たな裁量権の発動をもたらすことになり、補足給付法において「法律主義 (legalism)」を貫徹することはできなかったのである。

　もっとも、補足給付の簡素化は別の問題をもたらした。短期給付である国民保険に基づく失業給付は、短期失業を対象にした従前生活保障水準を保障する報酬比例制であった。国民保険は基本給付部分と報酬比例部分で構成されていたのであるが、長期失業者が受給する国民保険制度はニーズに基づくので世帯構成による加算が加えられていた。1960年代から70年代にかけてのインフレは、この生活上のニーズに基づく加算部分の増額を招いた。その結果、短期給付である国民保険に基づく失業給付の給付水準よりも、長期失業者を対象とする国民扶助給付の給付水準が上回ってしまったのである。この現象は、給付水準に関する逆説的な配慮を招いた。すなわち、1982年には短期給付である失業給付の給付水準につき、報酬比例制を廃止し、失業者の個人手当と扶養家族に応じた加算から構成される給付水準設定へと変更されたのである。[105] これにより、失業給付の給付水準が保険料拠出に比例した貢献原則からの逸脱を示し、ニーズに基づく給付水準へと変更され、それが今日まで至っているのである。イギリスの国民保険制度の包括性は、全国民を対象とするすべての生活上のニーズに対応する保険事故を包括的に取り扱うことに特色があるが、失業給付に関してはそれがもっともよくあらわれているものといえよう。

2　雇用訓練法の改正と職業訓練

(1)　雇用訓練法の改正

　サッチャー保守党政権は、職業訓練についても大幅な改正に着手した。1980年にはマンパワーサービスコミッションが「職業訓練の将来展望：1973年雇用訓練法の再検討」[106]と題する報告書を提出し、職業訓練に対する国庫負担を大

---

105)　Wikeley and Ogus, *supra* note 47, at p.247.
106)　Manpower Services Commission, *Outlook on Training: Review of the Employment and Training Act 1973* (1981).

幅に削減することを提案した。これを受けて1981年雇用訓練法が成立した。[107]
同法は、雇用サービスエージェンシーと訓練サービスエージェンシーを廃止し、国庫負担を廃止するというものであった。

1981年雇用訓練法はさらに、産業別に組織されていた全国組織である産業訓練委員会を廃止し、産業訓練協会（ITO: Industry Training Organization）と基準設定機関（LB: Lead Body）に組織再編した。改正前の産業訓練機関は事業主から徴収した賦課金と国庫によって運営されていたが、国庫負担が廃止されたため賦課金によって運営されることになった。これを受けて全国に23か所あった産業訓練委員会は、全国6か所の産業訓練協会へと再編された。[108]

(2) **若年者訓練**

若年者の職業訓練について、政府は1981年に白書「新しい職業訓練の構想：アクションプラン[109]」を提出した。これを受けて1983年にはマンパワーサービスコミッションが資金を提供する若年者雇用訓練制度（Youth Training Scheme）がスタートした。この事業は新規学卒者と教育課程に従事していない16歳・17歳の者を対象とし、OJTで1年ないし2年の職業能力を養成するプログラムであった。訓練主体は高等教育機関、事業主、民間団体などの多様な機関の参入が認められ、事業主には訓練委託金が支払われた。[110]訓練受講者にも手当が支払われた。

このプログラム自体は法制化されず、法的根拠が曖昧なまま開始された。受講者に対する手当などは1981年雇用訓練法によって管理運営されたが、受講者に対する社会保障給付が給付されないことについて法律で直接に定めたものではなかった。

これに加え、全国職業資格委員会（NCVQ: National Council for Vocational

---

107) Employment and Training Act 1981.
108) 谷口雄治「職業能力評価システムの日英米比較研究—職業教育訓練との関連で」名古屋大学博士論文（2014年）119頁。
109) H.M.O., *A New Training Initiative: A Programme for Action* (1981) [Cmnd. 8455].
110) 民間団体による社会福祉サービス支援については、井岡勉「民間団体の組織と役割」仲村優一・一番ヶ瀬康子編『世界の社会福祉4 イギリス』（旬報社、1999年）165頁。

Qualification) が設立され、NVQ制度が導入され、1988年に本格実施された[111]。NVQは職業能力を標準化し対象者の能力を客観的に評価するものであり、失業者が職業能力を養成して再就職するための具体的指標として機能するようになった。

(3) **失業者のための職業訓練プログラム**

中高年齢層を中心とする局地的な失業問題は、長期失業問題へと転化した。長期失業者のための職業訓練プログラムとして、1985年には職業訓練制度(Job Training Scheme)が開始された。1989年からは長期失業者に重点化する新訓練計画(New Training Programme)が開始され、訓練生には手当を、訓練機関には助成金を支払うこととした。新訓練計画は長期失業者が置かれた状況や職歴、ニーズに応じた訓練を実施することができるよう、訓練相談所(Training Agency)が失業者との面談を受けて訓練計画を立てて訓練を実施した。訓練機関としては民間事業者のほか、中間団体など多様な機関が参入していた。失業者は多様な訓練機関の中から自らに最も効果的な機関を選択し、訓練に従事することとなった。ここにおいて職業訓練の個別化と集中化が図られるようになってきたものといえる。

一方、TUC(イギリス労働組合会議)は新職業訓練計画に賛同していなかった。このために利用可能な民間事業者が限られてしまい、実効的ではなくなってしまった。この結果、1988年にTUCはマンパワーサービスコミッションに協力しないことを表明し、ついにマンパワーサービスコミッションは解体した。

マンパワーサービスコミッション解体後、政府は訓練・企業協議会(Training and Enterprise Councils)を設置した。訓練・企業協議会の運営の多くは事業主団体に委ねられ、運営費も事業主からの拠出によって賄われた。これにより再び多様な運営主体の訓練実施機関が参入することができ、失業者のニーズに応じた訓練を実施することが可能な体制になった。

---

111) 柳田雅明『イギリスにおける「資格制度」の研究』(多賀出版、2004年)。

3 1986年社会保障法改革による所得補助の導入
(1) 社会保障改革緑書と白書

　1979年に成立したサッチャー政権は、政府の公的支出を削減するために産業政策、労働組合政策、地方自治など多岐にわたる国家政策の抜本的改革に着手した。[112] 1983年保守党宣言は「自由の擁護、法の支配の強化、自由な企業及び個人、家族責任をベースにした健全な経済」[113]を基調とする民営化の促進、生活自己責任の強調を主体とした訴えをした。失業率は1981年に10.4%、1982年には12.1%と1974年の2.6%から見て大幅に増加し、社会保障費は大幅に膨張した。[114]

　1983年秋、ソーシャルサービス担当大臣であったノーマン・ファウラーは社会保障政策の抜本的改革を遂行するために年金制度再検討委員会を発足させた。補足給付法改正によって自由裁量の余地は少なくなっていたが、さらなる改革を遂行するため1984年には補足給付再検討委員会が設置され、資産調査を伴うその他の給付の改革と並行して再検討した。その成果を1985年グリーンペーパー「社会保障の改革（Reform of Social Security Ⅰ, Ⅱ, Ⅲ）」[115]として発表した。その冒頭に「社会保障制度はその進むべき道を見失ってしまった」とし、「社会保障制度はもはや国家の権限のみに基本原則を置くものではない。それは個人と国家間のパートナーシップである」との個人と国家の2本柱（The twin pillars）原則を表明した。その上で1942年ベヴァリッジ報告書を引用し「この40年で多くが変容した」とし、ベヴァリッジ報告書以来戦後最大規模の社会保障制度改革を行うことを表明した。

---

112)　宇都宮深志編『サッチャー改革の理念と実践』（三嶺書房、1990年）。
113)　アラン・ウォーカー／キャロル・ウォーカー（佐藤進・金子和夫・廣瀬真理子ほか訳）『福祉大改革―イギリスの改革と検証』（法律文化社、1994年）2頁：Alan Walker & Carol Walker, *The Growing Divide: A Social Audit. 1979-87* (Child Poverty Action Group, 1987).
114)　毛利健三『イギリス福祉国家の研究』（東京大学出版会、1990年）311頁。
115)　H.M.S.O., *Reform of Social Security* (H.M.S.O., 1985) [Cmnd. 9517], H.M.S.O., *Reform of Social Security Vol. 2: Programme for Change* (H.M.S.O., 1985) [Cmnd. 9518], H.M.S.O., *Reform of Social Security Vol. 3: Background Papers* (H.M.S.O., 1985) [Cmnd. 9519].

政府の補足給付改革の要点は以下の6点にあった。

①所得補助受給権者にはその受給権を明確にした上で制度を簡素なものにすること。
②受給権者に対し、効果的且つより良いサービスを提供すること。
③最も危機に瀕している申請者集団に効果的に資源を集中化すること。
④できるだけ財政的に生活自己責任を遂行できるような制度にすべきこと。
⑤公的扶助受給権者と就労者間の公正さ（fairness）を確保すること。
⑥公的扶助制度以外の所得関連給付（incomerelated benefits）との連携（align）を図ること。

　グリーンペーパーの指摘する補足給付制度の問題点は、第1に制度が複雑であって申請者（claimant）と現業職員（stuff）双方に高度な知識を要求されること、第2に通常の週あたり給付に加えて個々のニードに即した加算を行うこととなっているが、補足給付制度がこの加算制度に圧倒されてうまく機能していないこと、第3に補足給付財政が年金生活者に偏っており、最も援助を必要とする者に扶助を集中化（target）される制度になっていないこと、をあげた。
　そこで補足給付を廃止して所得補助（Income Support）に改称し、個々の申請者に即した給付制度ではなく申請者の年齢や世帯構成などによる特定の受給者集団（specific client groups）別に給付額を策定して給付し、所得補助の給付は基本的に法律及び規則で行われ、裁量給付部門をすべて社会基金（Social Fund）に統合することを提言した。また、現行の資産保有制度は不公正に利用され、自立を阻害（discourages thrift）しており、補足給付制度が受給者の貯蓄意欲と就労意欲を阻害しているという認識を表明した。
　これを受け、現行保有資産限度額の3000ポンドを6000ポンドに引き上げること、求職中の者については週あたり15ポンドまでの所得控除をすることによって貧困の罠（poverty trap）を回避するよう提案した。これらの措置によっ

---

116) 申請者の3分の1が週あたり通常給付について、4分の3が週あたりの加算についての知識を持っていない。補足給付についての法律は500頁を超え、単一給付のみでも1000行を超え、ある規則を例にとってみても20の申請者カテゴリーに分類されている。H.M.S.O., *supra [Vol.2]* note 115, at p.18.
117) H.M.S.O. *supra [Vol.1]* note 115, at p.31.
118) 「多くの給付が一定の所得要件の下で支給される場合、受給者の所得がその要件をわ

て長期失業者や扶養児童のある失業者の家庭は寛大な措置をとられるであろう、とした。[119] 特に扶養児童のある家庭には新しい加算(premiums)制度をすることによって扶助を強化し、生計維持者(householders)と非生計維持者(non-householders)の区別、長期給付(longterm rates)と短期給付(shortterm rates)の区別を廃止することを提案した。

このグリーンペーパーの発表は補足給付のみならず年金、住宅給付なども含まれており、様々な議論を巻き起こすこととなった。ファウラーは各界の意見を取り入れてグリーンペーパーにかなりの修正をした上で1985年12月に所得保障改革に関するホワイトペーパーを公表し[120]、1986年1月このホワイトペーパーの内容を盛り込んだ法案を議会に提出した。こうして同年7月、1986年社会保障法が成立し[121]、1988年から施行されることとなった。

(2) 1986年社会保障法の概要

1986年社会保障法は、国民保険に基づく給付と、資力調査を必要とする公的扶助給付とをひとつの法律に規定した。第1部が年金であり、第2部が公的扶助給付たる所得関連給付(Income-Related Benefits)、そして例外的ニードについて貸付を行う社会基金(Social Fund)が第3部に定められた。ただ、国民保険拠出に基づく社会保険としての失業保険は1975年国民保険法に規定されたので、1986年法が対象とする失業者に対する給付は資力調査に基づく給付に限定された。

所得関連給付は、一般的公的扶助たる所得補助、家族手当、住宅給付から構成された(20条1項)。所得補助の受給権者はイギリス国内居住者(A person in Great Britain)のうち16歳以上、所得が規定額を下回り、本人あるいはその配偶者が有償労働(remunerative work)に従事していない者である(20条3項)。そして、雇用労働に従事することが可能な者(he is available for employment)については別途定められるところにより受給権を取得することができるものとされた

ずかでも上回ると、給付がおこなわれなくなるためかえって前よりも総所得が下がるという問題」堀勝洋『社会保障法総論』(東京大学出版会、1994年)51頁。

119) H.M.S.O., *supra [Vol.1] note* 115, at p.37.
120) DHSS, *Reform of Social Security: Programme for Action* (H.M.S.O, 1985).
121) Social Security Act 1986.

(20条3項d号)。

　所得補助の給付水準は、基準額によって定められる。受給者及びその配偶者の所得の算定などについては別途定められ、1986年法自体には直接詳細に書き込まれることはなかった。そこで委任立法である下位規則に詳細が定められることになった。

　このように、1986年法は一般的公的扶助制度たる補足給付を廃止し所得補助を導入したが、その受給要件等について大きな変更をもたらしたものではなかった。そもそも法律には詳細を書き込まず、要件充足判断や給付水準についてすべて下位規則に委ねる規律方法を採用した。

4　1989年社会保障法
(1)　1989年法社会保障法による規律方法

　1986年社会保障法は、確かに大きな制度的転換をもたらした。しかし法律的には規律密度が低く、多くを下位規則に委任するものであった。1989年社会保障法[122]はこれに変更し、法律において詳細且つ明確に定めることにより、権利義務関係を明確にさせた。とりわけ稼働能力者に関する受給要件は詳細に定められた。その上で、1989年改正は①「適切な雇用」という文言を削除すると同時に、②拒否の正当事由についてその判断基準を明確にし、③拒否の正当事由として賃金水準を保障しないということにしたのである。

　この規定は1988年雇用法[123]で求職活動が当該求職者に対する法的義務として位置づけたので、拒否に対する制裁もより明確に定められるようになったことを背景としている。1980年代の保守党政権は、給付制限の期間が最大6週間であったのを2度にわたって拡大し、その後最高26週間にまで延長した。さらに、受給要件として1989年法には「積極的に求職活動をしていること」を明確化し、求職者に課す義務を強化するなどの対応をとってきた。このような事情を反映して、それまで「欠格」と呼ばれてきたこれらの措置が、法律上も「制裁（sanction）」と呼ばれるようになった。職業訓練の受講拒否を理由とする給

---

122)　Social Security Act 1989.
123)　Employment Act 1988.

付制限も、この文脈で理解されるものである。

(2) **積極的雇用政策と公的扶助法**

1989年社会保障法の規定は、国民保険料拠出要件を満たさずに所得補助を受給する者、保険料拠出に基づく失業給付の受給期間を経過した長期失業者の求職活動に関する法的状況を一変させた。すなわち、現に雇用関係にないということを証明すれば所得補助を受給することができるというのではなく、何らかの求職活動を行わなければ所得補助を受給することができないということになったのである。したがって、積極的求職活動は所得補助を受給するための受給要件に転化したのである。

その一方、どの程度方法の求職活動を行えばこの要件を満たすことができるか、客観的指標となりうるものが存在していなかった。公共職業紹介所では、求職者への求職活動支援と受給要件充足判断という、二律背反的な法的義務を課せられたということができる。

5　1992年社会保障拠出給付法

1990年にはメジャー保守党政権が発足し、政府が所管する公共職業訓練機関である60か所の技能センターが売却され、民営化された。求職者に対する支援も民間団体の活動を通じて行われることが決定的になった。

ところで、1989年社会保障法は所得補助受給者に対して積極的に求職活動をする法的義務を課し、これを怠る場合の給付制限を定めた。ところがこの具体的な判断基準については曖昧なままであった。

1992年の社会保障拠出給付法ではその28条1項d号で、「求職者が、その求職活動を支援する観点からなされた雇用事務官による勧告（recommendations）に正当な理由なく従わなかったとき」には、給付が制限される、と定めた。この規定によって勧告不服従に対する制裁という法形式で履行を強制することが法律上明確になった。

---

124) Social Security Contributions and Benefits Act 1992.

6　1995年求職者法

(1)　求職者法制定の議論

政府は1993年の予算案で、社会保険給付である失業給付を廃止し、求職者手当を導入することを発表した。それは当時の雇用省と社会保障省が協同して翌年1994年政府白書「求職者手当」として提出された。[125] これを受けて翌1995年に求職者法が成立し、1996年10月7日に施行された。94年白書によると、改革の要点は以下の四点にあった。

①従来の失業給付と失業している者に対する所得補助を廃止し、新たに求職者手当を導入する。
②従来、失業給付と所得補助は受給者にとって同一の効果をもたらしてきたが、ふたつのシステムは異なる原理（社会保険給付と公的扶助給付）、異なる行政官庁、異なる給付事務所で所管されてきた。これは失業者にとっても行政庁にとっても複雑なシステムであることから、統一化する必要がある。
③求職者手当は「近代的な給付システム（modern benefit system）」であり、失業者を労働市場に復帰させるのに有効な方法を採用する。具体的には第1に、求職者にとって求職者手当の受給に対する理解を深めることにより、労働市場において求職者が行う行動を改善する。第2に、財政的な必要性を最も有する労働市場に復帰する者に対してより有効な援助を行うことができるよう、行政を合理化する。第3に、給付構造をより明確化してよりよいサービスを提供することによって失業者自身のサービスを改善するのである。
④労働能力のない者には所得補助などの他の手段によって所得保障がなされるべきであって、真に求職活動を行っている者に対してのみ、求職者手当が支給されるべきである。

(2)　1995年求職者法の概要

このような立場に立ち1995年求職者法が制定された。[126] その内容は以下の通りであった。

①失業者の出頭すべき行政事務所をひとつにし、行政上の簡素化とともに、失業者の

---

125)　Department of Employment and Department of Social Security, *Jobseeker's Allowance* (H.M.S.O., 1994) [Cmnd. 2687].
126)　Jobseekers Act 1995.

第1章 イギリス求職者法の史的展開

求職活動の態様を把握することを容易にした。
②給付内容を拠出制求職者手当（contribution-based jobseeker's allowance）と資力調査制求職者手当（income-based jobseeker's allowance）に大別した。拠出制求職者手当は従前の失業給付のように国民保険の一環としての保険給付として行われ、資力調査制求職者手当は従前の公的扶助給付である所得補助と同一のルールによって行われることとなった。この改正により、国民保険の拠出に基づく失業給付が求職者法に統合され、短期失業と長期失業に対する給付体系がひとつの法律に基づいて行われることになった。
③失業給付の支給期間が1年間であったのに対し、拠出制求職者手当の支給される期間を6か月（182日）に削減した。
④新たに申請者と雇用事務官との間で締結される求職者協定を受給要件とした。
⑤拠出制求職者手当と資力調査制求職者手当の支給額を年齢別に三段階に区分した定額給付とし、両者の額が同一になるようにした。
⑥拠出制求職者手当の配偶者及び扶養児童等の加算を廃止した。資力調査制求職者手当は原則として所得補助のルールが適用されるためこれらの加算があることから、給付額では資力調査制求職者手当が有利になった。

1995年求職者法は、失業者の所得保障制度に関してベヴァリッジ以降の大きな変更をもたらすものであった。それには失業観の転換に原因がある。大改革の趣旨は、①労働能力がありながら就労を忌避している者に対する就労の強制、②就労を忌避する、あるいは就労意欲が低下しつつある者に対する内発的な意欲の向上（動機付け）、③保障方法（失業保険と公的扶助）の違いにかかわりなく、継続的な所得保障と就労支援を与えることであった。[127] このため、求職活動支援に関わる担当窓口をジョブセンタープラスに一本化し（のち、支援担当も求職者ごとにパーソナルアドバイザーが担当することになった）、担当者と求職者との間で締結した求職者協定にしたがって求職活動を行うこととし、従来の国民保険による失業給付と公的扶助による所得補助を「求職者手当」という名称に一本化した。このように、失業構造の根本原因を産業構造の変化と失業者自身の個人的責任の両方に求め、これを改善するために再就職支援の個別化と支援体制の強化を図ったものであった。

---

127) 丸谷浩介「イギリス社会保障給付とワークインセンティヴ」九大法学74号（1997年）1頁。

1995年求職者法は、従前の失業給付を継承したに止まらない重要な変更が行われた。[128] 失業して給付を受ける方が再就職するよりも社会保障給付による収入が高いことにより再就職の意欲を喪失させるという「失業の罠」が問題となっており、これを回避する必要性があった。このために、求職者法では失業者が国家から何らかの援助を受ける代わりに労働市場に止まり続けることを条件とする給付として再編された。そして、貧困の罠を回避するために、受給者が再就職した場合の就労復帰手当（Back to Work Bonus）を支給することにした。[129]

　給付体系では、国民保険の保険料拠出に基づく給付（失業保険制度）として拠出制求職者手当が、資力調査を伴う失業扶助給付として資力調査制求職者手当のふたつとして再編された。保険料拠出に対する給付は原則として失業してから182日間まで支給され、その後は資力調査を経て資力調査制求職者手当へと移行することになる。また、国民保険制度は国民皆保険制度であるものの、低所得者の加入は任意である。低賃金が故に保険料拠出が十分でなかった失業者は、拠出制求職者手当を受給せず、資力調査制求職者手当を受給することになる。両者は受給要件の相違があるものの、受給するために行うべき求職活動の態様や、給付内容（水準）は、費用負担者の如何にかかわらず（保険財源だろうと税財源だろうと）同一である。[130] このために、失業時の生活保障制度としては、資力調査制求職者手当がそのセーフティネットとしての役割を担っているものということができる。失業者に占める両者の現実的な機能としては、資力調査制求職者手当の受給者が大半を占め、長期失業者と低賃金労働者が多いことを推測させている。

---

128) P. Wood, R. Pointer, N.D. Wikeley, and D. Bonner, *Social Security Legislation 2007; Volume II; Income Support, Jobseeker's Allowance, State Pension Credit and the Social Fund* (Sweet & Maxwell, 2007) p.26.
129) のちに Job Grant へ移行した。
130) なお、国民保険の保険料は所得税と一括して納付し、その使途も社会保障制度全般にわたる。このために国民保険料は社会保障目的税的な認識を持たれている（歳入関税庁インタビューによる）。

7 保守党政権下の失業と貧困

(1) 格差・貧困と失業

イギリスにおける貧困と格差をめぐる言説は、求職者支援策法制の政策決定にあたって大きな影響を与えてきた。第2次大戦後はほぼ20年間にわたって完全雇用の状態が続いた。のち、サッチャーが保守党政権を担った1979年には5.3％の失業率であったが、雇用を犠牲にしたインフレ抑制政策がとられたため、1981年には10.4％へと倍増したのであった。1982年には統計上の失業者数の定義をより狭くする変更（失業給付事務所への登録者数）があったにもかかわらず、その後も失業率は上昇を続け、1986年には14.1％にもなった。[131] 失業者の多くは国民保険法に基づく社会保険制度としての失業給付を受給していたが、失業給付は原則として1年間の有期給付であった。長期化する失業と学卒無業者はこれに対応できていない。そこで、一般的公的扶助制度にあたる補足給付制度が失業給付を補完する役割を果たしてきた。しかしながら補足給付は補完的機能を果たしたというよりも、失業者の所得保障にとって基盤的な役割を果たし、補足給付の受給者のうち7割は失業者が占め、イギリスの貧困問題は[132]失業問題となった。[133]

(2) 失業の罠

貧困問題を解く鍵が失業状態の改善にあるとすれば、失業者が就労すべく政策がシフトする。失業関連給付の行き過ぎが失業者の就労意欲を低下させているのではないかとの問題が生じる。これについては、給付が過大であるということよりむしろ反復して失業するような不安定労働者の賃金が低すぎるが故に、相対的に給付が高水準を確保されることになるという見解がとられた。このような失業の罠を回避するためには、就業時の賃金を社会保障給付よりも高額で生活が維持できるだけの賃金に設定するか、給付を引き下げるしかない。

---

131) 失業者統計の方法については岩井浩『雇用・失業指標と不安定就業の研究』（関西大学出版部、2010年）49頁。

132) Department of Employment and Department of Health and Social Security, *Payment of Benefits to Unemployment People* (H.M.S.O., 1981).

133) 下平好博「失業保険と労働市場政策」社会保障研究所編『イギリスの社会保障』（東京大学出版会、1987年）115頁。

しかしながら、賃金が労使の合意によって決定される以上、生活が維持可能な賃金体系に変更することは容易ではない上に、国家がそれを行うべきではないとの見方が優勢であった。

　そこで、社会保障制度設計に当たっての論理的根拠に変更がもたらされた。ディーンとテイラー＝グッビィは、1980年代の雇用と社会保障政策の方向性を３つの特色で説明した[134]。ひとつは、就労強制策の強化である。これは、社会保障給付水準と賃金額とのギャップを拡大すべきだとの劣等処遇観に基づいていた。ふたつ目が、給付対象の集中化である。これは、ミーンズ・テストを多用して「真に必要な」グループを選抜するものである。３つが不正の根絶である。不正受給防止の目的で複雑な給付システムを簡素化すると同時に、受給者の生活を統制するという目的があった。

(3) 法改正による所得格差の拡大

　このような目的での法改正は、制度の簡素化をもたらすと同時に失業時生活保障の役割を相対的に低下させた。1982年には、従前賃金に比例して最初の６か月間支払われていた報酬比例補足手当を廃止し、次いで1984年には児童扶養加算手当を廃止した[135]。また、1986年施行の所得補助は保険料拠出条件を満たさない者に対する減額給付を廃止し、その給付水準を大幅に引き下げると同時に、年齢や家族構成によって異なっていた給付水準を統一化した。これと同時に短時間労働者に関する勤労控除額を引き上げ、積極的に求職活動をしていることを受給要件として課すなど給付を通しての就労促進を積極的にすすめ、貧困の罠を回避しようとした。しかしながら、制度を簡素化したために各種加算を導入せざるを得ず、行政コストがかさむ結果となった。それでも貧困率は上昇し続け、ジニ係数に見られる所得格差が拡大していった。

　1979年に保守党政権の経済政策は、確かに国民経済を豊かにさせた。イギリス国民の平均所得と所得の中央値は、いずれも1980年代を通して右肩上がりに上昇したのである[136]。しかし、その成功の果実の恩恵が国民全体に拡大してい

---

134)　H. Dean and P. Taylor-Gooby, *Dependency Culture* (Harvester, 1992).

135)　Social Security Act 1986.

136)　Institute for Fiscal Studies, *Poverty and Inequality in the UK* (2010).

第1章 イギリス求職者法の史的展開

たとはいえなかった。総じていえば、サッチャー政権期はジニ係数が上昇し続け、格差が拡大していた。保守党政権は格差を拡大し、それを固定化した政権であった。

1980年代の前半は失業率が上昇し、後半は下降した。[137] 90年代に入ると再び失業率が上昇したものの、92年以降はずっと減少傾向にあった。これに対応して、求職者手当の受給者も増減傾向を示した。

しかしながら、これは実態を反映した数字ではなかった。注目すべきは就労不能手当受給者数の変化である。就労不能手当は障害により就労することができない者に対する公的扶助給付であり、受給要件として求職活動をすることが求められない。受給者数は1975年に75万人程度であったが、2000年には250万人を突破したのである。[138] これにより見かけ上の失業率が減少し、求職者手当の受給者数が抑制され、就労不能手当の受給者数が急激に増加したのであった。

このような見かけ上の失業率操作は、イギリス経済において大きな禍根を残した。その後の労働力不足と長期失業者の労働市場参入を困難にさせたのである。このような状況下、1997年にはブレア率いる労働党へ政権交代した。

第4節　1997年ブレア労働党政権における就労支援

1　福祉から就労へ

現代の保守＝自民連立政権下における求職者法制の基本方針は、1997年の労働党政権以降の流れをくんでいる。ここでは労働党政権以降の就労支援政策について、多少詳しく見ておこう。

1997年に成立したブレア率いる労働党政権は、基本的に保守党の政策を踏襲した。ブレア労働党は、「第3の道」路線をとり、経済情勢が上向いたこともあって、雇用情勢も良好になった。労働法制も全国最低賃金法の制定（1997年）

---

137) ONS, *Labour Force Survey* (2010).
138) 丸谷浩介「イギリスの『福祉改革』に学ぶ生活保障と就労支援」大阪弁護士会編『貧困問題がわかる3　世界の貧困と社会保障―日本の福祉政策が学ぶべきもの』（明石書店、2012年）75-112頁。

を嚆矢として、積極的雇用政策を中心とする各種の法改正が行われてきた。

　求職者法の下、政府がすすめる積極的雇用政策をより強固に推進するため、2002年にはジョブセンターを運営してきた雇用サービス庁（Employment Service）と各種給付サービスを提供してきた給付庁（Benefit Agency）の一部が統合され、労働年金省の内部組織として、ジョブセンタープラス（Jobcentre plus）が設置された。ジョブセンタープラスは、わが国の公共職業安定所と同様、失業者に対する無料職業紹介事業を行うと同時に、求職活動状況を認定することにより失業認定を経て求職者手当の給付事務を行う。また、ジョブセンタープラスは、国家基礎年金や労災補償給付などの国民保険給付事務を掌り、社会保障給付全般をも取り扱っているという特色がある。

　ジョブセンタープラスでは、求職者に対して効果的なアドバイスを与えることによって再就職を支援する。求職者法では、政府が地域におけるパイロット事業を行うことにしており、求職活動や能力開発に関する徹底した調査を行うことにした。同時に、求職者には求職活動に関する義務に関する理解を求め、可能な限りの支援が受けられること、適切な求職活動や能力開発を行わない場合にはサンクションを与えることが明確化された。これにより、失業時の所得保障は管理コストがかからない簡素な給付制度で、積極的労働市場政策の遂行によって福祉依存文化から脱することを明確化したということができる。職業紹介事業に関しては、単に求人を紹介するのみならず、求職者のエンプロイアビリティを高める必要がある。これはジョブセンタープラスの職務ではあるが、イギリスにおいて近年発展してきた社会的企業による能力開発と職業斡旋事業も盛んである。

　職業訓練では、NCVQ（全国職業資格委員会）とSCAA（学校カリキュラム・評価機構）を統合してQCA（資格課程総局）が設立された。これにより、QCAが「全国資格枠組み」を構築し、ITOとLBが統合されて全国訓練協会（NTO: National Training Organization）が設置された。また、高等教育水準審査機関（QAA: Quality Assurance Agency for Higher Education）を設立された。

　ブレア労働党政権は、ギデンズの政治哲学を背景にして「福祉から就労へ（welfare to work）」をキャッチフレーズに就労中心の社会保障政策を展開した。

イギリスの"welfare to work"就労を中心に据えた福祉社会を構築するためには、労働することが魅力的になるような社会保障制度を構築すること、国家の生活保障と市民の労働とを双務的ないし疑似契約的関係にとらえて労働と給付を結びつけること、労働を履行しない場合の給付制限を厳格化することが肝要であった。ただ、これだけでは社会的に排除された者を労働市場の外部に置くことになるだけであるから、求職者の状況に応じてエンプロイアビリティを高め、それを個別化し、プログラム化していく必要があった。

保守党政権下の求職者手当では、受給者には求職活動や能力開発等に関する事項について求職者協定を締結することがその受給要件となっていた。しかしこれがあまり有効に機能していなかった。長期失業者や就業経験の少ない資力調査制求職者手当の受給者にとって能力開発を行うしくみが必要となる。そこで、職業紹介事業の個別化・ターゲット化・プログラム化を行う、ニューディールと呼ばれるプログラムが1998年より開始された。[139]

2 ニューディール

(1) 目　的

福祉から就労への対人就労支援として中心的な制度はニューディールであった。これは以下のような背景で誕生した。

労働党政権はまず政権発足後直ちに内閣府に「社会的排除対策局（Social Exclusion Unit）」を設置した。社会的排除とは、失業や技能不足、低賃金、劣悪な居住環境、犯罪、健康状態の悪化、家族崩壊などの問題が複合的に発生することによって、社会の中で得られて当然な機会から排除されている状態を指している。[140] 社会的排除対策局は、様々な省庁や官僚のみならず、中央政府と地方政府、ボランティア部門、実業界からも横断的に集結した者によって構成された。社会的排除対策局の中心的事業が、ニューディールであった。すなわ

---

139) イギリスのニューディールに関しては数多くの研究がある。法律学での研究として Amir Paz-Fuchs, *Welfare to Work: Conditional Rights in Social Policy* (Oxford University Press, 2008).

140) Social Exclusion Unit, *Preventing Social Exclusion* (Social Exclusion Unit, 2001).

ち、ニューディールは当初から失業者が労働市場において求人と求職とのマッチングをすることが目的なのではなかった。失業という状態は社会的排除のひとつの原因となっているに過ぎず、また失業を生じさせているのが個人にとって複合的な問題に由来しているのであるから、それを解決するために支援することがニューディールなのであった。

ニューディールプログラムは、社会的排除の状態に陥った人々に個別の支援や職業訓練の機会を提供することで、就労を梃子とした社会的統合の機会を付与しようとするものであった。そのために、従来の失業者ないし貧困者向けの対策が自己責任や道徳観の欠如に根ざした対応をとっていたのに比べ、自立を阻害している要因そのものを除去することに比重を移していったということができる。

ニューディールでまず最初に取り組まれたのは若年者雇用対策である。政府は、1998年度の若年者向け雇用対策(18歳から25歳までの働いていない若年者に対する支援)に巨額の予算を投じた。しかしこの財源は電気・ガス・国鉄などが民営化された際に得られた臨時的税収入であり、ウインドフォール(棚ぼた)税と呼ばれた。したがってこれ以降は財源の獲得に苦慮せざるを得なくなるが、好景気がこれを埋め合わせた恰好となった。

いずれにせよ、失業者の能力を改善して就職に結びつけるということは、単に労働市場の在り方の問題ととらえられたのではなかった。失業状態が社会的排除をつくりだし、社会的排除が失業を除去しがたいという位置付けの中でニューディールが考えられたのであった。それ故に、ニューデールが単に職業紹介や職業訓練などの積極的雇用政策と同義なのではなく、就労阻害要因をいかにして除去するかということに腐心しなければならなかったのであった。

(2) **ニューディールの構造**

ニューディールは、社会的排除対策から出発したために、対象者カテゴリー別の対応を制度化したものとなった。これには、若年者向けニューディール、長期失業者向けニューディール、ひとり親向けニューディール、パートナー向けニューディール[141]、50歳以上向けニューディール、ミュージシャン養成ニュー

---

141) 1999年より、夫婦ともに無職であるときに、一方配偶者が求職者手当を申請した場

ディールなどがあった。

　この中でも最も予算をかけ、最も効果を期待されたのが若年者向けニューディールであった。これは、1998年に開始されたもので、求職者手当を6か月以上にわたって受給している18歳から24歳の若年者が、受講することを実質的に義務づけられた。これを怠る場合は求職者法所定の指示義務違反にあたるという位置付けを与え、給付制限の制裁措置を加えることにした。対象者は、プログラム開始度4か月はカウンセリング付きの求職活動支援を提供され、その間にかなりの者が就労を開始した（ゲートウェイ）。この間に就職が決まらないときには、「オプション」と呼ばれる期間に移行し、補助金付き雇用、職業訓練、ボランティア就業、起業からひとつをしなければならない。この期間が終了したときには、「フォロースルー」と呼ばれる最大6か月のプログラムを受講する。ゲートウェイ同様の求職活動支援と段階的な支援を実施されることになった。このように、失業期間の長期化とともに求職者の「雇用される能力」が低下するという現象をとらえ、時宜に応じた対応をとっているものということができる。このような方法論は、対象者の特性に応じて異なったものが設定された。

(3) ニューディールに関連する給付制限

　職業訓練を基本とするニューディールは、それを拒否する等のことがあれば給付制限を受けることになった。給付制限制度の枠組みは雇用関連の給付制限と同一であり、非違行為により義務的職業訓練や雇用プログラムの機会を失ったとき、それらを途中でやめたとき、申込や受諾をしなかったとき、復帰命令に反したときは、給付制限を受けることになった。

　ニューディールに入って最初の「ゲートウェイ」期間中、正当な理由なく設定されたインタビューに出頭しなかった場合、職業紹介状を受け取ったにもかかわらず義務的ニューディールプログラムの「オプション」を開始しなかった場合、あるいは正当な理由なくオプションを途中離脱したとき、には、求職者

　　　合、夫婦2人とも求職活動を行うことが義務づけられた（共同申請者制度）。このため、職業経験の少ない専業主婦が労働市場に参入するためのしくみとして、このようなものが必要とされた。

手当が給付制限を受けることになる。その状態が継続している限り給付を受けられないことになる。

ニューディールの給付制限は、原則として2週間に固定された。しかし、「ゲートウェイ」以外のニューディールに関する給付制限については、過去給付制限を受けた者が再度給付制限事由に該当する場合に、26週間の給付制限が課された。つまり、ニューディールのプログラムに参加することによって職業能力開発などの各種事業に参加することができるだけでなく、給付制限の場面においても有利に働くことになったのであった。

(4) ニューディールの法的構造と法的効果

ただし、この法構造と法効果については以下の4点を指摘することができる。

まず第1に、ニューディールの義務違反については、積極的求職活動要件を満たさないものとして給付制限を受けることである。つまり、ニューディールの義務違反の法的効果として給付制限を受けるのではなく、一旦受給要件に立ち返って判断するということである。そこでは、単純にニューディールに従わなかったという結果だけで判断されず、実際の求職活動内容の合理性の基準での判断に移ることになる。

第2に、要件を満たさないとしても、その結果永続的に欠格するのではなく、2週間の給付制限に止まることである。この給付制限を解くために求職者は再び雇用事務官とのインタビューに臨むことにしており、給付と雇用政策が密接に結びついている点が指摘できる。さらにニューディール対象者以外の給付制限が最長26週間であるのに対して、ニューディールは2週間に固定されており、ニューディールに取り組むことが求職者の利益になっているということができる。

第3に、オプションを選択しなかった、あるいは提示された求人に応えなかったという結果をもってすぐに給付制限を行うのではなく、求職者に正当な理由があれば給付制限が行われないことである。この正当な理由には明文化されているものと、行政裁量に委ねられているものがあるが、職種、賃金水準、勤務地、家庭責任などの広範囲にわたるものが想定されている。

第4に、求職者が給付制限を受けていることで生活困窮に陥る場合、たとえ

要件を満たさないとしても「急迫給付（hardship payments）」が行われることになっており、（特に同居家族については）一定の生活保障が確保される。これによって求職者の自由が相当程度尊重されているものということができるであろう。

(5) ニューディールの評価と反復失業

それではこのようなニューディールは、求職者が労働市場で有用な労働能力を身につけることができ、雇用され、継続的に就労し、生活の維持向上に役立ってたのか。実施されたニューディールの内容を検討すると、主な教育内容がリテラシー（literacy）やニューメラシー（numeracy）を中心とした基本技能に止まっていた。また、訓練は履歴書作成の指導や、企業面接に向けた面接の訓練などがその中心であった。つまりニューディールの下で行われている教育・訓練とは、職業訓練による技能形成を中心としたものではなく、非常に低いレベルの基本技能を中心に行われているとも指摘された。[142]

したがって、このような低レベルの基本技能修得を中心としたニューディールは、必ずしも当初の目的である就労阻害要因の除去と雇用可能性の向上を通した正規雇用の獲得ということに結びついているとは言い難い。ニューディールプログラム期間を満了した後に就職した者は多く見積もっても3割程度にしか過ぎず、求職者手当新規申請者の過半数が過去に受給していた反復失業者である。[143][144]

反復受給者が多数存在することの主な要因は、求職者手当受給者ないしニューディールプログラムの受講者が正規雇用を得にくいことにある。これには、職業訓練や昇給・昇格の機会が正規雇用にしか与えられておらず、正規雇用としての技能形成や雇用され続ける能力の向上に関してはニューディールが

---

142) 伊藤大一「イギリスにおける『アンダークラス』の形成」立命館経済学52巻2号（2003年）129頁。

143) Lorna Adams, Katie Oldfield, Sarah Fish, Catherine Riley and Edward Isherwood, *Jobseekers Regime and Flexible New Deal Evaluation: Stage 2 and Stage 3 Customer Surveys* (Department for Work and Pensions Research Report No. 694, 2010).

144) Hannah Carpenter, *Repeat Jobseeker's Allowance spells* (Department for Work and Pensions Research Report No. 394, 2006).

十分機能していないことが遠因にある。したがって、就労自立阻害要因を除去するためのニューディールは就労による自立という観点からは不十分であり、そのような視点での再編成が必要とされるに至った。

ニューディールで得られた職の大部分は単純低賃金労働であり、そこで職能を向上させる見込みが得られない以上、将来への展望が開けないとの指摘がなされた。しかしそうは言っても、他方でニューディールなどの各種個人別の就労支援策が一定程度の成果を収めたのも事実である。ニューディールの前身である雇用・維持向上プログラム受講者が「私の人生を一変させました。おかげで経済的に独り立ちできたのです。（担当のパーソナルアドバイザーは）いつも私を支えてくれました」といった感想を残すなど[145]、ターゲットによっては目的を達成したとも評価できる。ターゲットに即したプログラムを策定し、ターゲットに応じた給付との結び付きを再考するというニューディールの方法論が、実践的で効果的なものであるということを示していたのである。

3 　求職者手当の改革論

2000年代のイギリス経済は非常に堅調であった。それでニューディールは一定の成功を収めたと評価された。しかしながら、国内の労働力不足やEU内での低い労働力率といった現状、そして流動的な政治経済状況を背景にして、求職者手当の改革論が叫ばれるようになった。

(1) 支給要件と給付制限の厳格化

2006年12月、雇用年金相は長期失業者に対する支給要件の厳格化を含めた制度の見直しを公表した。受給者の12%が6年以上受給していたことから、これを制限することが必要であるとの認識であった。このために、ニューディールをはじめとする積極的雇用政策に従事しない求職者に対しては、支給額の減額を行うことを表明した。ただし厳格化にあたって、再就職支援や職業訓練の強

---

145) Polly Toynbee and David Walker, *UNJUST REWARDS: Ending the Greed that is Bankrupting Britain* (Grata Publishing, 2008)、邦語訳としてポリー・トインビー／ディビッド・ウォーカー（青島淑子訳）『中流社会を捨てた国』（東洋経済新報社、2009年）。

化を検討する必要があるとした。[146]

これを受け、2008年7月には政府緑書[147]が提出され、失業期間に応じた求職活動に取り組む義務と制裁措置を明確にすることが表明された。同時に、長期失業者に対応するために、求職者手当が永続的なものでなく、一時的な失業状態に対応するものとして再編されるべきことを提言した。

(2) 行政機関の改革

そこで2005年から2006年、ジョブセンタープラスでは9300人の職員が延べ1080万件の求職者インタビューを行い、求職者へのアドバイスを行った。これに対し、下院の予算委員会は、出頭しない求職者のために年間職員人件費として1600万ポンドが無駄遣いになっていると指摘した。ジョブセンタープラスは求職者の責任を自覚させ、出頭しない求職者に対してはより実践的な方法で出頭させるような方策を検討すべきだというのである。つまり、求職者の居住地が郊外にあったり、学童児童を抱えているために出頭が困難であるといった事情を考慮すべきだとするのである。このような場合、ジョブセンタープラスとしては電話やテキストメッセージによるインタビューが可能になるような方法を検討するべきだという。それでも出頭しないような場合、委員会は給付制限を強化し、全部不支給にすべきだと結論づけた。[148]

(3) 求職者手当制度の見直し

2006年12月、ハットン労働年金相は、求職者手当制度について、働く能力があるにもかかわらず就労していない長期失業者に対する給付条件の厳格化などの見直しを発表した。

改革のターゲットとされているのは長期失業者である。求職者手当受給者全体の約12％が過去7年間のうち6年間を給付金に頼って生活していた。

求職者手当の受給要件として積極的求職活動があるが、約2％の受給者が求

---

146) 労働政策研究・研修機構ホームページ（http://www.jil.go.jp/foreign/jihou/2007_3/england_01.htm）

147) Department for Work and Pensions, *No one written off: reforming welfare to reward responsibility* (2008) [Cmnd. 7363].

148) "Public Accounts Committee highlights cost of jobseeker non-attendance" J.S.S.L. issue 1 (2008) p.9.

職活動を行わないことを理由に給付制限を受けている。ハットン労働年金相によると「現在国内にある約60万人の求人の多くが、給付金受給者の多い地域で出ている。職がないと主張する長期の給付受給者の意見は根拠がない」と指摘した。さらに「労働市場への復帰に向けてより積極的な行動を取るか、あるいは就職可能性を高めるためのプログラムに参加するかのいずれかをおこなわない場合には、給付金の一部または全部を削減するなどの措置を取るべき」として、長期失業者に対する給付要件の厳格化を示唆した。ただし厳格化にあたっては、再び職に就くことを希望している失業者に対する支援や訓練を強化する方法を検討する必要があるとも述べた[149]。

4　リーマンショックと障害者の労働能力活用

(1) 雇用支援手当の導入

2008年のリーマンショックは、金融業の好況に牽引されていたイギリス経済に大きな打撃を与えた。リーマンショックによって求職者手当受給者数が増大したけれども、制度の抜本的改正議論には向かわなかった。

それよりもリーマンショック前後に、大きな問題が浮上していた。1990年代に比べると、障害者が受給する就労不能給付（Incapacity Benefit）の受給者が3倍になっていたことである。前述のように、1990年代に高い失業率に悩んでいた雇用大臣・マイケル・ハワード（保守党）が、「傷病・障害者は失業者ではない」旨の発言をして、多くの失業者を失業給付の受給者から就労不能給付受給者に変更させたのである。この間、就労不能手当の受給要件について大幅な変更をしていないことに鑑みると、人為的に操作されたものであった。

これによって見かけ上の失業者数と失業給付受給者数は減少した。就労不能給付受給者には求職活動や職業訓練が義務づけられないために、そのうちの多くが非労働力化してしまった。好況期には労働力不足に陥り、彼らを労働力と

149）労働政策研究・研修機構ホームページ（ http://www.jil.go.jp/foreign/jihou/2007_3/england_01.htm）

して活用させつつ公共支出を減らすために、2007年と2009年に福祉改革法を制定した[150][151]。これらは経済的には国内雇用率の上昇に寄与すること、政策的には「働くことが最善の福祉である」ということを体現しようとした[152]。

他方で、就労している低賃金労働者には、所得を底上げするしくみ(給付付き税額控除)と最低賃金制度を導入し、生活を維持するに足る転職活動を支援した。これにより、所得の側面から見た「労働が有利になる社会保障」の体制が実現したともいえるであろう[153]。

(2) 2007年福祉改革法

ブレア労働党によるイギリスモデルの特徴は、「福祉から就労へ」という語で表することができる。2007年から2010年までのブラウン政権もこれを引き継いだといって良い。この語のミクロレベルの含意としては受給者の福祉依存から就労自立支援へとシフトすること、マクロレベルでは消極的労働市場政策から積極的労働市場政策へと重点を移すことにある。しかしながら、保守党政権から連綿と続く競争力や市場原理を重視した経済成長が実現できたからこそこのような政策を採用できた点は否定できないであろう。

他方、好況期のイギリス労働市場の課題のひとつに労働力の確保があった。若年者や長期失業者を対象とした就労支援策のニューディールが一定の成功を収めていたものの、依然として労働力率はEU内でも低位にあった。これにより経済的に活動していない人々、とりわけ障害を給付事由とした社会保障給付(国民保険料拠出に基づく就労不能給付、資力調査を伴う所得補助など)を受給している人々の多くが労働市場に参入していないことが問題視された。障害者は全労働力人口の20%を占め、その過半数が働いていない状況であった。このひとつには、再就職が困難な失業者(衰退産業から解雇された者)を障害者に分類した上で障害関連給付の受給権者にすることで、見かけ上の失業率と求職者手当受給

---

150) Welfare Reform Act 2007.
151) Welfare Reform Act 2009.
152) 丸谷浩介「仕事を中心とした福祉社会の復興」世界の労働59巻7号(2009年)22頁。
153) Andreas Cebulla and Robert Walker, "Welfare, Work and Welfare-to-work in the UK" A. Cebulla , K. Ashworth , D. Greenberg and R. Walker, *Welfare-to-Work* (Ashgate, 2004) p.1.

者数を減少させるとともに、彼らには就労が義務づけられておらず、その結果として再就職を妨げられる現状があった。

1998年の緑書「福祉のための新しい契約」[154]では、就労不能給付が運用において制度目的から逸脱してしまったことを認めていた。すなわち、就労不能給付は政府にとって失業者数を減らす隠れ蓑になっていたのであり、寛大で就労に向けた努力を課されることのない求職者手当のような性格を有するものへと変質してしまった、との認識を示していた。そもそも就労不能給はその給付水準において求職者手当よりも高く設定されていたために、受給者にとっても就労不能給付を選好して求職活動を行わないことの動機付けになっていたのである。

2006年には政府緑書「福祉のためのニューディール」[155]が提出された。同書は国民経済を活性化させるためには就業率を高める必要があり、そのためには潜在的失業者数を減らすことが肝要であることを示した。とりわけ非労働力化していた就労不能給付の受給者数を100万人減らし、労働市場に復帰させなければならないとしたのである。

そこで、受給する権利には何らかの責任を伴うべきであるとの視点から、障害者の求職活動を条件とする雇用支援手当（Employment and Support Allowance）が07年福祉改革法[156]により導入された。これにより、就労不能給付は廃止された。

(3) 2007年福祉改革法による障害者の所得保障

2007年福祉改革法は、第1部で雇用支援手当、第2部で住宅給付及びカウンシル税給付、第3部でこれらの管理運営について定めた。

07年福祉改革法による雇用支援手当を受給するためには、労働能力評価（Work Capability Assessment）を受ける必要がある。労働能力評価は、単に医学的に心身がどの程度の機能障害状態にあるかを評価するのではなく、申請者が有する労働能力が現実の労働市場で利用可能であるかを評価するものである。たとえば、従来の障害評価基準は製造業で必要とされるような心身機能のみに

---

154) DSS, *A New Ambitious for our Country: A Contract for Welfare* (SO, 1998) [Cmnd. 3805].
155) DWP, *A New Deal for Welfare: Empowering People to Work* (SO, 2006) [Cmnd. 6730].
156) Welfare Reform Act 2007.

着目したものであったのに対し、新たな基準ではコンピューターのキーボードやマウスの操作能力により評価するといったように、より障害を持つ人の就業促進に近い判断を行うことになったのである。この評価に基づき、受給者はその範囲内で求職活動や職業訓練、リハビリテーションといった就職関連活動の計画を策定し、それを実施することが求められた。正当な理由なくこれを怠った場合には当初50％を減額され、それでも怠る場合には支給停止されることになった。

一方、労働能力を有する求職者手当の新規申請者の場合は、読み書き・計算・コミュニケーション能力のチェックが行われ、技能水準に応じて職業訓練を受講するよう義務づけられることとなった。というのも、不安定化する労働市場の影響を受け、求職者手当を受給していた者の再就職が必ずしも継続的な雇用に結びつかず、雇用と失業とを繰り返す反復的受給者の増大が問題視されるようになっていたからである。

5　2007年の求職者支援制度議論

(1)　就労支援政策の転換

ニューディールは、その政策目的が優れていたとしても、実践の場面でそれが実現できているとは言い難い状況であった。他方で、政治の世界では求職者支援体制の遂行が労働党政権の福祉改革と失業者の能力開発にとって最重要課題となっていた。これには、急速な景気上昇による労働力不足を補うための、ひとり親、傷病障害者、高齢労働者の就労自立支援を強化することにあった。求職者に対する所得保障制度の求職者手当に関する制度改正として、労働党政権は以下のような改正を行ってきた。

　①権利と義務のより強固な制度的枠付け：求職者手当受給者の求職活動に関する行動の義務を強化すること
　②すべてのサービス提供者に係るサービス手法の革新、求職活動に関して契約的手法を導入すること
　③「雇用される能力」を改善する必要のある求職者に対し、ジョブセンタープラスが職業訓練関連活動を提供し続けることで継続的な求職活動支援を実現すること

このような求職者支援の枠組みは、リーマンショックから政権交代を経て新たな局面を迎えた。「求職者支援体制及びフレキシブル・ニューディール (Jobseekers Regime and Flexible New Deal: JRFND)」と呼ばれるしくみである。これは、所得保障としての求職者手当と、その受給者が受講することになっているフレキシブル・ニューディールから構成されている。これからもわかるように、給付と求職活動との関連をより密接に結びつけようとしたのであった。

(2) フレキシブル・ニューディールの議論

　JRFNDに関するそもそもの議論はリーマンショック以前に遡る。2007年、重要な報告書が三点提出された。

　第1が、労働年金省の完全雇用に関して提出した白書である[157]。これによると、リーマンショック以前の福祉改革の主眼は、雇用率を80％にまで引き上げるという完全雇用を目的とした政策であった。これは同時に求職者手当の制度と長期失業者をなくすためのニューディールを再構成するものであり、また、失業と給付を繰り返す反復的失業者に対する施策を講じるものであった。

　第2が、完全雇用下の就労支援プログラムの在り方に関するものである[158]。長期失業や社会保障への給付依存、反復受給（反復失業）問題を克服するために、求職者手当の受給者に対する就労支援プログラムを刷新することを提言した。

　勅令書 (Command Paper) である『機会、雇用および成長：職業能力の向上』[159]は2007年11月に提出された。これによれば、労働年金省と技術革新・高等教育および技能省とが協同し、職業訓練とその支援を受ける者を増大させることを謳っている。これにより、彼らを給付から切り離して労働させることとしたのである。

　これらに加え、2008年11月より12歳以上の子どもを持つひとり親はもはや所得補助の対象とはならないことを宣言した。すなわち、2010年までにはこの年

---

157) DWP, *In work, Better off: Next Steps to full employment, and Ready for Work: Full Employment in our Generation* (SO, 2007) [Cmnd. 7130].

158) DWP, *Ready for work: full employment in our generation* (SO, 2007) [Cmnd. 7290].

159) DWP and DIUS, *Opportunity, Employment and Progression: making skills work* (SO, 2007) [Cmnd. 7288].

第1章　イギリス求職者法の史的展開

齢を 7 歳に引き下げる（ひとり親義務政策（Lone Parent Obligations））。これらの年齢以降の子どもを持つひとり親に対しては、求職者手当制度への適用申請を義務づけたのである。また同時に、雇用支援手当が2008年10月から開始され、就労不能手当は廃止された。これらの政策の一部として新規に労働能力調査が導入され、労働市場への参入障壁の少ない心身状態にあるとされる者が増加したため、求職者手当制度の適用対象者も増加している。これに加え、白書は次のように述べる。2010年 4 月から2020年までの間、基礎国家年金支給開始年齢を段階的に男女同年齢にする。これを実現するために、60歳から64歳までの就労していない者へ、段階的に求職者手当を申請させるようにする。これらの者についても求職者支援体制制度の対象者となる。労働党の雇用率を80％にするとの政策目的を実現するためには、高齢者をあと100万人雇用させなければならないことになっていたのである。

(3) 責任に対する報酬としての福祉改革

07年福祉改革法に基づく受給者の責任を強調する就労支援策は、それを強化する方向で維持された。08年 7 月に提出された政府緑書「誰も見捨てられない：責任に対する報酬としての福祉改革[160]」は、子どもの貧困と障害を持つ人の就労支援を通して社会的排除に立ち向かうことを宣言した。就労自立に向けた個人のニードに即した支援を行うことにより、職業的スキルの向上と雇用機会を提供することを提言した。

この緑書が公表された後、08年 9 月のリーマンショックを契機とする金融不況が生じ、イギリス経済と労働市場に深刻なダメージを与えた。TUC（イギリス労働組合会議）は、レイオフを実施する企業に対する賃金助成、雇用を維持しながら求職活動を行う者に対する求職者手当の支給などの実施を政府に求めた。特に、レイオフ中の賃金助成はEU加盟国の多くが既に実施しており、労使団体による導入を求める声が強いものであった。しかしながら、いずれの政策も09年度予算には盛り込まれなかった。その理由は、整理されるべき生産性の低い産業は市場から撤退すべきであること、求職者への支援は現行法の枠内

---

160) DWP, *No one written off: reforming welfare to reward responsibility* (TSO, 2008) [Cmnd. 7363].

でも可能であるといったことであった。ただ、若年長期失業者に対する助成金付きの雇用、職業訓練・就業体験の機会提供に対する資金提供については、09年度予算に盛り込まれた。失業者のエンプロイアビリティを向上させることが国家のなすべきセーフティネットの役割であり、国家が労働市場に直接介入することは好ましくないとの判断であった。

(4) 未来に向けた福祉改革

ところで、福祉改革を目指した政府緑書が公表されたのは金融危機以前のことである。緑書の内容に関する意見を聴取し、社会情勢の変化に対応した具体的政策を政府白書として公表する必要があった。そこで08年12月に公表されたのが「意欲を高め、支援を強化する：将来に向けた福祉改革」[161]であった。

白書に通底する考え方は次のようなものであった。すなわち、公表された政府緑書からは経済状況が大きく変わってしまった。しかし、このような状況だからこそ改革を断行するのだ。労働市場において「できないこと」よりも「できること」を重視する必要から、障害者への労働能力評価を完全実施する。労働能力のある失業者に対しては個別のニーズに応じた個別対応を強化する。このために、民間部門による再就職支援を国からの成功報酬により積極的に活用していくことにする。この結果、公的機関のジョブセンタープラスは、社会的に排除されている失業のハイリスク者にターゲットを合わせたものにする。つまり、不況期におけるセーフティネットの在り方は、賃金代替的所得保障にあるのではなく、すべての社会保障給付をより一層（再）就職支援型給付へと変更することにあるというように位置づけるのである。

このようなことから、09年度予算（「雇用のための予算」）では再就職支援策に13億ポンド（のち、31億ポンドに引き上げられた）を追加した。これは個別的な再就職支援をスムースに行うためにジョブセンタープラスなどへの追加的措置を含んでいた。これを受けて、2009年福祉改革法が制定された。[162]

---

161) Paul Gregg, *Realising potential: A vision for personalised conditionality and support* (TSO, 2008). DWP, *Raising expectations and increasing support: reforming welfare for the future* (TSO, 2008).

162) Welfare Reform Act 2009.

第1章　イギリス求職者法の史的展開

6　2009年福祉改革法

2009年福祉改革法は、主として稼働能力ある者に関する大幅な制度改革を行った。白書で方向づけられた09年福祉改革法は次のような施策が盛り込まれた。

(1)　雇用継続への支援

疾病により雇用の継続を困難とさせるような場合、雇用継続のためのアクションプランを策定する。これに関して医療関係者は積極的に評価した。しかし、使用者との連携を密に図る必要があるなど、実際には困難を伴う。そこで、政府、使用者、専門家との協働により雇用継続に向けた手法の開発を急ぐことになった。

(2)　障　害　者

既に07年福祉改革法で労働能力評価とこれに基づく就労関連活動によって就労支援の方向性が打ち出されていた。障害者に対し、教育、職業訓練、採用、雇用継続といった社会活動を支援をさらに強化する。このために、ニーズ評価や協議を行う機関の設置を義務づけた。これによって障害者が具体的な労働市場において発揮できる労働能力を活用するための基盤作りをすることになった。また、障害者に対する所得保障を就労支援手当に一本化し、普遍的公的扶助制度として機能してきた所得補助制度を廃止することにした（障害のある者以外は求職者手当に移行した）。これは、従来の給付体系が求職活動と関係を持たなかった結果、障害がある人の社会的に孤立させる結果を生み、それは公正ではないとの判断であった。現在250万人いる就労不能手当の受給者が2015年までにはこの制度の下で該当者が100万人に減ると見込まれ、これにより労働力率も80％へと上昇すると見られた。

(3)　再就職支援の個別化と再就職支援の民営化、供給主体の多様化

求職活動の中核を担うのは、国が設置するジョブセンタープラスである。しかし、失業者の置かれた具体的状況の中で、再就職支援に向けた計画策定と実施は個別対応になるため、これを進めるには失業者類型毎に対応する特殊なスキルが必要である。このため、民間団体を積極的に活用することとし、社会基金による財政支援を含む再就職支援を柔軟に行うことになった。ただ、これに

関しては国から成功報酬を受け取ることになる民間団体が再就職が容易な者を選別することになり、その結果、再就職困難者に支援が回らなくなるのではないか、という批判がある。その点は行使の役割分業を進めることになる。

(4) 長期失業者

求職者手当は失業者が離職から短期に再就職することが原則であるが、長期にわたって失業状態が継続し、求職者手当を受給し続ける者も少なくない。そこで、「自らの利益のための労働（Work for your benefit）」制度を導入し、長期失業者に就業体験を義務づける。この就業体験は無償のボランティア就労を含んでおり、地域社会への貢献、仕事の習慣づけを通して有償労働への道を造ることが期待されている。失業者がこのプロジェクトを終えたときに、受託機関はジョブセンタープラスに報告書を提出し、失業者の再就職支援に資するものとして利用することになる。

(5) 所得補助制度の廃止

従前の求職者手当でもひとり親などの稼働能力ある者については、求職者手当の対象とはならず一般的な公的扶助制度である所得補助制度の対象となっていた。これらの者については積極的求職活動要件を課されることがなく、就労に向けた準備をする法的義務を課せられることがなかった。しかし、2007年から続く福祉改革は、就労阻害要因があってもそれを除去し、それでも残る阻害要因の範囲内で就労することが必要であると認識していた。そこで、稼働能力があっても就労阻害要因によって就労困難なひとり親などについても所得補助制度へ移行し、可能な限り就労することに転換することにした。これにより、将来的に所得補助制度を廃止することとした（9条）。

(6) 不正受給への制裁措置強化

再就職の意思がないにもかかわらず求職者手当を受給する者、再就職インタビューに正当な理由なく出頭しない者、担当職員に暴行する者などに対する給付制限を強化する。特に給付の詐取には厳に対応することとし、それ以外も減額給付や支給停止措置を拡大することとした。

(7) 配偶者への就労要請

求職者手当などの受給権者に配偶者があるとき、その受給要件として配偶者

には必ずしも就労や求職活動を求められることはなかった。しかしながら、配偶者に労働能力があるときは、扶養児童や介護責任がある場合を除いて求職者手当等の受給要件として求職活動を義務づけることになった。

7 2009年福祉改革法案に対する反応

　深刻な経済危機により職を失った人が急増しているにもかかわらず、失業者に対する再就職の強制ともいえる09年改革法には批判的な意見が多い。そもそも不況期に雇用に向けた活動を推進することは、これを受け止めるだけの求人が少ない中で、実効性に乏しいという批判がある。
　TUC（イギリス労働組合会議）は就職関連活動を義務づけるといった受給要件を厳格にすることは、必ずしも良い効果を生まないという点で反対した。さらに、子どもを持つ親が必要とするのは高い質で児童を養育される権利なのであり、障害者にとっては個々に誂えられた支援を受ける権利、使用者からの差別の根絶に向けた権利が必要なのである。雇用関係に入ろうとする者は皆ディーセントな賃金、職業訓練を受ける機会が必要なのである。法案は健康状態や家庭状況を無視して長期失業者を罰するものであり、かような立場から、法案に反対する－そのような論調がマスコミを賑わせた。
　それにもかかわらず、労働党政権は労働こそが貧困から脱するための最善の手段であるという方針を政権誕生以降崩さなかった。リーマンショック状況下であるからこそ、職業訓練などを通して再就職に向けた労働能力のポテンシャルを高めることを重視したのである。そこには緊急避難的な景気対策・雇用対策立法よりも、この危機的状況を脱したときにいかなる労働市場を形成し、セーフティネットを構築するか、という長期的な視点に立っていたのであった。

第5節　保守党の改革——2012年福祉改革法とユニバーサル・クレジット

1　保守＝自民連立政権

　リーマンショック直後に誕生した2010年の保守党＝自由民主党政権は、歳出削減策をうちだした。社会保障部門の見直しとしては、これまで所得に関わり

なく支給されてきた児童手当に所得制限を設ける、一世帯に対する社会保障給付総額が世帯平均所得を超えないようにするなどの、給付の選別主義化が進行しつつあるように思える。ユニバーサル・クレジットの導入がそれである。

　ユニバーサル・クレジットの素案は、勅令文書として提出された。[163] これまでの社会保障給付は、求職者手当と所得補助、雇用支援手当についてはジョブセンタープラスが、住宅手当や地方税給付、障害者介護などは地方当局がそれぞれ管轄してきた。これらの給付は1人の対象者に給付発生事由が発生し、担当行政部局も複数の部局をまたがっていることから、運営が非効率である。そこで、これらの給付をすべて「ユニバーサル・クレジット」の名の下に統一化するというのである。これによって、失業－就職－失業といった反復失業者の支援を、単一の制度の下で行うことができるというのである。

　改革は単なる名称の変更に止まらない。稼働能力のある人は働くことが社会保障給付の条件となるため、これまでのニューディールを通した給付制限よりも厳格なものとなる。たとえば、ジョブセンタープラスが提示する求人を断ったような場合や、非営利団体での就労（週30時間以上で4週間）を義務づけられ、これを怠った場合、3度目になると給付が3年間停止するというのである。現在の給付制限は最長でも26週間に止まる上に、生活困窮状態に陥れば急迫給付が行われる。しかしながらユニバーサル・クレジットは、支給停止期間中の生活費についてはすべて貸付けに一本化するというのである。このようにして、「働かないことを選択させない」しくみを、より強固に、ハードなワークフェアとして導入した。また、これらを実効的ならしめるために、不正受給対策を徹底的に行うとしている。

　この制度変更による財政的な効果は、毎年90億ポンドの支出削減が予想されている。国家財政としては毎年190億ポンドの財政赤字であるので、この制度変更によって赤字分の半額を捻出するという非常に大きな財政規模である。また、支出としての社会保障給付削減が図られるばかりでなく、雇用率の上昇による税収増が見込まれるために、その分で制度導入コストを相殺できると判断

---

163) Department for Work and Pensions, *Universal Credit: welfare that works*（TSO, 2010）[Cmnd. 7957].

されている。

2 政権交代前の福祉改革議論

　もっとも、このような改革は政権交代を契機としたものではなかった。保守＝自民連立政権は労働党の政策指針を受け継いだに過ぎなかった。

　2009年、労働党政権は福祉改革に関する報告書を提出していた。「給付のダイナミクス：機能する福祉に向けて」[164]がそれである。同書は、人々の就労インセンティブを促進することで労働市場に復帰統合され、それによって貧困と失業を削減することを可能にするような社会保障給付システム全体のオーバーホールが必要であると指摘した。51種類の社会保障給付とタックスクレジット制度が非常に複雑化しており、これを「ユニバーサル生活クレジット（Universal Life Credit）」と「ユニバーサル労働クレジット（Universal Work Credit）」に再編することを求めた。新しい制度に必要な費用は、社会保障給付の受給者が就労することで支払うことになる租税を財源とし、その金額が就労促進策で賄われると算段した。これにより、他の社会的コストにかかる費用のしわ寄せが発生しないものとした。

　この報告書を受け、労働年金省大臣のイアン・ダンカン・スミスは政府緑書を2010年に発表した。これが「21世紀に向けた福祉」[165]であり、そこでは複雑すぎる給付システムの簡素化と受給者の就労意欲を促進するために、次のような選択肢を設けて国民に意向を問うた。その選択肢は次の5つであった。

①ユニバーサル・クレジット

　就労している者と就労していない者とで制度を区別することなく、ひとつの同じシステムに統合する。この場合には、障害の有無程度などに応じて給付水準が異なる。

②漸減的一元化

　現行制度の社会保障制度のほとんどを維持しつつ、給付水準を一元化して賃

---

164) DWP, *Dynamic Benefits: towards welfare that works* (The Centre for Social Justice, 2009).
165) DWP, *21st Century Welfare* (TSO, 2010) [Cmnd. 7913].

金に応じて給付を引き下げるようなしくみにすること。

③単一の稼働年齢層に対する給付システム

稼働年齢にある社会保障制度の給付水準を一元化する一方で、給付システムそのものの控除制度などは個別の制度で対応し、タックスクレジットなども個別に対応するというもの。

④「マーリーズ・モデル (Mirrlees model)」

タックスクレジットを廃止、これにかえてすべての社会保障制度を所得税を通じた給付システムに変更するというもの。[166]

⑤単一給付・負の所得税モデル

社会保障制度とタックスクレジット制度をすべて廃止し、税制を通した給付を行うというもの。生活上の特別な出費が必要な場合には、これに相当する手当が支給される。

これらの提案を受け、各種団体と個人から1668件の様々な反応があった。そこで、労働年金省は2010年、白書「ユニバーサル・クレジット：機能する福祉へ」[167]を公表した。同書はそのタイトルからもわかるように、緑書の提案のうちユニバーサル・クレジットを選択したものであった。[168]

3　ユニバーサル・クレジットの選択

2010年白書は労働党政権から保守自民連立政権に移行直後に提出された。労働年金省大臣のイアン・ダンカン・スミスは、白書の冒頭に労働党政権期の稼働年齢層に対する社会保障制度について批判を加えた。労働党政権末期の10年間で稼働年齢層に対する給付の財政が45％も増えてしまったのに、社会的移

---

166) ノーベル経済学賞のSir James Alexander Mirrleesが2006年に出版した *Welfare, Incentives, and Taxation,* (Oxford University Press, 2006) において示したモデル。

167) DWP, *Universal Credit: welfare that works* (TSO, 2010) [Cmnd. 7957].

168) 政府緑書の提案に関しては、白書と同時期にまとめた文書が公表された（DWP, *Consultation responses to 21st Century Welfare* (TSO, 2010) [Cmnd. 7971]）。これによると、ほとんどの団体が改革の必要性と趣旨を理解し、制度の単純化については大多数の支持を受けた、とされる。ただ、交渉能力の低い者に対する悪影響を懸念する声が多く、とりわけ、稼働能力を有する者について顕著であった。

動は逆に減ってしまっている。このままでは財政の持続可能性がない。イギリスには500万人の失業中の社会保障給付受給者がいるが、そのうち140万人が2000年以降受給し始めた者である。社会保障給付による生活というものは職業生活を営む上での阻害要因となり、現行システムはこれを固定化するものである。このような社会保障給付依存を断ち切らなければならない。今般の福祉改革は就労を支援することが社会保障給付に内在するようにするものである——概略このように述べて、制度の一元化と就労に関する働きかけを強化することを宣言した。

白書の概略は次の通りである。

(1) 働きながら給付を受けている者の受給額はたいへん低くなっている。これは、稼働所得の大部分が収入認定されるからである。働いたことの見返りが少ないということは、給付のシステムが複雑であればあるほど、働く意欲を削ぐことになる。低賃金労働に従事しているならばタックスクレジットや住宅手当の受給額を減少させるかもしれず、労働が懲罰的に機能してしまう。働くことが単純に利益につながり、そのことによって働かないという選択をさせないようにしなければならない。

(2) 貧困から脱出する最善のルートは、労働である。ところが、子を持つ世代でも働いていないものが多く、そのことによってイギリスの将来は労働生産性が低下することが見込まれる。貧困が世帯内で連鎖することはよく知られているが、イギリスは仕事をしていない親と同居する子どもの割合は比較的高い国に属している。ひとり親で働いている者は60%を下回るが、これは、フランスやドイツ、オランダが70%を超えていることに比べるとかなり低いのである。ユニバーサル・クレジットは、このような構造を変革する。ユニバーサル・クレジットは世帯内に働く者がいるという文化を再構築するものである。

(3) ユニバーサル・クレジットは稼働年齢にある世帯に対して基礎手当を支給し、これに扶養児童、障害、住宅費、介護に関する加算を加えるものである。就労していてもしていなくても、年金支給開始年齢に満たないすべての者を対象とする資力調査を条件とする給付である。したがって、就労タックスクレジット、児童タックスクレジット、住宅手当、所得補助、資力調査制求職者手当、資力調査制雇用支援手当は、すべて廃止する。

(4) 政府はこの改革によって不利益を受ける者がいないように制度を構築する。ユニバーサル・クレジットの導入によって、給付水準が低下する者は存在しないように

---

169) 所得の向上による社会階層が移動することを正義に適うと考えること。

する。

(5) ユニバーサル・クレジットは、働くことに関して経済的なインセンティブを与える。就労することで労働時間や賃金が増えた場合にも、手取り所得が減少しないように制度設計される。受給者とそのは賃金を増やすことで手取り収入が増えて有利になる。

(6) ユニバーサル・クレジットは現行制度の歪みを排し、ある特定の時間だけ働けば有利になるような制度のギャップを排除する。労働時間が増えることによって手取り収入が増えるようになり、現在のような特定の労働時間による給付などの障壁がなくなる。

(7) ユニバーサル・クレジットは働いている者に対する給付と、働いていない者に対する給付を統合する。この含意は、稼働能力の有無によって一方の給付システムに残存してしまうことを防ぐことにある。働いている者に関しては収入が自動的に申告されるため、支給額が自動的に決定する。働いていない者に関しても、収入がモニタリングされるために自動的に支給額が決定する。このような同じしくみを採用することによって、稼働能力の程度に応じた働き方を選択することができ、また、それを支援することができ、それによって支給額も自動的に決定することができるのである。この結果、受給者は稼働能力の程度に応じて労働時間を増やそうとし、それが自立につながる。就労の支援体制もこれに応じた目標が設定される。

(8) このような働くことに関して経済的なインセンティブを与えるということは、同時に条件付き給付としての性格を併せ持つことになる。稼働能力を有する失業者は求職活動を行ったり、仕事を得るための何らかの準備作業を行うことが義務づけられる。この条件付けは個人の状況によって異なり、大多数はフルタイムの就労を求められるであろうが、ひとり親などではパートタイムが適合的な場合もあるだろう。このような条件付けを強化することは、同時に、制裁措置（sanctions）を強化することを意味している。新しい制裁措置は受給者の責任を喚起し、就労することのきわめて強い動機付けとなりうる。

(9) 現在の給付は多種多様なものがあることから、管轄する省庁も複雑になっていた。ユニバーサル・クレジットは多様な給付をひとつにするため、所管官庁も労働年金省のひとつだけにする。したがって、受給を希望する者は労働年金省にだけ申請をすれば足り、そこですべての情報が提供され、経済的支援と労働市場参入支援の両方を同時に受けることができるようになる。

(10) 制度が簡素化される結果、過誤払いのリスクが減少する。たとえ受給者がイレギュラーな賃金収入を得たとしても、それはすぐに発覚することになるから、不正受給をしようとすることの抑制策となる。租税と賃金制度との間で単純且つ自動化されたシステムを構築することで、不正をなくすことができる。

⑾ ユニバーサル・クレジットを導入することで、35万人の子どもと50万人の成人が貧困状態を脱することができる。これにかかる費用は受給者が就労することで支払うことになる租税で相殺される。

このように、白書において、ユニバーサル・クレジットの単純さ、健全な運営体制を強調した。同時にこれは稼働年齢にある者の就労を軸とした社会保障制度体制へのさらなる進展を意味した。このような進展は、1990年代の保守党政権時代から見られたものであり、労働党政権においてこれを発展させ、保守自民連立政権において政策の方向性が定着をみた、といってよいだろう。

4 2012年福祉改革法の成立

この白書を成文化した福祉改革法案は、2011年2月16日庶民院（House of Commons）へ提出された。2011年6月16日、法案は貴族院に送られ、2012年2月29日貴族院は法案を可決した。同年3月8日には女王の裁可を得て成立した。

この制度に関する評価は分かれている。以前からこのしくみを導入するように提言してきた社会正義委員会は貧困の連鎖を断ち切る素晴らしいしくみであるとの高評価であるが[170]、マスコミは総じて批判的である[171]。TUC（イギリス労働組合会議）は、仮にこのようなしくみを導入したとしても、現在の雇用情勢では就労促進に結びつかないとしていた。この法改正は、雇用と社会保障との関係について、再び就労の強制を条件とし、社会保障給付役割を限定化させる試みが行われていると評することができるであろう。

第6節 小　括

数百年の歴史をひとくくりにして述べることはできない。そこで、日本の状況から見たイギリス的特徴と、本書の問題関心からは次の三点を指摘すること

---

170) The Centre for Social Justice, *Dynamic Benefits: Towards Welfare That Works* (The Centre for Social Justice, 2009). そもそもこの機関は保守党と親和的な団体であり、現在の雇用年金省大臣イアン・ダンカン・スミスが前センター長であった。
171) *The Guardian* 05/Oct/2010は、このようなしくみが上手くいくとは思えない、幻想だ。と書き、財政研究所は「貧困者がますます貧困になってしまう」としている。

ができよう。

 1 所得保障

　第1に、所得保障が何を保障しようとしていたのかということである。イギリスの特徴を大雑把に把握すると、社会保障制度発足当初の必要原理によって設定された給付内容・水準は、それに要する費用の調達という側面からの財源調達方法が採用されてきた。次第にベヴァリッジ以降の均一拠出均一給付原則が拡大しようとするに連れ、給付は必要原理からナショナルミニマムへと比重を移していった。ところが、ナショナルミニマムを保障することは、低所得者にとっても中高所得者にとっても不都合があり、これを放棄せざるを得なくなった。そこで再び必要原理へと修正されていったということができよう。求職者の所得保障に特化していえば、扶助によるナショナルミニマム保障から、好況期の完全雇用を背景とした従前所得保障に比重を移していったといえる。もっとも、従前生活保障は好況期の労働力不足、完全雇用状態における円滑な労働移動保障を保障するものであったから、労働市場の変容によって限界が把握されるようになったのは必然であろう。これとともに、労働よりも社会保障給付に依存したライフスタイルが拡大するようになり、批判と給付の集中化が必要となった。また、失業は政治の舞台において常に敵視される要素なのであり、これを過小評価することが政治生命に関わることになる。そこで労働能力判定における障害等級の位置付けが安易に行われるようになった。経済動向が上向き始め、EUにおけるグローバル化が進展するとともに、障害者に分類された忘れられた労働力を活用することが、障害者の権利意識の高揚とも相まって、労働市場における能力発揮可能性を軸として制度の改変が行われるようになった。そうすると、もはや障害の有無、家庭責任の有無、年齢などで所得保障制度を区分することの必然性もまた失われてしまう。そこで、生活困窮状態をとらえて制度を一本化し、必要原理に基づいた給付体系を構築しようとしているのが現在の形であるといえよう。

2　就労支援

 他方、労働権を実現するための就労支援のイギリス的特徴は、国家の役割に見て取れる。集団的自由放任主義を基調とする労働市場調整機能は、労働市場におけるプレイヤーたる労働者の一般的能力の養成も国家が介入すべきではないとの考え方が伝統的である。ジョブ型労働市場のイギリスにおいては、メンバーシップ型の日本の労働市場よりも、標準化された職業能力を維持向上させるための外部労働市場における職業能力開発が重要である。そこで、国家が介入しない職業能力開発事業が、使用者の共同事業として活用されてきている。もっとも、使用者が職業能力開発に資するとしても、養成した労働力を自らの事業で雇入れ、それが事業主にとっての利益になるとは限らない。そもそも事業主が拠出した費用で、他事業の利益になるような職業能力開発を行うことは、社会的な意義があったとしても、事業主にとってのメリットどころではなく、自らの利益に反する結果になることもある。そこで、教育システムとも連動した徒弟制度が組織的に行われることになる。国家は、職業能力開発に係る後見的な役割を果たすに止まり、失業関連給付の支給要件ないし給付制限に係る求職者の評価について、民間事業が行う職業訓練を活用する形で利用してきたに過ぎないといえる。このような民間中心の職業能力開発システムは、労働市場の変容に適合的な能力開発を柔軟に行うことができるというメリットの反面、社会的意義と社会的必要性があるとしても、その財政的基盤やターゲットの集中化、個別化といった公の役割とは相反する側面がある。これを補いつつ、求職者の労働権を実現させる形でイギリスの就労支援制度が発達し、展開してきたものということができるであろう。

3　所得保障と就労支援との法的関係

 そして、もうひとつ指摘しなければならないのは、求職者支援と所得保障制度との条件関係である。自らが理想とする生を追求することの表現である労働は、求職者にとって最大限の自由が尊重されるべきであろう。他方で、雇用労働情勢によっては、自らの理想とする生の追求が不可能となる場合があることも明らかである。そして、失業という要保障事故によって発生した社会保障給

付は、その財源負担者である社会保険財政、あるいは納税者一般の利益と適合的でなければならないこともまた、明らかである。そうすると、労働の義務や労働権、生存権といったような成文憲法を持たないイギリスにおいては、これらをいかに調整すべきかということが、法の作り方や裁判所の判断において重要な事柄になる。ここまで見たように、イギリスでは成文上の労働権規範が存在していないにもかかわらず、その時宜に応じた雇用失業情勢の中でも、最大限尊重されるような立法・行政・司法が行われてきた。したがって、イギリスが求職関連活動を行わなければ、すなわち労働権を犠牲にしなければ社会保障給付を得ることができないと分類する、ハードなワークフェア国家の代表格と位置づけることに関しては、かなりの違和感を覚えるのである。[172] もっとも、何らかの求職関連活動を行わなければ給付を欠格することは、法律上も明示されているのであり、その点からはワークフェアだということもできよう。しかしながら、この対象としてきたのは失業の罠に陥ったような階層なのであり、それらについてもまずは就労阻害要因を除去しつつ、就労によって自らの利益になるような法制度を構築することが、国家にとっての利益に適うと考えているということができよう。

---

[172] 宮本太郎「ワークフェア改革とその対案―新しい連携へ？」海外社会保障研究147号（2004年）29頁、埋橋孝文「ワークフェアの国際的席巻―その理論と問題点」埋橋孝文編著『ワークフェア』（法律文化社、2007年）15頁。

第2章　求職者の所得保障法

第1節　所得保障法──拠出制求職者手当の法的構造

1　稼働年齢者に対する給付の体系

　ここでは、イギリスにおける雇用と社会保障法との考察を進めるに当たって、その前提となる社会保障給付がいかなる法体系の下に構築されているかを確認する。そのため、イギリスにおける所得保障法のすべてを考察するのではなく、稼働年齢にある者に対する給付が検討対象となる。すなわち、国民保険の保険料拠出に基づく給付としての拠出制求職者手当と、公的扶助給付たるユニバーサル・クレジットである。

　これによってふたつの疑問が生じる。ひとつは、保険料拠出を基礎とした社会保険法と、資力調査を条件とする公的扶助法とでは検討の視角が異なるのではないか、ということである。確かに、財源調達方法であるとか、保険料拠出という貢献に対する給付であるかそれとも市民権を基礎として受給権が発生するのか、といった事柄は、法理論的には十分に検討対象となりうるものであるし、また、検討されなければならない事項である。しかし、下記に見るように、イギリスにおける所得保障法は、社会保険であるか公的扶助であるかといった制度体系的な思考方法を採用するというよりはむしろ、貧困状態にあって求職活動を必要とする、というニードに基づいた制度構築を図っていることに特徴がある。そして、法律の作り方も、社会保障行政上も、拠出制であるか否かといった制度の違いによってさほど大きな異なる取扱いをしていないのである。

　もうひとつの疑問は、稼働年齢で区切るということであって、稼働能力の有

無で区切るということではないことである。確かに、稼働能力の有無は労働市場に参入する個別具体的な指標となりうる。稼働年齢であっても稼働能力がない場合にはそもそも求職活動を要件に社会保障給付を行うわけではない。また、一定年齢以上の高齢者であっても、近年の高齢者雇用の動向に見られるように、一律に年齢で区分することが年齢差別にあたる、ともいえる。このような趣旨からすると、社会保障給付の受給要件を画する際、年齢にかかわらず稼働能力の有無程度を指標にした制度設計を行うことが正当であるとも考えられる。しかし、稼働能力の「有無」というのは判断が困難であり、1990年代はこれを濫用した就労不能手当受給者の爆発的増加を招いたのであった。そして、公的年金の支給開始年齢が男女とも段階的に68歳へと引き上げられ、定年制が廃止されて年齢を理由とする差別が禁止されていることから[1]、年金支給開始年齢までは就労すべし、という理解によって制度設計されている。そこで、障害の有無程度にかかわらずひとつの制度の中で稼働能力の程度を判断し、それに応じた支援を行い、それに応じた給付を行うことにしたのである。

そこで、まず国民保険に基づく求職者手当について検討を加えることになる。ただ、その内容は被保険者の範囲と保険料の設定方法に止まり、具体的な支給要件や給付内容は原則的に2012年福祉改革法によって成立したユニバーサル・クレジットのそれを参照している[2]。そこで、具体的内容についてはユニバーサル・クレジットの検討で代えることになる。

2 国民保険制度

(1) 被保険者種別と保険料

①国民保険の拠出義務者と保険料

イギリスの社会保険制度は、日本や大陸諸国とは異なり、職域別に並立する制度ではなく全国民を包括した国民保険制度で運営されている。国民保険制度が包括的であると指摘されることがあるが、それはふたつの意味を有してい

---

1) 丸谷浩介「イギリスにおける年金支給開始年齢の引き上げと『定年制』の廃止」海外社会保障研究No.181（2012年）17頁。
2) Welfare Reform Act 2012.

る。ひとつは、稼得能力を低下・喪失させるような社会的リスクのほとんど（老齢、障害、疾病、失業等による労働の中断等）を、単一の社会保険制度が網羅しているという点である。もうひとつは、自営業者か被用者か、民間部門の被用者か公務員かを問わず、すべての国民が単一の国民保険制度に加入を強制されるという被保険者の包括性である（ただし、低所得者については後述のように任意加入となる）。

管理運営については、労働年金省が保険給付をその役割を担う。保険料徴収については歳入関税庁が管轄しており、国民が自ら納付する国民保険料のみならず、使用者が納付する保険料をも徴収し、それを国民保険料ファンドとして管理している。歳入関税庁は個人所得税をはじめとした国税を徴収する機関であるが、国民保険料を徴収するようになったのは99年より実施された国税と保険料の一元的徴収化によるものであった。これは、使用者から徴収する国税と保険料の納付手続の一元化という手続的要請に止まらず、国民保険料の滞納処分等の手続を効率的に行うことを目的に導入されたものである。このことによって、強制徴収である租税と全国民を対象とする強制加入に基づく国民保険料の双方を同一の官庁が徴収することになるから、両者の納付義務を同価値に考えている国民が多いように思われる。[4]

②国民保険制度の被保険者種別

国民保険の拠出義務は、被保険者の職種等によって次のように分類されている。なお、週あたり20時間以上にわたって重度障害者を介護していたり、失業や疾病に起因する社会保障給付を受給しているような者に対しては国民保険料クレジットが支給され、保険料拠出歴に算定されることになっている。また、婚姻女性については減額保険料率が適用されることになっている。

　aクラス1

賃金を得る労働者とその使用者に対して課される保険料である。1992年社会

3） 堀勝洋「国民保険」武川正吾・塩野谷祐一編『先進諸国の社会保障1　イギリス』（東京大学出版、1999年）134頁。

4） マイケル・ヒル／ゾーイ・アービング（埋橋孝文・矢野裕俊監訳）『イギリス社会政策講義―政治的・制度的分析』（ミネルヴァ書房、2015年）124頁。

保障拠出給付法では次のように規定している（第6条）。すなわち、賃金が支払われ、あるいは雇用関係の下で何らかの利得を得る場合、その者が16歳を超え、かつその額が最低稼働収入額（Lower Earnings Limit: LEL）を超える場合は、クラス１保険料を拠出しなければならない、と。ただ、基礎年金を受給している場合は適用を除外されるので、男性は65歳未満、女性は60歳未満までの被用者がクラス１の被保険者であるということになる[5]。なお、年金支給開始年齢以降の被用者には保険料納付義務がないが、使用者負担は課せられる。保険料納付義務者は使用者であり、労働者分の保険料を賃金から源泉徴収（Pay-as-You-Earn）して歳入関税庁に納付する。歳入関税庁では、国民に国民保険番号を割り振ると同時に、使用者に対してオンライン納付を行うよう誘導を図っている。

2015/16年度の保険料は、週あたり156ポンドから815ポンドの賃金に対して被用者12％、使用者13.8％の保険料率を乗じて得た額となる。ただ、最高稼働収入額（Upper Earnings Limit: UEL）以上の賃金を受けている被用者に対しては、815ポンドの超過額に対して２％の保険料となる。また、適用除外（contract out）の対象者については、これとは異なる保険料率が設定される（ただし、この措置は公的年金の一元化により廃止される）。

クラス１保険料を拠出した場合、保険事故の発生に応じて拠出制求職者手当、就労不能年金、出産給付、基礎国家年金、付加年金、そして各種の遺族給付受給権が発生することになる。もちろん、これら拠出に基づく保険給付以外にも受給要件を満たす限りは児童手当や各種タックスクレジット等を受給することができる。

　ｂ　クラス１Ａ、１Ｂ保険料

使用者所有の自動車を被用者の私的な利用に供してる場合等、福利厚生費に関して課せられる保険料をクラス１Ａ保険料といい、福利厚生費に関する保険料を個人別に算定せず、会社と税務当局との間で合意した額について納付する保険料をクラス１Ｂ保険料と呼んでいる。これらは被用者負担がなく、使用者

---

5) 2010年から2020年にかけて女性の支給開始年齢を段階的に引き上げることにより、年金支給開始年齢を男女ともに65歳にすることが予定されている。

負担のみで構成されている。

　c　クラス2保険料

　クラス1保険料納付義務者の対象とならない自営業者を対象としたものである。16歳以上年金支給開始年齢未満の者のうち、一定年収以上の者（2007年度は必要経費控除後の4635ポンド）が定額保険料（毎週2.20ポンド）を納付することが義務づけられている。基準所得に満たない者は加入を強制されないが、それ以上の者でも疾病給付等を受給している場合、労働能力がない場合、収監されている場合、出産給付・障害介護手当受給者には保険料の納付を免除される。

　クラス2保険料を納付したことによる保険給付は、クラス1保険料拠出者のうち拠出制求職者手当、付加年金を除くものである[6]。ただ、求職活動を行っている場合には所得調査制求職者手当を受給することができ、老齢年金が低額になったとしても年金クレジットによって、それぞれ最低生活が保障されることになっている。

　そのため、クラス1かクラス2であるかの区分は、保険料の納付方法、保険料額、使用者負担の有無といった保険料拠出時に差が生じるものの、保険給付の面では相対的に差が少ないものということができるであろう。というのも、保険給付額で差が生じるのは老齢年金部分であろうが、イギリスの年金は他国に比べると所得代替率が低いのみならず、中高所得の被用者は付加年金から脱退することが認められており、政府が行う付加年金の代替として企業年金、個人年金、ステークホルダー年金に加入しているからである。高齢期の所得保障としての政府の役割を基礎的な部分にのみ集中させているために、給付の面での被用者・自営業者の格差はそれほど生じないような構造になっているということができるだろう。

　d　クラス3保険料

　収入要件によりクラス1及びクラス2被保険者とならない者が、任意に国民保険に加入するためのクラスである。学生や外国居住者なども任意に加入することができ、基礎年金等の資格期間を満たすためなどに用いられる[7]。保険料

---

6)　Social Security Contributions and Benefits Act 1992, s.21 (2).

7)　Social Security Contributions and Benefits Act 1992, s.13 (2).

額は7.80ポンドの定額である。

　eクラス4保険料

　高収入の自営業者に対して課せられる保険料で、所得比例である。年収5225ポンドを超え3万4840ポンド未満の所得に対して8％の保険料を課され、それを超えるものについて1％の保険料を課せられることになる。所得税法上の納税義務と符合しているため[8]、国民保険への貢献という色彩が強く、クラス4保険料を納付したからといって保険給付に結びつくものではない。

(2) **被保険者概念と労働者概念**

　国民保険の保険料拠出（被保険者及び使用者負担）と給付の面で異なる取扱が行われるのは、結局クラス1の被保険者に該当するか否かである。クラス1の被保険者該当性は、社会保障拠出給付法にいう「被用者」に該当するか否か、「被用者」に該当するとして、その賃金水準がクラス1の被保険者資格を得るに足りるか否かが問題になる。ここでは、まず「被用者」該当性について見てみよう。

　社会保障拠出給付法第1条2項では、クラス1の被保険者となる者を「賃金を得る被用者」とする。この「『賃金を得る被用者』とは、雇用契約（contract of service）の下で有給で雇用されるもの」（同法第2条1項(a)）としているため、結局は雇用契約の有無が被保険者資格の判断基準となる。

　これについて、「『雇用契約（contract of service）』とは、雇用契約（contract of service）ないし徒弟契約を意味し、それが明示のものであるか黙示のものか、（明示の場合に）文書によるものか口頭によるものかを問わない」との定義規定が置かれている（同法第122条1項）。このように同義反復の表現を用いているのは、立法上、コモンローの概念を借用した上で、その解釈適用をコモンローに委ねているからである[9]。こうした労働契約概念に関する規定方法は社会保障関連法に止まらず、1996年雇用権法、1992年労働組合労働関係（統合）法、そして各種租税法などがこれと同じ表現を用いた規定方法を採用している。も

---

[8] Social Security Contributions and Benefits Act 1992, s.15 (1).

[9] 林和彦「労働契約の概念」秋田成就編著『労働契約の法理論』（総合労働研究所、1993年）87頁。

ちろん、法文が同一であるとしてもそれぞれの法領域で保護法益は異なるであろうから、その内容が同一であるとはいえないのかもしれない。しかしながら、裁判例は、異なる法領域の裁判例を先例として引用しており、各分野共通の概念と考えている。[10] というのも、おのおのの法領域が目的とするものも、二当事者間における双務性から派生する問題なのであり、この間には公益から制限を加えたり拡張したりすることが望ましくないと考えられているからである。ある法関係の当事者には雇用契約性を認め、類似の性質を有する他の法関係には雇用契約性を認めないということが、社会保険料の拠出等の目的から見ると、法的安定性を著しく損なう結果をもたらすことになる。このために伝統的に異なる法領域であっても同じ解釈基準を用いてきたということができる。

　雇用契約の当事者たる被用者には労働者保護法の適用をはじめ、社会保険料や所得税の源泉徴収等の保護を受けることができる。他方で、雇用契約関係当事者でない、請負や委任契約関係にある非雇用的労務契約当事者にはそのような保護が及ばない。1990年代から後者にも前者のような保護を拡大するために、96年の賃金法や97年の最低賃金法には「労働者（worker）」との語を用いるようになってきたが、その範囲は労務のみ請負労働者に限られ、[11]しかも国民保険の被保険者性の判断基準としての役割は担っていない。

　ある契約関係を雇用契約と認め、その一方当事者を制定法上の被用者（employee）と認める基準について、判例法では19世紀以降大きな変遷をたどってきた。[12] 使用者が仕事だけではなくその仕方についてもコントロールを及ぼすことができるか（コントロールテスト[13]）、当該労働者が使用者の組織のないし事業の一部を構成しているか（オーガニゼーションテスト[14]）、使用者が仕事を与

---

10) 岩永昌晃「イギリス」労働政策・研修機構『「労働者」の法的概念に関する比較法研究』労働政策研究報告書No.67（2006年）205頁、N. Wikeley and A. Ogus, *The Law of Social Security [5th ed.]* (Butterworths, 2002) p.98.
11) 小宮文人『現代イギリス雇用法』（信山社、2006年）74頁。
12) 林前掲注(8)89頁、小宮前掲注(10)68頁。
13) *Yewens v Noakes* [1880] 6 QBD 530 at 532-533.
14) *Bank voor Handel en Sheepvaat v Slatford*, [1953] 1 QB 248 at 295.

え、労働者がそれを引き受けるという相互関係の有無（相互性テスト）といった基準で判断してきたが、いずれも決定的な基準を確立したわけではない。そこで現在ではひとつの基準に依存するのが不可能であるということから、次のような要素の総合判断によっている。すなわち、仕事に関する管理監督、採用・解雇の権限の有無、報酬の形態、契約期間、資材提供の有無、労務提供地が自己所有であるか否か、労務提供義務ないし労働時間の裁量性、などである。

これらの判断要素を総合的に判断して被用者性（＝雇用契約の有無）を決定することになるが、概していえるのは、使用者のコントロールの程度ないしそれに裏打ちされた労働者の自由の程度である。したがって、このように総合考慮しても結局は使用者のコントロール、すなわちコントロールテストに還元されつつあるということができるだろう。

(3) 非正規雇用の適用——イギリスにおける非正規労働者

①パートタイム労働者

パートタイム労働者に雇用上の法的保護が与えられたのは1990年代のことである。1995年の雇用保護法の委任によって成立した1995年雇用保護（パートタイム被用者）規則によって、週あたり労働時間が16時間未満の者に雇用保護法の適用が行われるまでは、同一の使用者に2年以上継続して使用されていなければ、解雇手当の請求なども法的に保証されていなかった。97年にはEUの「パートタイム労働指令」を受け、その国内法への拡張適用を行うために1999年雇用関係法にパートタイム労働者の保護規定をおいた。99年雇用関係法ではパートタイム労働者の不利益取扱を禁止するための措置を講ずることを定めた。それを具体化するために、2000年にはパートタイム労働者（不利益取扱防止）規則が制定された。

同規則は、パートタイム労働者に対してフルタイム労働者と同等の権利を保障するものであり、その範囲は賃金、年金、教育訓練、病気休暇手当、昇進等の広範囲に及ぶものである。規則の定めるパートタイム労働者は「賃金を全部又は部分的に労働する時間に基づいて支払われ、かつ、同一の種類の契約に基

---

15) *O'Kelly v Trousthouse Forte plc* [1984] QB 90, [1983] 3 All ER 456.
16) Wikeley and Ogus, *supra* note 10, at p.100.

づいて当該使用者によって雇用される労働者に関する慣習及び慣行に鑑みて、フルタイム労働と同一視できない場合をいう」と規定した（規則2条1項）。パートタイムであるかフルタイムであるかは単純に労働時間のみによって決せられることになるが、両者の区分は技能の内容やそのレベル、忠誠心、勤続意思などの点には関わりのないものであり、単に労働時間が異なるだけなのであるからそれに符合しない差別は禁止されるべきとの考え方に基づいている[17]。ただ、パートタイム労働指令の採択並びにパートタイム労働者（不利益取扱防止）規則の制定以前から、判例法がパートタイム労働による差別が特に女性に対する間接差別を構成するとしてきており、差別事案に関しては救済されてきた。これにより、規則の施行が労使関係に与えた影響はさほど大きくなかった。

通常、パートタイム労働者の指標としては週あたり労働時間が30時間未満の者をいうことが多い。[18] 2015年にはフルタイム労働者が2272万人に対してパートタイム労働者は826万人であり、パート比率は27％ということになる。[19] 80年代のパート比率が20％程度であったことからするとパート労働者数の増加はめざましいものがある。

パートタイム労働者が増加した要因は、非労働力化していた女性がパート労働を通して労働力化したことが大きい。パートタイム労働者のうち74％は女性であり、すべての女性労働者のうち58％はパートタイム労働者である（男性労働者のうちパートタイム労働者は13％程度である）。男性のパート労働者比率が諸外国に比して高いことからすると、もはやパート労働者数は頂点に達しており、今後は女性パート労働者数が今度安定的に推移していくであろうとTUC（イギリス労働組合会議）は考えている[20]。というのも、パートタイム労働につい

---

17) 小林千恵子「イギリス『パートタイム労働者規則』への企業への適用事例」『海外労働情報』No.333（2003年）48頁。
18) Jane Millar and Tess Ridge, "Part-time work: reviewing the evidence." *Part-time work and social security: increasing the options* (Department for Work and Pensions Research Report No.531, 2006) p.8.
19) Office for National Statistics, *Labour Market Trends* (December 2015).
20) TUC, *The future of work: looking ahead: the next ten years* (Trade Union Congress, 2006).

ての意識として、明らかな性差が存在するからである。女性のパートタイム労働者のうち81％はフルタイム労働を希望しておらず、フルタイム労働を希望していたにもかかわらずパートを強いられている女性パートは5％に過ぎない。これに対し、男性パート労働者の48％はフルタイム労働を希望しており、フルタイム労働を希望しない男性パートは16％に過ぎないのである[21]。特に、子どもを持つ女性パート労働者の94％はフルタイム労働を希望していないことからすると、労働者保護立法や社会保障負担の面でパート格差が解消されたとしても、このようなパート労働者のフルタイム化が進むとは単純にいえないようである。

パートタイム労働者の賃金水準は、週あたり賃金水準のみならず、時間あたりの賃金でもフルタイム労働者と比較すると低くなっている。時間あたりでは、男性パートが男性フルタイムの6割程度、女性でも7割程度であることからすると、パートタイム労働者（不利益取扱防止）規則の効果は限定的なものに止まっているということができる。

②有期労働

有期雇用の労働者に対しても、EUの有期労働指令が1999年に採択されたため、イギリスでも有期労働に関する法整備を迫られた。2002年有期被用者（不利益取扱防止）規則である。パートタイム労働者については従来判例法で差別が禁止されてきたのに対し、有期契約労働者についてはそのようなことがなかったために、施行によってかなりの影響がもたらされた。同規則は、有期労働契約期間が反復継続して4年を超えた場合は、その契約が期間の定めのない契約に転化するというものである（同規則8条2項）。契約当事者の合意によって期間の定めのない契約に転化することについて排除される余地があるとしても（労働協約によってこの長短を変更させることができる）、有期労働契約であるとの一事をもって剰員整理解雇の対象とすることができないこととなっている。これが適用されるような有期労働契約労働者は全労働者中6％程度で減少傾向にあり、EU全体では11％であることからすると比較的少ない。

③派遣労働者

---

21) データは古いが、Office for National Statistics, *Labour Market Trends* (May 2005).

労働者派遣事業は1973年職業紹介法によって、「職業紹介業（使用者の雇用のために労働者を探しまたは使用者に労働者を供給する目的でサービスを提供する事業）」と「雇用事業（その事業を営む者の雇用にある者を、何らかの立場にある他人のために、かつその支配下で、活動する目的で供給する事業）」の両者を包含するものとして導入された。[22] 雇用事業、すなわち労働者派遣事業に関する労働関係は派遣元と派遣労働者の間に成立するものであるが、実態に即して雇用契約が成立しているとみなされる場合もあるし、成立しないとされる場合もある。後述のように、雇用契約が成立しているとみなされる場合においては、派遣労働者に国民保険料の拠出義務が発生するが、その納付義務は使用者が負うこととなり、使用者負担分もあわせて使用者が保険料を納付することになる。

イギリスの労働者派遣に関する法的規制は他のEU諸国に比べると緩やかであり、近年の企業の人件費削減指向とも相まって、派遣労働者は増加傾向にある。統計上は派遣労働者、有期雇用労働者、季節的労働者、日雇労働者などを含めた概念として「臨時労働者（temporary workers）」という語を使用しているが、このうち派遣労働者以外は顕著な増加が見られないと考えられているけれども、1990年から1997年にかけて「臨時労働者」が43ポイントも増加している。[23] 2000年代にかけても増加傾向にあり、現在では労働者人口のおよそ3％程度が派遣労働者となっている。

(4) **クラス1被保険者の保険料と就労調整**

国民保険法上の被用者に該当するとしても、賃金水準によってクラス1の被保険者となることができるか否かという問題が生じてくる。このことによって被用者の就労調整が生じてこないのであろうか。

被用者たるクラス1被保険者にとって、保険料率に関する賃金ステージは4つ存在している。

①賃金額が最低稼働収入額（112ポンド／週・2015年度）に満たないとき

賃金額が最低稼働収入額に満たないときは、クラス1保険料を納付する義務

---

22) 小宮前掲注(10)86頁。
23) Mark Welsh, Paul Stephens, *Stephen Moore Social Policy and Welfare* (nelson thornes, 2000) p.308.

が、使用者と被用者ともに免じられる。したがって、費用負担の側面だけからは労使双方にこれが最も望ましいものとなる。

②賃金が最低稼働収入額を超え基準所得（Earnings Threshold・156ポンド／週・2015年度）に満たないとき

被用者はクラス1被保険者となるが、被用者と使用者の保険料負担が免じられる。被用者は実際に保険料を負担しないにもかかわらず、保険給付算定にあたっては納付したものとみなされることから、被用者にとっては最も有利なステージとなる。

③賃金額が基準所得を超え、最高稼働収入額（815ポンド／週・2015年度）に満たないとき

被用者はクラス1被保険者となり、12％の被用者負担と13.8％使用者の保険料納付義務が発生する。したがって、被用者と使用者ともに新たなコストが発生することになる。

④賃金額が最高稼働収入額を超えるとき

クラス1被保険者である被用者には賃金が最高稼働収入額を超えた部分について2％の保険料率へと減額される。使用者負担については13.8％のままなので、高額賃金を得ている被用者にとって有利なしくみとなる。

これらの賃金水準による就労調整要素のほか、保険料の減額措置も就労調整の要素となる。被用者が適用除外年金（contract-out）の適用を受けている場合、付加年金に加入しないこととなることから保険料率を減ずることになる。この場合、基準所得から最高稼働収入額に至る保険料率を1.6％差し引いて国民保険料率を算定することになる。また、婚姻している女性と寡婦の場合は当初からの保険料率が低く設定されており、通常の半分程度とされている。[24]

このようにみてくると、就労調整が行われるのは賃金額が基準所得を超える時点と、最高稼働収入額を超える時点であるといえる。前者は負担が増えることから労働時間を削減するなどの就労調整が行われるが、後者の最高稼働収入額を超える場合には負担が減ることから、むしろ労働時間を増やす方向で就労

---

24) 1977年の法改正によりその範囲が大幅に縮減されたものの、現在は経過措置ではあるが20万人の女性がこの減額措置を受けている。Wikeley and Ogus, *supra* note 10, at p.119.

調整が行われる。そうすると、現実的な就労調整基準は週あたり賃金が156ポンドを超えるか否か、という基準所得において生じることになる。

しかし、これはあまり現実的ではない。このような低賃金での就労調整は家庭責任を有するパートタイム労働者において多く発生するが、その多くは婚姻している女性かひとり親である。これらの者は当初から保険料率を低く設定されているだけではなく、労働時間が増える毎に手取収入が増えるタックスクレジットによって補填されるからである。

したがって、イギリスにおける社会保険の適用関係によって就労調整が生じるか、という問題設定は、あまり現実的なものではないということができるだろう。

第2節　ユニバーサル・クレジット

1　法の構造

2012年福祉改革法は7部で構成され、ユニバーサル・クレジットはそこに規定されている。

　第1部：ユニバーサル・クレジット
　第2部：稼働年齢者への給付
　第3部：その他の給付
　第4部：個人給付
　第5部：社会保障制度：一般
　第6部：雑則
　第7部：終章

2012年福祉改革法はユニバーサル・クレジットという新しいシステムによって稼働年齢者に対して資力調査を伴う給付を導入した。ただ、新しい制度とはいってもこれまでの給付体系とまったく無関係ではない。制度の多くは従来の制度と連続性を有し、行政運営の上でも法の解釈問題の上でも切断されたものではない。そこで次に、切断と連続に配慮しながら新システムを検討しよう。

本書では、ユニバーサル・クレジットの基本的な構造を把握する。しかし、

本書執筆時点では不明な点も多い。そこで、必要な範囲においては旧制度である1995年求職者法に基づく行政と法解釈についても言及することがある。制度構造そのものが変わってしまった場合には、旧来の法制度に基づく法律上の争いとその解決については参考にならないのではないか、と思われるかも知れない。

しかしながら、現在と将来の行政は過去の延長にあるのであって、裁判規範も同様である。実際、1995年に求職者法が施行された際も、旧制度である失業給付制度や補足給付制度・所得補助制度の解釈運用を引き継ぐ部分が多く存在した。引き継がれなかった部分については法改正によって制度構造そのものが変更された箇所である。したがって、ユニバーサル・クレジットでも法の構造が変更されていない箇所については旧来の解釈運用が参照するに値するものと思われる。

2　経過措置

(1)　旧制度との関係

ユニバーサル・クレジットは、稼働年齢にある者に対する資力調査を伴う公的扶助給付のすべてを統合化する。それ故に、次の給付が一定の期間経過後にすべて廃止される[25]。

・1995年求職者法に基づく資力調査制求職者手当[26]
・2007年福祉改革法に基づく資力調査制雇用支援手当[27]
・1992年社会保障拠出給付法に基づく所得補助[28]
・1992年社会保障拠出給付法に基づく住宅手当[29]
・1992年社会保障拠出給付法に基づくカウンシル税給付[30]

---

25)　Welfare Reform Act 2012, s.33 (1).
26)　Jobseekers Act 1995.
27)　Welfare Reform Act 2007.
28)　Social Security Contributions and Benefits Act 1992, s.124.
29)　Social Security Contributions and Benefits Act 1992, s.130.
30)　Social Security Contributions and Benefits Act 1992, s.131.

・2002年タックスクレジット法[31]に基づく児童タックスクレジット及び就労タックスクレジット

　2013年10月以降は、これらに該当する給付を新規に申請する場合には、ユニバーサル・クレジットを申請することになる。それ以前に申請しており、既に受給している場合には受給要件が満たされる限りにおいて経過的に当該給付が継続することになる。次のような経過措置が設けられていた。

　まず、2013年春には、パイロット地区で施行された。続いて2013年10月には、新規申請者に係るユニバーサル・クレジットの全面的施行が予定されていた。失業している、あるいは稼働能力がないということで新規に所得補助、資力調査制求職者手当、資力調査制雇用支援手当を申請しようとする場合は、ユニバーサル・クレジットを申請することになる。ただ、国民保険の拠出に基づく拠出制求職者手当と拠出制雇用支援手当を申請する場合には、ユニバーサル・クレジットの対象ではないので、旧制度を申請することになる。また、就労タックスクレジットや児童タックスクレジットを受給しないで働いている低賃金労働者も、これ以降はユニバーサル・クレジットを申請することになっていた。

　2013年10月から2014年4月には、所得補助や資力調査制求職者手当などを受給している場合でも、この期間に働き始めるなどの生計上の変動があるような場合には、これらの給付がすべてユニバーサル・クレジットに移行することとされていた。政府はこの措置により、現在ひとり親などで所得補助を受給している多くの者が働き始め、ユニバーサル・クレジットを受給することになるとみている。

　就労タックスクレジットと児童タックスクレジットは、課税年度で管理されている。したがって、2013年10月から2014年3月末までの間に申請する場合、タックスクレジットだけは旧制度のものとして申請することになっていた。そこで、財政年度が変わる2014年4月以降は、タックスクレジット該当の申請者もすべてユニバーサル・クレジットに移行することになる。

　2014年4月から2015年12月には、旧制度による給付を受給している者について、この期間では労働年金省の職権ですべてユニバーサル・クレジットに移行

31） Tax Credit Act 2002.

する。この対象になるのはパートタイムで就労している者、障害者、介護者、5歳未満の子を持つひとり親である。これらの者を先に移行させるのは、就労を促進させることによって福祉依存から脱すべきである、という政府の意向である。

　2016年1月から2017年10月の間、旧制度による給付を受けていた者のすべてがユニバーサル・クレジットに移行する。これによりすべての稼働年齢にある者を対象とする資力調査を伴う給付が、ユニバーサル・クレジットになり、住宅手当の受給者、失業者などのすべてがこの対象になる。もともと資力調査制求職者手当を受給していた者は各種の就労支援プログラムの対象になってきたのであり、ユニバーサル・クレジットの対象になっても就労支援の形態は変わることがない。それ故に、この期間は、住宅手当を受給している者に関して地方自治体が連携をとって住宅手当受給者の状況を把握することが主たる目的となる。

(2) 経過措置と制度変更措置の困難さ

　ユニバーサル・クレジットは2013年10月より完全施行される予定であった。しかし、本書執筆の2015年現在でもパイロット事業を除き、完全施行には至っていない。[32]

　ユニバーサル・クレジットの導入は、数多くの点でベヴァリッジ以来の大きな改革であるといわれる。イギリス国内にユニバーサル・クレジットの導入が公表されてからというものの、現行制度の受給者にも行政管理上の大きな変革がもたらされることになった。受給者が数百万人にもわたる資力調査を伴う各種の社会保障給付やタックスクレジットなどが、すべて労働年金省が管轄する簡素でひとつの給付に統合されて運営されることになることを見越しての措置である。現在、政府のこれら社会保障やタックスクレジット関連予算は670億ポンドに達しており、退職年金などを含むすべての給付の3分の1を占めるに至っており、影響は甚大である。

　現行制度である所得補助、資力調査制求職者手当、雇用支援手当、住宅手当、就労タックスクレジット、児童タックスクレジットのすべては経過期間が終了

---

[32] Neville Harris "The Transition to Universal Credit" J.S.S.L. 20 (2013) pp.95-97.

した時点でユニバーサル・クレジットに統合されることになる。資力調査を伴う給付の一元化は、就労の有無を問わないすべての稼働年齢層を対象にしており、障害や疾病の程度で制度を構成するのではなく、稼働能力の程度に応じた支援を行い、それを条件にして社会保障給付の資格を判断する「福祉から就労へ」の移行過程にある施策の一部として構想されたものである。

　現行制度はかなり複雑であり、受給者が容易に自己に利用可能な制度を把握することができないといわれる。受給者が利用することができる支給要件と給付のための手続などが複雑すぎることが問題も指摘される。このような複雑さによって制度利用を躊躇わせる結果につながるのであるし、捕捉率を下げる効果を持つことになる。就労している受給者にとっては、雇用との関連、とりわけ国民保険料拠出や税負担、タックスクレジットや最低賃金制度、何らかの給付を受けた場合の勤労控除等のしくみがかなり複雑であるため、いかなる働き方を選択することが最良であるのか、判断することができない。その結果、家庭責任を有する者が就職するかどうかを決めるに際して、労働者＝受給者に利用できる制度について無知であったり、家庭責任から雇用が一時的なものになったときにでも再度受給することができるかどうかについて知らないような場合には、就職に関する判断を誤らせる結果を生じさせる。

　また、ひとつの給付を受給することによって、半ば自動的に他の社会保障給付の受給資格を発生させることがある。これは行政の合理化によるコスト削減とひとつの給付申請による簡便さを考慮したものである。しかし、これも万全ではない。ひとつの社会保障給付に関する受給要件が他の給付の要件と類似はするけれども一致しないものもある。そうすると、複数の給付への結び付けというものは、コストの削減どころか過誤給付や漏給・濫給を生じさせてしまうことがある。そこで、ユニバーサル・クレジットへの一元化によって受給要件を一元化させ、この種の過誤を回避しようとする目的がある。

3　地理的適用範囲

　本法の大部分はイングランド、ウエールズ、スコットランド及び北アイルランドで施行される。北アイルランドは独自の社会保障法を有しているが、この

分野に関してはずっと以前からイングランド等と同じ法システムを用いている。ただ、国務大臣と公訴局長官（Director of Public Prosecution：刑事事件の訴追を行う）との間の社会保障に関する情報の共有に関する規定[33]とそれによって得られた情報開示の禁止に関しては、イングランドとウエールズのみに適用される[34]。

そもそもウエールズはイングランドと行政機関等が類似していることもあり、イングランドとウエールズは社会保障法が同様に適用されることが多い。イングランドに関して定められている国務大臣への権限委任規定（旧制度に関する措置を中心とする）は、ウエールズ大臣（Welsh Ministers）へ委任されることがある。

スコットランドに関しては、地方自治体とのデータ共有などに関してスコットランド議会の許可を得る必要があるなど[35]、議会の参与が予定されている。

北アイルランドでは、タックスクレジットの権限を委譲すること[36]や、労働年金省大臣と歳入関税庁とのデータ共有[37]に関して議会の同意を得ることが条件となっている。

4　ユニバーサル・クレジットの運営

(1) 管理運営体制

ユニバーサル・クレジットは労働年金省のみで管理運営される[38]。ユニバーサル・クレジットは資力調査を伴う給付とタックスクレジットを統合するが、就労タックスクレジットと児童タックスクレジットは歳入関税庁（HM Revenue

---

33) Welfare Reform Act 2012, s.128.
34) Welfare Reform Act 2012, s.129.
35) Welfare Reform Act 2012, s.131.
36) Welfare Reform Act 2012, s.126 (1) to (13).
37) Welfare Reform Act 2012, s.129 (1) to (9).
38) 下記はChild Action Group, *Universal Credit: What you need to know* (CPAG, 2012) pp.7-12, 神吉知加子「最低賃金と社会保障の一体的改革における理論的課題—イギリスの最低賃金と給付つき税額控除、ユニバーサル・クレジットからの示唆」RIETI Discussion Paper Series (2013) 13-J-028を参考にした。

& Customs)[39]が管轄していた。歳入関税庁はユニバーサル・クレジットの給付に関する事務を管轄せず、ユニバーサル・クレジット給付のために集められた所得情報をリアルタイムに収集するに止まる。

地方自治体は住宅手当とカウンシル税給付を所管している。ユニバーサル・クレジットではこれらの管轄もせず、公営住宅の管理やカウンシル税そのものの担当をすることになる。ただ、心身上の理由などでオンライン申請ができないような支援を必要とする人に対して、ユニバーサル・クレジットの申請などについて支援を行うことはある。

従来は給付の種類によってジョブセンタープラス、歳入関税庁、地方自治体といったように異なる機関を利用しなければならなかった。これがユニバーサル・クレジットによってひとつの機関（出先機関としてのジョブセンタープラス）に統合される。多くの支援団体は、このような統合に賛成している。それには、給付の種類毎に生活状況を説明しなければならないといった煩雑さが解消できるということもあるが、不正受給対策という意味でも効果を期待する。過払い・過少払いは多くの場合、申請者・受給者が複数の機関で異なる説明をした結果であるか、あるいは、機関間で相互の連携が図られていなかったことに起因することが多いのである。出先機関を一元化するユニバーサル・クレジットではこの問題が解消される。ただ、児童手当（child benefit）は税制上の所得を算定基盤とするため、依然として歳入関税庁が所管することになる。このように、社会保障給付に係るすべての申請と受給の窓口が一元化されるわけではないので、混乱が生じることが懸念されている。

(2) **オンライン申請**

①コスト削減としてのオンライン申請

行政上の運営コストを削減するために、原則としてすべての給付の申請そのものをオンラインで行うことにした。[40] これは、資力調査に必要なのは定型的な資産状況（銀行の残高等）と定期的な所得のみが申告事項になるのであるか

---

39) わが国では「歳入関税庁」のほか、「歳入税関庁」とも訳される。本書では「歳入関税庁」を使用する。
40) Welfare Reform Act 2012, s.104.

ら、当局は資産と所得をオンラインで把握することができるから可能になったと考えられる。法的には扶養義務の優先などが定められていないことから扶養関係調査も不要なのであり、それを届け出る必要もない。このように、制度がシンプルであるが故に申請行為自体も簡略化することができる。わが国の生活保護法の給付申請前に事実行為として行われることがある生活相談が給付申請を抑制する作用を有していることとは大きな隔たりがある。[41]

　資力調査付きの社会保障制度は、その制度の特質として、受給者は生計の変動を把握し、逐一それを所轄官庁に届け出る必要がある。給付を担当する事務所は受給者の生計の変動に応じて給付水準を変更する必要がある。そうすると、受給者は日常的にジョブセンタープラスとの連絡を密にとらなければならない。そこで、ユニバーサル・クレジットでは受給者の生計変動をすべてオンラインで登録し把握することとした。

　②オンライン申請の実現困難性

　オンラインによる給付申請と生活状況の届出に関しては、理論的にかなり重要な手続である。しかしながら、短期間の間にすべての受給者がこのシステムを利用できるようになったわけではなく、そこには「デジタルに精通していない」人々がいるのである。政府自身が推計したところでも、2017年にユニバーサル・クレジットが完全移行しても5分の1の受給者の情報リテラシーが不足する状態になるとしている。

　一般的には、改革がうまくいくかどうかは、白書や法律に書かれた制度政策の当否によるのではなく、そのシステムが機能するかどうか、あるいは機能するように計画されているかどうかに依存している。成否の鍵は改革の実行性と経過的措置の有効性に依存しているのである。

　2012年福祉改革法の施行に関する大部分は規則で定められ、当初の行政施策

---

41) わが国の生活保護が最低生活保障と自立助長を目的としているが故に（生活保護法1条）、自立助長としてのケースワークが要保護者に対して行われる（生活保護法27条）ことは、制度に内在する事柄である。これを克服するためには所得保障給付とケースワークを分離する、いわゆるケースワーク分離論を採用した上で、所得保障部分についても大きな改正をする必要があり、イギリスの申請に係る制度がすぐに参考とされるべきとは思われない。

や経過措置はそこに定められるが、試行時点ではこの行政規則が出そろっているわけではない。法改正の全体像がはっきりするにつれて、行政管理上の、あるいは情報技術上の弱点（それは制度の成否を左右するほど大きなものである）も明らかになってきた。行政監査局（National Audit Office）の報告によると、社会保障制度以外との関係性、たとえばカウンシルタックスのシステムを新制度に合わせて変更することや、健康情報とのデータ突合システムトラブルが生じるのではないかということが懸念されている。実際、タックスクレジットが始まった当初は、システムトラブルと受給者が申請になれていないということから、かなり大規模な過払い（overpayments）と過少払い（underpayments）が行われ、社会問題化した。[42]

　ユニバーサル・クレジットは制度開始に先立って2013年4月からパイロット地区で試行的に実施予定であった。しかし、4つのパイロット地域のうち3地域の施行が7月までずれ込んだ。政府は2013年10月からの全国での実施を予定していたが、パイロット地区を6地区に拡大したに止まった。2014年の春までにはさらに5地区が追加されることになっている。しかし、行政監査局は労働年金省が2014年4月以降に追加することを再考慮すべきと提案している。

　情報機器と新しいシステムに関する問題は、ある程度予想可能である。政府はこの改革について、緩やかな情報技術の進展は、労働年金省とその関連機関が期間内に予算を消化できるという確信に根ざしている、としている。しかしながら、過去の経験では情報技術を充実拡大させることはかなり困難だったのである。これに加え、社会保障制度は情報技術システムの上では芳しい成果を上げていないのであるし、他のシステムとの連携でもシステム自体が古いものになってしまうこともある。ユニバーサル・クレジットに関してもこれと同じような懸念があり、一旦間違って受給資格を認定してしまうと、その人は経済

---

[42] 2002年タックスクレジット法（Tax Credit Act 2002）施行直後の2003年度は、全受給者数576万人のうち、過払いが188万人、過少払いが78万人であった。HM REVENUE & CUSTOMS Analysis Team, *Child and Working Tax Credits Statistics: Geographical analyses 2003-04 Supplement on payments in 2003-04* (A National Statistics Publication, 2005).

的困難にあるという扱いをされてしまうことになるのである。[43]

　行政監査局のユニバーサル・クレジットに関する最近の報告によると、労働年金省がユニバーサル・クレジットに関して「新しい情報システムがどの程度の国土を対象にすることができるのかの情報を持ち合わせていない」と伝えている。ユニバーサル・クレジットのパイロット地区では、オンラインで自己情報を訂正することができない状態にある。行政監査局は、このユニバーサル・クレジット改革計画の実行性については懐疑的であるとしている。

　行政監査局は次のようにいう。政府が提案する情報技術によるプログラムは、その計画遂行について変更を余儀なくされる。それはとりわけオンラインでのやりとりや自動化システムが顕著である。ユニバーサル・クレジットではそもそも行政管理が単純化されたり安価になったりするものではない。本格実施の遅れは改革の期待利益を減らすものである、と。

　このレポートは「ユニバーサル・クレジットに関する詳細な青写真、構造計算、対象者別の対応モデル、といったような詳細部分がないことが問題である」ことを報告しており、労働年金省は誤りを完全には修正していない。行政監査局は改革計画のコストがかかりすぎていることを指摘しており、実施の遅延に関してはシステムコントロール上の弱点なのであり、これを避けるにはさらに莫大な予算を必要とし、時間も必要である、との指摘をした。

　このように、ユニバーサル・クレジットはシステム上の理由によって完全施行には至っていない。制度の成否は管理運営体制の確実さに依存しているのであるから、この管理運営機構基盤の確立に左右されるということになろう。

5　申請と決定
(1)　申請方法

　ユニバーサル・クレジットの給付申請の大部分はオンラインで行われる。[44]これができなければ電話で申請を行うか、地方自治体が対面サービスで申請援助をすることになっているが、政府はこれがあまり多くならないと見込んでいる。

---

43)　The Comptroller and Auditor General, *Universal Credit: early progress* (TSO, 2013).
44)　Welfare Reform Act 2012, s.104.

申請と給付過程には新しく導入する歳入関税庁の「リアルタイム情報システム」が利用される。すべての使用者は歳入関税庁に対して労働者の賃金を申告せねばならず、これによって歳入関税庁はすべての労働者の賃金情報を得ている。したがって、申請者が労働者である場合、源泉徴収されている労働者の所得を逐一把握することができるから、受給者は生計の変動を逐一報告する必要はない（ただ、賃金以外の所得についての申告義務は残る）。歳入関税庁が労働年金省に送ったデータを基礎にして、ユニバーサル・クレジットの給付額が決定される。

　オンライン申請では、国民保険番号（National Insurance Number）を記入する。これにより、労働年金省は歳入関税庁を通して申請者の所得状況と貯蓄の状況を把握することができる。これらの情報を突合した結果、申請者がユニバーサル・クレジットの資格がないということになれば、オンラインスクリーン上で受給資格がない旨の表示がなされる。この場合、利用可能な他の社会保障給付などについての情報を提供し、それらの部署につなぐこととなっている。

　他方、受給資格があると推測されるような場合には、多くの場合、コンピューターによって自動的に受給資格があると表示される。ただ、さらなる情報を得るためにジョブセンタープラスへの出頭を命じることになる。この場合には、ジョブセンタープラスから申請者に対して決定通知書（decision letter）が送付され、電話で出頭日時の調整を行う。ジョブセンタープラスでの出頭インタビューでは、申請者に係る貯蓄の証明書やパスポートの確認、生計関係の証明など、決定にあたっての必要事項を調査する。またこの際に、申請者が求職活動等に関して行わなければならない事項を示した受給者誓約（claimant commitment）を確定する。

　給付に関する決定権者は労働年金大臣である。労働年金省はユニバーサル・クレジットの支給額を決定し、受給者の非違行為に対する制裁処分を決定する。ただ、「労働関連要件（work-related requirement）」に関する決定は民間団体に委託されることがある。求職者手当制度でも同様の事項を委託することができた。この事業を受託することができるのは民間団体、公的機関、ボランタリー機関であり、ワーク・プログラムを継続受託することで報酬を受ける。こ

れらの機関はパーソナルアドバイザーを雇用するものとされ、受給者誓約に係る条件を決定する。これには集中的労働インタビューにおいて求職（準備）活動にあたっていかなる行動をとるべきであるか聴聞を行うものであり、受給期間中の行動制約を伴う根拠となる。

(2) 集中的労働インタビューと受給者誓約の策定

ユニバーサル・クレジットに統合される前の求職者手当と雇用訓練手当の申請においては、有効な申請に先だって、集中的労働インタビューを受けるためにジョブセンタープラスへ出頭せねばならず、それがなければ申請が有効でないということにされていた。同インタビューでは、給付申請者の訓練ニーズ、就労機会の有無、働きながら給付を受けることの可能性などをインタビューすることになっていた。このインタビューによって、所得保障での支援が必要なのか、それとも対人サービスを通して自立を支援することが必要なのかの峻別を行っていた[45]。しかし、ユニバーサル・クレジットでは、この手続自体を廃止するものではないが、申請後にインタビューを行うことになった。

受給者誓約は受給中の行動を制約する根拠となるため、その策定と施行に当たっては両者の合意を必要とする。ジョブセンタープラスが提示した受給者誓約について申請者が合意しない場合、ジョブセンタープラスのアドバイザーは7日間のクーリングオフ期間を設定し、再度合意に向けた努力を行う。それでも再度アドバイザーが提示した受給者誓約について申請者が合意しない場合、申請者はユニバーサル・クレジットを受給することができない。これは、求職者手当で21日間の猶予期間が設けられていたのと比べると、申請者にとっては厳しい改正となった。しかも、受給者誓約の策定に当たって申請者が合意できないときは再度他のアドバイザーとの協議を行うことができるに止まり、担当のパーソナルアドバイザーが策定した受給者誓約に不服を申し立てることはできない。つまり、合意できないからといって受給者誓約を策定しないことは受給要件を満たさないことを意味するのであるし、不本意に策定された受給者誓約の内容について審判所へ異議申し立てをすることもできないことになってい

---

45) Welfare Reform and Pensions Act 1999, s.57.

る。[46]

(3) 申請と決定期間

　社会保障給付の申請手続に関する根拠のひとつとなっている1987年申請給付規則[47]によると、要保障事故が発生してから申請を行わなければならない時期の制約が規定されている。これは、社会保障給付が要保障事故の発生時ではなく申請時から支給されることを原則としているからである。[48]同規則によると、配偶者の死亡に伴う給付や出産手当など、要保障事故が発生した時期が比較的明らかになるような給付の種類については、3か月以内に申請しなければならないことになっている。これに対し、資力調査を伴う給付についてはこのような申請時期に関する規定は存在していない。これは、資力調査を伴う給付が要保障事故の発生時期を特定することが困難であることと、申請がなされたときには即時に決定しなければ生命身体に危険が及ぶからであると説明されている。[49]

　有効な申請が行われたならば、給付判定官は求職者手当に関しては適切な期間内に、[50]その他の給付に関しては14日以内に決定をしなければならない。[51]

　法律上の決定期間は申請から14日以内となっているが、ジョブセンタープラス内部の目標はこれよりも短く設定されている。2010年度の年次報告書[52]によると、所得補助の処理目標期間が9日であるのに対し実績値が6.9日、求職者手当は目標期間が11日であるのに対し9.2日であった。障害の程度を判断するために処理期間が長くなる雇用支援手当については法定の14日を目標期間としていたが、実績値は10.7日であった。このような処理期間の短さは、給付申請者の満足度を高めている。満足度の目標値が86％であったが、実績は89.2％で

---

46) DWP, *Freedom of Information request* (2013) 4073.
47) Social Security (Claims and Payments) Regulations 1987, s.19.
48) ただし、年金クレジット、遺族給付、退職年金は2か月まで遡及して支給することができるものとされている。
49) Martin Partington, *Social Security Law in the United Kingdom* (Wolters Kluwer, 2012) p.250.
50) Social Security Act 1998, s.8.
51) Social Security Administration Act 1992, s.21 (1).
52) DWP, *Jobcentre Plus Annual Report and Accounts* (TSO, 2010).

あった。

　しかし、すべての申請が適切な処理期間内に決せられているわけではない。そもそも処理期間を明示していない給付に関しては、時期の適切性をめぐってしばしば紛争が生じる。CPAG (Child Poverty Action Group) のテストケースでは、この処理期間の適切性が明示されていないことから、この決定を求める司法審査がなされた。これは、法律に明記されていない処理期間について、その他の給付に関して定められている14日以内、あるいはそれよりも短い期間内に給付判定官が決定をなす法的義務があるかどうか、ということが争われたのであった。王座裁判所と控訴院は原告の訴えを退け、明文上規定されているのは給付判定官が適切だと考える期間内に決定をすることであり、給付判定官にはいつその給付をなすかについての裁量権を有している、と判断した。

　旧制度では決定された場合の給付が週単位で毎週1回振り込むことになっていたが、ユニバーサル・クレジットでは月単位で毎月1回振り込むこととなった。これについて労働年金省は、ふたつを理由としている。ひとつは、就労している受給者の場合、75％の使用者が月単位で賃金を支払っているのであり、賃金把握の点から月単位が望ましいことである。もうひとつは、受給者が家計を自己管理することで、生活上の自己管理能力を向上することが望ましいということである。

　ユニバーサル・クレジットでは、申請から決定までに時間がかかるような場合には前払いの「分割支給 (payment on account)」が行われることがある。これは、調査に時間を要することで決定までに時間がかかっているようなときでも、住宅費用や公共料金などの支払期日に間に合わせるための措置である。求職者手当・所得補助では、これらの給付を所管するジョブセンタープラスが窓口となって、原則として返還義務がある社会基金 (Social Fund) の緊急時小口貸付け (crisis loan) を利用することになっていた。また、ユニバーサル・クレジッ

---

53) *Home Secretary v S* [2007] EWCA Civ 546. para at 51.
54) *R v Secretary of State for Social Services ex parte CPAG and Others* [1990] 2 QB 540, CA.
55) より詳細な分析については、Martin Partington, *Claim in Time: Time Limits in Social Security Law* (Legal Action Group, 1994) p.30.

トへの変更に伴い、現行の社会基金制度も大きく変わることになった。社会基金では、定型的ニードに該当する非裁量的社会基金（冬季手当など）と非定型的ニードに該当する裁量的社会基金から構成されている。非裁量的社会基金は返還義務を負わないが、裁量的社会基金は返済の義務を負うことになっている。一般に、求職者手当などの受給者が民間金融機関などから借金をすることは認められていない。裁量的社会基金は、この借金の代替として機能してきた。ユニバーサル・クレジットでは、裁量的社会基金が廃止されるので、この社会基金の貸し付けを利用することもできなくなり、分割支給で前払いを受けることになった。分割支給の最高限度は受給しているユニバーサル・クレジットから26週間以内に返済可能な金額までであり、いかなる場合に分割支給を行うか、といった事項に関しては詳細に定めることになっており、現場の裁量が拡大しないようになっている。

(4) 受給権者

ユニバーサル・クレジットは、受給者本人に支給することを原則とする。ただし、受給者に住宅ローンがあり、その利子の支払いなどについては、金融機関に対して第三者給付をすることができる。ただし、賃貸住宅の家賃に関しては、それが民間賃貸であれ地方自治体が提供する公営住宅であれ、第三者給付をすることができないことになっている。しかしこれについては現在見直しの議論があり、それが実現すれば賃貸人に対してダイレクトペイメントをすることができるようになる。

第3節　受給権者の基本的要件

1　夫　婦

(1) 夫婦単位原則

法第3条は、基本的受給要件を定める。単身受給者は基本的要件と経済的要件を充足することが必要となっており、共同申請者 (joint claimant) は共同申請者全員が基本的要件を充足した上で共同申請者としての経済的要件を充足することが必要である。「共同申請者」とは「ユニバーサル・クレジットを共同して

申請する、若しくは給付の単位となる夫婦」とされている（法40条）。それでは「夫婦」とは誰をいうのか。この問題について、以前から多くの議論が集積されてきた。

①夫　　婦

ユニバーサル・クレジットを申請することができるのは、イギリスに居住する18歳以上で年金支給開始年齢未満の者である[56]。個人あるいは夫婦と被扶養児童単位で要否決定がなされ、夫婦単位で支給されることから、申請も夫婦単位で行うことになる[57]。

2012年法は、申請権者を単身者か夫婦と位置づけている[58]。「夫婦（couple）」の定義は次のように定められている[59]。

夫婦とは、次の４つの場合をいう[60]。
a 婚姻関係にあって同一の生計にある男女
b 法律婚の関係にはないが事実上婚姻関係と同視できる同一世帯の生計維持関係にある男女
c 同一生計にありシビル・パートナーとして同居生活を営む同性婚の２人
d シビル・パートナーとしての届出を行っていないが事実上シビル・パートナーと同視できる同一世帯の生計維持関係にある同性の２人

なお、ここでいう「シビル・パートナー」というのは、2004年シビル・パートナーシップ法に基づくものである[61]。同法は承認された同性婚状態にあるシビル・パートナーにつき、市民法上の権利義務関係のみならず、税法や社会保障法上の権利義務関係においても、異性間の法律婚と同等の権利義務関係が付

---

56) Welfare Reform Act 2012, s.4 (1).
57) 現行規定では、受給の単位としての世帯（household）概念は姿を消している。唯一、経過措置規定（Universal Credit (Transitional Provisions) Regulations 2013, reg. 10）において、配偶者が正規軍に入隊しているときに同一生計の扱いをしない、という規定が残るだけであり、すべて配偶者（spouses）、あるいはシビル・パートナーの単位で見ることになっている。
58) Welfare Reform Act 2012, s.2 (1).
59) Welfare Reform Act 2012, s.39, The Universal Credit Regulations 2013, s.3 (1)-(6).
60) Welfare Reform Act 2012, s.39 (1).
61) Civil Partnership Act 2004.

与される。

　つまり、ユニバーサル・クレジットの申請単位である夫婦（及びその子）とは、異性間でも同性間でも成立し、法律婚でも事実婚でも有効に取り扱われるのである。

②事実婚の判断基準

　このような婚姻関係の事実状態を重視する判断基準は、居住の同一性についても同様である。生計維持の関係があったとしても、別居の期間が 6 か月を超え、または 6 か月を超えることが予期されるときには、もはや夫婦としての扱いを受けないことになる。[62]

　しかしながら、2012年法と2013年規則では、夫婦として共同生活を営むということの定義規定を置いていない。この解釈については、おそらく旧制度のそれを引き継ぐことになろう。この点は旧制度でも多数の法的紛争を生じさせてきた。1995年求職者法35条 1 項の夫婦の定義規定は2012年福祉改革法のそれと同じ表現を用いており、あえて異なる解釈を採用する必要はない。[63]

　婚姻（marriage）だけでなく、夫、妻、寡婦、寡夫といった用語は一般法上のそれと社会保障法上のそれと異なることはない。[64] 有効な婚姻関係は私法上の成立要件を通じて成立する。婚姻証明書（marriage certificate）の開示は婚姻関係を立証する有効な手段であるが、必ずしもこれがなくとも有効に成立しているということがある。結婚式を行い同居しているけれども婚姻の届出をしていないような場合がこれにあたる。1949年婚姻法（Marriage Act 1949）が定める成立要件を満たしていないとしても、長期にわたる同居期間の事実が婚姻関係を推認させるが故に、社会保障給付の受給権者たる寡婦にあたる、という判決がある。[65] しかし、同居期間から婚姻関係を立証することは、それが容易に反証可能であるが故に、行政管理上は困難を伴うことが少なくない。そこで、スコットランドでは客観的な別居期間の長短で婚姻関係を決定する。ただ、これ

---

62) Universal Credit Regulations 2013, s.3 (6).
63) Jobseekers Act 1995, s.35 (1), Jobseeker's Allowance Regulations 1996, s.1 (3).
64) Wikeley and Ogus, *supra* note 10, at pp.215-232.
65) *Chief Adjudication Officer v Bath*, CG/1133/1995 [CA].

も事例解決になり、判断の難しさから逃れられるわけではない。これに加えて婚姻関係の外観を呈する当事者が、婚姻関係が存在していないとの意思を有している場合もあり、またその逆もある。したがって、客観的事実のみで決定することはできないということがいえよう。

　事実婚関係を法的保護の対象に含めるのは、それほど古い話ではない。1948年国民扶助法[66]では、法律上の婚姻関係にない女性が国民扶助を申請してきたとしても、国民扶助委員会（National Assistance Board）がその裁量で給付を拒否することができた。明文で事実婚を法の保護を与えたのは1966年に補足給付（Supplementary Benefit）が導入されてからである。1970年頃から80年代にかけて、社会保障法の法主体に事実婚を含めるべきか否か、含めるとすればどのような判断基準を設定すべきかについて多くの議論があった[67]。これに賛同するのは、婚姻の届出があるか否かによって保障されるべきニードに差異があってはならないとするものであり、否定するものは婚姻の届出をしていないのは法的保護を受けないという選択をしているからである、ということを主たる論拠としていた。

　法律上の婚姻関係でないとしても、事実上の婚姻関係が認められるならば、ユニバーサル・クレジットにおいては夫婦としての法的地位を取得することになる。「夫婦として同居生活を営んでいる」との文言は、社会保障法の各分野共通で使用されている。それは、給付制度に応じて保護対象の領域が異なることになると、行政上の困難さを必然的に伴うことになるからである。Crake事件[68]がこのリーディングケースであり、行政上もこの判決の基準を用いて判断されている。それは次の6つの基準である。

　a 同一生計にあること

　配偶関係にあるといえるためには、国民保険料の拠出の場面において所得を勘案する必要がある。このため、生計維持関係が要求される。また、生計関係

---

66)　National Assistance Act 1948.
67)　Ruth Lister, *As Man and Wife?: Study of the Cohabitation Rule* (CPAG, 1973).
68)　*Crake v Supplementary Benefits Commission* [1982] 1 All ER 498 at 505, *Campbell v Secretary of State for Social Services* (1983) 4 FLR 138.

が同一であるというためには、通常は同居していることが前提条件となる。それ故に、配偶者が一時的にでも別居関係にあるときには、事実上の婚姻関係を認めがたい。[69] ただ、同居というのも事実認定では困難さを伴う。たとえば、賃貸人と賃借人の関係[70]、障害者の介護者と被介護者との関係[71]などである。したがって、同一生計を維持する意思が客観的に推認されるかどうかということが判断基準となりうるともいえ、当事者意思が明白であるときには事実婚関係が認められる。[72]

b 期間と安定性

しかし当事者意思が明確でない場合、あるいは、行政機関が当事者意思の明確性についての確信が得られないような事例では、当事者の客観的な行為から外形的に判断することになる。

客観的に事実上の婚姻関係を明らかにする要因は、同居の期間である。同居期間は他の客観的事実よりも事実婚関係を確定させる要因であり、他の要因が立証困難だとしても、同居期間が数か月以上安定的に継続していることが立証できれば、社会保障給付を拒否されることはない。

c 生計維持関係

一方配偶者が他方配偶者に対して経済的な支援関係があるかどうかは、事実上の婚姻関係を推定させる重要な要素である。私的扶養関係があればその分だけ生計を維持すべき公的給付が減殺されるからである。

ただ、生計維持の関係は他の考慮要素に比べると重視されない傾向にある。それは、財の移転が商行為関係に基づく場合があること、定期的な定額の財移転行為を立証することは困難であること、社会保障給付を得ようとして故意に経済的な支援を行わないということが想定されることなどが主たる理由である。それ故に、経済的な支援関係は判断に際しての主たる考慮要素として用いられることは少なく、関連事項として考慮されるに止まるのである。

---

69) *G v F (Non-molestation Order: Jurisdiction)* [2000] 3 WLR 1202 at 1210.
70) R (G) 3/71.
71) *Robson v Secretary of Social Services* (1981) 3 FLR 232.
72) *Butterworth v Supplementary Benefits Commission* [1982] 1 All ER 498 at 502.

d 性的関係

　1990年代までは、事実上の婚姻関係を推定させる要素として重視されていたのが、当事者に性的関係が存在することであった。しかし、プライバシーの観点と立証責任の観点から、性的関係の考慮要素についてはほとんど用いられなくなってきている。給付判定を行う際のヒアリングでもこの事項を聴くことはなくなり、申請者が自発的に情報提供した場合に推定の補強要因として用いられるに止まっている。このため、性的関係がなくても事実上の婚姻関係が推認されるし、あっても事実上の婚姻関係が認められない場合もある。

　e 子ども

　同居している 2 人の間に血のつながりがある子どもが居る場合には、事実上の婚姻関係を推定させる強い考慮要素となる。

　f 公的な認知関係

　女性が男性と同居し、男性の姓を名乗っており、それが公的に認知されているような場合には事実上の婚姻関係を推定させる。それ故に、公的にほとんど認知されていないような場合には、事実上の婚姻関係が否定される傾向にある。

　以上 6 つの基準は、事実上の婚姻関係を推定させる考慮要素に過ぎない。これらひとつが欠けていたとしても事実上の関係が否定されるわけではなく、それぞれの考慮要素には軽重があり、唯一絶対的な基準というものが存在するわけではない。

　(2)　共同申請者としての配偶者

　配偶者の一方が年金支給開始年齢以下でもう一方がこれを超えている場合、夫婦の一方が教育を受けていて（その結果単独での申請権を有しないことになる）他方配偶者がこれを受けていないような場合のいずれも、共同申請者 (joint claimant) としての資格を取得する[74]。

　他方で、配偶者の一方が18歳に満たないとき、イギリス国内に居住していないとき、収監されているとき、病院に入院したり介護施設に入所しているとき

---

73)　CSB/150/1985は、モルモン教徒の同棲者が性的関係を持っていなかった事例であり、性的関係の不存在は夫婦と同一視できないというわけではないとした。

74)　Universal Credit Regulations 2013, s.3 (2).

には、生計維持関係があったとしても共同申請者の扱いを受けず、単独で申請することになる。[75] このような場合でも受給過程においては資産、所得が合算され、勤労控除等も同一世帯として認定される。[76]

2 重婚関係

配偶者の一方が重婚関係にある場合、前婚の関係配偶者間で世帯認定することを原則とする。その場合は、後婚の配偶者がユニバーサル・クレジットの申請では世帯認定されないことになるので、単身者として申請することになる。[77]

社会保障法としては、事実上の重婚関係をいかに扱うべきかについては長い議論がある。一般的には、一夫一婦制が法律上の原則であるが故に、重婚関係を保護の対象にすべきでない、という議論が強い。しかし、その議論で現実として生活困難状態にある者の生存を否定することはできず、様々な形での救済を図ってきた。1956年の家族手当及び国民保険法[78]や1971年国民保険法[79]では、「重婚関係は、いかなる時も一夫一婦制と同様に扱われなければならない。ただし、重婚関係が実際には形骸化して一夫一婦制と同視できるようなときはこの限りでない」としている。つまり、夫婦としての現実の共同生活に着目して法の保護を与えよ、という趣旨である。

しかしながら、ユニバーサル・クレジットの申請単位として重婚関係が問題になることは少ないだろう。社会保障法上、重婚関係の問題が顕在化するのは遺族年金であって、受給権の有無をめぐる紛争といったような、直接の利益を求めるような場合になって初めて問題化するからである。なお、重婚関係における遺族年金の帰趨については原則として生活実態に着目をして解決されるが、議論の過程にある。議論内容は、保険料の増額があれば遺族年金を複数に支給すべきというもの、保険料の増額がなくても複数に給付すべきというもの、遺族年金を分割して重婚関係にあった配偶者のすべてに支給すべきもの、

---

75) Universal Credit Regulations 2013, s.3 (3).
76) Universal Credit Regulations 2013, s.3 (3).
77) Universal Credit Regulations 2013, s.3 (4).
78) Family Allowances and National Insurance Act 1956, s.3.
79) National Insurance Act 1971, s.16 (3).

というようなアイデアがあった[80]。しかしこれもまた、議論の必要がなくなる。それは、2014年提出の年金改革に関する法案で、公的年金が一元化されるとともに、年金の支給単位が世帯単位から個人単位へと変更されることになり、遺族年金が廃止されることになっているからである[81]。

3　年　　齢
(1) 年齢要件

法4条1項では、受給権を取得するためには次のすべての要件を満たさなければならないとする[82]。

①18歳以上であること
②年金クレジット支給開始年齢に到達していないこと
③英国に居住していること
④教育課程にないこと
⑤受給者誓約を受諾していること

これらの受給要件の表現方法は、1995年求職者法の受給要件と比較するとかなり簡素化されている[83]。1995年求職者法は、①就労可能性があること、②有効な求職者協定を締結していること、③積極的に求職活動を行っていること、④拠出制求職者手当の場合、保険料拠出の資格期間を満たしていること、⑤報酬を得る労働に従事していないこと、⑥稼働能力を限定されていないこと、⑦教育課程にないこと、⑧年金支給開始年齢以下であること、⑨イギリス国内に居住していること、であった。もっとも、ユニバーサル・クレジットは稼働能力の有無を問わないから95年法の①⑥は必然的に排除され、④については資力調査を伴う給付であることから無関係である。そうすると、他の設定された要件は、積極要件か消極要件かの差はあるけれども、本質的な変更をもたらしたものではない、ということができよう。

---

80) *Law Commission Working Paper* No.21 (1968) paras 61-66.
81) この改革案については、丸谷浩介「公的年金の一元化―イギリスにおける一層型年金」週刊社会保障2767号（2014年）50頁を参照。
82) Welfare Reform Act 2012, s.4 (1).
83) Jobseekers Act 1995, s.1 (1).

ユニバーサル・クレジットの支給要件が以前の制度と本質的に変わらないとすれば、その管理運営と法解釈もそれほど大きな変更をもたらされるものではないであろう。これを前提に、ユニバーサル・クレジットの支給要件について必要な限りで検討しよう。なお、受給者誓約については別途章を改めて論じる。

(2) 下限年齢

①保護対象としての16・17歳

ユニバーサル・クレジットを受給するためには、18歳以上に到達していなければならない。18歳に満たない者は、扶養義務を負う者と同一生計で加算の対象となるか、扶養親族がいなければ地方自治体が扶養親族を代替する。

公的扶助を申請する権利を年齢で制限することは1948年国民扶助法[84]から確立していた。国民扶助法の申請最低年齢は16歳であり、それは公的扶助が国民扶助から補足給付、所得補助へと改称していった1988年まで継続していた。

1986年社会保障法[85]が1988年に施行された当時はまだ最低年齢を16歳としていたが、政府は同年11月、若年者訓練制度 (Youth Training Scheme) を策定し申請最低年齢を18歳にした。

申請最低年齢の引き上げの理由は、第1に、16・17歳の者が児童手当の受給権者である親権者と同居して教育課程に従事している状況にあること、第2に16・17歳で職を得ていることがあること、第3に教育課程や職に従事していなくとも若年者訓練制度の下で16歳のすべての学卒者と17歳の失業者を対象に行われる職業訓練に従事することができること、があげられていた。

1995年求職者法の施行以前、所得補助制度では16歳、17歳が所得補助を申請することができる例外としてはふたつの態様があった。ひとつは申請者自身がひとり親であったり、近親者でない者を介護する者、障害者、レイオフされ再雇用される見込みのある者といった所定の状況にある者であった。これらは18歳になるまで、あるいはその状況が消滅するまでは給付の申請権を持ち、要件を充足する限りで受給権を取得した。もうひとつが、このような所定の状況にあてはまらない者のうち、所得補助を受給することができなければ生活不能状

---

84) National Assistance Act 1948.
85) Social Security Act 1986.

態(severe hardship)に陥る場合であった。この立証は申請者が責任を負い、担当大臣がそれを認める限りにおいて受給権を発生させるという、裁量的な判断に基づくものであり、担当大臣の権限規定であった[86]。しかし、生活不能状態とは法律にその定義がなされておらず、その決定も末端行政を遂行する給付判定官ではなく担当大臣であることに問題が問題視された[87]。さらに、担当大臣の承認決定に関して社会保障不服審判所へ申し立てる権利はなく、法律上の問題に関してのみ合議法廷(divisional court)へ提訴することができるに止まった。

1995年求職者法では、16・17歳が求職者手当や所得補助の受給権を取得しないことを前提に、その者が職業訓練に登録しているけれども、訓練手当を受給することができない場合、といった限定的な事情があるときに、緊急時給付を受給することができた。ただ、法律ではこの「生活困窮」の定義を置いておらず、国務大臣の裁量で判断された[88]。生活困窮状態にある16・17歳はジョブセンタープラスに設置されたキャリアサービスへ登録し、生活困窮審査部(Hardship Claims Unit)がそれを判断することとなっていた。その際考慮されるのは、両親と接触があるか、両親と同居しているかそれとも第三者と同居しているか、健康状態、ホームレスになる恐れ、所得と資産などである。この給付は国務大臣の裁量判断であるから、決定に対して審判所に不服を申し立てることができないものとされていた[89]。

②ユニバーサル・クレジットにおける16・17歳の取扱い

このような16・17歳に対する制限的なしくみは、ユニバーサル・クレジットでも維持された。ユニバーサル・クレジット規則では[90]、稼働能力が制限されているとき、重度障害者を介護する責任があるとき、児童を養育する責任があるとき、児童養育責任がある者の配偶者であるとき、妊娠11週以上であると

---

86) Social Security Contributions and Benefits Act, s.125.
87) A. Ogus and E. Barendt, *The Law of Social Security [3rd ed.]* (Butterworths, 1988) p.463.
88) もちろん、まったくの自由裁量というわけではなく、ガイドラインが設けられている。Employment Service, *JSA for 16/17 Year Olds*, 1996.
89) Jobseekers Act 1995, s.16.
90) Universal Credit Regulations 2013, s.8.

き、親からの扶養を得られないときには、自らの権利としてユニバーサル・クレジットを申請することができるものとされた。このうち、親からの扶養を受けられない場合というのは、居住する地方自治体の責任で生計が維持されていない場合であって、親がいない、親と疎遠になっている、同居によって心身上の虐待を加えられる恐れがある、親が入院等していることによって別居を余儀なくされている、親が拘置されている、親が英国に再入国することを禁じられている、といったような場合である。

ところで、かつて存在していた16・17歳の者が上記のような定型的な条件に該当しない場合でも生活困窮状態にあるというときに支給される緊急時給付がユニバーサル・クレジットでは廃止された。ユニバーサル・クレジットにある緊急時給付は、制裁措置を受けた場合のそれだけが規定されている。したがって、稼働能力があって教育を受けていない16・17歳はすべからく就労関連活動が義務づけられることになったのである。

(3) 上限年齢

ユニバーサル・クレジットは稼働年齢層を対象にしている。これは、稼働年齢にある者は稼働能力に応じて就労することが望ましいという判断による。裏を返すと、稼働年齢にない者については就労することを法的には期待しない、ということである。

職業生活からの引退と社会保障との関係については、とりわけ老齢年金に引退要件を付すべきかという点において議論があった。1942年のベヴァリッジ報告では「この社会保障計画が提唱する年金は引退年金(retirement pension)であって老齢年金(old age pension)ではない」とし、引退を要件として年金を支給すべきであるとした。この理由は、たとえ所定の年金支給開始年齢に到達していたとしても、なお稼得がある限りにおいて要保障性を欠くことから、年金受給権の取得は稼得能力の具体的証明たる引退があった場合に限定されるべきである、とされていた。この引退要件は、一定年齢の到達時に職業生活を継

---

91) W. Beveridge, *Social Insurance and Allied Services* (HMSO, 1942) [Cmd. 6404] para at 244.
92) 良永彌太郎「所得保障原則と老齢年金受給権」高藤昭ほか編『現代の生存権―法理と制度　荒木誠之先生還暦祝賀論文集』(法律文化社、1986年) 130頁。

続することと職業生活を引退し年金を受給するという選択肢を与え、いわば、職業生活を継続する権利と引退＝休息の権利を保障したものであった。ところが、1989年に引退要件が廃止され、年金支給開始年齢への到達と同時に公的年金の受給権を取得することとなった。これにより、職業生活を継続しながらも公的年金を受給することができるようになった。このような場合でも日本の在職老齢年金のような賃金と年金との調整規定がなく、賃金を受領していても満額の年金を受給することができ、就労行動が年金に影響しない。したがって、年金支給開始年齢の到達は職業生活からの引退を保障するというよりはむしろ、引退の考慮要素に過ぎないものとなった。

(4) **高齢期の公的扶助**

公的年金は給付水準が低く、高齢期の所得保障として限定的な機能しか有していない。そこで、1999年、一般的公的扶助制度であった所得補助から高齢者を切り離し、最低所得保証（Minimum Income Guarantee）として、2002年からは年金クレジット（Pension Credit）として[93]、資力調査付きの所得保障制度を行うこととした。[94] 年金クレジットはその一部の支給開始年齢を60歳とし、完全支給が65歳となっており、支給開始年齢は段階的に引き上げられることになっている。2014年現在、高齢者のうち年金クレジットの受給資格があるものが65歳以上のうち3分の1を占めるに至っている。これには、公的年金の給付水準が年金クレジットの給付水準を下回っていることが影響している。公的年金の一元化に伴い、公的年金の給付水準を年金クレジット以上にすることが予定されているため、今後は年金クレジットの受給権者が減少するものと見込まれている。

このように、将来の社会保障制度は、稼働年齢にある間は就労支援を受けて就労し、最低賃金制度とユニバーサル・クレジットによって生活水準を維持し、継続的に国民保険料拠出を行うことで、年金支給開始年齢以降は公的年金だけ

---

[93] State Pension Credit Act 2002.
[94] 嵩さやか『年金制度と国家の役割―英仏の比較法的研究』（東京大学出版会、2006年）、丸谷浩介「イギリスの公的・私的年金制度改革」海外社会保障研究169号（2009年）15頁、平部康子「イギリスにおける社会保障給付と財源の統合化」海外社会保障研究179号（2012年）31頁。

4 居　住
(1) 一時的な国外居住

一時的にイギリス国外に居住（residence）していても、原則的に国外に居るのが1か月以内であればユニバーサル・クレジットを受給することができる。[95]

申請者自身やその配偶者、子の心身疾患の治療のためにはこれが6か月まで認められる。「一時的に」の解釈についてはAkbar事件がある。Akbar事件ではその解釈を「永久的でないもの（not permanent）」としていたが、その後のAhmed事件控訴院判決においてAkbarの「一時的に」の解釈は誤りであり当該裁定機関の事実上の問題であって、申請者の意思及び移住の期間を勘案して決定すべきであると判示した。[97] つまり、一時的な国外居住の判断要素は、申請者の主観的な居住意思と、客観的な居住期間の両方から構成されるべきとしたのである。

(2) イギリス国内への居住権

イギリス国内に居住していても、ユニバーサル・クレジットを受給することができない場合がある。主として外国から移住してきた者である。入国管理（immigration control）の適用を受けている者、イギリス国内に「常態として（habitually）」居住していない者、イギリス国内に居住する権利を有さない者がこれにあたる。

イギリス社会保障法における居住の問題は「居住」「国籍（nationality）」のそれぞれの概念によって検討することができるが、ユニバーサル・クレジットにおいて「国籍」は問題とされない（そもそも国籍要件が課されたことはない）。

「居住」は現実としてイギリス国内に生活実体を持つことである。交通事情の問題でイギリスに帰国することのできなかった場合においても、他人の過失

---

95) Universal Credit Regulations 2013, s.11 (1) (2). 配偶者や子、近親者が死亡したときは国務大臣が認める限りにおいてこれを延長することができる。
96) *R v. Social Security Commissioner, ex Parte Akbar, The Times,* November 6, 1991.
97) *Chief Adjudication officer v. Ahmed & Others, The Times,* April 6, 1994.

(another's fault) によって居住することができなかったとしても事実として居住していなかったとする事例がある。[98]

「居住」については、従来申請者に求められる要件は「イギリスに現存していること」のみであったが、1994年4月から「常態的居住要件 (habitual residence condition)」が課されるようになった。これは1990年頃から顕著になったいわゆる「ニューエージトラベラーズ」対策の一環として、自国よりも寛大な社会保障給付を提供しているイギリスの社会保障制度を受給し、渡り歩く人々 (benefit tourism) を排除することを目的として策定されたのであった。[99]

(3) **居住の常態性**

イギリス国内に常態的に居住していることを疑われるような場合、申請者は現実としてイギリス国内で生活していることの証明責任を負う。2004年からはこれに加えて、法的に居住することが認められていることを示すことが必要になった。これは、欧州経済領域内部からイギリス国内に仕事を求めて来ている場合でも、当初3か月は居住の権利を取得することができないことから、当該期間は社会保障給付を受給できないことを意味する。そこで、欧州経済領域からの求職者は、EU法にしたがって居住の権利があるものとして、継続的居住要件の適用を除外してきている。[100]

「常態として居住している」という文言は、法律に定義がない。そして、裁判例でも社会保障法独自の概念としてこれが取り扱われたことはない。家族法や国際私法の領域で検討が加えられており、常態として居住しているかどうかはすべての事情を総合考慮した事例判断になる、との理解を示している。とはいっても、考慮要素事由には新しい土地での住居を構える準備をしているか否かということは要考慮事由となる。[101]

もっとも問題になるのは難民 (asylum seeker) である。常態的居住要件が導入された結果、難民となってイギリスに亡命を希望している者が、各種の社会

---

98) R (S) 8/59, R (S) 6/81.
99) Partington, *supra* note 49, at p.185.
100) Directives 68/360 or 73/148.
101) *Nessa v Chief Adjudication Officer* [1999] 1 W.L.R. 1937.

保障制度から排除されてしまった。そこで、イギリス国内で当該難民に対して何らかの支援が予定されているような場合には、この要件を適用しないという特別措置が講じられた。しかし、それには時間がかかり、その結果として生命を脅かされるほどに社会保障給付決定にまで時間がかかってしまった。[102] そこで、2000年に新しいしくみを導入した。難民に対してはすべての社会保障制度の適用をせず、イギリス内務省（Home Office）の管轄で行われる施策にすべて移管されることになった。[103] そこでは、適切な住居がなく極貧の生活を強いられる人々に対する施策に一元化されたのであった。[104]

5 教育課程

(1) フルタイム教育

規則12条では、教育課程の意味をフルタイムの高等教育か、高等教育以外の学修または訓練であって、各種奨学金や教育ローンなどを利用するもの、としている[105]。ただし、21歳以下で親の援助を受けていない者、付添手当などの障害関連給付を受給している者、子どもを養育する責任がある者などについては、フルタイムの教育課程にあっても受給することができる[106]。

高等教育というのは大学院課程に相当するもの、大学の学士課程に相当するものなどであり[107]、仮にこれらの者が給付を受給していても、積極的に求職活動を行いつつ採用された場合にはすぐに雇用契約を締結して就労を開始しなければならないという受給要件を満たさないことが、現在における高等教育課程従事者を排除する実質的な理由である[108]。

規則では「フルタイムの」教育課程に従事している者を排除することにして

---

102) CPAG, *Benefits for Migrants Handbook [5th ed.]* (Child Poverty Action Group, 2011).
103) Immigration and Asylum Act 1999.
104) Rosemary Sales, "The deserving and the undeserving? Refugees, asylum seekers and welfare in Britain" *Critical Social Policy*, Vol.22 No.3, (2002) pp.456-478.
105) Universal Credit Regulations 2013, reg. 12 (2).
106) Universal Credit Regulations 2013, reg. 14.
107) Universal Credit Regulations 2013, reg. 12 (3).
108) Wikeley and Ogus, *supra* note 10, at p.339.

いる。したがって、パートタイムの教育課程に従事していても排除されないことになる。しかしながら、フルタイムとパートタイムは必ずしも明確に二分することができるわけではなく、教育プログラムの設定方法によっては分類が困難になることがある。控訴院[109]はモジュール教育課程について社会保障法の目的で応じて判断することを示した。学生の地位が教育課程によっていかなる扱いを受けているのかということに着目する。必ずしもフルタイムで出席することが単位認定要件となっていないようであれば、法にいう「フルタイムの教育課程に従事」しているとはいえない、とした。ところが、2000年に規則が改正され、モジュール教育課程にある者はすべて「フルタイムの教育課程」にあるということになり、再び社会保障制度から排除されることになった。[110]

(2) **教育課程従事者の排除**

そもそも、教育課程にある者を排除するのは1970年代半ばからのことである。主たる理由は、対象者数が比して給付に係るコストがかかりすぎることであった。1980年代後半、政府は教育課程にある者の生計の問題を教育システムの問題とし、社会保障制度のそれではない、ということにした。その結果、教育課程にある者が社会保障制度から排除されてしまった。職業訓練課程にある者は教育ではなく職業訓練システムであるから、訓練手当が別途支給され、これも社会保障の問題ではないことになった。これが現在まで継続しているものといえる。

このように、高等教育を受けている者を排除する理由は、時代によって変遷してきている。当初は若年者の生計は私的な扶養か教育システムの問題として考えてきた。現在もその意義が失われたものではないが、実質的な理由としては、制度そのものが就労中心になってくるにつれ、高等教育を受けている者が受給要件を満たすことが困難になっていることがある。そのため、例外規定に見られるような就労阻害要因があって就労活動を義務づけることが困難な者に対しては、受給権を満たすことができるようになっているものと考えられる。

---

109) *Chief Adjudication Officer v Webber* [1997] 4 All ER 274.
110) Social Security Amendment (Students) Regulations 2000, reg.61 (2) to (4).

6　経済的要件
(1) 資産と所得

　2012年福祉改革法5条[111]では、受給者の経済的要件について単身申請者と共同申請者の別を設けて定めている。いずれの場合も基本的な考え方は資力調査制求職者手当と同様であり、資産（capital）と所得（income）が一定基準を下回ることが必要であり、これを調査するためにミーンズ・テストが行われる。共同申請者の所得と資産は合算の上算定される。

　保有資産の限度額は1万6000ポンドであり、これは単身申請者と共同申請者共通である。[112] 資産の算定は、ユニバーサル・クレジット受給者の保有限度額を定めるだけでなく、給付額の算定に当たっても使用される（8条）。したがって、その評価が受給権の内実を確定させる重要な要素となる。

　その一方、所得の限度額は原則的に給付に関する基準と一致するはずである。もちろん、稼働所得に関する所得控除や控除されるべき所得一般などがあるから、例外もありうる。しかし、資産と所得とが異なる基準で異なる取扱いを受けているのは明らかである。そうすると、資産と所得とを区別する基準は何か、という問題が生じるのである。

　この問題につき、イギリス社会保障法では明確に両者を区別する法律を制定したことはない。すべて解釈によって統制されてきた。この点を少し見てみよう。

①周期的再現性

　ある金銭が所得に該当するか資産に該当するか。それを決するのは原則的には周期的再現性（periodic recurrence）である。リーディングケースにSinger事件がある。[113] 原告であるSinger氏が、補足給付委員会により法律扶助の適用を拒否された。その理由は12か月の職業従事期間の可処分所得が950ポンドという法律上の制限を越えていたためである。直前一年間に申請者は1万7000ポンドもの所得を得ており、その大部分は友人や親類からの貸借金と贈与であった

---

111)　Welfare Reform Act 2012, s.5.
112)　Universal Credit Regulation 2013, reg.18 (1).
113)　*R v. Supplementary Benefits Commission, ex parte Singer* [1973] 2 All E.R. 931, QB.

ことがその理由であった。補足給付委員会は、1960年法律扶助（資産調査）規則の「給付及び特権的給付」に関する所得概念の定義について、全種類の譲渡金及び貸借金を広く包含すべきであることを主張した。Singer氏は決定を破棄する移送命令（certiorari）を求めた。

これに対し、Bridge卿は補足給付委員会の主張を退け、以下のような理由で移送命令を認めた。

「所得というものは、周期的再現の要素を含むものである。所得というものはその場限りの非典型的なものまでを包含することはできない。贈与には明らかにある人の所得を構成するとみなすことができる場合がある。しかし貸借金は周期的再現性の観点からは明示することが困難なものがあり、本件の場合、貸借金それ自体はいかなるものでも所得として受領したということはできない」。このように、所得というものは周期的に再現されるという性格を有しているのであって、資産には必ずしもそのような性格を有する必要がないというのである。

②事後的な給付

所得が周期的再現性によって決せられるとしても、事後に得た金銭はどのように取り扱われるか。これが争われたのが1975年の補足給付に関するTaylor事件である。[114] 原告には1963年生まれの非嫡出子がいる。非嫡出子と推定上の父とは65年に生別しており、推定上の父には66年の裁判所命令により毎週2.5ポンドの養育料の支払が命じられている。しかしその命令が履行されることはなかった。72年に原告は子の養育のために仕事を続けることが不可能になったので、補足給付を申請した。補足給付委員会は条件付きで給付決定を行った。その条件とは、裁判所命令に従い推定上の父から養育料が支払われた際には、補足給付委員会へその一部を返納させるというものであった。それと前後して推定上の父は原告に対して704ポンド余を支払っていた。

補足給付委員会は704ポンドが資産ではなく所得にあたるものと判断した。その結果、原告は704ポンドをそのまま保有することができず、本来は生活費

---

114) *R v. West London Supplementary Benefits Appeal Tribunal, ex parte Taylor* [1975] 2 All E.R. 790, QB.

に充てられるべきと判断し、一時金としての704ポンドを本来受領すべきであった日から44週間にならして、基準生活費からそれを控除した額が本来補足給付として給付されるべきと判断した。原告はこの決定に対して不服審判所へ申し立てた。審判所は補足給付委員会の決定を支持し、原告はこれに対して移送命令と職務執行令状を求めた。

高等法院女王座部は原告が704ポンドが資産にあたり保有することができると主張したのに対し、ある金銭が資産であるか所得に該当するかの点につき、以下のように判断して移送命令と職務執行令状を認めた。

「ある金銭が遅延によって生じた所得の合算であるとき、当該遅延金は本来過去の実際の時期に用いられるべきものである。支払の遅延によって利息が付いたとしても、それゆえに給付額算定にあたっては無視されるべきである。このような遅延金の合算は、源泉の性格が所得であるにもかかわらず、資産を構成すべきである。補足給付委員会と補足給付審判所が当該金員を所得に当たるとして控除したのは法の適用を誤った違法であり、本件を補足給付審判所へ付託し再考させることにする」

この判決は、ある金銭の性格が当初所得であったとしても、それが時期を逸して支払われたときには資産へ転化するものとしている。この考え方は、所得に関する周期的再現性の原則を示したものということができる。すなわち、所得の消費即時性であり、ニーズに対処すべき金銭は所得の発生時期と時間的近接性を有するという原則を有しているといえよう。

③事前の給付

それでは将来費消されるべき金銭を現在保有しているということはどのように評価されるであろうか。これが争われたのがLeeves事件である。[115]

所得補助の受給者である原告は、1995年4月27日学校を辞めたことから奨学金の一部を返還するよう求められた。原告はもはや学生ではなくなったことから所得補助の申請をしたが、給付判定官は原告が奨学金を受領し、既にそれを費消していることを理由に給付を認めなかった。原告はこれを不服とし、社会保障不服審判所と社会保障コミッショナーへ異議を申し立てた。社会保障コミッショナーは退学後の期間についての奨学金の残金が法定信託(constructive

---

115) *Leeves v. Chief Adjudication Officer* [1999], CA. To be reported as R (IS) 5/99.

trust)の下にあるが、地方教育当局に返還すべき義務があり、それ故に所得補助の算定にあたっては退学後の期間を考慮すべきでないとして原告に対して所得補助を給付すべきことを認めた。そこで給付判定局長は社会保障コミッショナー裁決の取消しを求めて控訴した。

Potter判事は、原告が所得補助申請時に当該金銭を費消していたことを指摘しつつ、所得補助の受給期間が奨学金支給時期と重なる期間については、奨学金を所得算定基準に含めるべきであるとした。そして、返還請求に係る将来給付分の奨学金については資産にあたらないものと判断して原告の訴えを退けた。[116]

この事案もやはり、周期的再現性によって説明することが可能である。すなわち、所得が周期的再現性によって説明可能である以上、将来給付の奨学金が原告の所得となることはなく、返還義務を負うことから利得すれば不当利得となる将来給付分の奨学金も資産となることがない、という判断である。

以上の裁判例によると、ある金銭が所得に該当するか否かは周期的再現性によって判断される。そして周期的再現性によって説明することができない金銭については、原則として資産に該当することになる。しかしながら、法律上の原因なくして保有している金銭については、周期的再現性がないから所得に該当しないのみならず、資産にも該当しないことになる。したがって、ユニバーサル・クレジットの算定にあたっては何ら考慮されない金銭になる。

(2) 資　産

資産を積極的に定義づけた法の規定は存在していない。既に見たように、所得に該当しない金銭については資産の取扱を受け、保有限度額まではこれを自由に保有することができることになる。これにより、自立の芽を摘むことなく限度額までの貯蓄インセンティブを働かせることができる。

所得補助や資力調査制求職者手当においては、資産に関する法はきわめて複雑な条文構造を有していた。ユニバーサル・クレジットに関してはこれがかな

---

116)　なお、先払い賃金を受領後に退職した事例（*R v. Supplementary Benefits Appeal Tribunal ex parte Fordham* [1981] 1 All E.R.50: CA）を採用しなかった。

り簡素化され、資産認定除外に関する項目が19列挙されている。[117] それには土地家屋、事業資産、企業年金・私的年金の受給権、不動産賃貸借保証金、遅延支給された社会保障給付などがこれにあたる。

　所得と資産を分けるのは周期的再現性であるが、本来的には一時金として利得すべき資産が分割払いで得られた場合、それは資産としての扱いを受ける。[118] 共有財産の場合には共有者に同等の持分があるものと推定されるが、共有者間に取り決めがあればそれに従うことになる。[119] 資産の評価は市場価格あるいは解約返戻金によって決せられる。[120]

　受給者が受給権を得る、あるいは受給額を増額するため故意に資産を隠したり第三者と通謀して資産を移転する場合がある。そのような資産を名目資産（notional capital）と呼んでおり、不正受給が認定されると費用返還や給付額の減額調整が行われる。[121]

　ところで、資産といってもある資産を保有することができるのか否かという問題は、その資産がどの程度の価値を有していると評価されるか、という問題に関わる。これに先立ち、ある資産が申請者に所有権があるかどうか、所有していることに法律上の原因があるかどうかが問題にされるかもしれない。しかし、所有権がないにもかかわらず資産に該当するというものは想定しがたい。[122] それ故に、所有権が問題になる事例は共有財産の持分の問題か資産評価の問題に還元される。[123]

(3) 所　　得

　法第5条では、所得が1ペンスでも基準生活費を下回ればその差額としてユニバーサル・クレジットが支給される旨定めている。したがって、最低1ペン

---

117) Universal Credit Regulations 2013, Sch 10.
118) Universal Credit Regulation 2013, reg.46 (4).
119) Universal Credit Regulation 2013, reg.47.
120) Universal Credit Regulation 2013, reg.49.
121) Universal Credit Regulation 2013, reg.50 (1).
122) CIS 7097/95 (17/97)
123) なお、この問題についてはNicholas Hopkins and Emma Laurie, "The "Value" of Property Rights in Social Security Law", J.S.S.L.16 (2009) p.180.

スのユニバーサル・クレジットが支給される場合がある。また、支給単位は共同申請者たる夫婦であるが、例外的に夫婦でも個人を単位として給付することがある。その場合でも所得認定されるのは夫婦の所得が合算され、合算所得を基準として支給額が決定されることになる。[124] ただ、扶養児童が有している所得は合算対象とならない。

①稼働所得

所得分類につき、規則では稼働所得[125]とそれ以外の所得[126]とに区別して定めている。これらの所得は支給額決定に必要な事項として定められる。

稼働所得とは、労働契約（contract of service）その他契約に基づき発生した雇用、職業、その他有償労働によって得られた報酬を指す。[127] したがって、雇用契約（contract of employment）によって得られた賃金以外の報酬も含まれることになる。稼働所得の算定は手取所得ベースで行われるが、[128]申請後最初の評価期間か評価期間内に稼働所得を正確に算出することができなかった場合には見込み所得で算出される。[129] 稼働所得からは必要経費や社会サービス利用料などが控除されるが、法定疾病給付や法定出産給付などは賃金代替的給付であるために稼働所得として算入される。[130]

②稼働所得以外の所得

稼働所得以外の所得としては、各種社会保障給付、イギリス国外から支給される社会保障給付、裁判所の決定に基づく（元）配偶者・シビルパートナーからの扶養料、学生の所得（特別の取扱を受ける）、1973年雇用訓練法第2条によって支給される職業訓練手当、生命保険・傷害保険給付、資産から得られた利息その他の所得が含まれる。[131]

---

124) Universal Credit Regulation 2013, reg.22 (3) (a).
125) Universal Credit Regulation 2013, reg.51-64.
126) Universal Credit Regulation 2013, reg.65-74.
127) Universal Credit Regulation 2013, reg.52 (1).
128) Universal Credit Regulation 2013, reg.54 (1).
129) Universal Credit Regulation 2013, reg.54 (2).
130) Universal Credit Regulation 2013, reg.55.
131) Universal Credit Regulation 2013, reg.65.

既に見たように、申請者・共同申請者の資産保有限度額は1万6000ポンドである。ただし、この限度額まで無条件に保有することができるわけではない。規則第72条によると、6000ポンドを超える250ポンドごとに、毎月4.25ポンドの所得があるものとみなして給付額が減額される。たとえば、1万ポンドの評価資産がある場合、（10000－6000）÷250×4.25＝68ポンドの所得があったものとされる。25歳以上の単身申請者に係る基準額は311.55ポンドであるので、稼働所得その他の所得がないとすれば、311.55－68＝243.55ポンドが支給されることになる。

所得補助と資力調査制求職者手当の時には、給付期間単位は週単位であった。ところが賃金が月単位でされることが多くなったこと、各種支払についても月単位で支給されることが多くなったこと、算定の簡便さを考慮して、ユニバーサル・クレジットでは月単位で算定することとした。そこで、稼働所得以外の所得についてもすべて月単位で算定することとなり、週単位で受ける所得についてはその金額を52倍の上12で割った金額として算定することにした。[132] そのほか、名目上の所得については稼働所得にかかる名目上の所得と同じ扱いをすることとした。[133]

第4節　給付の種類と給付水準

1　給付額の算定方法

(1) 評価期間

ユニバーサル・クレジットは、受給資格期間内における評価期間ごとに支給される。[134] 評価期間は月を単位として、支給開始日を始期として暦日により決定される。ただしその日が30日で終了する月の属する31日あるいは2月の場合に29日あるいは30日であるときは、その前日を始期として算定される。[135] この

---

132)　Universal Credit Regulation 2013, reg.73.
133)　Universal Credit Regulation 2013, reg.74.
134)　Welfare Reform Act 2012, s.7 (1).
135)　Universal Credit Regulation 2013, reg.21.

ように、所得算定期間と資産算定期間、支給対象期間である評価期間が一致するものとされ、ニーズ対応給付に必要な即時性が担保されているものといえる。

(2) 稼働所得以外の所得控除

稼働所得以外の所得は、全額が所得認定される。この所得には評価期間内に受領したすべての所得が算入され、共同申請者の場合には合算して算出の上、全額が所得認定される。[136] ただし、障害者就労手当（disability living allowance）や新たに設けられた個人自立支援給付金（personal independence payment）については全額控除され、ユニバーサル・クレジットと併給される。

(3) 稼働所得控除

①失業の罠と稼働所得控除

ユニバーサル・クレジットがかつての資力調査制求職者手当や所得補助、雇用支援手当と大きく異なるのは、働くことが受給者にとって利益になるというしくみである。イギリスでは稼働能力者が社会保障給付を受給しながら求職活動等を行わず、社会保障給付に依存した生活を送る方が有利であって、ここから抜け出すのが困難であるという問題を抱えていた。それで、イギリスの失業給付には失業の罠をいかに解消するかという問題と常に戦ってきたともいえる。

失業の罠を回避する措置は、求職活動支援ないし求職活動を行わないことに対する制裁措置という、いわば鞭としての政策に止まらない。働くことができる者が働くことが、経済的に有利になるようなしくみが実効的かもしれない。とりわけ、就労阻害要因の存在により就労よりも社会保障給付に依存しがちであったひとり親、稼働能力に制限を受けるために能力に応じた就労をするよりも社会保障給付に依存した生活を選好するような障害者にはそれが顕著であったし、歴代の政策もこれを許容してきたともいえる。ユニバーサル・クレジットではこれにひとつの回答を与えた。これが稼働所得に係る所得控除のしくみである。

従来のしくみの問題として指摘されていたのは、稼働所得にかかる収入認定ないし勤労控除の在り方である。確かに勤労控除のしくみは設けられていたが、その控除水準を上回る稼働所得を得ると、基準を超過した稼働所得の全額

---

136) Universal Credit Regulation 2013, reg.22.

が所得として算入されることになっていた。そうすると勤労控除を超える賃金に対し100％の税が課せられるのと同じ効果を持つことになり、働いても収入が増えないことになる。その結果、勤労控除基準を上回る就労の動機付けを与えることができず、ひいては就労による社会保障給付からの自立を阻害する要因ともなっていた。

　所得補助や資力調査制求職者手当の受給権は、賃貸借住宅に係る家賃を補助するための住宅手当の受給権と連動しており、就労によって所得補助や資力調査制求職者手当を受けなくなることは、家賃を全額自分で負担しなければならなくなることを意味しており、家計にとって看過できない状態を生む。とりわけ2000年頃から都市部において住宅価格が高騰したため賃料が大幅に増額しており、働くことによって過重な家賃負担に耐えることができなくなり郊外に転居せざるを得なくなる反面、働かずに社会保障給付に依存したならば住宅手当により家賃が補助されることから高額家賃でも特に家計を圧迫することがない、という問題が生じていた。当然のことながら、このような問題はマスコミでも政治でも看過されず、必要な対応に迫られたのである。

　そこで、ふたつの対応がとられるようになった。ひとつは、社会保障給付に一定程度依存せざるを得ない者がいることを前提に、住宅手当を含む社会保障給付の支給総額に上限を加えるというものである。もうひとつは、働いて社会保障給付から経済的に自立することができるようになったとしても、急激に負担が上がらないようなしくみを取り入れることである。このためには、働いて収入を得ることが、常に利益になるようなしくみを導入することが必要になる。これを実現するのが稼働所得にかかる所得控除のしくみである。

　これには前提となる条件がある。まず、資力調査制求職者手当と異なるのは、労働時間の制限がなくなったことである。そして、1997年より全国一律の最低賃金制度が導入されており、社会保障給付の水準につき公的扶助に関しても（社会保険でなくとも）全国一律である。そして、タックスクレジット制度により、いわゆるワーキングプア層に対しては補足的な給付が行われる。これらを総合的に見ると、賃金額が一定基準を上回るなどの理由によってユニバーサル・クレジットを受給しない者については、働くことが本人の家計にとって利

益につながる。したがって、ユニバーサル・クレジットから経済的に脱した場合の手取所得については一応の配慮がなされている。

②ユニバーサル・クレジットにおける稼働所得控除——労働手当

問題は、ユニバーサル・クレジットを受給しながら働く者の手取所得である。これについて、ユニバーサル・クレジットでは若干複雑な規定を持つことになった。まず、勤労所得控除として賃金などの稼働所得の全額が収入認定から除外される労働手当（work allowance）が設定される。労働手当の範囲内で得られた稼働所得は全額が控除されるため、その範囲内での増収は、そのまま手取額の増収につながる。この基準は高額基準（higher work allowance）と低額基準（lower work allowance）のふたつが設定される。高額と低額とを区別するのはユニバーサル・クレジットの住宅費受給権の有無であり、住宅費を受給していない者については高額基準が、受給する者については低額基準が設定されている。一般的には住宅費を受給しない者はごく僅かであると推測されているが、住宅費を受給しない者は扶養親族でない者と同居しているか共同所有の持分が少ない者などである。これらの者は勤労控除が高額に設定されるため、より積極的に働くことが要請される。

住宅費を受給する者（低額基準）であっても住宅費を受給しない者（高額基準）であっても、申請者＝受給者の就労を促進するために就労阻害要因に応じた控除額が設定される。高額基準であればそれが顕著であり、単身申請者で扶養児童などがいない場合の控除基準は111ポンドであるが、扶養児童がいる場合には734ポンドになる。また、労働能力に制限を受ける者については647ポンドとなっており、扶養児童がいる者や障害者が就労することは手取額がかなり高額になることを意味している。なお、この基準は所得補助や資力調査制求職者手当の基準よりも寛大であり（従来の勤労控除額は資力調査制求職者手当の場合週あたり5ポンドであった）、以前の制度に比べると手取所得を増やす効果があり、働くことを選好させる効果を持つことになる。

③稼働所得控除の超過

もうひとつの算定基準は、上記の稼働所得控除の上限額である労働手当の超過額である。一般に、勤労控除と公的扶助の関係は、稼働所得が勤労控除額を

超過したならば、超過額の全額が収入認定される。このため、就労のインセンティブが働くのは勤労控除の上限額に止まり、それ以上の就労については抑制効果をもたらされることになっていた。実際、所得補助や資力調査請求制においては、稼働所得控除基準がユニバーサル・クレジットよりも控えめであった上に、一定基準を超えると全額収入認定されていたため、「1ポンド働いたら1ポンド給付が減る」ものといわれることがしばしばあった。

これに対し、ユニバーサル・クレジットでは65％ルールを設定した。すなわち、住宅費の有無と就労阻害要因に応じて設定された労働手当（稼働所得控除）を超えて得られた稼働所得については、超過額の65％について収入認定するということである。[137] これにより、超過額の35％については手取収入が増えることになる。これにより、稼働所得が一定額を超えた場合の就労抑制を一定程度起こさないということができる。もっともこれには必然的に上限が設定される。稼働所得控除について明示された上限は設定されていないものの、認定された収入が基準生活費を超える場合にはユニバーサル・クレジットが支給されないということであり、いわば制度内在的な制約が設定されているものといえよう。

また、最低賃金で原則として週35時間まではユニバーサル・クレジットの受給額に到達しないためそこまでの就労促進効果があるものとされる。ただ、これは住宅費の有無や扶養親族、就労阻害要因によって異なる基準の設定方法と、年齢と雇用形態（徒弟契約であるか雇用契約であるか）によっても異なるので、単純な比較は困難である。[138]

2　給付の種類と給付水準

(1)　給付の種類

ユニバーサル・クレジットの最高支給額は次の要素から構成される。すなわち、①標準生計手当（standard allowance）、②児童若年者養育責任（responsibility

---

137) Universal Credit Regulation 2013, reg.22.
138) 2014年度の最低賃金は21歳以上の場合、1時間あたり6.5ポンドであるが、18から20歳が5.13ポンド、18歳未満が3.13ポンドである。また、徒弟契約は2.73ポンドである。なお、徒弟契約についての最低賃金が別途設けられたのは2010年のことである。

for children and young persons)、③住宅費用(housing costs)、④特別なニードの合算である。[139]

(2) 標準生計手当

標準生計手当は日常生活の需要を満たすに必要な基礎的生計費を支給するものであり[140]、日本の生活保護法における生活扶助基準(第1類と第2類の合計)にほぼ相当する。ユニバーサル・クレジットの標準生計手当額は資力調査制求職者手当や雇用支援手当の支給額と同様の考え方で設定され、水準は求職者手当などと一致している。支給額は規則で定められており、1か月を基準とする評価期間毎に年齢に応じて定められる[141]。単身の25歳未満が246.81ポンド、25歳以上で511.55ポンドであり、夫婦を単位とする共同申請者では25歳未満が387.423ポンド、25歳以上が489.06ポンドである(2014年基準。以下同じ)。物価や住宅手当、所得控除や保有資産限度額等で単純な比較はできないものの、イギリスにおける夫婦世帯での基礎的生計費がひと月9万円程度になるから、日本の生活保護とそれほど大きく異ならないものといえるであろう。

給付水準の改訂は、2013年福祉給付改訂法[142]と1992年社会保障管理運営法[143]によって行われる。ただ、2013年福祉給付改訂法は、年金支給開始年齢未満の女性が受ける社会保障給付の給付水準が相対的に低いことを背景にして、その改訂につき政府の裁量権行使の権限を制限するための法律である。その内容は、該当者に関する給付水準を引き上げ期間内において保険数理人の意見を参考にして毎年1%ずつ引き上げるというものである。したがって、一般的な給付水準の改定は、1992年社会保障管理運営法に基づき、国務大臣の裁量権行使の下で行われることになっている。

この裁量権行使についても消費者物価(CPI: consumer price index)を尺度にして判断される[144]。ただ国務大臣の基準改定はCPIに拘束されるわけではなく、

---

139) Welfare Reform Act 2012, s.8 (2).
140) Welfare Reform Act 2012, s.9.
141) Universal Credit Regulation 2013, reg.36.
142) Welfare benefits Up-rating Act 2013.
143) Social Security Administration Act 1992, s.150-150A.
144) その概要については、所道彦「イギリスの社会扶助―所得補助の給付水準とユニバー

また、給付の種類すべてについて同じように改定すべき義務を負うわけでもない。前述の2013年福祉給付改定法に見られるように、行政裁量の枠付けを立法によって行っている点は興味深い。

(3) 児童若年者養育責任

申請者・共同申請者に扶養義務を有する16歳未満の子か16歳以上20歳未満であって1973年雇用訓練法等に定める職業訓練等を受けている者がいる場合、1人目につき評価期間毎に278.08ポンド、2人目以降につき226.67ポンドが児童要素（the child element）が支給される。[147] また、扶養児童に障害がある場合にはその基準額に加算される。

(4) 住宅費

①公的扶助制度としての住宅政策[148]

イギリスの社会保障法において、住宅に関する給付は特別な意味を持っている。国家の住宅政策に関する政策目的には、良質な住宅を供給することと、市場において適度な住宅を供給するという、住宅に関する質と量の保障が含まれていた。[149] これを達成するために、イギリスでは1915年から住宅政策を講じてきている。初期の住宅政策は民間住宅に居住する者に対する家賃補助制度が一般的であった。ただ、賃貸借費用の補助制度は、1930年代に地方自治体の公都市計画に遡るのであり、それは低所得者の家賃補助というよりはむしろ都市計画の一環であって、全国に普及するしくみではなかった。

ベヴァリッジ体制以前の救貧法体制は、住宅に要する費用をニードと見ることがなかった。住宅費のニードは、1948年国民扶助法によって承認され、家賃だけでなく住宅に関する保険の費用、修繕費用なども給付の対象とすることにした。

サル・クレジット化が示唆する政策課題」山田篤裕・布川日佐史『貧困研究』編集委員会編『最低生活保障と社会扶助基準——先進8カ国における決定方式と参照目標』（明石書店、2014年）43頁。
145) Welfare Reform Act 2012, s.40.
146) Employment and Training Act 1973, s.2 (1).
147) Universal Credit Regulation 2013, reg.2 (1).
148) Wikeley and Ogus, *supra* note 10, at pp.405-413.
149) DETR, *Quality and Choice: A Decent Home for All* (2000).

第2次大戦後の労働党政権は公営住宅の拡充を図った。これにより、実際には国民扶助としての住宅費はそれほど問題になることはなかった。その一方で、1950年代には地方自治体による住宅費補助を減らしたため家賃の実質的な高騰を招いた。そこで地方自治体には国民扶助を受給しない者に対しても家賃の割引制度を導入することが多かったが、全国的な制度になることはなかった。

　1980年代の保守党政権は公営住宅の住宅購入権を導入し、公営住宅の売却促進策を取った。この結果、イギリス国内では公営住宅の比重が低くなり、社会保障制度としての住宅費補助政策が重要視されるようになった。ただ、地方が行う家賃補助と公的扶助制度としての住宅費補助が重複することが多く、二重行政が批判された。そこで1983年、それまで地方と国で行われていた住宅費補助制度を、中央集権で行うことにした。[150] 住宅費補助は低所得者の賃貸借契約に係る家賃補助や住宅ローン利息を補充するものとして、一元化された。その対象者として補足給付の受給者とその世帯に属する者については自動的に住宅手当の受給権者となることとし、補足給付の対象となっていない者については別途審査の上で住宅費を支給することとした。

　1985年に提出された社会保障改革に関する政府白書では、住宅給付に関する制度の複雑さや寛大な受給要件に関する問題点が指摘されていた。[151] そこで、1988年には補足給付を所得補助へと変更するのと同時に、住宅手当の算定ルールを所得補助の算定ルールに合わせることにした。この改革以前には住宅手当の受給資格要件としては所得基準のみが用いられており、資産要件が存在していなかった。これが所得補助の受給要件に合わせられることにより、住宅手当についても資産要件が課されるようになってしまった。そして、この変更によって37万5000世帯の住宅給付受給世帯が減少するという、大きな影響を残した。それ故、所得補助ないし資力調査制求職者手当の受給権と住宅手当の受給権とは、密接な関連を持って運用されることになったのである。住宅手当の支給額は、家賃の100%を原則としていた。[152] それ故に、2000年頃からの家賃高騰

---

150) Social Security and Housing Benefits Act 1982.
151) White Paper, *Reform of Social Security Vol.1* (1985) [Cmnd. 9517], paras 9.14-9.16.
152) Housing Benefit (General) Regulations 1987/1971, reg.61 (1).

は、所得補助や資力調査制求職者手当、そして就労不能手当への依存度を高める結果をもたらした。

②ユニバーサル・クレジットにおける住宅費

2012年福祉改革法は、従来の住宅手当を廃止し、ユニバーサル・クレジットにおける住宅費へ一本化した。2012年福祉改革法11条に自らが居住する住宅に関する費用支払義務がある者については、ユニバーサル・クレジットの住宅費を支給する旨の規定を置いた。これには、賃貸借契約における家賃、住宅ローン費用が含まれているが、そのすべてが支給対象となるわけではない。かつての住宅手当は賃貸借契約における家賃補助の100％支給を原則としていたのであるが、高騰する家賃に対応する高騰する住宅手当支給額への批判に応えるために、ユニバーサル・クレジットでは、申請者（受給者）の世帯規模に応じて上限額が設定されることになった。これに加えて総給付額の上限額（キャップ制）が導入されたから、全体としての給付水準の適正化が進んだといえる。

住宅費の対象となる住宅費とは、「申請者が自ら所有する住宅に関し、支払義務のある金銭を含む」ものとし、その住宅がイギリス国内にあり、居住用住宅として使用されていればよい。[153] したがって、住宅費の対象となる住宅は、賃貸借契約に係る家賃だけでなく、所有する住居の費用も含むことになる。

この支給対象となる要件には賃貸借に係る家賃、係船料等が含まれるが、土地のみの賃借料や介護施設に係る料金が含まれない。[154] 所有の場合には自己が所有する不動産を手放さず、資産を形成しないよう、当該物件に係る住宅ローンの利子補給が行われる。[155] そして、手数料や管理費なども支給対象となる。[156] ただ、この場合の住宅ローンは原則として20万ポンドの上限が付されている。[157] この住宅は、申請者・受給者が通常居住に用いている場合には資産認定から控除される。したがって住宅ローン残債がある住宅に居住している場合で

---

153) Welfare Reform Act 2012, s.11.
154) Universal Credit Regulation 2013, reg.Sch 1, 2-3.
155) Universal Credit Regulation 2013, reg.Sch 1, 4-6.
156) Universal Credit Regulation 2013, reg.Sch 1, 7-8.
157) Universal Credit Regulation 2013, reg.Sch 5, 10（2）. なお、20万ポンドとは4000万円程度である。

あっても、売却せずに保有しつつユニバーサル・クレジットを受けることが認められることになる。

　③賃　貸　借

　賃貸借契約における家賃補助は、申請者・受給者と共同申請者が働いていても、働いていなくても受給することができる。賃貸借契約における住宅費は、原則としてその家賃の全額が支給される。ただし、申請者・受給者の居住地域によって家賃の上限が設定されるとともに、世帯構成員数に応じたベッドルームの数を構成要件として支給額が決定される。

　これに加え、給付キャップ制が設定された。給付の上限は1年あたり2万6000ポンドであり、都市部においてはキャップ制の存在によって家賃を賄えない事態が懸念されている。

　このような地域における家賃上限、ベッドルーム数、給付キャップ制が導入されたのは2012年福祉改革法によるユニバーサル・クレジットが初めてのことである。とりわけ、ベッドルーム数に応じて給付が減額されるしくみは大きな影響を及ぼしており、「ベッドルーム・タックス」とも呼ばれている。また、日常生活費用にかかる標準生計費や、労働の対価として受けるべき最低賃金が全国一律であるのに対して、家賃に関しては地域によってその上限が設定される地域別基準の設定は、きわめて珍しいことであるといえる。

　④住宅の所有

　賃貸借契約に係る家賃が支給対象となるのは就労の有無を問わなかった。住宅を所有している場合の住宅ローン家賃補助は、申請者・受給者とその配偶者がともに働いていないことが受給要件となる。それ故に、受給者誓約などにより受給者に稼働能力が認められ、且つ就労を開始した場合には、受給権を失うことになる。

　住宅所有に係る給付は「住宅ローン利子援助（support for mortgage interest (SMI)）」といわれ、主として住宅ローンの利子、居住者の重過失によらない修繕費などがこの対象となる。ただし、住宅ローン利子に関しては、受給申請から13週間は待機期間となり、13週を超えた時点から支給開始となる。それは、当初の13週間は金融機関が利子の支払を猶予することができるからであり、濫

用を防止するためでもある。住宅ローンの場合にはローンの貸主に直接支払われる。なお、この住宅は共有住宅の持分に応じた住宅ローン利子についても適用される。

(5) 稼働能力制約加算

申請者・受給者（共同申請者を含む）の稼働能力が制約されるときは加算が行われる（limited capability for work element）。[158] この受給権の存否は稼働能力判定のテストに委ねられるため、就労することを求められない者がこれを受給することになる。就労関連活動（work-related activity）に制約を受ける者も同様である。

(6) 介護者加算

重度障害者の介護責任を有すると認められた者に対して支給される。[159] 週あたり35時間以上の介護を行う者であって、介護者手当（carer's allowance）の支給対象となる一定稼働所得未満のものが対象となる。ただし、ユニバーサル・クレジット介護者加算対象となった場合には介護者手当の支給が停止され、両者は併給されない。介護者加算の基準は1月144.70ポンドである。

第5節 小　　括

求職者に関する所得保障法の特徴として、次の3点を指摘することができよう。

1 包括性

イギリスの特色として、制度体系の包括性をあげることができる。包括性にはふたつの意味がある。

第1は、給付種類の包括性である。求職者に対する所得保障法は国民保険に基づく制度と、税財源によるユニバーサル・クレジットによって構成されている。社会保険料拠出に基づく給付には、拠出と給付の牽連性が求められるのが

---

158) Universal Credit Regulation 2013, reg.27.
159) Universal Credit Regulation 2013, reg.29.

一般的であろう。したがって、保険料を拠出した時点で約束された給付水準・内容は、給付時点で変更されることはない。また、所得比例で拠出した保険料には所得比例での給付水準が設定される、対価性を有する制度を構築することが国際的には多数を占めよう。しかしながら、イギリスの国民保険は所得比例保険料拠出を前提としながらも、均一給付水準が設定されている。拠出と給付の対価関係をゆるがすような制度変更が行われたとしても、保険料拠出の財産権侵害を特段問題とすることなく、制度変更が行われるのが特徴的である。この点は、大陸ヨーロッパの労働者保険を原点とする保険者自治に基づいた社会保険観とは異なる、国民保険の特徴を見出すことができる。このような国民保険観は、国家がいかなる所得保障法を構築するべきかという問題に転移する。税財源に基づくユニバーサル・クレジットは、拠出に基づく給付ではなく、ニード対応的な給付にならざるを得ない。国民保険制度でもニード対応的給付体系が構成されるため、ユニバーサル・クレジットでは国民保険制度と異なる給付種類・内容・水準を設定する必要がない。もちろん、ユニバーサル・クレジットには補足性原理が支配するため、受給者の所得に関して無関心でいられるわけでなない。しかしながら、わが国の生活保護法における資力活用要件に比べると、イギリスのそれは受給者にとってかなり緩やかに認められているため、保険と扶助との現実的な効果の決定的な差にはならないように思われる。このように、保険と扶助とが包括的な制度として構成されていることに特徴を見出すことができる。

　第2は、対象者の包括性である。所得保障制度の対象者をめぐる問題はふたつ指摘することができる。

　ひとつは、制度の適用対象となるべき者と、それから適用を除外される者をいかに設定し確定するかということである。国民保険制度は労働者であるか否かを問わず、被保険者は単一の制度に加入することになり、その意味で包括的である。確かに低所得者を適用除外とし、中高所得者の保険料負担について一部の適用除外を設けていた。しかし、低所得者は国民保険拠出を免れるに止まり、ユニバーサル・クレジットの給付を受けることができることは明らかである。保険と扶助の給付が相対的なものであることからすると、低所得者が国民

保険料拠出をしていないことは、それほど問題とはならない。それ故に、所得保障制度の対象者としての包括性は維持されているものといえる。そもそもユニバーサル・クジレットは、単一の所得保障制度で稼働能力の有無程度を問わずに行われることに意義があり、稼働能力の程度に応じた所得保障制度以外の支援がセットになって行われることに特徴がある。

　もうひとつは、適用対象者の範囲を個人単位とすべきか、世帯単位とすべきかということがある。所得保障制度は求職者の生活保障を第一義的なものとするため、生活単位としての世帯を給付の単位とする。しかしながら、就労を軸とするイギリスの所得保障制度は、世帯における稼働能力をいかに活用すべきか、それを受給要件との関係でいかにデザインするか、という問題をはらむことになる。それを突き詰めれば個人単位の制度として構成されることになる。しかし、個人単位の制度で貫徹することは、所得保障制度から排除される者を生じる事態が予想され、所得保障の包括性とは相容れない結果を生じる。そこで、イギリスの所得保障制度は、わが国の法制と比べると小単位の世帯概念で適用範囲を画することにしているように思われる。

2　就労支援

　ふたつ目の特徴は、所得保障法が就労支援の仕組みを内包していることである。所得保障法における就労支援は、法制度に就労阻害要因を持たないことと就労促進的要素から構成されよう。

　国民保険における就労阻害要因には、就労抑制効果が考えられる。わが国の社会保険制度における就労抑制効果は、被扶養者該当性と被用者保険の適用関係から生じている。この観点からイギリスの国民保険を見ると、家庭責任を有する者についての保険料クレジットがあるだけで、配偶者であるからといっても一般的な保険料納付義務が免じられるのではない。パート就労等に係る保険料負担方法によって就労抑制効果が発生する余地があるものの、就労促進的な給付付き税額控除制度によってその効果が相殺される。これらの結果、国民保険制度には就労抑制効果が少ないものといえる。他方で、中程度の所得者にとっての国民保険制度は就労中立的であると評価できようが、一定程度以上の

稼働所得を得た場合には保険料負担が軽減されることから、就労促進効果を持つものともいえる。

ユニバーサル・クレジットにおける就労阻害要因については、所得保障の側面のみからすると、就労の妨げとなるような要因は存在しないものといえる。収入認定における所得控除（勤労控除）のしくみによって就労促進効果を発揮できるような制度設計を行っていることは、ブレア労働党政権以降の特色である。

このように、イギリスの所得保障法制は就労支援効果を持っているものと評価することができよう。

3　給付内容と水準

第3の特徴は、所得保障給付内容と水準の設定方法である。第2点目とも関連するのであるが、所得保障給付水準の設定方法が就労を支援するためのしくみを内包している。とりわけ税財源に基づくユニバーサル・クレジットは補足性の原理に支配されるために、保有が許される資産に限度がある。保有限度が過少であれば、一時的な生活困窮状態に陥ったとしても、就労自立の基盤となる資産形成を阻害することになる。このような場合に一時的な生活困窮状態から脱することが困難となり、貧困の罠に陥ってしまうことになる。しかしながら、ユニバーサル・クレジットでは、就労自立の基盤となるような住宅・自動車等については原則として自由に保有することができ、就労自立時に社会生活を営むことを容易にする資産の保有についてもわが国に比べると比較的緩やかに認められる。そもそも給付水準自体はさほど高いものとはいえないが、緩やかな保有資産基準が就労による自立を支援することができる基準として機能しているように思われる。

第3章　受給要件としての求職活動

第1節　求職者手当における労働市場テスト

1　求職者法の労働市場テストとユニバーサル・クレジットの受給者誓約

　1995年求職者法は失業関連給付の受給権を取得するにあたって、その申請者ないし受給者に対して積極的に求職活動を行うことを義務付ける、重要な転機であった。

　1995年求職者法1条は求職者手当の受給要件を定めている[1]。その中で2項は労働市場テストといわれ、申請者・受給者に係る受給要件としての就労関連活動を定めている。そのa号が就労可能性があること (available for employment)、b号が有効な求職者協定 (jobseeker's agreement) を締結していること、そしてc号が積極的に求職活動を行っていること (actively seeking employment) であった。

　2012年福祉改革法は、資力調査による社会保障給付の一元化を図るものであった。国民保険料拠出に基づく、社会保険給付としての拠出制求職者手当はそのまま残されることになった。保険料拠出要件や保険給付内容は2012年改革の影響を受けていない。しかしながら、労働市場テストに関する要件は、2012年改革によって大幅な変更が行われた。

　1995年求職者法の労働市場テストは2012年福祉改革法により改正された[2]。改正内容は、求職者法の3要件を廃止しユニバーサル・クレジットの受給者誓約に統一することであった。したがって、将来的には拠出制求職者手当制度に

---

1) Jobseekers Act 1995, s.1 (2).
2) Welfare Reform Act 2012, s.48.

おける労働市場テストは廃止される。労働市場テストは法制度的には過去のものとなる。しかし、改正内容を吟味しても要件に係る法文上の表現方法の変更に止まり、法解釈論上ないし行政上の変更点は過去との制度と切断されたものではないように見える。ここではまず1995年求職者法における労働市場テストの概要を確認しておくことが必要であろう。

2 就労可能性
(1) 就労可能性要件の意義と法規定

失業に関する社会保障給付がなされるのは、本来的に失業に起因する生活困難状態が生活保障に値すると社会的に承認されるからである。イギリスにおける社会的承認は、当該失業が失業者の意に反する出来事であることと、失業状態にある者が労働市場に復帰することを希求し、そのような意思に基づく求職に関する活動を行っていることという、外形的な行為によって判断されるべきであると考えられてきた。

このうち失業状態が意に反する出来事であるというのは、失業状態を作出した離職について自発性が認められるときには給付をすべきでないことを意味する。しかし、それが生活困窮状態を招来させているのならば給付すべきであるとの考え方から、給付制限の対象としてきた。もうひとつの側面としては、就労する意思と能力がありながら就労を忌避して社会保障給付に依存した生活を送っているわけではない、ということを判断することが必要である。そこで、就労可能性の要件でこれを判断してきた。

求職者手当における就労可能性要件は、「何らかの雇用労働が提供されたときには、即座にそれに応ずる意思と能力があること[3]」と定められていた。この要件は稼働能力の有無を判断するのではなく、稼働能力があることを前提とした要件として構成される。何らかの雇用労働が提供されたときに、その雇用の条件としていかなる労働日についても就労することが可能であり、週のうち何曜日に就労することを問わず、1週間あたり最低40時間以上の就労をすることが可能である、ということを示すものである。したがって、わが国の雇用保

---

[3] Jobseeker's Allowance Regulations 1996, reg. (1), 7 (1) and 10.

険法にいう失業の定義としての労働の能力や生活保護法4条1項にいう稼働能力充足判断に用いてきた稼働能力の有無とは、質的に異なる。稼働能力の有無及び程度は、雇用支援手当における労働能力のテストと、その結果に基づいていかなる就労関連活動を課すべきかという別の法体系で判断されるからである。

(2) 就労可能性要件の充足判断

就労可能性は稼働能力ではなく、いかなる就労でも可能であるということを判断する要件であるとするならば、それに対して申請者・受給者が就労可能性に限定を加えることが可能となる。そこで、この就労可能性要件については、その充足判断にあたって、いかなる限定を加えることができるのか、という点が考慮されてきた。すなわち、いかなる雇用労働でも受け入れることができることをデフォルト・ルールとして、そこから個別の就労阻害要因を承認することでこれに制限を加え、申請者・受給者の自由を拡大する法律構成が採用されている。この点に関する社会保障コミッショナーの裁決例や裁判例を通して形成された就労阻害要因をいかに包含していくのか、というルールが形成されてきた。[4]そしてその内容は、法の委任を受けた規則で明文化されてきたのであった。

就労可能性要件における受諾義務があるのは、雇用労働である。確かに、求職活動に関して使用者との間で労働契約ないし雇用契約を提供し労務を提供することが最終的な目的であることについては、かつての失業給付制度においては文理上も取扱いも明らかであった。[5] しかし、求職者法以降の法制度としては、求職者が職業的に自立することを通して経済的に自立することを目的とする活動を評価するようになってきている。実際、別途の受給要件たる積極的求職活動要件の充足判断にあっては、自営業設立あるいはその事業の経営が軌道に乗るまでの活動に従事することが評価される。したがって、就労可能性の要件充足判断にあたっても、この点の文理解釈をする必要はなく、一定範囲の事業活動ないしその準備活動が含まれるものと解されている。

---

4) 代表的なものとして、*Shaukat Ali v CAO*, App. to R (U) 1/85, *Secretary for State for Social Security v David*, 15 December 2000 (CA), reported as R (JSA) 3/01.

5) R (U) 14/51.

いかなる雇用でも受け入れるという文言は、産業構造の変化ないし労働市場の変容によって生じている求人内容の変化に応ずる目的がある。申請者・受給者が求める求職内容と労働市場が求める求人内容のミスマッチは不可避である。ただこれも提供された求人はいかなる職種業種の求人内容であっても断ってはならない、ということを意味しない。そこのは自ずと制限があり、その制限内容も個人によって異なるし、生ずる法的効果も異なる。

　「即座にそれに就く意思と能力がある」という文言は、雇用労働に従事することの意思を問うものであり、稼働能力の存否を問うものではない。この意思の存否判断にあたっての即時性が問題とされる。つまり、ジョブセンタープラス職員の求人提供に対し、それに対して即時に応じ、それに基づき求人先での面接を即座に受けなければならないというのである。ただこれも求職者の状況によって異なるのであり、扶養児童がいたり介護責任を有しているような場合には延長される。実際、就労可能性の要件が問題となり、受給要件を充足せずに不支給決定がなされる多くの事例は、ジョブセンタープラスが指定する面談期日に遅刻ないし出頭しない事例である[6]。

　これらの結果、就労可能性要件を充足することができるのは、申請者が初回給付申請時において、就労可能な曜日時間、週40時間以上を条件とする求職条件について合意している場合である。このとき、稼働能力の上で目立った制約が存在しないような場合には、就労可能性があるものとして認定されることになる。この合意内容は結局求職者協定に表現され、その履行については求職者指令に対する不履行の問題として取り扱われるので、就労可能性の制約に独自の理論構成がなされるわけではない。つまり、就労可能性の制約はそれ自体として発展することがなく、他の要件と渾然一体のものとして運営されてきたのである。

3　求職者協定

(1)　失業認定と求職者協定

　求職者協定は1995年求職者法によって初めて導入された概念である。そもそ

---

[6]　*AT v SSWP (JSA)* [2013] UKUT 073 (AAC).

第3章　受給要件としての求職活動

もイギリスにおいてはわが国雇用保険法15条に規定されている「失業の認定」という行為を行ってこなかった。これは雇用保険法4条3項のような「失業」の定義規定を置いていないことに起因する。そのため、就労可能性と積極的求職活動の有無をもって申請者が失業しているか否かを判断してきた。

　求職者協定はこれを受給要件として定めたことにより、申請者と給付判定官（若しくは雇用事務官（Employment Officer））との間の権利義務関係が明確になった。しかし、求職者協定が締結されない限りは何の給付もないことから申請者にとっては酷な制度になったといわれた。

　求職者協定とは、失業者が自己の求める職について雇用事務官との間で締結されるものであって、締結の事実が受給要件として機能した。[7] しかし、事実上、申請者と雇用事務官との間で求職者協定が締結されない限り、換言すれば協定の内容について合意が得られない限り何の給付もないことから、申請者は自己の求める協定内容に固執して合意が得られないときには協定内容を引き下げなければならなかった。したがってこの求職者協定の導入によって失業者の就労意欲を促進する機能を持たせたのであった。実際、求職者手当導入の提言をした白書[8]においては求職者協定の導入は、求職者を速やかに労働市場へと復帰させることを目的とするという。一般に長期的に給付に依存して長期失業者となっている場合、労働者の労働に関する技能が衰退してしまうことが多く、そのため労働市場に復帰することが困難になるから、このような措置がとられたのであった。[9] その際により効果的な求職活動の運用ができるように求職者協定を導入すると位置づけていた。求職者協定の導入により従前の失業給付及び所得補助受給者には、求職条件につきより厳格な義務を課されることとなった。

　求職者協定の内容は従前から雇用事務官との間で事実上締結されていた就労復帰計画書（Back to Work Plan）を法で追認したものであった。ただ、求職者法

---

7) Jobseekers Act 1995, s.9 (2).
8) Department of Social Security, *Jobseeker's Allowance* (H.M.S.O., 1994) [Cmnd. 2687].
9) Department of Social Security, *Jobseeker's Allowance* (H.M.S.O., 1994) [Cmnd. 2687], para at 4.16.

で変更されたのは、これを締結することが受給要件化されことであり、雇用事務官との間で求職者協定を有効に締結できなければ求職者手当を受給することができない構造になった。つまり、受給者への強制的な受給要件としてのレベルまで引き上げるものであった。その協定はどの程度の任意性が書類に現れているか、懸念の材料になるのは明らかであった。それ故に、「濫用された権限における濫用された文言」であると表現されることもあった。実際、調査では個別性を前提とするにもかかわらず、雇用契約が申請者の特性に応じたものに個別化されているわけではなく、活動期間がごく短期間であり、求職者が単に提示された文言にそのまま同意していることが問題視された。

(2) 求職者協定締結と履行

　求職者協定は、求職者手当の申請者と雇用事務官との間で協議により締結され、書面化される。そして両者の署名入りのコピーを取り交わす。この際に、雇用事務官は一方的に申請者の意見を聞かずに求職者協定を策定してはならない。しかし、「協定」とはいっても当事者の交渉力が対等ではない。申請者は協定書に記載された事項について完全に理解しているとは限らず、完全な自由意思によるものでなくともよい、とされた。そこで問題になるのは違法と評価されうる強制の要素があるかどうか、ということである。それを判断する基準は、申請者にとって客観的に有効な求職活動を行う内容になっているかどうか、という点であった。

　そもそも求職者協定は、それを策定すること自体が給付を受けるための要件なのであり、求職者（申請者・受給者）が協定内容そのものを履行しなければいかなる法的効果が発生するのか、ということについては、さほど問題にならなかった。それ故に、求職者協定の内容を履行しない場合の法的効果は、私法

---

10) Amir Paz-Fuchs, *Welfare to Work – Conditional Rights in Social Policy* (Oxford University Press, 2008) p.183.
11) Jobseekers Act 1995, s.9 (3) and (4).
12) Jobseekers Act 1995, s.9.
13) D.Bonner "Jobseeker's Allowance: An Uneasy Hybrid?" J.S.S.L. 4 (1996) p.165, T.Buck "Jobseeker's Allowance: Policy Perspectives" 4 J.S.S.L. (1996) p.149.
14) それ故に、求職者協定を契約と見るか否かについては議論があった。雇用年金省はの

第3章　受給要件としての求職活動

上の債務不履行でさえ発生しないものとされた。[15] 有効に求職者協定が締結されているということは、受給要件である就労可能性と積極的求職活動の要件を充足していることに関して、国務大臣が当然これらを充足しているものとして取り扱っている、ということである。[16] このように、求職者協定は締結のみに意味があり、履行には関心が向けられてこなかった。[17]

(3) 求職者協定の内容

求職者協定は次の内容を含んでいた。[18]

a 申請者にとって利用可能な時間帯
b 申請者の就労可能性につき雇用地や職種について加えることができる制限
c 求職条件としての職種
d 求職活動や職業能力を改善するために申請者がとらなければならない行動
e 申請時から「認められた期間内（通常は1週間から13週間）」に自己の正規の就業（usual occupation）から認められる職種及び賃金水準
f 給付判定官によって示された協定に関する申請者の権利陳述及び給付判定官が行った決定事項、決定事項に関する他の給付判定官に対する再審理、不服に関する社会保障審判所（Social Security Appeal Tribunals）へ申し立てる権利

　ちにこれを「契約」と説明するようになったが（DWP, *New Ambitions for our Country: A New Contract for Welfare*, (H.M.S.O., 1998) [Cmnd. 3805]）、学説ではおおむね「福祉の契約化」として批判的であった。Stuart White, "Social Rights and Social Contract, Political Theory and New Welfare Politics", *British Journal of Political Science* Vol. 30, No.3 (Jul, 2000) pp.507-532, Mark Freedland and Desmond King, "Contractual governance and illiberal contracts: some problems of contractualism as an instrument of behaviour management by agencies of government" *Cambridge Journal of Economics* 27-3 (2003) p.465.

15) N. Wikeley and A. Ogus, *The Law of Social Security [5th ed.]* (Butterworths, 2002) p.351.
16) Social Security and Child Support (Decisions and Appeals) Regulations 1999, reg.16 (2).
17) それ故、求職者協定は実際の求職活動にそれほど有効ではないばかりか、それ自体を作成することが義務づけられているに過ぎないことから、求職活動の指針としては機能しにくいことが指摘されていた。Philip M. Larkin, "The Legislative Arrival and Future of Workfare: The Welfare Reform Act 2009" 18 J.S.S.L. (2011) p.22.
18) Jobseeker's Allowance Regulations 1996, reg.31.

g 協定が締結された日[19]

　このうち説明を要するのはcdfの相違点であろう。cは就労可能性の要件として申請者に一定の範囲で職種などにつき認められる制限であって、障害者や介護責任を有する者に関する就労可能性を推認されるような場合である。dは就労可能性を有するが、提供される職の雇用地が離れている場合であるといった原始的に不能な場合を指す。fは申請者の従前の職の観点から認められる正規の就業とそれに付随する最低賃金水準を個別的に判断し、就労可能性及び積極的求職活動の範囲を策定するものである。

　また、求職者法10条は求職者協定の変更を定めており、申請者の事情や労働市場の変化によって求職者協定を変更させることができる[20]。求職者協定の変更は申請者と雇用事務官との合意が成立しない限り効力を有することはないが、実質的に求職条件の引き下げという効果をもたらすこととなる。失業が長期化しているということは、労働市場と申請者の求職条件との間でミスマッチが生じているということであって、申請者の求職条件を引き下げざるを得ないことになる。

(4) 不服申立て

　そこで、求職者法11条では求職者協定に不服がある場合の争訟手続を定めている[21]。そこでは求職者協定につき不服がある場合、まず協定を締結した以外の給付判定官若しくは雇用事務官に申し出て、書面により決定から3カ月以内に決定がなされなければならない。さらに不服がある場合には社会保障審判所へ審査請求をすることができる。社会保障審判所の決定にも不服がある場合には社会保障審判所議長の上訴許可（leave）を得た上で社会保障コミッショナー

---

[19] より具体的には、①毎週何社に求人の電話をかけなければならないか、②最長何時間まで働くことができるか、③週に何回求職活動を行うか、④週に何回労働年金省のwebサイトを利用して仕事を探すか、⑤週に何回採用面接に行くことができるか、⑥求人情報誌を利用するか否か、⑦週16時間以上就労（賃金受領の有無を問わない）するか否か、について記載が求められる。

[20] Jobseekers Act 1995, s.10.

[21] Jobseekers Act 1995, s.11.

へ再審査請求することができる。但し、社会保障コミッショナーが審決するのは法律上の争点に止まり、事実審は社会保障審判所で終了しなければならない。また、社会保障コミッショナーの審決に不服がある場合には司法救済の道が開かれている。この場合、訴えを提起すべき裁判所はイングランド及びウェールズの場合控訴院であり、スコットランドでは民事上級裁判所（Court of Session）である。

第2節　受給者誓約と制裁

1　労働関連要件（work-related requirements）
(1)　労働関連活動の法律上の位置付け

　2012年福祉改革法4条1項e号では、ユニバーサル・クレジットにおける受給者誓約を受託していることを基本的要件として位置づけている。受給者誓約は、1995年求職者法における求職者協定（Jobseekers agreement）を受け継いだもので、受給者が受給するにあたって課される作為義務を文書化したものである。

　これ裏づける意味で、2012年福祉改革法ではその第1部第2章において「受給者責任（Claimant Responsibility）」を明記した。それは就労関連活動概要（13条）、受給者誓約（14条）といった総則的規定と、就労関連活動に関する規定（15条から25条）、就労関連活動不履行に伴う制裁措置規定（26条から28条）、これらの活動に関する権限の委任規定（29条）から構成されている。

　13条は、受給者に法律上義務づけられた就労関連活動を列挙している。それには、集中的労働インタビュー（work-focused interview）、就労準備要件（work preparation requirement）、求職活動要件（work search requirement）、就労可能要件（work availability requirement）とされている。[22] これらの活動要件は、稼働能力に応じたグループ毎にすべての活動要件が課されるものから、一切の活動要件を課されないものに分けられている。[23] 受給者グループは次の4つに分類さ

---

22)　Welfare Reform Act 2012, s.13 (2).
23)　Welfare Reform Act 2012, s.13 (3).

れている。

　①就労関連活動義務なし（no work-related requirements）
　１歳未満の子どもを養育しているひとり親、障害により稼働能力に相当の制限を受ける者、重度障害者の介護責任を有する者であって就労や就労準備を期待できない者
　②就労重点面談のみ（work-focused interview requirement only）
　就労重点面談を通して労働市場との接触を保ちつつ就労ないし増収を期待される者、１歳から５歳までの子を養育するひとり親
　③就労重点面談・就労準備活動（work-focused interview and Work preparation requirements）
　就労移行支援、労働時間の増加や増収に向けて準備することを期待される者であって、稼働能力に制限を受けるが就労関連活動を行うには制限を受けない者
　④全面的就労関連活動（all work-related requirements）[24]
　上記以外の就労阻害要因を持たない者。このような全面的就労関連活動に該当する者について、次のような活動をすることが求められる[25]。

　現行システムで求職者手当の受給対象となる稼働能力を十分に有するグループは、まず最初にジョブセンタープラスのアドバイザーとの間でインタビューを受ける。インタビューでは、①申請者の稼働能力を示す診断書、②申請者にとって利用可能で望ましいと思われる仕事内容、③申請者にとって有効な求職活動、職業能力を改善させるための手段方法、④今後の接触方法、について集中的に意見交換を行う。

　診断書は単に医学的な稼働能力の有無のみを記載するわけではなく、職歴、資格、介護責任、家庭状況などの職業能力に関する事項と就労阻害要因について記載する。これは就労阻害要因は単にそれだけで存在するのではなく、心身状況と家庭環境、地理的要因などの様々な事項から相関的に決せられる事柄だからである。

---

24)　Welfare Reform Act 2012, s.13 (3) (d), s.22.
25)　Jobcentre Plus, *Claimant commitment information* (2451/2013)

利用可能で望ましいと思われる仕事内容については、ジョブセンタープラスのアドバイザーがある程度類型化して申請者に提示する。その内容は、申請者にとって合理的だと思われるような職場の所在地、就労時間と勤務形態である。申請者は、賃金については最低賃金以上、通勤時間については片道90分以内であれば、これを受け入れなければならないものとされている。ただ、漫然と何でもよいというわけではなく、インタビューでは申請者の職歴を十分に考慮することとされており、申請者に強固な職歴があるときには、合理的な範囲内で申請者の求める職種と職場の所在地を限定して求職活動を行う事が認められる。これは3か月のみ有効であり、その期間が経過したら求職条件の変更を求められ、職種や所在地のみならず賃金についても拘ることができなくなるため、フルタイムの最低賃金以上であれば就職するよう求められることになる。

　稼働能力を十分に有するグループに属すると判断された場合、すぐにこのインタビューを受けなければならず、仕事が見つかったときにはすぐに就職しなければならない。子どもの養育をしているときは代替的なケアを見つけるまでにインタビューが48時間留保され、仕事が見つかったとしても保育手段を確保するために1か月間就職することを留保される。申請者の子どもが教育課程にある5歳から12歳であれば介護責任を有する者としての取扱いを受け、労働条件が緩和される。同様に、重度障害者を介護しているような場合にも、求職活動上の労働条件が緩和される。

(2) **集中的労働インタビュー**

　集中的労働インタビューは、国務大臣の指示の下に行われる就労に関するインタビューである。その内容は就労することだけでなく、就労に向けた準備活動を含んでいる。就労は有償労働が想定されているが、有償労働に就くことだけでなく、より高い報酬が得られる労働が含まれており、就労を継続しているがより高い労働条件を求める労働移動を対象にしていることがわかる。

　このように、失業状態にある者が労働契約の締結に向けた活動だけが対象となっているのではなく、現在労働契約を締結している者も対象にしているのは、法改正にもひとつ要因がある。1995年求職者法では、その対象者として有償労働に従事していないことが受給要件とされており、その具体的判断基準と

して週16時間以上の就労をしている場合にはすべてタックスクレジット等の就労していることを要件とする給付に移行するよう、制度的に分断されていた。ユニバーサル・クレジットでは、資産要件等を満たす限りにおいて同じ給付システムが用いられるため、これに附随する就労関連活動もまた、雇用が継続していても同じ支援体制が継続することになる。

インタビュー内容について、規則では①有償労働を得る、あるいは雇用を継続する見込み、②有償労働を得る、あるいは雇用を継続するにあたって必要な支援、③従事可能な職業訓練、職業教育、職業リハビリテーションの特定、④自営業を営む真正なる意思、⑤受給者の意思と能力から見た就労機会の特定、を列挙している。[26)]

(3) 就労準備要件

就労準備要件に含まれている関連活動には、①職業能力評価、②プレゼンテーション能力改善活動、③職業訓練への参加、④雇用プログラムへの参加、⑤職業訓練体験または職業紹介、⑥事業計画の改善、⑦その他関連活動が含まれている。[27)] 稼働能力が制限される者についてはこれらに加えて稼働能力評価に関する評価も含まれ、医療専門家とともに稼働能力向上の観点から心身上の状況を改善するための活動を行うことになる。[28)]

(4) 求職活動要件

求職活動要件は、受給者にとって合理的だとされるもののうち、国務大臣が指示する内容のものに限られている。したがって、受給者が何らかの求職活動を行ったとしても、それが国務大臣の指示した内容でない限りは、法的な評価を受けないことになる。しかも、国務大臣が指示する内容は、受給者の求職活動状態を見ながら随時変更されることが予定されているため、ジョブセンター・プラスのパーソナルアドバイザーとの間で綿密なヒアリングが必要となる。

国務大臣が指示すべき求職活動としては、①求職活動の継続、②求職の申し

---

26) Universal Credit Regulations 2013, reg.87-97.
27) Welfare Reform Act 2012, s.16 (3).
28) Welfare Reform Act 2012, s.16 (4)(5).

込み、③オンライン上の個人プロファイル作成とその改訂、④職業紹介機関への登録、⑤求人情報の参照が含まれている。[29] これら求職活動に関する事項は無制限ではなく、介護責任の有無や障害の程度に応じて就労時間、通勤時間に制限を加えることができる。[30] すなわち、原則的にはこれら就労阻害要因がない、あるいはその程度が低い受給者にとっては、国務大臣が指示する職業のあっせん等について応じなければならない法的地位に置かれることになる。この国務大臣が指示する雇用の制限は、判例によってその基準が形成されているだけであって、具体的基準が明示されているわけではない。ただ一般的には通勤時間が90分を超えるものについては指示しない、という取扱いがなされているだけであり、それ以外の賃金水準などについてはいかなる指示があっても従う義務が発生することになる。

　法では「すべての合理的な行動（all reasonable action）」をなすべきという表現を用い、いかなる活動を実際に行うべきかについては合理性審査に服することにしている。規則で予定されている合理性判断についての考慮事項としては、期待可能な週あたり労働時間の上限、労働年金省が指示する週あたり最低労働時間を考慮して設定された、求職活動内容にある労働時間である。[31] この労働時間については、有償労働であれば100％考慮されるが、ボランティア労働であればその50％のみ考慮される。[32]

(5) 就労可能要件

　就労可能要件とは、稼働能力の制限なく就労関連活動を義務づけられるか否かを判断するものであり、これが課される者については「遅滞なく有償労働（現在就いている職業の増収を含む）に就く意思があって就労が可能である者」とされている。[33] これが満たされる者については集中的労働インタビュー、就労準備要件、求職活動要件のすべてが課されることになり、その懈怠については厳しい制裁が予定されている。

---

29) Welfare Reform Act 2012, s.17 (3).
30) Universal Credit Regulations 2013, reg.97.
31) Universal Credit Regulations 2013, reg.95 (1).
32) Universal Credit Regulations 2013, reg.95 (2)-(4).
33) Welfare Reform Act 2012, s.18 (1)(2).

就労可能要件の判断基準たる「意思」の存在は、通常それ自体が問題となることは少ない。意思の存否が外形的に判断できないということもあるが、それ以前に意思の存否を判断するためには、求職活動等に関するインタビューを受けているかどうか、受けているとすればいかなる内心を有しているのか、それが実際にいかなる求職活動を行ったかという外形的な行為を基準に判断せざるを得ず、それは意思の有無ではなく求職活動要件で客観的に判断されるからである。したがって、意思の存否自体が判断基準として機能しているというよりはむしろ、ジョブセンター・プラスが求職活動指示を行う場合の根拠として用いられるために機能している。

　これに対し、就労可能要件の判断基準たる「可能性」については、判例で「イギリス国内に合法的に居住していなければならない」という程度であると理解されており[34]、在留資格によって判断されることになる。したがって、基本的には受給単位ないし受給資格としての国籍の問題に還元される。また、この要件充足判断については既に述べた求職者手当と同一に理解されるので、これ以上言及しない。

　ただ、ユニバーサル・クレジットでは本要件の回避条項が設けられている。それには賃金水準、勤務地、労働時間などが記載されているが[35]、その具体的な内容は求職活動要件の回避条項（正当化条項）を参照しているので[36]、実際に求職活動を行う場合に判断されるに止まり、本要件独自のものとして機能することはない。

　この条項が現実的に機能を果たすのは、「有償労働（現在就いている職業の増収を含む）」の限定である。つまり、稼働能力を活用する意思は労働契約を通じた賃金を得ることに限定されているのであって、必要経費のみ支払われるようなチャリティやボランティア労働に従事する意思があったとしても、就労可能性に欠けるのである。したがって、稼働能力がある者が、自身の能力を高めるためにチャリティやボランティア労働に従事することは認めるけれども、その一

---

34) *Shaukat Ali v CAO.*
35) Welfare Reform Act 2012, s.18 (4).
36) Universal Credit Regulations 2013, reg.97.

方で有償労働への求職活動を行うことが義務づけられる、ということになる。このように、有償労働と無償労働の法的評価が複雑に交錯する制度構造は、求職者の意思を尊重した就労支援と、持てる能力を可能な限り賃金に変換することが社会正義に適うということとの間で混乱をもたらすことになった。

2 受給者誓約
(1) 受給者誓約の意義

ユニバーサル・クレジットは、貧困から脱する最良の方法が就労であるということを念頭に、受給者が労働市場へ統合されることを目的としている。そのためには就労阻害要因を除去し、就労に必要な技能を習得しなければならない。それを実現するためには、社会保障給付を漫然と支給するのではなく、条件付け給付へと変更することが望ましいとする。その条件は国家と受給者との契約なのであるから、国家は個人の状況に応じた個別化された内容を文書化しなければならない。受給者誓約はこのような趣旨で定められた。

もちろんこのような国家と個人との相互の義務（mutual obligation）を強調し、給付の条件とすることは新しいものではない。そして、受給者が行わなければならないとされる内容が個別化されるということも、特段真新しい事柄ではない。しかし、受給者誓約が求職者手当における求職者協定などと異なるのは、その任意性と法的効果である。

求職者手当は受給者と雇用事務官との間で合意によって策定され、合意に至らなければ策定に至らない、ということになっていたし、合意内容を文言通りに履行できなかったとしても、給付に直接の影響を与えるものではなかった。受給権に直接影響を及ぼすのは求職者に対する指示違反なのであり、指示内容が求職者協定から直接に導かれるのではなく、受給者のそのときどきの状況に応じてジョブセンタープラスが裁量で行うものであった。

(2) 法の規定と構造

2012年福祉改革法14条は次のように定めている。

　a 受給者誓約は、受給者がユニバーサル・クレジットを受給することに伴う受給者の

責任（responsibilities）を明記した記録である[37]。
b 受給者誓約は国務大臣が策定し、国務大臣が変更を加えるものである[38]。
c 受給者誓約は国務大臣が適合としたものを採用する。
d 受給者誓約には受給者が従わなければならない事項の記録、所定の情報、その他国務大臣が必要と認めた事項について記載するものとする[39]。

　受給者誓約は確かに求職者協定を引き継いだものではあるが、その内容は大きく異なっている。求職者協定はあくまでも受給者（申請者）と雇用事務官との間で交わされた合意文書であり、その内容は合意によって変更された。受給者が求職者協定の内容を履行していないとしても、不履行を理由に給付制限を加えられることはなかった。給付制限が加えられるのはあくまでも求職者指令の不履行なのであった。

　これに対し、受給者誓約は合意文書の性質を持っていない。あくまでも国務大臣のイニシアチブでなされる求職活動関連事項の指令文書である。したがって、受給者誓約の内容をいかに策定するかのプロセスは、求職者協定のそれとは大きく異なることになったのである。

　ユニバーサル・クレジットを職権で受給する者は、申請行為を行っていない。そこで規則では、支給開始日以降に受給者誓約を受諾するものとし、その効果は支給開始日に遡ることとしている[40]。また、受給者誓約の受諾もオンラインか電話、文書のいずれかで行うことができる[41]。また、判断能力が不十分な者や受給者誓約を受諾させることが合理的でない者については、例外的に受給者誓約の受諾をしなくてもよいことになっている[42]。労働年金省の説明によると[43]、火災、水害などの影響を受けている場合も受給者誓約をしなくてもよいこととされている。

---

37) Welfare Reform Act 2012, s.14 (1).
38) Welfare Reform Act 2012, s.14 (2).
39) Welfare Reform Act 2012, s.14 (4).
40) Universal Credit Regulations 2013, reg.15 (2).
41) Universal Credit Regulations 2013, reg.15 (4).
42) Universal Credit Regulations 2013, reg.16.
43) Jobcentre Plus, *Claimant commitment information* (2451/2013).

(3) 受給者誓約の現実

より具体的に、Mark Jonesという人がユニバーサル・クレジットを申請した場合の受給者誓約は次のように策定される[44]。

2013年1月9日、Markは初めてユニバーサル・クレジットのパーソナルアドバイザーの元を訪れた。Markは45歳で妻とは離婚している。Markは健康で15歳の子どもと同居しており、その子は警察の世話になったり学校は不登校の状態であった。Markは民間の子育て支援団体と接触しており、その団体のアドバイスによると、Markは子どもを必ず学校に行かせて子どもが学校から帰宅する4時30分以降は必ず帰宅していなければならないということになっていた。このような状況で、Markは朝8時までに子どもを民間支援団体へ連れて行き、午後4時30分になると戻ってこなければならず、その間だけ仕事をすることができた。しかし彼が居住しているのは郊外であり、近所に家族も住んでいない。そしてアドバイザーはMarkの職歴などについて、「資格はないが読み書きはできる。IT技術がなく自宅でインターネットを使用していない。採石所の仕事をした後15年間は運転手をしていたが整理解雇された。もう既に12年間働いていない。屋外で働くことが好きで、自動車を持っている。履歴書は持参してきていない」という記録を作成した。

Markは子どもを預けて4時30分までに戻ってくることができる仕事を見つけることになった。アドバイザーはMarkの状況を勘案して、週あたり労働時間が25時間に制限されることを認めた。Markのアドバイザーは、まず履歴書の書き方と面接の受け方を指導した。それから6.5時間のITの講習を受けることを認めた。アドバイザーはこのような支援をすれば、あとは自分自身で仕事を見つけることが望ましいと判断した。そのときの受給者宣誓は次のようなものであった。

Mark Jones
国民保険番号：AB778899C
1．誓約
　私は収入を得ることができる仕事に就くためにできることをすべてやり、それを支

---

44) Jobcentre Plus, *Claimant commitment information* (2451/2013).

えてもらうためにユニバーサル・クレジットを受給します。私がなすべきことはこの受給者誓約にすべて書かれています。

2．求職活動と職業訓練

　私は次のような仕事を探します。
- 1時間あたり6.9ポンド以上の賃金を得られるもの
- 自宅から90分以内の通勤時間にあるもの

　私は毎週25時間働くことができます。それは月曜日から金曜日の午前9時から午後3時までです。

　私は次のことを行います。
- 48時間以内に面接を受けます。
- 1か月以内に仕事を始めます。

　もしも私が正当な理由なく上に述べた誓約に従わなければ、私のユニバーサル・クレジットは1日あたり10.20ポンドまで最高91日間にわたって減額されてもやむを得ません。

3．仕事を得るために行うこと

　私の職探しと仕事への準備は、私ができるだけ早く就職できるようにすべきことから構成されます。これは、毎週25時間の仕事をすることを意味しており、そのような仕事を探して就職する準備があるということです。

　私は、
- 第1項に記載した「私の求職活動及び仕事への準備プラン」に書かれているすべてを実行します。
- 求めに応じ、私が求職活動を行っていることをきちんと証明します。

　正当な理由がなくこれらの事項を怠った場合には、私のユニバーサル・クレジットは1日あたり10.20ポンドまで最高91日にわたって減額されてもやむを得ません。

　私は、
- 第2項に記載した「私の求職活動及び仕事への準備プラン」に書かれているすべてを実行します。
- アドバイザーの求めに応じ、アポイントをとって面談を受けます。

　正当な理由がなくこれらを怠った場合には、私のユニバーサル・クレジットは1日あたり10.20ポンドまで減額されてもやむを得ません。その期間は、
- アドバイザーから指示された活動や指示されていなくても適切だと思われるような活動を行ったとき
- 新しい面談の約束をしたとき

　もしもこれらを行った場合には、そのときから起算して28日間は10.20ポンドまで減額されてもやむを得ません。

第3章　受給要件としての求職活動

　正当な理由がなくアドバイザーが提示してきた仕事の申込をしなかった場合には、第2項の「私の求職活動及び仕事への準備プラン」に記載されているとおり、私のユニバーサル・クレジットは1日あたり10.20ポンドまで3年を上限として減額されてもやむを得ません。
　私は、ユニバーサル・クレジットに関して次の事項を使用者へ聴取することを理解します。
　　・仕事への申込み
　　・参加した面接内容
4．状況の変化
　もしも私にユニバーサル・クレジットに関係あるような状況の変化があったならば、すぐに報告いたします。
　私が賃労働に就いていてその仕事が終了するときには、離職5日以内にそのことを報告します。私は受け取った賃金については、ユニバーサル・クレジットに関して、私か使用者のいずれかから必ず報告いたします。
　正当な理由がないのに賃労働を離職したり賃金を得ることができなくなってしまったような場合には、私の選択によるものであっても不行跡による解雇によるものであったとしても、私のユニバーサル・クレジットは最高3年間にわたって1日あたり10.20ポンドまで減額されても構いません。
　正当な理由がないのに離職してから5日以内にそのことを報告しなかったならば、私のユニバーサル・クレジットは、報告をしていなかった期間に相当する日、1日あたり10.20ポンド減額されても構いません。1度でもこのようなことがあったならば、私のユニバーサル・クレジットは最高28日間にわたって1日あたり10.20ポンドまで減額されても構いません。
　また、私が自営業者として何らかの収入があったならば、自営業としての収入と経費について詳細に報告いたします。私はこのことをユニバーサル・クレジットの電話サービスで毎月報告いたします。報告の日程については指示されますが、正確に報告するまではユニバーサル・クレジットを受給することができません。もし私が報告期日までに収入と必要経費について報告しなかったならば、私のユニバーサル・クレジットの支給が停止されても構いません。
【私は完全にユニバーサル・クレジットに関する事情を報告しなければなりません。私がユニバーサル・クレジットの受給に関して可能な限り早期に報告しなければならないにもかかわらず報告しないのならば、私に起訴その他の行為が行われることを理解しています。また私は私の過誤によりユニバーサル・クレジットの過払いが起きたならば、50ポンドの罰金が科せられることを理解しています。】
5．誓約に関する面談

ジョブセンタープラスは私の受給者誓約を遂行するにあたって支援とアドバイスをします。私はジョブセンタープラスにコンタクトを取ることを理解しています。
　出頭すべき日程に出頭することができないようなときには、私はユニバーサル・クレジットに関して電話することになっています。
　私が受給者誓約に関する面談期日に出席しなかったならば、私はユニバーサル・クレジットが減額されることを理解しています。減額される期間は次の事情によって決まります。
● 過去12か月面接に出席しなかった回数。
● 面談内容
　私はユニバーサル・クレジットの制裁率がその時々に応じて決定されることを理解しています。その時々の支給額はこの受給者誓約に応じて自動的に決まります。私の受給について疑義が生じたならば、それによってユニバーサル・クレジットが減額されたり支給が停止したりします。このことに関する説明は受けています。もしこの決定に不服があるのならば、私には不服申し立て（reconsidered）とそれに関する上訴の権利があります。

署名＿＿＿＿　日付＿＿＿＿

求職活動及び就労準備計画
　私は週あたり25時間以上の仕事を探し、その準備をします。これにはこの計画にあるすべての事項を含みます。
【第1項】通常の求職活動
・自分に適した仕事を見つけるために、Leicester Mercuryの求人ページをチェックします…毎日
・「職探し（Fish For Jobs）」のサイトをチェックし、自分にあった仕事に応募します…週に2回
・自宅から近いところで飛び込みでの電話や訪問等、郵送による応募書類や履歴書の送付…週に2回
・アカウントを作成した後は、私の適性検査結果に基づいて、適性に応じた求人の申し込み…毎日
【第2項】不定期の求職活動
・Bath Laneで開かれる2日間の技能・履歴書ワークショップに参加すること。もし私が正当な理由なくこれに出席しなかった場合は、私のユニバーサル・クレジットは1日あたり10.20ポンドまで減額され、この措置は次回に利用可能となるワークショップに参加しそのことをアドバイザーに話すまでは継続します。ただし、これは上限が28日です。…調査2013年2月6日

・2013年1月17日から週1回開催されるレベル1のITコースに出席します。
もし私が正当な理由なくこれを怠ったならば、私のユニバーサル・クレジットの給付は1日あたり10.20ポンドまで減額され、それは私が次に利用可能なアドバイザーとの面談日まで最高28日にわたって続きます。
図書館かジョブセンターでアカウントを作成します。…調査2013年2月6日

ところが、1月14日になってMarkが軟骨炎に罹患していることがわかり、動くと痛みを感じるようになっていた。医師は7日間の休養を取るようにいった。Markのアドバイザーは計画を見直し、休養後のインタビューでは就労が可能でないと判断された。そしてその次の週のインタビューでは軽作業であれば可能であると判断しつつも、経過を見るために2週間後に再度インタビューをすることとなった。医師の勧めもあり、Markは健康状態を加味した受給者宣誓を再度作成変更することとなった。そのときの受給者誓約は次のようなものであった。

Mark Jones
国民保険番号　AB778899C
1．誓約
　私は収入を得ることができる仕事に就くためにできることをすべてやり、それを支えてもらうためにユニバーサル・クレジットを受給します。私がなすべきことはこの受給者誓約にすべて書かれています。
2．求職活動と職業訓練
　私は次のような仕事を探しており、見つかったならばそれに就くことにします。
・1時間当たり6.19ポンドを超える賃金
・自宅からの通勤時間が90分以内
　私は2013年1月28日以降、働くことができます。
3．状況の変化
　【第1回受給者誓約の4．に同じ】
4．誓約に関する面談
　【第1回受給者誓約の5．に同じ】

署名＿＿＿＿日付＿＿＿＿

ここで確認すべきは、かなり詳細な求職活動行動の定め、求職活動に関する

条件設定であろう。これらが詳細に規定されるためには、ジョブセンター・プラスにおいて申請者の個々具体的な状況についてかなり詳細に聞き取りをすることが必要となろうし、それが具体的な行動を義務づける基礎となり、制裁措置の根拠となることに鑑みると、両者においてかなり大きな信頼関係が構築されていることが必要となろう。そうであるが故に状況の変化に応じて条件の緩和が行われる範囲と、変更されない事項についての峻別がなされるものであるといえる。

3 制　　裁
(1) 制裁措置の位置付け

　ユニバーサル・クレジットの受給権者に対し給付の制裁措置が予定されているのは、指示された就労関連活動を行わなかった場合に限られ、減額措置のみが予定されていることは留意すべきである。つまり、就労に関連しない日常生活に係る指導指示などが予定されず、就労に関する活動であってもそれが受給要件として規定されているのではない、ということである。したがって、法律上は、経済的な要件を満たす限りにおいて、すべての者が支給対象となるのであって、この点が1995年求職者法が明確に就労関連活動を行うことを受給要件と位置づけていたこととは対照的である。ただ、法律上は制裁措置は給付額の減額と定められているが、その具体的な水準については委任立法である規則に定められ、最高で1095日にもわたる100％減額措置が含まれている。さらに、この受給要件ではないもの制裁措置の基準となるという就労関連活動の位置付けの曖昧さが、就労支援プログラムに関する法的根拠の脆弱さと相まって、求職者の法的地位を曖昧にさせていることは否めない。

　ユニバーサル・クレジットの制裁措置による減額は、受給者を4つのグループに分けて義務づけられる就労関連活動の範囲と態様を定め、その類型ごとに義務違反に対する制裁措置が設けられる。稼働能力が高く就労阻害要因が少ないと位置づけられる者から順に高レベル、中レベル、低レベル、最低レベルであり、これらレベルに応じて指示違反の場合の減額措置が設定されている。ここでは高レベルの制裁について見ておこう。

(2) 行為類型と正当化事由

2012年福祉改革法第26条は、制裁を受ける行為類型として4つをあげている。正当な理由のない就労準備活動に関する指示違反、正当な理由のない特定の有償労働に関する求職申し込みの懈怠、正当な理由のない有償労働に関する求職活動の懈怠、そして正当な理由のない非行による解雇若しくは自己の都合による退職である。[45] これらの判断基準は規則で定められているが、例外規定に該当しない場合にはすべて制裁措置の対象となる行為としてみなされることになっており、その判断に裁量の余地がないものとされている。

これらの規定に見られる「正当な理由」との表現については、過去の求職者手当などでは規則においてその正当事由が定められてきた。ユニバーサル・クレジットにおいても、2012年福祉改革法附則8条においてそれを定める委任規定を設けている。ところが、現在でもまだその規定が定められていない。そもそも政府の意向としては、正当事由を明記してこれに該当するか否かを判断するという裁量を残すよりもむしろ、これらの制裁規定に合致するような行為すべてについて原則的に正当化事由に該当しないという視点から判断の根拠を置き、個別事情を総合的に考慮して特段の事由があるような場合に限って制裁措置を解除するという、原則と例外の関係を明示したものといえよう。

(3) 制裁期間と給付減額

高レベルの制裁を受ける者は、全面的就労関連活動グループに分類された者である。このグループに属する者は、就労関連活動に従事することを強く求められるため、その不履行等に関する制裁措置も長期にわたることが予定されている。ただ、2012年福祉改革法上は、制裁措置が3年を超えてはならないことだけを定めており、[46] 具体的な事例において課される制裁措置の期間については規則で定められている。それによると、初回の制裁措置が91日、初回の制裁措置から365日以内に行われた行為についての2回目の制裁が182日、さらにそれから365日以内に行われた場合には1095日が予定されており、この制裁日数

---

45) Welfare Reform Act 2012, s.26 (2).
46) Welfare Reform Act 2012, s.26 (6)(b).

の設定については裁量の余地がないものとされている[47]。

　制裁による給付減額の算定は若干複雑であるが、16歳・17歳の者、就労関連活動を要請されない者、介護者・0歳児の養育者等については1日あたり40％の減額が行われる。これ以外の稼働能力を有する者に対する制裁は、1日あたり100％の減額となる[48]。但しこれらはユニバーサル・クレジットとして支給される全ての給付のうち、基本生活費のみが制裁の対象となり、共同申請者の場合には就労関連活動要件が課される者個々に判断して減額の措置がとられる。

(4) 急迫給付

　これら給付に関する制裁措置の結果、基本的な生活資源に欠き生活を脅かされる事態が生じることが予想される。そこで法では、このような場合に「急迫給付 (hardship payments)」を行うことを予定している[49]。ただ、急迫給付は返済義務を伴う貸付けであり、原則的には制裁措置が解除されてユニバーサル・クレジットが支給されるようになった場合にそこから控除する方法で返済するしくみとなっている。

　急迫該当性については規則に列挙されている[50]。規則によると、ユニバーサル・クレジットを受給できないために制裁を受ける者とその扶養児童等が基本的な生活資源（住居、暖房、食、健康状態）を維持できない者であって、そのような生活資源を入手できるほかの手段を有さないものとされる。しかもこのような状態にある者が返済義務があることと、その返済方法について合意していることが条件とされる。

第3節　契約としての就労支援

1　就労支援の契約的性質

　イギリスでは、行政機関と求職者との間で再就職に向けたプログラムを締結

---

47) Universal Credit Regulations 2013, reg.102 (2). ただし、対象者が16歳・17歳の場合にはそれぞれ14日、28日となる。
48) Universal Credit Regulations 2013, reg.110-111.
49) Welfare Reform Act 2012, s.28.
50) Universal Credit Regulations 2013, reg.116 (2).

し、それを実施するという関係を「福祉契約」と説明することがある。ここでは、イギリスにおいてこのような関係を契約と呼ぶべきか否かを巡る議論をみる。なお、「福祉契約」とは、わが国で一般的に使用される、福祉サービス利用に係る事業者と利用者との関係を示すものではない。受給者が求職活動や職業訓練など積極的な活動を行うことを約し、これに対して実施機関が社会保障給付を行うという関係をいう。また、このような議論は、旧制度である求職者手当をめぐって論じられてきており、ここでも求職者手当を検討対象とする。ユニバーサル・クレジットでは、強制性が強まったことで、基本的な構造が大きく変わってしまった。しかし、基本的な視点は、さほど変更されていない。

2 求職者協定の契約的性質
(1) 法的枠組み

　かつての求職者法における求職者協定は、受給者と雇用事務官との間で締結されるその内容については合意原則に基づいていた。求職者協定には、求職条件のほか求職活動にあたって努力すべき事項、具体的な求職活動方法などについて記入することになっていた。雇用事務官は、求職者に対してあらかじめ準備されていた求職者協定を提示し、それを求職者が受諾するという手続がとられる。求職者が提示された協定に合意しない場合、求職者は協定書にサインしないことがある。この場合には、支給要件を充足しないので求職者手当を受給できないことになる。しかし、この不服に関し、求職者には雇用事務官の上部機関である給付判定官に不服を申し立てる権利が保障されている。給付判定官はこの不服を審査し、不服に合理性があると判断する場合には協定書の文言修正を雇用事務官に命じる。求職者はこの通知を受け、雇用事務官との間で再度協定の締結に向けたインタビューを行う。給付判定官が協定内容に問題がないと判断するときには、有効な求職者協定が締結されず受給要件を満たさないことになるので、不支給決定を行う。

　一旦協定が締結されて求職活動を開始したとしても、求職条件や求人情勢などは刻々と変化する。このために雇用事務官と求職者は、いつでも求職者協定の文言や内容について、文書あるいは口頭で変更を申し入れることができる。

求職者の変更申し込みについて雇用事務官が承諾する場合には、新たな求職者協定が締結される。雇用事務官の変更申し込みに対して求職者が同意する場合も同様である。ただ、当事者の一方が申し込んだ変更について他方当事者がこれを拒否する場合、変更の有効性判断は給付判定官に付託される。給付判定官は職権で協定内容を変更し、あるいは従前の協定内容を維持させ、雇用事務官と求職者はこれに拘束されることになる。ただし、給付判定官の職権変更による新たな求職者協定の申し込みについて求職者が同意せずにサインしなければ、支給要件を充足しなくなるので、最長26週間の給付制限が行われる。

(2) 現実の機能

このような法的枠組みの下で、求職者協定が実際有効に機能しているのであろうか。調査結果によると[51]、受給者のうち協定を締結した記憶があるのは93％であったが、そのうち半数程度は求職活動を行う上で役に立たなかったと回答している。その理由として、協定内容が地域における雇用労働情勢を反映したものとは言い難く、協定内容を実施することで直接再雇用に結びつくとはいえないことがある。失業率の低い地域では比較的協定の効果が高いと評価されるが、高い地域ではあまり実際的ではない。そして求職者の年齢が低いときには有効かもしれないが、高くなるほど協定内容が実際的ではないと批判される。つまり、失業者個人が置かれた状況が失業を長期化させているものと考えられているのである。

給付制限や減額支給制度があることは、大半（87％）の求職者が知っているけれども、いかなる場合にいかなる給付制限を受けるのかを知っている者は3分の1に過ぎない。そして協定通りの求職活動を行っていないことを理由として給付制限を受けたことがある求職者は4分の1程度である。給付制限は求職者協定に明記されているが、実際の協定内容や給付制限規定に応じた求職活動を行っていないことを意味しており、現実的には協定が空文化している。ただ、留意すべきは、調査結果からも実施機関が求職者とともに再就職に向けた取り

---

51) Stephen McKay, Alison Smith, Rachel Youngs and Robert Walker, *Unemployment and Jobseeking after the introduction of Jobseeker's Allowance: A report of research carried out by the Social Security Unit* (Loughborough University, 1999).

組みを行うことが支給要件となっているということ自体が批判の対象となっているのではなく、その方法論に問題があると理解されていることである。というのも、求職者協定を締結するにあたって、雇用事務官と求職者との間で行われるインタビューにかける時間が非常に短時間であり、求職者の個別事情に応じた協定内容をつくるというよりも、事前に準備された求職者のパターンに応じた協定にサインするような運用になることがあり、個別事情に即したものとは言い難い側面があるからである。

このように、求職者協定への同意は、それ自体が求職者協定を受給するための受給要件として構成されているが、現実に求職者の自由意思に基づく合意への意思表示がなされているとは言い難い。しかし、不支給処分を背景として、求職者の内心の自由を侵害する行為を強制することになることには相違ない。このことについて批判が展開された。

学説では、求職者協定締結に係る合意の性格について、以下のように指摘する。求職者は協定の諸条件を設定する際、交渉力と知識のいずれをも欠いている。このことから、協定は完全に自由意思に基づく任意のものであるとは言い難い。求職者が行う同意は、給付の受給要件を満たすためのひとつであり、且つそれに過ぎないということは重要な意味を持っている。したがって、協定事項に関する当事者双方の違反行為は、給付に与える影響は別として、私法上の救済方法、たとえば債務不履行に基づく損害賠償の原因とはなり得ないと[52]。このことから、私法上の契約関係が否定される。つまり、求職者協定は給付の本体部分を発生させるか否かのみに関心があるのであり、協定内容をいかにして実現していくかということには格別の法的意義が認められないということになる。これにより、求職者協定の内容が求職者を拘束するのではなく、積極的に求職活動を行ったか否かという要件判断に還元され、この要件の下に求職者の行動を拘束するということになる。

3 自立支援「契約」としてのニューディール

求職者協定はその締結自体が法目的であり、協定を通して再就職が困難に

---

52) Wikeley and Ogus, *supra* note 15, at p.351.

なっている事情をいかにして改善していくべきであるかという目的を直接に有するものではなかった。これを変革させたのが、ニューディールであった。

1999年、ブレア労働党政権は白書において国家と市民との新しい関係を強調するようになる[53]。労働力年齢にある者の就労阻害要因を除去し、再就職を可能にするということが、国家の担うべき役割である。このために、市民は福祉国家における利害関係人として、国家との間で相互の義務を負うべき存在であると位置づけられた。このような関係性を「新しい福祉契約」と呼び、あたかも対等な交渉能力を有する当事者が、自由意思に基づいて契約する社会というようなモデルを描く。

福祉国家における国家の責任は、再就職困難な市民に対して可能な限りその支援を行うこと、福祉施策に依存するよりも市民にとって労働が有利となるような方策を講じることである。これに対する市民の責任とは、可能な限り求職活動や職業訓練を受講することによって就労の可能性を高めることである。つまり、責任なき権利はあり得ないとして、個人がその社会構成員として包摂されるためには市民としての責務を果たすべきであるとされたのである。そして再就職支援と求職活動を対価的且つ双務的な関係であると構成し、これを履行するために国家と市民との間で「新しい契約」を締結するのだ、というのである。求職者はこの契約を通して地域社会に貢献し、その反対給付を受け取ることになる。このことによって、福祉に依存した求職者像から、自立に向けた能動的市民の主体的活動を支援されるという求職者像への転換を迫った。さらに、自立支援施策には行政機関と受給者の関係だけで目的が達成されるわけではなく、各種民間事業者やボランタリーセクターとの協働が不可欠であると認識された。

このような国家と市民とを対等な関係の措定は、ニューディールとして結実した。その内容や手法は多岐にわたるが、法的には雇用事務官とニューディールの対象者のみならず、事業所や各種学校、ボランタリーセクターなどの各種の機関が政策の実現に向けた協働の取組を行うことに関して契約を締結する。

---

53) DSS, *New Ambitions for our country: A New Contract for Welfare* (H.M.S.O., 1998) [Cmnd. 3805].

第3章 受給要件としての求職活動

これを「ニューディール契約」と呼んだ。

　ところで、ニューディールは法的な位置付けが曖昧である。学説ではニューディールの法的根拠が制定法になく、多種多様な行政規則によって複雑に入り組んだ諸施策によって構成されていることから「リーフレット法」と呼ばれた。ニューディールの根拠法を1973年雇用訓練法に求める見解もあるが、同法は同種の施策に関する国務大臣の権限規定に過ぎない。そして、ニューディールに参加する義務を明示した法的根拠はなく、求職者法の規定によって給付制限にかからしめるという経済的側面から間接的に義務づけているに過ぎない。[54] このことからして、ニューディールへの参加が法的義務として構成されているのではなく、給付制限を背景とした間接的強制に止まることから、ニューディールへの参加それ自体は任意であった。

　ニューディールに参加しなかった、あるいは参加してもその取組が不十分であった場合には給付制限を受けることになる。この給付制限・不支給処分の法的構造は次のようになっている。

　ニューディールの対象となる求職者は、取組状況が不十分である場合や正当な理由なく参加を拒む場合には、求職者手当を受給することができない。ただ、ニューディールのオプションを選択しない、あるいは提示された求人に応えなかったという結果そのものが給付制限と直結するわけではない。求職者の拒否事由に正当な理由があると認められる場合は、給付制限を課されない。ただ、長期化した失業状態は再就職が困難になるため、失業期間の経過とともに正当事由を構成する手段のハードルが高くなる。このことにより、短期的な失業状態には求職者の自由を、長期的な失業には事実上の就労強制を行うことに特徴があるということができるだろう。

　このことに関連し、ニューディールの義務違反による処分根拠は、その義務を履行しなかったからではなく、積極的に求職活動を行わなければならないという受給要件に反したからであると構成されていることに特徴がある。つまり、求職活動と求職者手当の支給が同時履行されるべき債務であるとは構成さ

---

54) Andy Cartwright and Debra Morris, "Charities and the'New Deal': Compact relations?" *Journal of Social Welfare and Family Law* 23 (1) (2001) p.68.

れていないということである。給付を行うか否かと、いかなる態様で求職活動を行うべきであるかは、一応別個の法制度として構築されている。この点、ニューディールは給付の条件ではないということになろう。

　ニューディール義務違反の結果、求職者は受給要件を満たさないものとして給付制限を受ける。この場合、ニューディールの対象者以外の給付制限が最長26週間であるのに対し、ニューディールの給付制限は2週間に止まる点が特徴的である。これにより求職者にとってはニューディールに取り組むインセンティブになる。また、ニューディールの給付制限を解くために、求職者は再び雇用事務官とのインタビューに臨むこととされており、再就職支援と給付とが密接に結びついている点も指摘できよう。

　求職者が給付制限を受けることによって、一時的とはいえ生活困窮に陥る結果になるかもしれない。しかし、求職者本人が給付制限を受けていることで生活困窮に陥るような場合であっても、同居家族に対する急迫給付が行われることになっており、一定の生活保障が確保される。このことは、一般的にイギリス的ワークフェアの特質として求職活動と生活保障を交換関係に置くハードなワークフェアであると考えられがちであるけれども、実際にはワークフェアの外にもセーフティネットが存在していると考えるべきであろう。

4　契約原理に関する議論

　求職者協定であれニューディールであれ、間接的に労働によって自立した生活を営むことを事実上強制されることは明らかである。求職者協定やニューディール内容を履行すること自体が求職者の義務ではないにしても、少なくとも説明概念としては労働年齢にある者と国家との間の契約であることによって正当化されている。そして、実定法上の位置付けは別としても、これにより国家は給付を与える交換条件として労働市場において何らかの行動をとることを強制する根拠を与えられたという[55]。そして、このような求職活動と再就職支援、あるいは受給者の主体的な参加と給付とを等価におき、双務的関係を見出すことについて、イギリスでは「福祉契約」と呼ぶことがある。なぜこのよう

---

[55]　Jane Miller, *Understanding Social Security [2nd. ed.]* (Policy Press, 2009) p.39.

な関係を契約として説明しているのだろうか。

　失業は、それ自体が不可避なものではあっても、使用者か労働者に帰責事由のある人為的な事象である。そうであるならば、失業から脱することも人為的な事象であり、失業による貧困は、失業者本人の責任であると位置づけられた。そこで、救貧法以降の考え方として、労働能力者に社会保障を行うことは、道徳的に正当化できないものとされた。したがって、このような失業者に国家から社会保障を与えるという贈与の関係を正当化することができない。雇用を確保するために、あるいは自らの雇用可能性を高めるために行動することと、国家が給付を行うという交換関係に正当化の根拠を見出したのであった。

　このような給付に関する条件付けのメカニズムは、個人を道徳的に改善させ抑圧することに目的があるのではない。受給者が何らかの社会的生産活動を行う。この見返りとしてコミュニティから相応の配分を受けるというものである。観念的には、分配正義よりも交換正義が重視される社会を目指すものであった。そしてここに「福祉契約」の源流を見ることができる。

　しかしながら、福祉契約という条件付き給付が、交換正義が支配する契約観念のみによって基礎づけられてきたわけではない。たとえば、求職者は自己の置かれている状況が不遇であるが故に、高所得者からの所得の移転を受けるものと仮定する。しかし求職者は、そのように救済を受けるという状態を受容しがたいと感じている。それ故、求職者自身が何かを積極的に行うことによって社会へ主体的に参加する契機を持ち、この反対給付として生活を保障されるべきであると考えるものと位置づけられた。実際に求職者自身がそのように意識していたかは別としても、政策決定にあたってはそのような観念が支配してきたことは間違いないと指摘される。

　求職者が主体的に参加していくことだけでなく、それによって就労可能性と生産性を高めることで、ひいてはコミュニティの負担を軽減させる。このためには、結果としての生産性向上が目的なのであるから、求職者がいかなる態様で自立をしていくかのプロセスそのものは重要ではなく、その意味でプロセスそのものはコミュニティへの反対給付ではない。仕事は、それによって収入を得るための能力を向上させるだけではなく、個人の自律性と自尊心を補強する

ものであり、個人と社会のための善である。したがって、このような補強を行うために社会保障制度を用いるのは、適切な状態なのである。それ故、能力開発の意思がない者を排除することは、当初から契約を締結しないのであるから社会保障から排除されてもよいのだ、ということになる。

　もちろん、このような説明概念としての契約観は、批判の対象となった。制定法レベルでは、雇用事務官と求職者との関係を契約であると明記されているわけではない（フランスでは「同化契約」が法律上規定されている）。そもそも契約を観念したところで、当事者の交渉力が対等であるわけがなく、この意味で自由な意思表示によって契約が締結されるというのはフィクションに過ぎないのだ、ということができる。さらに、契約と構成しても、求職者の債務はいかなる目的と内容を包含するのか、雇用事務官の債務は給付を行うことであるのか再就職支援を行うことであるのか、判然としない。債務の性質は手段債務であるのか、それとも結果債務であるのかさえ明確ではない。そもそも契約内容が符合契約にならざるを得ず、求職者の「生き方」に介入する上に、雇用事務官の「生き方」が強制される。また、このような契約締結者は、給付を受けない低賃金労働者よりも低い処遇を受けるべきであるとの劣等処遇観を是認する。このようなことから契約として説明することを否定的に解するものが散見される。

　しかしながら、それでも契約として説明することにはそれなりの意義がある。ニューディールは法的な根拠が乏しいために、「ニューディール契約」当事者の裁量が大きい。求職者からすれば、自己の自立に向けたプログラムが個別的であるが故に、その請求権が不明確である。したがって、自立支援内容を雇用事務官の債務と構成することにより、請求権が明確になるというメリットがある。また、対等な当事者の自由意思を成立させるためには、求職者の立場強化が必要である。このためには対置される債務の内容を等価のものと位置づける必要があり、債務を履行しない場合でも給付を行わないことについては謙抑的であるべきだと考えられる。しかしながら、現実にはそのように機能していないことは、各種の調査が示している。つまり、契約で説明するこの関係はやはりフィクションであり、説明概念の域を出ないようである。

このように、イギリスでは説明概念として「福祉契約」という用語を用いることがあるけれども、それを法的な意味で契約ということには困難な状況であった。イギリスの「働けるのに働かない」という福祉依存文化から生じた契約観が、わが国のような「働きたくても働けない」社会において妥当するとは思えない。しかしながら自立を志向するわが国の政策状況において、このような理解が法状況を解明するためにも一定の視座を与えるものと思われる。

第4節　人的適用範囲の拡大——配偶者への就労強制

1　共同申請者制度の導入

　1995年に創設された求職者手当は、国民保険財源による失業給付と、税財源でミーンズ・テストを必要とする所得補助制度のうち稼働能力者を対象とした部分を統合したものであった。それ故に求職者は、保険料拠出実績に基づいて給付される拠出制求職者手当を失業から6か月間受給し、その後は資力調査制求職者手当へと移行することになる。

　拠出制求職者手当は、個人の保険料拠出実績に基づいて給付される個人単位の制度である。たとえば夫婦の2人が要件を満たす限り、2人分が支給される。ただ、わが国の医療保険制度を持ち出すまでもなく、社会保険であるから必然的に個人単位になるわけではない。イギリスの旧制度（失業給付）は、社会保険ではあっても配偶者に対する加算が支給され、給付の側面では世帯単位で制度が構築されていたのである。そもそも失業給付は所得比例の保険料拠出に対し、報酬比例の給付であったので、夫婦のうち1人が働く世帯においては給付においても実質的には世帯単位であったといえなくもない。ただ、これが求職者手当では保険料拠出の多寡によらない定額給付になったので、拠出制求職者手当は個人単位、資力調査制求職者手当は世帯単位とされたのであった。すなわち、稼得能力に応じた拠出と、必要に対する給付という社会保険の原理的思考を見ることができるのである。

　これに対し、資力調査制求職者手当は、要否判定に係る資産はもちろんのこと、支給額については配偶者（事実婚を含む）に対する加算が加えられ、世帯単

位の給付となっていた。ところがこの場合でも世帯単位が貫徹されているわけではなかった。保有資産と給付水準以外の側面では個人単位のしくみを残していたのである。これは、次のような理由による。

　求職者手当は、保険料拠出に基づくものでも資力調査に基づくものでも、共通の受給要件として「労働市場テスト」を〈申請者が〉満たすことが必要であった。「労働市場テスト」とは、稼働能力を有し、積極的に求職活動を行い、再就職のための求職者協定に同意することである。つまり、再就職に向けた何らかの行動を起こす必要があるのは〈申請者〉なのであり、その〈配偶者〉には労働市場への統合に向けた特別の法的義務が課せられることはなかったのである。すなわち、労働市場政策の側面では個人単位とされていたのである。

　労働市場への参入をめぐる個人単位原則は、申請者には労働市場への参入を強制するけれども、配偶者にはそれを求めないということを意味している。このような伝統的専業主婦モデルに依拠した制度設計は、女性の労働市場参加率が90年代以降飛躍的に上昇していたことは相容れない結果を生じさせた。既に90年代には労働力の47％を女性が担っていたのであり、労働市場の実体的側面からは時代遅れのものになっていたのである。その一方で、専業主婦世帯の夫が失業することも多く、労働者のいない世帯が1975年には全世帯の6.5％であったのに対し、1998年にはこれが17.9％にのぼるなど、無職世帯数の増加が社会問題化となってきたのであった。その結果、夫婦2人が雇用されている「ワークリッチ」カップルと、2人が失業している「ワークレス」カップルの格差が拡大していることが指摘されるようになってきたのである。

　折しも、有子世帯にはタックスクレジットなどを通した就労阻害要因の除去を、若年者にはニューディールをはじめとした対人就労支援政策を強化してきたのであるが、失業している夫婦にはこのような積極的労働市場政策の対象とはなり得ていなかった。そこで、夫婦が失業している場合には両方に稼働能力を活用させるようなしくみ作りが必要になった。そこで1999年福祉改革年金法によって導入されたのが、共同申請者（Joint-Claim）制度であった。同法は、両性の本質的平等と、「福祉から就労へ」を具体化する制度への改変が目的としていたのであった。

2　共同申請者制度の制度枠組み
(1)　対　象　者
　「共同申請」という用語の本質的な意義は給付申請を夫婦の共同で行うことではなく、夫婦の一方が申請した場合でも、双方に労働市場テストの要件が課せられることにある。それ故に、この要件を満たさない場合には給付に関するサンクションを受けることになるので、実質的に夫婦2人に求職活動が義務づけられる。

　このような共同申請者制度の対象は、2001年の制度発足時には18歳から24歳までの扶養児童がいない夫婦（事実婚を含む）の夫婦に限られていた。その趣旨は、1998年よりスタートしていた若年者向けニューディールが成功を収めつつあったこともあって、これを利用した就労促進を図ることにあった。翌2002年には適用対象年齢を45歳以下にまで引き上げ、その後には段階的に年齢制限を廃することになっている。そしてこの対象には扶養児童がある場合、傷病によって稼働能力を制限されている者や介護責任者には適用されず、それぞれ雇用訓練手当や付添手当が支給される。また、配偶者がフルタイムの教育課程を受講している場合も適用されない。

　そもそも、資力調査制の求職者手当の受給者は、就労経験が乏しい故に国民保険料拠出が不十分であるか、拠出制求職者手当の所定給付日数を経過した長期失業者である。したがって、就労阻害要因を除去し、雇用される能力を身につける必要性が高い者がこのターゲットである。このような者に対して就職促進のプログラムを準備すると同時に、経済的な動機付けを持たせることで労働市場への接近統合を容易にしようとしていたのである。

(2)　基本的なルール
　拠出制求職者手当の申請者はこのルールが適用されない。また、配偶者がフルタイムで働いていれば、資力調査制求職者手当の受給権がないのでそもそも申請が不可能である。この意味では、稼働収入に基づく生計維持関係は世帯単位である。

　共同申請者が給付を受けるためには、夫婦の2人が以下の要件を満たさなければならない。第1に、対象となる夫婦が共同で給付申請を行うことであり、

第2に求職者手当の一般的な受給要件を夫婦の双方が満たすことであり、第3は夫婦2人が他の社会保障給付受給権を有せず、かつ2人の合算資産が一定額（1万6000ポンド）を超えないことである。

　この中で特に問題となるのは第2要件である。受給者が漫然と給付を受けるのではなく、主体的に求職活動を行う必要がある。さらには、求職活動を支援されることも肝要であり、これを受給者とその配偶者の法的権利義務として法律上明記した。すなわち、求職者手当の受給要件として、①積極的に求職活動をしていること、②パーソナルアドバイザーとの間で求職者協定を締結していることを規定すると同時に、所管行政機関であるジョブセンタープラスが民間団体との協働によって求職活動支援を行っているのである。

　給付の面では、共同申請者が行った給付申請に対し、夫婦2人が受給要件を満たす限りにおいて夫婦分が支給されるが、この要件を申請者の配偶者が満たさない場合には、個人分しか支給されない。

　また、夫婦の2人が失業していた場合、改正前は2人がともに受給要件を満たしていたとすれば、個人単位で受給権が発生し、支給額も個人単位で算定されていた。これに対して改正後は、夫婦が2人とも受給権を満たしたとしても、共同申請者となるので給付水準は共同申請者所定のものとなった。共同申請世帯向けの給付水準は、個人別の給付水準の倍額よりも低額となるために、実質的には給付水準の低下をもたらしたのである。

　すなわち、改正前は夫婦共に失業している場合、いずれか一方が行った給付申請に対し、申請者のみに対して求職活動を行う法的義務が発生し、給付は配偶者加算も含めた世帯単位で行われていたのであった。これに対し改正後は、稼働能力活用の面でも生計維持関係の面でも世帯単位でこれを考えることとし、生計維持のために家庭内で活用できる能力は活用することを求めたのであった。

(3) **制裁措置と減額支給**

　このような支給要件の非充足について、法では求職活動と職業訓練に関する支給停止の制裁措置を定めている。すなわち、ジョブセンタープラスのパーソナルアドバイザーが指示した求職者指令に正当な理由なく応じなかったとき、

正当な理由なく職業訓練課程などの受講を拒否したとき、指示された求職の申込を怠ったとき、職業訓練課程を正当な理由なく欠席ないし中途退席したとき、職業訓練課程を非違行為によって退席させられたときなどは、給付の制裁措置を受けることになっている。この類型の制裁措置は１週間または２週間の支給を停止するものであり、度重なる非違行為についてはこれが４週間の支給停止となる。この結果、夫婦の双方が少なくとも２週間に一度以上積極的に求職活動を行わない場合には、その期間について支給が停止されたままになる。つまり、求職者手当を受給するためには、夫婦の２人とも就職活動なり職業訓練を受け続けなければならないということである。

　このような給付制限によって支給が停止されているとき、夫婦が生活困窮状態に陥る場合が生じる。このような場合には急迫給付が行われることがある。これには２類型があり、配偶者の一方が妊娠中であるとき、重篤な疾患にかかっているときなど、それ自体では所得保障給付の受給権が発生しない場合には、急迫給付と称して減額支給が行われる。減額支給は、共同申請者分の20％を減額したものについて、支給停止の制裁措置を受けている日のすべてに適用される。もうひとつの類型は急迫給付を受給しなければ夫婦が生活困窮状態に陥るということを国務大臣が認めた場合である。この類型は、心身上の状態を勘案しないために、急迫給付を受給することができるのは申請から15日以降であり、減額率も共同申請者額の40％となる。ただ、いずれの場合も住宅費加算などは減額されずに通常支給されることになっている。

　なお、イギリスには最低限度の生活水準を憲法上保障するという考え方がないために、政策的に決定される給付水準の低額さが論点になることがある。ジョセフ・ラウントリー財団の調査によれば、貧困線の指標として用いられることの多い等価可処分所得平均の半分が年間２万5000ポンド、多くの国民が支持する基礎的生活水準額が１万3900ポンドであるのに対し、求職者手当の給付水準は年間で3400ポンド程度にしかならない。この上に急迫給付の減額支給であれば、生活を維持することが相当に困難な給付水準である。したがって、急迫給付の制度は肉体的生存を維持するための緊急的給付と考えた方がよい。つまり、この制度があるからといって、夫婦２人にとっては求職活動を行わない

自由が保障されていないものといえるだろう。

3　共同申請者制度の影響

それではこのような共同申請者制度の導入が、失業者夫婦にどのような影響をもたらしたのか。労働年金省は以下のような調査結果を報告している。[56]

(1)　求職活動への動機付け

申請者のグループを共同申請者制度が開始された当時から対象となっていた18歳から24歳までと、2002年以降新たに対象となった25歳以上とに分けた場合、この制度の導入によって後者のグループの求職活動が活発になった。若年者についてはもともと就労意欲が旺盛だった者が大半であったので制度導入の効果はあまり見られなかったことが理由である。それでも当初から就労意欲の乏しい若年者夫婦については絶大な効果を発揮した。その一方で僅かながら就労意欲をますます低下させた若年夫婦もいることから、個別の対応が検討課題となっている。その上、子どもが成長したことによって扶養児童がいない中高年齢の夫婦にとっては、この制度導入によって就労意欲が減退した。調査結果によれば、就労意欲と社会的なつながりの程度は相当の関係があるものの、これは年齢とともに低下するということである。

(2)　共同申請者制度の効果

共同申請者制度の導入によって新たに求職活動などの義務を課されたのは、5分の4が女性であった。とりわけこの制度導入によって求職活動が活発化したのは就労経験のある女性であり、就労経験の乏しい女性にはあまり効果的ではなかった。これは有配偶女性に固有の現象なのではなく、男女問わず失業状態が長期化していることによって労働市場から距離を置いてしまっているような者にとっては、この制度が導入されたからといって求職活動が活発化したわけではなかった。このような者は、求職活動よりも給付が受けられなくなることの方を選んだというのである。なぜならば、彼／彼女らの多くは低級な職能資格しか有しておらず、就職しても低賃金の非正規雇用で将来への見通しが乏

---

56)　H. Bewley, R. Dorsett and A. Thomas, *Joint Claims for JSA evaluation - synthesis of findings*, DWP Research Report No.235 (TSO, 2005).

しく、自らの生活状態を劇的に改善させるような職業に就くことができるようになるまで、あえてそのような生活を選択しているというのである。事実、共同申請者制度の導入によって得られた職種というのは、低スキルの単純労働であり、とりわけ女性は監督的職業に就くことが少なく、大部分が季節的労働や派遣労働などに就いていたのである。

4 報告書の政策提言

このような状態を受け、報告書では次のような政策を提言している。すなわち、共同申請者制度の導入は、就労意欲のある夫婦には効果的であったけれども、就労意欲の乏しい者にはあまり効果的ではなかった。それは、担当職員の資質や就労阻害要因を除去する手法の開発が不可欠である。それ故に、申請者が労働市場に統合されやすくなるための労働市場の柔軟化が必要であり、求職活動と求職者手当の給付システムがより効果的に結びつくこともまた必要である。これには再就職支援の強化が肝要なのであり、とりわけ扶養配偶者に対する新規インタビューの機能強化と、継続的な職業関連インタビューを拡大していく必要がある、というのである。

第5節　自営業者就労の支援

1　経済的自立と自営業

ユニバーサル・クレジットが就労を支援するためのしくみであると解するならば、自営業者を排除する必要はなく、むしろ経営を軌道に乗せるための活動を積極的に推進すべきかもしれない。実際に労働年金省は、自営業者がユニバーサル・クレジットを活用して経済的に独立することを奨励し、法もそれを予定している。

「我々は、ユニバーサル・クレジットは自営業者になろうとする者を支援すべきだと考える。しかしそれは自営業者になることが経済的に最良の結果をもたらすような場合に限られるべきである」。2012年福祉改革法制定時におい

---

57) Department for Work and Pensions, *Explanatory Memorandum for the Social Secu-*

て、その方向性がかなり明確に打ち出された。つまり、ユニバーサル・クレジット受給者の就労自立を支援することは当然のこととして、自立の形態には使用従属関係を核とする雇用契約や労働契約による賃金収入による生計を維持するモデルだけでなくともよい、という考え方にシフトしたものともいえる。

　ただ、使用従属関係は、労働者が自己の計算と自由との引き替えに遂行されるものであり、就労自立による経済的自立の見通しが立てやすいことには疑いがない。自営業者になる、あるいは自営業者として就労を継続するためにユニバーサル・クレジットを受給することが、自立との関わりで社会的合意を受けるかどうかが別途考慮される。そこで、雇用契約や労働契約を締結して報酬を得るよりも自営業が有益であることを、担当雇用事務官が認める限りにおいて受給者誓約に求職活動要件等が緩和される。[58]

2　自営業者の判別

　ユニバーサル・クレジットを受給しようとする者は、その申請時において聴聞を受ける。もっとも、給付申請自体はオンラインで行われ、歳入関税庁が有する所得情報と照らし合わせて受給資格がありそうな者が聴聞対象者となる。このオンライン申請では所得や資産状況のほか、現在の就労状況についての聴聞を受けることになる。この聴聞内容は、雇用契約・労働契約に基づく雇用労働だけではなく、自営業を営むことで生計を維持することが含まれており、そのような就労形態を継続することを希望する旨の記載がなされる。

　ユニバーサル・クレジット申請時に面接により行われる聴聞をゲートウェイインタビューという。ゲートウェイインタビューでは、自営業を営む、あるいは営もうとしている者が自営業によって収益が得られるか否か（gainful self-employment）、実質的な判断がなされる。[59]

　判断の要素とされるのは3つである。第1が、申請者が当該自営業につき「職業、売買または商売」に従事しているかである（この類型は所得税法上の表現

---

　　rity Advisory Committee. Universal Credit Regulations 2012（TSO, 2012）p.12.
　58)　Universal Credit Regulation 2013, reg.64.
　59)　Universal Credit Regulation 2013, reg.64.

と同一である）。具体的には、申請者が自営業のほか雇用契約に基づく雇用労働に従事している場合、その従事している時間の長短が問われることになる。正業が自営業であるかどうかであり、正業たる自営業の労働時間が副業たる雇用労働に従事している時間よりも長いかどうかにより判断され、副業たる雇用労働に従事している時間が長ければ、自営業者であるとは認められないことになる。

　第2が、申請者の収入が「職業、売買または商業」によって得られたものであるかどうかである。労働時間と同様、自営業収入と雇用労働による賃金収入とを比較した場合、自営業によって得られた収入が雇用労働による賃金よりも高額であることが必要であるとされている。ところがこの判断は困難である。わが国の所得税法上の算定と同様に、自営業者の必要経費確定などのため、事務手続に困難さを伴うからである。したがってこの判定にはユニバーサル・クレジットの決定権者である労働年金省大臣の決定に先だって、歳入関税庁長官の判断が優先される。ただ現実には、所得税等の公租公課負担の手続を自ら行っているかそれとも事業主が行っているか、自己の計算の下に事業遂行を決定する権限を有しているかどうか、労働時間を自ら決定することができるかどうかによって判断されている。[60]

　第3が当該「職業、売買または商業」が収益を得るために設置され、成長し、常たるものとしているかどうかにより決せられる。[61] つまり、自営業が租税や社会保障給付を詐取するために設置されたものでないかどうかが判断される。具体的な判断指標としては、当該事業に週何時間程度従事するのか、正当且つ効果的と思われる事業計画を有しているのか、当該事業活動により得られる収益をどのように増やしていくのかの実施計画を有しているのか、どの程度の市場調査を行いどのような広告宣伝活動を行うのか、といった事項につき判断される。これについては、かなり詳細なガイドラインが定められており、当該ガイドラインに従い、ゲートウェイインタビューではユニバーサル・クレジットで認められる自営業者であるかどうかが判断されることになる。

---

60) Universal Credit Regulation 2013, reg.57（1）
61) Universal Credit Regulation 2013, reg.64.

もちろん、自営業が既に軌道に乗っており、当該事業により何らかの収益があがっているのであれば、それは利益を得られる自営業と認定される。他方で、当該自営業が既に設立されているものであるけれども、その収益が低いか全くないような場合には「当該事業を継続することにより収益を得る見込みがない」と判断され、自営業者性が否定されてしまう。ただ、申請者の心身上の状態や育児介護等の就労阻害要因によって一時的に当該自営業からの収益が見込まれないような場合には、就労の要件そのものを課されることがなくなってしまうので自営業者性が認められ、その結果、ごく僅かな収益であっても下記に述べるような配慮を受けることになる。

　自営業者としての最終決定権限を有するのは労働年金省大臣である。決定に関して不服がある場合には再調査を求めることができ、それでも不服がある場合には審査請求をすることができる。その際には自営業者としての収益の見込みや疾病状況などが再検討されるほか、医学的な労働能力に応じて週あたり16時間を超える自営業を遂行することができるかを判断される。一般的に、後述のように自営業者としての収益が、週あたり16時間に国家最低賃金額を乗じて得た額を超えるか否かがひとつの判断指標となっているからである。

　自営業に関する申請者の取組みが不十分であったり、担当の雇用事務官が自営業を継続することを認めないような事例においては、自営業ではなく雇用労働に就くことが求められることになる。

3　自営業開始後の保護期間

　ただ、実際にはユニバーサル・クレジットを受給する自営業者の事業が軌道に乗っていることはまれであり、そもそも軌道に乗っていればユニバーサル・クレジットを受ける必要がないかもしれない。それでも自営業者支援のために、2012年法は特別の配慮をしている。上述のように、自営業者の許可基準としては一定程度の収益を上げていることが必要であるが、新規事業開始後12か月を「新規事業開始期 (start-up period)」と位置づけ、その期間は収益がいくら低くとも自営業者の営業を許可することにしている。[62] もちろんこの間も就労

---

62) Universal Credit Regulation 2013, reg.63.

時間などの最低基準が設けられ、日常的にジョブセンタープラス担当者との間で収益を上げるためのインタビューを受けることが義務づけられているため、真に自営業を営もうとしている者のみを支援する。もしも担当職員が受給者の自営業について収益を上げることができず継続が困難であると判断するならば、受給者は自営業者としての営業を断念するか、受給要件を満たさないことになるからユニバーサル・クレジットの給付を受けることを断念して自営業者としての営業を継続することの選択を迫られることになる。

4　自営業者の所得

(1) 必要経費控除

　ユニバーサル・クレジットの受給者が自営業を営むことが認められた場合、その自営業収入は原則的にすべて稼働所得として認定され、国が定めるユニバーサル・クレジットの支給基準と受給者の得た稼働所得とその他の所得との差額が毎月支給される。したがって、自営業者としての稼働所得とユニバーサル・クレジットの支給額はトレードオフの関係になる。そうであるならば、ユニバーサル・クレジットに依存して生活することを選ぶ限り、就労意欲を減退させてしまうことは明らかであり、イギリス公的扶助法はこのような貧困の罠や失業の罠を撲滅する歴史を有していた。そこで、ユニバーサル・クレジットと自営業収入との関係は次のように整理された[63]。

　まず、1か月を単位とする評価期間内に得られたすべての収入から、認められた必要経費が控除される。このグロス所得に対して所得税、国民保険料、個人年金・職域年金保険料が控除される。自営業者の収入として認定されるのは自営業による直接の収入だけでなく、所得税・付加価値税・国民保険料の還付金、現物にて受領した財やサービスも含まれている[64]。

　必要経費として控除されるのは合理的な範囲で「完全に且つ排他的に」[65]事業収入を得るために費消された金員に限られる。それには賃料、カウンシル税、

---

63) Universal Credit Regulation 2013, reg.57.
64) Universal Credit Regulation 2013, reg.57 (4).
65) Universal Credit Regulation 2013, reg.58 (1).

保険料、光熱費、電話、(労働者を使用する場合)控除前賃金、事業主としての国民保険料負担分、使用者としての被用者分個人年金保険料、広告費、会計及び法律サービス使用料、付加価値税などが含まれている[66]。

　自動車そのものの保有及び使用は、自営業が業務に使用する場合であろうが非自営業者が事業以外に私的に使用するものであろうが、保有が認められている。ただ、自営業者の場合に自動車保有及び使用に係る経費については、現実に費消した費用ではなく、走行距離に応じた定額の費用負担があったものとみなして控除される。この定額基準は自動車であれば最初の833マイルまでは１マイル毎に45ペンスが、それを超える部分については１マイル毎に25ペンスが認定され、自動二輪車については１マイル毎に25ペンスの必要経費控除が行われる。ただしこれらの必要経費が実際に事業の目的のみに費消され、他の用途に用いられていないことを証明する必要がある。

　より実際に問題になるのは、自営業が私生活と不可分で遂行されている場合である[67]。とりわけ、主として自らが生活している自己所有の不動産で事業を営む場合、事業における当該不動産の賃料について問題になる。この取扱いは規則では明確な定めを置いていないが、労働年金省のガイドラインでは月あたりの労働時間数に応じた定額の控除を行うようにしている。たとえば、月あたり50時間以上100時間未満の事業を営んでいる場合には、現実に支払った賃料ではなく、月あたり18ポンドが控除されることとなっている。もうひとつは、主として事業を営んでいる自己所有の不動産に、従たる要素として生活するような場合である。この場合には、居住者数に応じて控除額が設定され、たとえば、ひとり暮らしならば350ポンドが、ふたり暮らしならば500ポンドが控除されることになっている。

(2) 勤労控除

　必要経費控除により得られた金額が稼働所得最低フロア (minimum income floor) に満たない場合は、ユニバーサル・クレジットの算定上は全額控除される。この稼働稼働所得最低フロアは最低賃金の35時間分を標準としているの

---

66) DWP draft guidance, 12 February 2013.
67) Universal Credit Regulation 2013, reg.59 (3)(4).

で、自営業設立が認められた場合には週35時間までの勤労控除と同じ効果を持つことになる。たとえば、単身者の最低所得フロアは１か月あたり892.82ポンド（35時間×最低賃金6.19ポンド×52週÷12か月－公租公課）となるが、１月800ポンドの自営業収入があったとしても892.82ポンド全額のユニバーサル・クレジットが支給され、1792.82ポンドの手取り収入が得られることになる。このように、自営業者としての認定を受けるかどうか、認定を受けた場合に最初の12か月については、自営業収入が手取り収入の増額に直結するため、就労促進効果を持つことが明らかである。

なお、この稼働最低所得フロアを超えた全額を収入認定したのでは、自営業者が稼働最低所得フロアまでの収益を上げるよう就労抑制機能が働いてしまう。そこで、稼働最低所得フロアを超えてユニバーサル・クレジットの支給基準（要否判定基準）となるまでは、稼働所得につき65％を乗じて所得認定することにしている。すなわち、一定額を超えても超過分の35％が手元の所得を増やす効果を持つことになるという、二段階の勤労控除システムを採用しているのである。

(3) 名目所得

このような自営業者に係る所得の認定がいくらインボイス形式のオンラインで管理されているとはいえ、所得隠しによる不正受給が生じる余地はある。ユニバーサル・クレジットの受給者が、稼働所得が所得基準を上回ったために本来ならば受給資格を失う場合や、事業所得認定された所得が基準を下回るけれども、受給額を増やすために過少申告するような事例である。

そこで、ユニバーサル・クレジットでは、実際に得ていた収入を故意に申告しなかったと思料される場合には、一定額の所得があったものとみなして認定することがある。これを名目所得（notional income）と呼んでいる。

名目所得には２通りある。ひとつは、所得隠しの場合である。ジョブセンタープラスは定期的にユニバーサル・クレジットの受給者と面談を行うが、そこでのヒアリングと実際に提出されている所得の状況に乖離が見られると認定したような場合には、一定額の所得があったものとみなして認定することがある。名目所得の構成要件は当事者がユニバーサル・クレジットの受給権を得る

ため、あるいは受給額を増やす認識が必要ということになっており、それが不正であるか否かの意図は問われない。この結果、職業能力を身につけるためのインターンシップや無償労働についても一定の稼働所得を得ていたものとみなして名目稼働所得が認定されることになる。

　もうひとつは、現実に行われた就労ないし事業の内容程度に照らし、取引先から受領した金員が低廉に過ぎると思われるような場合である。その場合に比較の対象となるのは受給者の居住する地域において、同種の事業を営む者の事業収入となる。この場合にも一定額の所得があったものとみなして認定される場合がある。

　これらとは逆に、受給者が事業を営む地域における同種の事業収入を参照しても、低い事業所得がそのまま認定されるような場合がある。それは、取引先の支払能力がないといった不可避の事情が主たるものである。

　ただ、受給者がチャリティ団体やボランティア期間で就労しているような場合、チャリティ団体やボランティア団体に対して合理的な範囲内で寄付をしているような場合、公益団体で働くことが認められているような場合にも特別の配慮を受けることになっている。すなわち、公益性の高い事業には、それ自体が経済的な利得を生まないとしても、社会的に評価される以上は所得の認定においても評価するということである。

　なお、政府が認めている職業訓練プログラムに従事している場合にもこれが適用され、従事していることによって得られた各種補助金等は一定の所得控除が行われることになる。

5　保有資産

　ユニバーサル・クレジットの下では、流動性のない資産については保有限度が定められる。現金については条件なしで6000ポンド、条件付きで１万6000ポンドの保有が認められる。これには原則として受給者が居住する土地家屋を含まず、宝石、家具、自動車など現金化されていないものでもすべて原則的に保有が認められる。ただし、保有する現金を減らしてユニバーサル・クレジットを受給するために当該動産を購入するような場合には、名目上の資産があった

ものとして認定されることがある。そうすると、保有資産の限度をめぐって生じる問題はかなり日本とは質の違う問題になることが容易に想定されよう。

　自営業者が事業を継続しながらユニバーサル・クレジットを受給するような場合、その保有する資産の関係ではあまり問題になることは少ない。問題は、事業を一時停止するような場合である。[68] 自営業者が有している運転資金は、事業が継続している間は必要経費として認定されよう。しかし、一旦事業が停止してしまうと、運転資金としての貯蓄を現金化することが容易となり、生活費として費消する可能性も残される。そこで、ユニバーサル・クレジットでは、原則として傷病障害を理由とする事業停止から6か月間は、事業再開の目途が立つ限りにおいて保有資産としては認定せず、それ以外は資産認定することになっている。

6　自営業者ルールの浸透と現実

　以上見たように、ユニバーサル・クレジットでは、就労促進を中核とする給付体系を構築するため、自営業者について一定の配慮を行っていることがわかる。とりわけ、ユニバーサル・クレジットを受給しながら新規に自営業を興し、軌道に乗るまで経済的支援を行いつつジョブセンタープラスのパーソナルアドバイザーが他機関との間で有機的な連携を図りながら事業発展の支援をしている点は、注目に値する。問題は、このしくみがうまく機能しているのか、ということである。

　労働年金省は2013年、自営業者とユニバーサル・クレジットに関する調査報告書を提出した。[69] 回答者の多くはユニバーサル・クレジットを受給しながら自営業を営むことは家庭責任上、あるいは人生設計上非常に有益であると考えているが、低所得、長時間労働、収入の不安定さなどの懸念を常に抱えていると報告している。ただ、長時間労働になったり不安定になったりするのは事業

---

68)　Universal Credit Regulation 2013, reg.48 (2), Sch 10 at para 8 (b).
69)　Roy Sainsbury and Anne Corden, *Research report: Self-employment, tax credits and the move to Universal Credit*, Department for Work and Pensions Research Report No.829 (2013).

の性格に由来するものであり、取り扱う事業の財やサービスが季節的であったり仕事量の大きな変動があったりする。また、天候によって生産物や労働時間が左右されるような事業もある。

　自営業を開始した理由は千差万別であり、いわゆる起業家から家庭環境上の制約から自営を余儀なくされた者、心身上の理由により雇用労働のような人間関係と規則正しい生活環境に不向きな者などがあった。

　ジョブセンタープラスは面談を通じて自営業を営む受給者に指導をすることがある。これについて、調査によると現在以上の指導による改善の命令や面談機会の増加を望む者は多くない。むしろ、ゲートウェイインタビューでは自営業についての聴聞が概括的であるために、あまり有益ではなかったということもあった。

　面談の機会は7日に1度程度であるが、これが多すぎるということはない。ただ、7日に1回開催される面談に出頭することがどの程度自営業の収益改善に役立っているかは不明確であるばかりでなく、出頭し忘れて、あるいは出頭時間に出頭することができずに不利益を受けることを懸念していることがわかった。

　また、自営業者とユニバーサル・クレジットにおいて最も重要なのが最低稼働所得フロアである。この比較的複雑なしくみについて理解しているものはあまりおらず、影響を受けることが少ない低所得者が必要以上にこのしくみを懸念しているのに対して、影響を受ける比較的高所得の者があまり理解していないことが問題であると指摘している。

　このように、ユニバーサル・クレジットにおける自営業者の取扱いは、わが国のそれとは大きく異なり、かなり寛大な制度のように思われる。ただ、ユニバーサル・クレジットが就労支援を軸にした給付体系ととらえるならば、それなりの合理的な理由をもって構築されているともいえ、示唆的であるといえよう。

第3章 受給要件としての求職活動

第6節 小　　括

　求職者が所得保障給付を受給するための要件として設定された求職活動について、次の2点の特徴を指摘することができるだろう。

1　受給要件としての求職活動の評価
　積極的雇用政策のあり方をワークフェア型とアクティベーション型に分類する場合、かねてからイギリスはワークフェア型に位置づけられることが多かった。とりわけ、1995年求職者法は、その受給要件として積極的に求職活動をすることが明示され、その活動内容について求職者協定を締結することが受給要件であるとした。これにより、行政庁から指示された求職活動に従事しないことが所得保障給付を喪失するというハードなワークフェアと分類してきたように思われる。
　しかしながらこのような評価は、少なくとも1995年求職者法以降は正当であるとはいえない。確かに求職者の求職活動の態様によっては給付を制限されることがあったにせよ、その活動すべき態様については、求職者の置かれた状況や求職意思を個別に勘案しつつ策定され、それが実行できなくとも即時に給付を制約することにはなっていなかった。これを実現するためには、求職者の状況に応じた個別の支援体制が整えられていることが前提条件であり、個別の支援において個別の対応が取られてきた。その意味で、求職者が不十分な求職活動しか行わなかったとしても、当事者間の合意に基づく求職活動内容の変更を通じて要件が充足されてきたのであった。それ故に、受給要件としての求職活動は、法的な意義を有するというよりも、パーソナルアドバイザーと求職者の行動を根拠づける、事実上の意義を有していたと評価することができる。
　しかしながら、ユニバーサル・クレジットは、そのような事実上の意義から脱却し、求職活動を法律上の義務にまで高めることになった。そうはいっても、求職活動の枠付けにおいては求職者の個別具体的な状況と希望が反映されるしくみになっており、漫然と労働が強制されるしくみではない。そこで保障

され␣る求職者の自由は従来の法体系の延長上にあり、その意味で実際上の大きな変更をもたらすものではない。そこで重要視されるのは、求職者の自由であり、その自由が公益といかなる調整を必要とするかという観点から制度が形作られる。

このように見てくると、イギリスの所得保障給付と求職活動は、労働市場に参入することを支援するしくみとしてのアクティベーション型の関係を有しているということができよう。

2　就労自立支援プログラムの法的態様

1995年求職者法における労働市場テストでは、求職者が何らかの経済的活動に従事するようになることが受給要件として位置づけられていた。求職者が経済的に自立するためには、職業生活の上で自立していく必要がある。この計画策定として、求職者協定が締結されるようになっていた。求職者協定はそれを締結することが受給要件とされたので、協定内容を履行することには特段の法的意味がなかった。求職者協定条項に基づいて求職活動を指示し、それに違反した場合には制裁措置が加えられるという構成をとった。それ故に、求職者協定にいかなる条項を盛り込むか、求職者協定の条項自体から求職者の行動を義務づけることはなく、パーソナルアドバイザーの指示内容が法的義務となった。つまり、求職者協定には求職者とパーソナルアドバイザー双方の行動を義務づける規範とはならず、その意味で契約とは呼びがたいものであった。

これに対し、ユニバーサル・クレジットにおける受給者誓約は、その策定にあたってパーソナルアドバイザーと求職者との間で合意形成に向けた検討が加えられるけれども、基本的にはパーソナルアドバイザーに策定のイニシアチブがあり、指示に関する根拠ともなりうるものである。それ故に、両当事者の真意に基づいて策定された契約であるとはいいがたく、求職者の意に沿わない指示内容に違反した場合であっても不利益処分が課されうる。

しかしながら、受給者誓約は全くの自由裁量で策定されるものではない。その裁量には自ずと限界があり、求職者がそれに反した場合にもすぐに不利益処分が加えられるということでもない。これらの点は、具体的に求職者と労働市

場とのマッチング、求職者の職業能力養成にあたっての行為様式における、制定法上、判例法上の制約が加えられる。次章以降ではこれを検討しよう。

第4章　労働市場と社会保障法

第1節　本章の課題

　失業者には、自己の希求する求職条件の自由が保障されるべきであることは疑いがない。他方で、失業者に対して行われる所得保障は、それが税財源であれ社会保険財源であれ、拠出者の同意に基づき、それが支給されるべき要保障事故には制約が加えられる。そうすると、失業者の要保障事故発生事由ないし求職活動の態様によっては、所得保障給付を受けられないことがある。つまり、失業者の労働権保障と労働の義務が衝突する場面が生じることになる。

　在職者の労働権保障と労働の義務も同様である。ある者が労働契約を解除して離職したことよって失業者となり、それと同時に失業という要保障事故が発生した場合、当該離職が求職者の自発的な意思に基づくものであれば、所得保障を失うことがある。もっとも、求職者は不本意な労働条件に従うことができなくなり労働移動を希求する場合もあるだろうし、私的な事情や利己的な事由によって離職を選択する場合もあるだろう。

　求職の条件が社会的に是認しうるもので法的に保護されるべき条件もあるだろうし、利己的な求職条件であって法的保護に値しないものもあるだろう。

　問題は、これら求職者の離職ないし求職の条件態様が所得保障といかなる関係を持つのか、いかなる条件態様が法的に保護されるべきであるかということである。そこで本章では、離職事由の自発性と求職時の職業選択について検討しよう。

第2節　自発的離職に対する制裁

1　自己都合退職と失業給付

　期間の定めのない労働契約を締結している労働者が、自らの意思によって労働契約を解消することが法的に保障されていることは、洋の東西を問わない。いわゆる退職の自由を保障する趣旨である。しかし、本来的には労働者の自主的な退職は、退職後の生活をいかにして維持するかについて事前に準備しておくことが可能であり、また、望ましくもある。そのため、自己の都合によって労働契約を解除した場合には、失業保険・雇用保険などの社会保障給付に制限が加えられることもまた、洋の東西を問わない。わが国の法制では、雇用保険法が正当な理由なく自己の都合によって退職した場合には3か月の給付制限を加えることにしている。さらに、正当な理由のない自己都合退職は基本手当の所定給付日数自体も削減されるため、離職後の生活保障にとっては抑制的な機能を生じさせている。

　よく知られているように、ILOの2008年レポート[1]でいう、日本の失業者のうち77％の者が雇用保険の基本手当を含む何ら失業関連給付を受けていないことは、わが国に衝撃を与えた。もっとも、この主たる要因は自己都合退職に対する給付制限であった。[2]　雇用保険・失業保険法の制定趣旨は国によって異なり、アメリカのような解雇賠償を主体とする失業保険では、正当な理由の有無にかかわらず労働者側辞職については保険給付を行わず、使用者側の解雇に限定して保険給付を行うことが通例である。[3]

　イギリスでは、日本の法制と同様に、正当な理由のない自己の都合による退

---

1) ILO, *The Financial and Economic Crisis: A Decent Work Response?*, (2008) p.16.
2) 丸谷浩介「失業時の生活保障としての雇用保険」日本労働法学会編『日本労働法学会誌』111号（2008年）30頁。この点に関するドイツ法の研究として、上田真理「雇用保険法における給付制限規定の検討―『自己都合』退職とは何か」東洋法学57巻1号（2013年）119頁。
3) この点を詳述したものとして、地神亮佑「労働者の離職理由と失業給付（1）（2完）」阪大法学64巻1号（2014年）209頁、64巻2号（2014年）529頁。

職については給付制限が加えられる。実際、イギリスも自己都合退職によって何ら給付を受けていない失業者の問題が重要視されており、その意義を問い直す必要が生じている。そもそもこの制度は、労働者の退職の自由を制約するものとなりうるし、不当な労働条件・労働環境の下で就労継続することを余儀なくされる可能性がある。他方で、正当な理由のない自己の都合による退職について寛大な社会保障給付を認めると、安易な労働移動を認めることになるし、失業関連給付の財源支出者の利益を不当に害する結果になるかもしれない。そこで、法制定以降様々な議論を経て現在のようになってきた。ここでは、正当な理由のない自己都合退職についていかなる法規制とその判断方法、守るべき利益が何であったのかを検討しよう。

2 自発的離職への給付制限
(1) 展　　開

　イギリスにおける失業保険法性の嚆矢は、1911年国民保険法である。同法は国労使の三者が拠出する保険料によって構成され(85条2項)、保険産業労働者の失業保険にかかわる権利を規定していた(84条)。離職者が労働能力を有し、適切な雇用を得ることができない場合には、過去5年間に26週間を下回らない雇用関係にあった場合に限り、失業給付を支給される(86条)。ただし、離職者が非違行為によって解雇された場合と正当な理由がなく自発的に離職した場合には給付を6週間欠格するとの規定を設けていた(87条2項)。その一方で、雇用関係が継続している労働者に対しては、保険者から使用者負担分を払い戻すとともに(94条)、労働時間の短縮操業をした場合にも使用者負担分を払い戻すとの規定を設けていた(96条)。そもそも失業保険の対象となる保険産業は、建設業や造船業等の景気変動に伴う周期的失業が発生しやすい産業部門に限られていた。これらの事情から、失業保険制度は解雇補償的な性格の濃いものであったといえる。したがって、自発的に離職した者への給付は例外的措置に止まった。

　当時の説明によると、雇用の喪失に関しては使用者に対する非違行為や正当な理由のない自発的離職について、利己的な失業者を社会保障給付から「欠格

させる」ということが繰り返し強調されてきた。それ故に、1911年法当時から「自発的な離職」というものが、単に外形的に労働者から使用者に対する辞職の意思表示のみを指すのではなく、給付申請者の離職事由を精査して自発的か否かを判断してきたのであった。この判断は、社会保障不服審判所などによって生成された膨大な判例法によってルール化が図られてきたのであった。しかしながらこのルールが制定法上明文化されることはなく、現在でも判例法理によって判断基準が生成されているといっても過言ではない。

ところで保険料払い戻し制度は1920年失業保険法によって廃止された。そして給付制限の期間に関しては、離職の態様に応じて1週間から6週間までの間で裁量的に決定されることになった。しかしながら、失業給付の対象者が原則的に非任意的な失業者としている立法上の基盤には変わりがなかった。1930年の失業保険法で不誠実な求職活動に関する給付制限が強化されたけれども（4条）、自発的な離職に対する給付制限の基本的な構造は変更されなかった。これは、1942年のベヴァリッジ報告を受けた社会保障制度の再構築期においても同様であった。1970年代には失業者のうち65-70％が自発的離職であるが故に何らの失業給付を受けていない状態にあった[4]。

これに変革をもたらしたのが1980年代のサッチャー保守党政権である。保守党政権は、自発的な離職状態に対する給付制限を通して、労働市場の流動化を促進させることとした。

すなわち、1980年代には剰員整理解雇手当を拡充するとともに、解雇規制を緩和する一方で、1986年には従来6週間であった給付制限期間を13週間に延長し、次いで1988年にはこれを26週間へとさらに延長したのであった[5]。

1992年社会保障拠出給付法では、その28条で自発的離職に関する給付制限を規定する。この92年法までは欠格日数が失業日数に含まれないことになっていた。すなわち、わが国の雇用保険法でいうところの所定給付日数を削減するというものではなく、一定期間の待機を給付の待機を求めるというものであっ

---

4) John Mesher, *Compensation for Unemployment* (Sweet & Maxwell, 1976) p.1.
5) Richard Stafford "Disqualification from unemployment benefit: a review of the principles" 3 J.S.S.L. (1996) p.74.

た。したがって、所定給付日数の312日の総日数自体に影響しないものであった。

　1995年に失業給付が求職者手当へと変更されたが、これによって自発的な離職に対する給付制限についても従来とは異なる意味が付与された。国民保険制度における失業給付制度は、1995年求職者法によって国民保険財源による拠出制求職者手当と稼働能力者に対する資力調査制求職者手当へと再編された。両者は保険料納付実績や資産活用などについて異なる要件が設定されたものの、基本的な給付水準や給付行政にさほど相違があるわけではない。

　しかし、1995年法は拠出制求職者手当の所定給付日数を26週間に半減させるとともに、給付制限期間は拠出制求職者手当の所定給付日数を削減する効果を持つこととした。これにより、自発的に離職した場合には保険給付がそのまま削減されることとなった。これは同時に、求職者手当を受給していることが要件となっている他の社会保障給付、たとえば住宅手当などの関連給付をも受給することができなくなるという効果を持つことになった。したがって、給付申請者にとっては、その離職が正当な理由のない自発的離職に該当するか否かということが、従来にも増して大きな意味を持つこととなったのである。このような事情から、給付制限のことを「欠格」から「制裁」へと呼称が変更されるなど、その法的な意味づけが大きく異なるようになってきたのである。

　このように重要な意義を持つ自発的離職状態の判断は、給付判定官にとってもまた重要な意味を持つことになった。意思決定を行う国務大臣と不服審査にあたる社会保障（上訴）審判所が扱うことのできるこの問題に関する裁量権限もまた、縮小された。これは、求職者法の委任立法である求職者手当規則がその詳細を定めているからであり、排除期間の決定に係る考慮要素、正当事由の考慮要素などについて、いくつかの例示がされているのである。

(2)　法の構造

　1995年求職者法における自発的な離職に関する給付制限規定は、次のような構造であった。

　求職者手当の受給要件を満たした求職者が、「正当な理由なく自発的に離職した場合（19条6項b号）」、当該求職者に対する求職者手当は支給されない（19条1項）。しかし、剰員整理の過程で辞職に応じた者は、自発的に離職したも

のとはみなさない (19条7項)。そして、19条6項b号にいう正当事由については、1996年求職者手当規則73A条に定められている。また、給付制限期間については国務大臣が26週間を超えない範囲で決定するものとされ (19条3項)、給付制限期間決定の裁量権行使にあたっては規則70条が参照される。

本要件の充足正判断にあたっては、給付判定を行う国務大臣側に立証責任があり、当該離職に正当事由があるか否かの立証責任は求職者側にある。

そうすれば、本書は①いかなる場合が正当な理由のない自発的離職にあたるのか、②自発的離職に対する給付制限期間の裁量権行使、③立証責任について検討しなければならい。本書では①に焦点を当てて検討しよう。

3　自発的離職の判断

1995年法19条によれば、給付申請者が給付制限を受ける自発的離職に該当するために、次の三要件を満たす必要がある。すなわち、(1)申請者が離職したこと（離職の事実）、(2)離職が自発的であること（自発性）、(3)離職に正当な理由がないこと（離職の正当性）である。以下ではこの三点について検討を加えることにしよう。

(1)　離　　職

「離職」に関する法律上の定義規定は存在していない。文字通りの雇用契約の解除が離職を意味するのは明らかではあるが、雇用関係における労働者による一時的な労務提供の拒否ないし使用者の労務受領拒否、長期欠勤が離職状態にあたるのかが問題となる。

これに関する裁決例は次のような事例である[6]。巡査部長たる申請者は、退職年齢まで数年を残して早期退職しようとしていた。退職にあたって遠隔地に自宅を購入したため、通勤が困難となった。申請者は退職に先んじて使用者と相談し、相談から2週間後に別の雇用関係に入ることとなった。この間、雇用関係は継続しているものの、労務提供がなされなかった。コミッショナーは、当該事案に関して申請者の雇用関係が継続しているにもかかわらず労務提供がなされていない状態を離職にあたるととらえた。ただし、事例解決としては正

---

6) R (U) 20/64 (T).

当な理由のない自発的な離職にあたるものと判断した。

　このように、一時的な労務提供拒否が離職にあたるということは、使用者による労務の受領拒否も、それが賃金請求権を伴わない場合には離職状態にあたるといえるであろう。したがって、雇用契約が継続しているか否かが離職のメルクマールにあるのではなく、労務の提供とその反対給付としての賃金請求権の存否がこれを決する指標となるといえよう。このため、この事例では離職の立証責任は給付判定官側にあるとされている。申請者が給付を求めるのは自らが離職していることを前提としてそれを行っているのであるから、これを否定することは給付判定官側が立証しなければならないということである。

(2) 離職の自発性

①離職の自発性が認められる事例——申請者の意思表示の錯誤

　一旦申請者が自発的に離職したことを証明したならば、次に彼にはその離職について正当な理由があったかどうかを示すことになる[7]。それに故に、最初の問題はその離職が彼にとって自発的なものであったのかどうか、それとも辞職が強制されていたのかを判断する必要が生じることになる。申請者の離職の意思表示を生じさせた内心はいかなる契機によってもたらされたか。

　申請者の辞職の意思表示自体が内心と一致するけれども、その内心が錯誤による場合である。申請者が、もはや解雇が避けられないという確信があったけれども、それが単なる思い込みに過ぎないときであっても、彼には自発的に離職したものと取り扱われる。次のような事例である[8]。

　判決までの間休職していた係争中の土木技師は、使用者との間に判決の結果によっては解雇されるという合意が存していた。土木技師は有罪判決を受け、雇用関係に復帰することはなかった（辞職の意思表示が黙示的に存在した）。審判所は彼が自発的に離職したものとはいえないが、使用者は彼を解雇するであろうから、その場合には自発的に離職したものと同一視しうる、とした。

　さらに、これとは逆に使用者が契約を終了させるような場合であっても、申請者が自発的に離職したと取り扱われる場合がある。この規則は、自らの行為

---

7) CU/16/66.
8) R (U) 1/58.

が使用者の解雇を生じさせることを了知しているにもかかわらず、申請者が故意に (deliberately and knowingly) これを行った場合にも適用され、申請者は自発的に離職したものとされる。ただし、この論点は次に述べる使用者側の意思表示に関与する申請者側の行動という論点になるので、ここでは省略する。いずれにせよ、申請者側の意思表示がいかなる態様であったとしても、その行為が解雇を惹起させるものであるならば、それは自発的な離職を構成しうるものといえよう。

②退職の強要——先制的意思表示

自発的な離職の典型例は、離職の意思表示に係る申請者の内心と表示意思が合致し、これによって雇用契約関係が終了していることである。実際、ほとんどの場合には離職の自発性が問題になることはなく、争いが生じるのは離職に係る正当な理由の存否である。それでも自発性が問題になるのは、①使用者などの関係当事者から退職を強要されるような場合、②解雇の意思表示に関し、使用者の表示意思形成過程に労働者の意思が介在する場合である。ここでは使用者の意思表示における錯誤の事例を検討しよう。

会社の専属劇団の俳優が、会社に対して自身の辞職を賭けて行っていた要求が受け入れられなかった事例では、後に解雇の意思表示がなされたにもかかわらず、自発的に離職したものと審判所が判断した[9]。すなわち、申請者側は解雇の確信に基づいてそれを誘発するような行為をなすということは、表示意思が使用者側からの発意によるものであっても、先制的に行われた表示意思を尊重するという考え方である。

このような先制的意思表示の尊重論は、労働者による辞職の意思表示撤回についても適用される。雇用関係の終了を告知した労働者が、これに続いて「軽率且つ愚かにも」これを思いとどまって反対の意思表示をした場合である[10]。使用者はこの意思表示を受け入れず、コミッショナーは申請者が自発的に離職したものと判断した。

一方、専制的意思表示尊重論には、表示意思の形成過程における当事者の真

---

9) R (U) 33/51.
10) R (U) 27/59.

意が排除されるという欠点を持つ。そこで、雇用契約解除の原因が労使のいずれにあったのかを探求する必要性が生じる。つまり、使用者側の意思表示としての解雇の形態を取るものの、解雇の意思表示形成過程には、雇用契約の解除が避けられない申請者側の行為があったことが重要な地位を占めていた場合に問題となる。これには次のふたつの事例がある。

　第1[11]は、申請者が雇用の条件として課されていたX線の受診を拒んだ場合があげられる。食堂のアシスタントとして採用が内定していた申請者は、採用時健康診断でのX線検査の受診を拒み、これを理由として申請者は解雇された。コミッショナーは、「もしも、X線検査を受診しなければ解雇されることを彼女が了知しつつも、彼女が故意に受診拒否しているということは、自発的な離職を構成する」と判断し、この解雇は申請者の自発的な離職にあたるとされ、失業給付の給付制限を受けた。

　第2[12]は、労働者が休暇を願い出たにもかかわらず使用者がそれを拒否したので、労働者が欠勤した事例である。雇用契約上の義務を労働者が履行しない（債務の本旨に従った履行の提供をなさない）ということが、辞職と同一視しうるか、という論点である。審判所は、申請者の行為が自発的な離職を構成すると判断した。したがってこの場合も申請者側の行為が惹起する解雇が、自発性を肯定するということを再確認させる。

③自発性が認められない事例

　これに対し、自発性がないものと認められる事例には次のようなものがある。

　第1[13]は、申請者が雇用契約条項に退職年金制度への加入が強制されていることを知らず、使用者から提示された年金制度に反対していたという事例である。コミッショナーは退職年金への加入拒否を理由とする解雇が自発的な離職を構成せず、年金制度加入拒否が解雇を招来させたとまではいえないと判断した。

---

11)　R (U) 16/52.
12)　R (U) 2/54.
13)　R (U) 9/59.

第2は、次のような事例である。申請者の雇用契約条項には時間外労働に関する言及がなかったが、就労開始後、現場責任者から毎日時間外労働をするように命じられた。申請者は時間外労働を拒否したのみならず、契約条項にある（時間外労働ともならないような）他の仕事も拒否した。申請者は1週間の解雇予告期間の後に解雇された。コミッショナーは、申請者には使用者の望みを受け入れて解雇を避けることができたものの、彼がそのような行動をとらずに就労を拒否したとしても、使用者による雇用契約上の債務不履行を重視し、それをもって自発的な離職を構成しないと判断した。

　第3は、クローズド・ショップのイギリス国有鉄道の労働者が、労働組合加入を拒んだために解雇された事例である。コミッショナーは、この解雇が自発的な離職を構成しないと判断した。

　ところで、剰員整理過程における早期退職への応諾は、自発性なしとされる。1991年の事例では、使用者が剰員整理を行う過程において、早期退職者を募集した。これに応じなければ剰員解雇が避けられないという状況下、これに応じた申請者が自発的に離職したものとして給付制限を受けた。剰員解雇該当者には1975年社会保障法での保護が予定されているのであるが、この利益を自ら放棄したというのがその理由であった。コミッショナーは、たとえ申請者が剰員解雇における早期退職に応募せずに長期間働く事ができたとしても、早期退職に関して使用者との間で合意されているのであるから、それは自発的な離職にはあたらないのだとした。つまり、表示意思は辞職であったけれども、その意思の形成過程を踏まえると合意解約であると判断するのである。

　このような剰員解雇に関する保護は、制定法上も明らかにされた。1985年社会保障法以来、現在も以下のような規定を置いている。「1996年雇用権法139条1項にいう剰員整理を理由とした使用者による解雇に関し、労働者が当該解雇に自発的に応じたり合意するような場合、当該被用者は自発的に離職したの

---

14) R (U) 7/74.
15) R (U) 2/77.
16) R (U) 3/91.
17) Jobseekers Act 1995, s.19 (7).

ではなく、非自発的に離職したものと扱われる」と。

この条項はさらに、本来ならば剰員整理に応じて自発的に離職したにもかかわらず、自発性を否定する下位規則を制定させる契機となった。これには、①解雇に応じていたり合意した（この意味では、解雇でなく合意解約の申し込みに対して合意したということになる）後に、剰員整理を理由として解雇された場合、②解雇の意思表示がなかったにもかかわらず、剰員整理に応じるように説得され、結果として離職したとき、③事業所がレイオフや短時間操業を行っているときである[18]。

1985年法当時は剰員整理に応じなかった場合のみを規定していたのであるが、上記1991年の裁決例[19]で労働法上の「解雇 (dismissal)」と社会保障法上のそれとが異なる意味を持つことを許容したのであった。上記の剰員整理解雇の事例にこれを明らかにしたものと評価されうる。

したがって、社会保障法上の「解雇」というのには、労使が将来生じうる剰員整理を想定していかなる形態であれ労働者が離職することに合意することをも含む、ということになった。この解釈には、離職時の生活保障を置くという政策目的とは首尾一貫したものであり、これを明文化して規則の第2項・第3項を制定させることになったのである。

(3) **離職の正当事由**

①制定法上の定め

求職者法自体には、正当な理由の定義規定をおいているわけではない。ただ、同法19条8項(a)(ii)が「申請者の作為、不作為に関する正当な理由」を規則で定めるとしており、この委任を受けた求職者規則73A条が次のように定めている。すなわち、申請者の作為若しくは不作為について正当な理由があるか否かの決定については、以下の事情を考慮しなければならないというのである。

　　a 申請者を雇用関係に置けば不合理を生じさせるような子どもへの養育責任があるとき（同規則73A条2項a号）。
　　b 申請者が雇用関係に入った場合に必要となる保育費用が、申請者の報酬水準から

---

18) Jobseeker's Allowance Regulations 1996, reg.71.
19) R (U) 3/91.

みて高額に失する場合(同条2項b号)。

　正当な理由として制定法上認められているのは、このような児童養育に関する事項に限定されている。それ以外の事情について正当な理由があるのか否かは下位規則に委ねる事としているが(求職者法19条8項(a)(ii))、現在に至るまでその具体的内容が定められているわけではない。それ故に、全て解釈問題に帰することになる。

　しかしながら、具体的問題の解釈にあたって、その考慮要素として特別の扱いを受ける事情がある。賃金水準の低下がそれである。ただ、かつて賃金水準の低下は正当な理由を構成すると判断されていた。1953年の裁決例[20]がそれである。出来高払いの労働者が使用者から雇用期間の変更を申し入れられ、これを拒否したことを理由に即時解雇された。この雇用期間の変更は週あたり賃金の低下を招くものであり、これを拒んだことで雇用関係の終了がもたらされたのであった。労働者には状況を改善するための検討の余地がなかったことから、解雇が自発的な離職を構成するけれども、それには正当な理由があるものとされたのである。

　国家が労使関係に介入することは望ましくないばかりか、労働力を流動化させるためには賃金の低下を労働者が甘受すべきであるとの考え方が支配的になってきた。そこで、1985年の法改正によって、制定法上賃金低下が正当な理由を構成しないと明文化したのであった。

　そこで、求職者法19条9項は次のように定めた。申請者に正当な理由があるか否かを判断するに際して、当該雇用における賃金水準は考慮しない、と。

　この政策目的は、低賃金故の離職を阻止し、そのように利己的な求職者に給付を与えることによって、社会保障財源の適正な配分を阻害することを防止するためであると考えられている。[21] 制定法上違法となる国家最低賃金額以下の賃金を許容するものではないが、それ以上であれば社会保障法が労使間に介入すべきではないからである。

---

20) R (U) 15/53.
21) Child Poverty Action Group, *Welfare Benefits Handbook* (CPAG, 2000) p.355.

第4章　労働市場と社会保障法

②離職と利害関係者の利益

　正当な理由の解釈は、制定法上の考慮事項以外についてはかなり広範にわたることになる。この解釈に関するリーディングケースとして、1982年のCrewe事件控訴院判決[22]がある。事案は以下のようなものである。

　児童数の減少に悩む地方教育当局は、教育上及び財政上の理由から、中高年教員を削減して若年教員へと刷新する計画を練っていた。地方教育当局は50歳以上の教員に対する早期退職制度を導入し、対象者には賃金相当額の年金が支給されることになっていた。

　61歳の教員Creweは早期退職制度に応募し離職した。Creweは再就職する意欲が乏しいものの、1975年社会保障法に基づく失業給付の申請をした。保険給付を掌る保険官と地方社会保障審判所の審判員は、Creweが1975年社会保障法20条1項a号にいう「正当な理由なく自発的に離職した」ものと判断し、失業給付を6週間欠格させることを決定した。Creweは社会保障コミッショナーに控訴したが、コミッショナーは審判所の判断を支持した。そこでCreweは、早期退職制度に応じることは使用者の利益に適うものであり、ひいては地域コミュニティの利益にも適うものであるから、給付の欠格が不当であるとして控訴院裁判所に訴えた。

　控訴院裁判所は、次のような理由付けで訴えを退けた。「国民保険制度の原則論は、非自発的に生じてしまった失業に関して保険をかけるものである。それゆえに、すべての被保険者は失業が自発的に生じないようにする一般的な義務を負っている。法の規定する『正当な理由』があって自発的に離職したということを示すためには、国民保険基金によって担われている失業給付の拠出負担に対し、当該事例においては自発的に離職することが正当かつ合理的であるということを証明しなければならない。それ故、被用者が自己と使用者、コミュニティにとって離職が合理的であるということを示すだけでは十分ではない。また、被用者と保険料拠出者との間だけで法20条1項a号がいう「正当な理由」があって離職したか否かを示す必要もない。すなわち、本件で申請者は離職によって十分な財政的給付を得ているのであり、他の仕事を探そうとして

---

22)　*Crewe v Social Security Commissioner* [1982] 2 All ER 745, [1982] 1 WLR 1209.

いるわけでもない。このことは、離職から6週間分の失業給付を行って保険財源に費用負担を強いることが正しいとも合理的であるともいえないことになる。以上の理由により、申請者の控訴を棄却する。」

つまり、「正当な理由」には、国民保険基金の拠出者という利害関係者と、申請者の利益とのバランスが含まれることになるというのである。そもそも本判決も審判所のいくつかの判断[23]を踏襲するものであった。本判決と審判所の裁決によると、自発的な離職に対して社会的に保護を与えるか否かの判断につき、申請者の最善の利益の問題に帰着するのではなく、また同様に、被用者と使用者との正当性にあるのでもないということになる。さらには、公共の利益一般に還元されるのでもない。彼が正当な理由なく離職したというためには、当該事例において合理的に行動したと証明する必要がある。それは、彼の失業が、国民保険基金に投げかけるであろう負担を正当化させるほどのものでなければならないということを意味している。これは同時に、早期退職という事象自体は使用者から提示された合意解約の申し入れに対する労働者側の応諾という法律構成になるのではあるが、この外形によらず退職意思の形成過程に着目した判断を行っていると考えることができる。

それでは、この判決の射程はどの程度か。この効力について、Crewe事件に先立つStratton事件[24]の王座裁判所は「コミッショナーの決定が長期にわたって変更されず、規則の変更もなく、移送命令書にも異議申立がされず、当事者すべてがそのような慣行にしたがっている場合、それは拘束力を持つべきである。上級裁判所がこれに対する例外的状況として残されているべきではない」と示していた。それ故に、労使間のみならず保険基金に対する正当事由を考慮すべきとの思考について、制定法上明文の変更などがなければ、このような判断が継続する。

(4) 裁決例の展開

このように、正当な理由の有無は申請者の利益が保険基金、ひいては保険料

---

23) 11760/30, R (U) 26/51, R (U) 14/52, R (U) 23/59, R (U) 20/64, R (U) 4/70.

24) *R v National Insurance Commissioner, ex parte Stratton* [1979] 2 All ER 278 at 282, [1979] 1 QB 361.

拠出者全体の利益に優越するか否かという視点で判断されることになる。そうすると、使用者が雇用契約上の義務を誠実に履行しない場合には、保険者全体の利益よりも申請者の利益が優先するということなる。それには次のような事例がある。

　第1は、契約上の雇用契約の定めを使用者が履行していない場合である[25]。徒弟契約に基づき徒弟が受領していた賃金額が契約よりも低額であることを労働組合が指摘し、これに基づいて徒弟が自発的に離職した。使用者が徒弟契約を履行していないとして正当な理由があるとされた。

　第2が、雇用契約上の義務履行に関する心身上の能力についての評価が適正に行われていないことを理由とする辞職[26]である。見習い事務員が6か月の試用期間中6週間が経過したところで辞職した。使用者は彼に適性がないので長期にわたる試用期間を設定したのであるが、申請者にとっては自己の能力を過小評価されていると考えていた。審判所は正当な理由があるものと判断した。

　第3は、家庭の事情から離職を余儀なくされる場合である。これには家庭又は個人的状況から見て通勤が困難になる事例があげられる[27]。申請者は妻と1歳の子どもと共に2階の屋根裏部屋で生活していたが、そこから転居したために毎日の通勤が困難となり離職した。審判所はこれを正当な理由があるとした。また、他の事例として男性教師が妻と4人の子が、妻の調理師として与えられた小さな宿舎で生活していたものがある[28]。申請者は、妻が働いている間に幼い子どもを養育するために離職したが、これには正当な理由があるものと判断された。

　第4は、ショップ制に基づく辞職と解雇である。電気工が労働組合への加入を要求され、不本意ながらこれに応じて加入したものの、結局はそれを理由として離職した場合である[29]。この事例でも正当な理由があるものとされた。同様に、クローズド・ショップ協定の下で労働組合への加入を拒否したことを理

---

25) CU248/49.
26) R (U) 3/73.
27) R (U) 31/59.
28) R (U) 6/59.
29) R (U) 38/53.

由として行われた解雇、組合費の支払い拒否を理由として労働組合を除名されたことによる解雇も、自発的な離職には該当しない上、正当な理由があるものと判断された[30]。

　これら雇用契約上の義務履行、能力評価、家庭責任、ショップ制は常に正当事由を構成するものとは限らない。たとえば、次のような事例では正当な理由がないものとされる。

　郵便局の電話交換手が結婚にあたって離職し、離職時にのみ支給されることになっている結婚祝い金を受領した。後に彼女は臨時職員として再雇用されることを望んだが、郵便局はそれを拒んだ。審判所は、彼女が自らの財政的損失を覚悟して失業のリスクを冒したのであるから、自発的な離職に関する正当な理由がないものと判断した[31]。

　この判断は、自発的な離職が正当性を有するには、辞職時において次の雇用関係成立が確実視されていることが原則であるのだが、そのような場合にはそもそも生活保障を与えるべき失業者にはあたらないのだ、と説明される[32]。

　この場合の「確実視」というのは雇用契約の成立を意味するのではなく、次の職が見つかる見込という程度で良い。警部補が51歳で早期退職した事例[33]がそうである。引退年齢は55歳であったのだが、申請者は30年間の継続勤務によって経済的損失を被ることない警察年金の受給権を取得していた。コミッショナーは次のように述べて正当な理由がないものと判断した。「失業給付制度の主要目的は、非自発的に失業してしまう事に備えた保険である。それ故に、すべての被保険者は他の失業給付基金への拠出者に対して、自らの行為によって保険給付を生じさせるような行動をとらないとの義務を負っている。『正当な理由』というのは定義づけられないのであるが、何が『正当な理由』にあたるのかについては、当該事案の事実関係から総合考慮される。」とし、求職活動を行わないということが保険料拠出者に対して背信的行為にあたるが故

---

30)　R (U) 2/77, R (U) 5/51.
31)　R (U) 14/55.
32)　N. Wikeley and A. Ogus, *The Law of Social Security [5th ed.]* (Butterworths, 2002) p.367.
33)　R (U) 3/81.

に正当性なしとした。

つまり、本件では求職活動と雇用の見込が正当な理由を構成すると考えられたが、裁決例も指摘するように、それは事案における総合判断の一考慮要素に過ぎず、現行法では求職活動の態様も問われるために一般化することは困難である。たとえば、陸軍勤務の男性が配置転換を予定されていたので、その配偶者である女性労働者が自発的に離職したところ、夫の配転が先送りされているという事案である[34]。これについては特に雇用見込みどころか際だった求職活動を行ったわけではなかったのであるが、正当な理由があるものと判断された。

第3節　職業紹介、職業選択と社会保障法

1　職業選択の意義

かつてベヴァリッジは、国家が適職選択の自由を保障するのならば、すべての人への生産的労働の保障が困難になることを指摘しつつ次のように述べた。

「職業の選択とは、利用可能な職業間の選択の自由を意味している。もしその地位がすでに他の誰かによって占められているならば、誰も『カンタベリー大司教』の職を選ぶことは不可能である。労働（work）とは求められていることをすることであって、自分を悦ばせることをすることではない。すべての自由は責任をともなう。これは自由が放棄されるべきだという意味ではない。自由は保持されるべきである[35]」と。

失業者には単に漠然と雇用労働に就くべきであるということのみが要求されているわけではない。その者にとって利用可能な職という留保の下、その範囲内における適職選択の自由を確保すべきこと、換言すればその者にとって適切な職を求めていると主張するのである。その限りで労働契約上の就労義務を基礎づける。イギリスにおいてこのような原則は、求職者手当受給期間の職業紹

34）　R (U) 19/52.
35）　ウイリアム・H・ベヴァリッヂ（井手生訳）『自由社会における完全雇用（上巻）』（日本大学経済科学研究所、1951年）50頁。W.H.Beveridge, *Full employment in a Free Society* (George Allen & Unwin LTD., 1944) p.23.

介事業において見出すことができる。

　問題となるのは申請者の求める職についてどの程度の希望が認められるか、換言すれば公共職業紹介所（ジョブセンタープラス）で提供された職が申請者にとって適切なものであるかどうか、その上で、申請者にとって適切な職でないときにどの程度紹介・斡旋された職を拒否することができるか、にある。

　つまり、失業給付の場合、単に職の求人（vacancy）があるときは求職者がそれに就かなければならないという量的な雇用の問題のみならず、求職者の職業選択の自由の問題であって、紹介・斡旋された職が求職者にとって適切なものであるかどうかという質的な適職の問題である。それではこのような適職選択の権利がいかに法的に保障されていたのであろうか。

2　法規定の推移
(1)　1911年国民保険法

　求職者の行動によって失業保険給付が制限されるということは、世界で最初に成立した1911年国民保険法（National Insurance Act 1911）に遡る。同法では次のように定めていた。

　【87条1項】　労働争議によって操業が停止されている間、失業給付を欠格する。
　【同条2項】　非違行為により職を失った労働者（workman）、十分な理由（just cause）なく自発的に離職した労働者は、雇用を喪失してから6週間給付を欠格する。
　【同条3項】　労働者が刑務所あるいは労役場に収監されている間、全部又は一部が公的基金から支出されている何らかの施設に入所している間、一時的あるいは永続的に英国（United Kingdom）から離れている間、給付を欠格する。
　【同条4項】　国民保険法所定の疾病給付や障害給付の受給権を有する間、失業給付を欠格する。

　このように、失業保険制度の創設当時は、離職の態様（労働争議や自己都合、懲戒解雇）によって給付を欠格するということが予定されていたものの、職業訓練指示違反や職業紹介拒否によって欠格するとの考え方が採用されてはいなかった。

第4章　労働市場と社会保障法

(2) 1930年失業保険法

この転機になったのは、1930年失業保険法であった。同法4条は次のように定めた。

> 【第1項】給付の申請者が労働省の職員から適切な雇用が提示された場合、正当な理由（good cause）なくそれを拒否したり求職の申込を怠ったとき、彼は6週間以下の期間で裁判所の判定官（the court referees or the umpire）が定める期間、給付を欠格する。ただし、その雇用が公共職業紹介所あるいは適格の機関若しくは使用者から求人を紹介される限り、その職が、労働省の職員、公共職業紹介所若しくは適格の機関が、申請者の具体的生活状況と申請者の居住地における職を得る手段として合理的であると判断する限りにおいて、それを書面で申請者に通知して求人を斡旋したにもかかわらず、申請者がそれを正当な理由なくそれを拒否あるいは申込を怠る場合に限る。
> 【第2項】この条文の目的において、雇用とは、申請者が次のような場合にある限りにおいて、適切な雇用であるとみなされてはならない。
> (a)その雇用の求人が、労働争議に起因する操業停止の結果として生じたものであること。
> (b)申請者の通常の職務からして、最後に雇用されていた地域での賃金や労働条件が、通常期待される水準よりも低くなる場合
> (c)申請者の通常の職務からして、地域を問わずに賃金や労働条件が、当該地域における労働協約や善良な使用者ならば提供するであろうと認められる条件よりも低下する場合

つまり、1930年法はふたつのことを含意していたのである。ひとつは、失業保険制度を利用して失業の罠に陥ることを防ぐために、適格機関が提供する職を拒否する場合には、その非違行為の程度に応じて6週間以内の給付が停止されるということである。このことは、制度へのただ乗りを排し、求職者の固執する労働条件に再考の機会を付与しつつ、生活保障が損なわれないようにするための調和点であったということができよう。

もうひとつは、求職条件として保障される「適切な職」について、賃金、居住地、職種などの労働生活全般に関わる事項のうち、保障されるべきものが何であるのかを個別に調整させることにしていることである。まずは職業生活における尊厳性について、適切な機関で明らかにした後、それが具体的な労働市場においてどのように評価されるのかを見つつ、徐々にその調和点を図るとい

うことが、法的に保障されたものであるということは特筆に値する。

1930年法は、このようなふたつの特徴によって、労働権の規範的内容である適職選択の権利が制定法上明らかにされていたことを見出すことができる。

(3) 1946年国民保険法

1946年法国民保険法には、次のような規定を設けていた。

「(求職者にとって) 有効適切なものとして提供される職業訓練について、正当な理由なくそれを利用せず、または利用を拒否する場合」には、給付を欠格する。

すなわち、ベヴァリッジ報告を受けて制定された国民保険法には、失業給付の欠格事由としてそれまでの職業紹介拒否に止まらず、命じられた職業訓練についても法的義務と構成することにより、給付制限事由との位置付けを与えた。

(4) 1965年国民保険法

1965年国民保険法に基づく失業給付においては、いささか複雑な規定構造を有していた。求人の提供にもかかわらずそれを拒否する場合に関していくつかの欠格事由を設けていたのである。[36]

【22条2項】　求職者が次のような行動をとる場合、6週間を超えない範囲で給付を欠格する。
　(b)公共職業紹介所や適格機関、使用者から適職が紹介され、正当な理由なくこれに応募しなかったとき
　(c)適職を得ることができる合理的な機会があったにもかかわらず、それを履行しなかったとき
　(d)公共職業紹介所が求職者に対して適切な雇用であるということで推薦状を発行したにもかかわらず正当な理由なくそれを持参せず、その推薦状があれば求職者の居住する地域で採用されたであろうと思慮されるとき
　(e)通常の雇用に復帰するために労働大臣が有効であると判断した職業訓練への従事命令について、正当な理由なくその命令に応じた訓練従事の機会を拒否した、あるいは懈怠したとき

そして、この法律にいう「雇用の適切性 (to be employment suitable)」を判断するに際しては、次のような基準を設けた。

---

36)　1975年社会保障法29条1項b号からe号も同様であった。

【同条5項】 本条の目的で、雇用は次のような場合に適切であるとはみなされない。
(a)労働争議に起因する操業停止の結果生じた求人であるとき
(b)申請者の居住する地域において、前職と比較した場合に賃金水準、労働条件が、当該地域において通常期待されるような水準を下回るような場合
(c)申請者の居住する以外の地域において、当該ジョブにおける賃金水準や労働条件が、労使間の協約や善良な使用者ならば提供するであろう条件を下回るような場合。ただし、申請者が離職して間もない時期であれば、前職賃金を下回らない通常の職であり、労働条件が低下しないような職についても適切であるとみなされる。

このような規定の結果、公共職業紹介所ないし権限ある職業紹介機関の提示することができる求人内容については、それが求職者にとって任意のものであっても良いというわけではなく、適職という法の規定によって裁量が統制されてきたものといえよう。しかも適切な裁量権行使の結果として提示された適職に関しても、求職者は「正当な理由」がある限りにおいてそれを拒否しうるものとされたのである。したがって、求職者にとっては自己の適職選択権の確保については、二重の保障がなされてきたものということができる。

(5) 1989年社会保障法

これに転機をもたらしたのが1989年社会保障法である。その12条は次のように定めた。

【第1項】 1975年社会保障法第20条第1項の規定（欠格等）において、
(b)同条同項(b)(c)(d)における「適切な雇用」という文言を、「雇用」に改める。
(c)同条同項(c)(g)における「懈怠」の前に「正当な理由なく」との文言を挿入する。
【第3項】 同条4項の規定（「適切な雇用」の定義）について、次のように変更する。
「第4項 第1項に規定する目的で、規則で以下のことを定める。
　(a)求職者に義務づけられた活動を拒否することが正当であるか否かを判断する考慮要素
　(b)求職者に義務づけられた活動を拒否することが正当であるか否かを判断する場合の考慮事情
　このような規則を条件として、申請者に正当な理由があるか否かを判断するに際しては、当該雇用における賃金水準の低下については考慮しないものとする。」

つまり、1989年改正は①「適切な雇用」という文言を削除すると同時に、②拒否の正当事由についてその判断基準を明確にし、③拒否の正当事由として賃金水準を保障しないということにしたのである。

この規定は1988年雇用法（Employment Act 1988）で求職活動が当該求職者に対する法的義務として位置づけられたので、この拒否に対する制裁もより明確に定められるようになったことに由来している。[37]

(6) 1992年社会保障拠出給付法と1995年求職者法

①1992年法

1992年の社会保障拠出給付法（Social Security Contributions and Benefits Act 1992）ではその28条1項d号で、以下のように定めていた。

「求職者が、その求職活動を支援する観点からなされた雇用事務官による勧告（recommendations）に正当な理由なく従わなかったとき」には、給付が制限される。

しかしながら、この条文が活用されることはあまりなかった。[38] 当時の立法状況としては、雇用事務官が求職者に対して求職活動に関する方法を指示するなどの根拠規定が存在していなかったことが影響していた。それ故に、当時の条文に関し、コミッショナーの裁決でもこの条項に関する報告が存在していない。

②1995年法の定め

これに対し、1995年求職者法では次に見るような求職者指令違反を明確に給付制限条項として位置づけた。保守党政権下においては、このような職業訓練等に関する給付制限一般を厳格化してきたということは確認しておくべきであろう。これを発展させたのが1997年以降の労働党政権であり、そこで導入されてきたニューディールを実効性ならしめるために、この求職者指令違反を給付制限の根拠として位置づけたことは、特筆に値する。これによって職業訓練ないし雇用プログラムを間接的に強制的なものとして機能させたのである。

---

37) A. Ogus and E. Barendt *The Law of Social Security [3rd ed.]* (Butterworths, 1988) p.65.

38) Wikeley and Ogus, *supra* note 32, at p.375.

イギリスの求職者手当の受給要件として、1995年求職者法19条1項は次のように規定した。

「申請者が求職者手当の受給権を取得しているとしても、本条第5項から第7項に規定する場合には手当を支給しない。」

これを受けた法19条6項c号は次のように規定した。

「雇用事務官から求人あるいは求人が出ることを告知されたとき、正当な理由（good cause）なく求人票を提出しなかったとき、あるいはそれを受け入れなかったとき」

また、同項d号は、職を得る合理的な機会があったにもかかわらず、正当な理由なくそれを拒否したとき、1週間を超え26週を下回る範囲で国務大臣が定める期間、給付が停止される（法19条3項）としている。

そして、この拒否の正当事由に関しては同条8項で下位規則に明示されることになっている。

③1996年規則の定め

この求人申込拒否に関する制裁の回避条項について、その正当な理由は規則で定められることになっている。その回避条項は上記の求職者指令指示違反に係る拒否の正当事由を参照している。

法の委任立法である1996年求職者手当規則（Jobseeker's Allowance Regulations 1996. 以下「規則」という。）では、本条項の適用を回避する「正当な理由」について、規則72条が例示列挙している。

(a) 職業能力に関する制限
　週あたり40時間の労働に従事することのできる心身上の能力が欠如しているとき（規則6条）、求職者に提示される勤務地または労働条件からみて、その能力に欠けると判断されるとき（規則7条）、心身上の能力ないし家庭介護責任を有することにより、就労に相当の制限があるとき（規則13条）
(b) 求職者指令によって指定された活動によって健康被害を生じさせるおそれがあるとき
(c) 宗教上若しくは良心から特定の雇用に関連する活動を行うことを拒否するとき
(d) 求職者指令によって介護責任を遂行することが困難になるとき

(e) 求職者指令によって指示された事項を遂行するために、自宅から合理的な経路及び方法での交通が困難で時間がかかると判断されるとき
  (f) 求職者指令によって指定されたプログラム遂行地までの交通費が、雇用プログラムにおいては報酬にしめる割合が高いとき、若しくはその他の場合では求職者指令を遂行するに際して交通費が不相応に高額になるとき
  (g) 求職者指令を遂行するにあたって、その間の扶養児童の養育費用が不相当に高額になるとき

　このような規定方法は、保守党政権時に定められたものであるが、労働党政権期にも基本的な制度枠組みの変更がなされていなかったことは確認しておく必要がある。すなわち、法では大まかな枠組みだけを定め、法の正当事由については具体的には規則で定めるという方法である。しかしながら、正当事由の存否判断はその時々の就労支援プログラムのあり方によって規定されることがある。したがって、ここで確認すべきなのは、現実的にはいかなる態様での職業紹介と失業関連給付の給付制限が行われてきたのかということである。

第4節　職業紹介拒否に関する給付制限

1　「適職」紹介における雇用の適切性
(1)　適職と正当な理由

　雇用事務官が求職者に対して紹介する求人は、求職者の個人的状況にかかわりなく、いかなる求人でも紹介することができるのか。換言すれば、雇用事務官にとって求職者に提供する求人内容に関し、その裁量を統制する規範がないのであろうか。

　紹介されるべき求人としての「適切な雇用」という文言は、1989年社会保障法によって削除された。ただし、このことは適職選択の権利が否定されたことを意味しない。実際にはコミッショナーの判断において、「適職」という文言と拒否に係る「正当な理由」の文言との間に、有意な区別を設けていなかったのである。「適職」が削除されても「正当な理由」が残存する限りにおいて、規範的要請に変化がないものと考えられている。このことは、次の事例において

確認された。[39]

　9か月間失業している女性が、始業時刻が毎日7時15分である求職の申込を断っていた。その理由は、彼女には乳児を抱えているからであった。彼女の姑は朝9時から夕方5時30分まで育児をすることができたのであるが、そのことは始業時刻が朝9時以前の職を受け入れる事ができないことを意味していた。コミッショナーは、彼女には提示された求人を断る正当な理由があると判断した。

　この事例では、適格性を有する公共職業紹介所などから提示される求人の「適職」性が、求職者の個人的生活状況（家庭責任）から受ける制約の内容と、紹介された求人が求職者にとって不都合であると求職者が判断する場合、それを拒否することの正当な理由とが、同じ意味を有しているということを示したのである。したがって、提示される求人の「適切性」と、それを拒否する「正当事由」という、異なる場面を示す事象について、具体的な判断にあたってはその差を考慮する必要性に乏しいと考えられたのである。

　しかしそうはいっても、1989年改正によって1965年法からの伝統であった求職者の適職選択権保障に関する「二重の保障」は崩れ去ることになったのである。これには、それまでのコミッショナー解釈によって同様の結果がもたらされていたとはいえ、少なくとも公共職業紹介所ないし権限ある職業紹介機関の提示する職の内容に関して、これを統制する法的構造が消滅したことを意味する。

　提示された職に対して求職者が拒否する場合、拒否の正当事由でこれを縛るという構造にされたため、職業紹介機関に従属している求職者がこれに従わざるを得ないか、それとも正当事由があるかどうかをめぐっての法的紛争が噴出することになる。職業紹介機関には紛争を防止するために紹介する求人に関して自己抑制的な効果が発生したとも思われるが、いずれにしても法的紛争が発生したことは明らかであった。ここでは「適切」性の判断について見てみることにしよう。

---

39) R (U) 20/60.

(2)　適切性なしとされた事例

①ロンドンの事業所で管理監督者であった求職者は、そこに雇用があるものと確信してバーミンガムに移住したが、その雇用は現実化しなかった。その10日後、彼には月払いの求人が紹介されたけれども、すぐにお金が必要な状態にあるので週払いの仕事を求めているという理由で、求職の申込を断った。社会保障コミッショナーは、提示された求人が前職に比較して好ましいものであるかどうかを考えることは大切であり、僅か10日間の失業期間でそれを判断させるほどの「適切性」がそこにはない。したがって、求職者の訴えを認容する、と判断した。[40]

②ゴム微粉砕機室（rubber millroom）の労働者として働いてきて3か月間失業している求職者が、職工の求人を断った。その理由は、当初から求職の条件とした賃金での折り合いがつかなかったことであった。このような求人申込の拒否は、採用されなかったならば受給できるであろう失業給付、国民扶助の受給額よりも、その仕事で働いて得られる賃金が週あたり1ポンド低いということが真の理由であった。社会保障コミッショナーは、この事例では適切な求人が提示されたとはいえないと判断して、求職者の訴えを認めた。[41]

③前職で商店監督業務を行っていた求職者が、離職後僅か3週間でトラックドライバーとしての求人を紹介された。これを拒否したことを理由として行われた給付制限について、その求人の適切性が問題となった。コミッショナーは次のように判断した。法律では「申請者の通常の職業とは異なる職業に関する雇用は、適切性がない」と規定している。その上で「離職から合理的な期間が経過してもなお失業状態が継続していたとしても」、ただちに不適切な求人を紹介してよいというわけではない。そのことは、一見明白（prima facie）な事実である。それ故に当該求人の提供が適切ではないと判断した。[42]

④15週間にわたって失業してきた元建具屋の求職者について、工事現場の建設作業の求人が紹介された。求職者は、その仕事には賃金減額を伴わない休憩

---

40)　R (U) 14/54.
41)　R (U) 10/61 (T).
42)　R (U) 3/63 (T).

時間が保証されていないことを理由に、求職の申込を断った。求職者は、そのような職を得ることができるという見込みがあって、それが合理的なものだと主張して、提示された求人の不適切性を主張した。コミッショナーは、法律上の規定にそのような見込みが保証されている以上、求職者の期待を保護すべきであるとして、適切性なしとして求職者の訴えを認めた[43]。

⑤板金作業員として長年働いてきた熟練労働者が、失業して4か月半経過していた。彼には、職種は前職と同じ板金作業であり、賃金は最初の4週間の賃金が前職に比べてかなり低い賃金の求人が提示された。彼は賃金水準を不満として、この求人申込を拒否した。1965年国民保険法22条5項には適切性の定義に関する規定がないけれども、不適切なものとして3つほど列挙していた。これをもとにすれば、求職者に対して提示された求人は不適切であると判断された[44]（なお、現行法では賃金水準の低下は明文で拒否の正当事由にならないと規定している）。

(3) **適切性ありとされた事例**

15年間にわたってパートタイムの紳士服縫製業に従事してきた既婚女性が3か月間失業状態にあった。彼女はフルタイムの同じ仕事の求人を紹介されたが、家庭生活上の理由からそれを断った。彼女はこれによる給付制限を不服として訴えたが、社会保障コミッショナーは彼女の家庭生活状況と15年間もの職歴に照らして長い時間働くことができるほどの職業能力を兼ね備えているという理由で、彼女の訴えを認めなかった。

以上から見るように、求職者に保障されるべきは、具体的な生活状況の中での職業生活の位置付け、職務（job）から見た職業能力の維持向上、賃金水準などを考慮すべきであるということになろう。ただし、これらは失業期間（求職期間）の経過と共に労働市場との接触が疎かになり、一般的に職業能力の低下を招くことから、その期間の長短によって判断が左右されることに留意すべきである。

---

43) R (U) 9/64.
44) R (U) 5/68.

2 拒否の正当事由に関する法規制

(1) 法の考え方

提供される職が適職であるべきとされていた旧規定においては、失業給付申請時から最初の合理的期間内においては失業給付申請者の「通常の職（usual occupation）」や前職の地位、勤務地や賃金水準に照らして提供された職が好まざるものであるときには拒否することができ、合理的期間の経過後には適職提供拒否の十分な理由の問題に帰するという二段階構造を持っていた。

法律上はこのような「適切」との文言が削除されたにもかかわらず、現行法の行政上はいまだにその条文が存在しているかのようにして運用されている。そして、判断に際しても提示された求人が「適切」であるか否かと、求職申込等にかかる拒否の「正当な理由」とが、同じものであるとして区別なく判断されてきた。

したがって、雇用事務官が紹介すべき求人内容と、求職者が拒否することのできる求人については、同じものとして判断されることになる。そうすれば、雇用事務官の紹介する求人について、求職者はこれを拒むことができないということになる。

この結果、理論的には、そこには「適切」性、ないし「正当な理由」の解釈をめぐって、法的な紛争が生じる余地がない、ということになる。それにもかかわらず、実際には数多くの紛争が生じてきた。

(2) 法の解釈構造

まず前提となるのは、提供された職に対する拒否の問題について、求職者手当の受給者に対して求人があることを告知され、その職について拒否の十分な理由があるときはその旨申立てることによって失業給付制限を回避することができるということである。

適格性を有する雇用事務官から求人が提示された場合、正当な理由なく求職者が行う次の3つの場合の行動にペナルティを加えるというものである。①当該求人に対して求職の申込を行わないこと、②当該求人に対して誤って求職の申込をし損なうこと、③当該求人に対して求職の申込を積極的に拒否することである。

①と③にいう「拒否」というのは、当該ポストに対して完全にそれを拒否するということを意味するのは当然のことである。その一方で、求職の申込をしたけれども、使用者から採用されないように虚偽の意思表示を行い、これに基づいて採用されなかった場合に問題になりうる。[45] このような場合は、意思表示そのものを無効と解することにより、求職の申込そのものが不作為であったとの評価がなされている。

3 拒否の正当事由をめぐる事例
これらについて、求職者に正当な理由があったと判断されたものとそうでないものに分けて検討を加える。
(1) 正当事由があるとされた事例
①求職申込の不完全履行と求職申込の拒否

求職の申込について、その書類を未完のまま提出したことは、求職の申込がなかったものとして取り扱われる。[46] しかしその過誤が軽微なものであれば申込が有効として取り扱われる。求職申込書に関する求人側の求めによる写真の添付について、その必要がないと求職者側が主張し争われた事例において、その必要性について求人側からの合理的理由の説明がなければ、求職の申込自体は有効であると判断された。[47]

②求職申込の不完全履行──求職者の希望と雇用事務官の指導的措置

「求職の申込をしていない」という文言については次のような事例がある。[48]

求職者は、雇用事務官に対して求職者手当を申請し、求職の申込を行い、それと同時に離職してしまった。ところが雇用事務官は求職者の職歴などを勘案して求職の申込が不適切であると判断し、求職者に対しては無断で求人を出している事業主に対して求職申込書を転送しなかった。

これに関して、求職者が正当な理由なく「求職の申込をしていない」との理

---

45) R6/50 (UB).
46) CJSA 2692/1999.
47) CJSA/2082/2002, CJSA/5415/2002.
48) CJSA/4665/2001.

由で給付制限を受け、求職者がこれを不服として訴えた社会保障不服審判所も「正当な理由なく求職の申込をしていない」と判断して、当初の給付制限を支持した。社会保障コミッショナーは次の理由で求職者の訴えを認めた。

「求職の申込に関する政府、すなわち雇用事務官の意地悪なコメントに関しては無視するわけにはいかない。他方、別の事例で考えると、求職者が不十分でどんな事業主にでも採用されないような申請書を提出した（あるいはそれを台無しにするような行為を行った）ときは、彼／彼女には本法にいう『申請を怠った』ときに該当するといえよう。仮にこのような場合に求職者の訴えが法的に認められると仮定するならば、彼は自らの興味関心事にのみしたがって行動することで、求職の申込に関する雇用事務官のアドバイスを無視し続けるであろうし、そのことが彼の就職のチャンスを最大化するというわけでもない。しかし、この事例ではこれに該当するような事実はなく、彼の望みにしたがって就職するための真の努力をしていたものと認められる。」

(2) **正当事由がないとされた事例**
①雇用を受け入れる準備に関する事例
「何らかの雇用が提供されたならばそれを受け入れる準備があること」という文言は、次のように理解されている[49]。

清掃人として20年間ほど働いてきた40歳代の独身女性が離職したため、3か月ほどの職業訓練を受講して再雇用されるべく準備していた。雇用事務官からは、週あたり43時間20分の労働時間、週あたり賃金79ポンドでのランプシェード職人の求人を紹介された。彼女は採用されたものの、仕事に出勤することはなかった。その理由は、週末を使って働くのに、生計を維持するに足りる賃金に足りないということであった。

そこで、雇用事務官は彼女には正当な理由がなく求職の申込を拒否したということを理由にして、失業給付の給付制限を決定した。彼女はこれを不服として社会保障不服審判所に申立てた。審判所は、彼女が出勤しなかったという事実は、1992年社会保障拠出給付法28条1項b号にいう欠格事由（提示された求人の拒否）には該当しないとして、彼女の訴えを認めた。雇用事務官はこれを不服として、社会保障コミッショナーに上訴した。社会保障コミッショナーは次

---

49) CSU 7/1995.

のように述べ、法解釈上の過誤があるとして上訴を認容した。

　雇用されるという状況を承諾するということは、通常、法の条文を利用して詐害行為を行わないということと同等の意味であり、そうであるならば出勤しているはずである。したがって、彼女には社会保障拠出給付法28条1項b号にいう「状況の受諾」がなかったものと判断される、と。

　②トライアル雇用

　パートタイムでの自動車洗浄のトライアル雇用を提示された者に関する事例では次のように判断された。[50] 社会保障不服審判所は、試用（trial）との文言が「何らかの雇用状況」に該当するか否かについての検討に迫られた。審判所は、「試用」の本質的性格を検討する必要があると考え、「雇用の状況」にはそれが該当せず、その代わりに同項d号にいう「雇用を得るための合理的な見込み」に該当する、と（したがって、結果的には正当事由がないものとされた）。

　③求職活動の不存在

　2003年の事例では、コミッショナーが次のように判断して求職者の上訴を[51]退けた。

　求職者の男性は46歳で、2001年7月から2003年3月まで継続して求職者手当を受給していた。彼の求職者協定によると、管理的業務、事務またはコンピュータープログラムの業務を求めていた。しかし、離職後13か月経過したことから職業能力の低下を指摘されるようになり、ジョブセンタープラスからはほかの職種の求人に応募するよう求められるようになり、2002年8月にはドライバーの求人に応募するように指示された。

　求職者は当初、この求人に応募することに関しては異議を唱えていなかった。ところがこの求人に関しては2002年11月になっても採用が決まっていないことについてジョブセンターが了知することになり、求職者に対してその理由を尋ねた。求職者はこれに対して求人に応募すべく電話したけれどもその求人は既に決まっており、採用の余地がないといわれた、ジョブセンター経由で採用面接を設定されたけれども、その確認の電話を入れたら既に決まっていると

---

50) CJSA 4177/1997.
51) CJSA/2931/2003.

いわれた、と回答した。

　これに対して社会保障不服審判所は、求職者が求人に応募していないと判断した。すなわち、求職者はその求人に応募していれば確実に採用されたであろうが、ジョブセンターの職員からその求人自体がなくなったと聞いたと主張しているのであるが、そのような事実があったことを求職者が立証できていないのであった。

　このような事実関係に照らし、社会保障コミッショナーは次のように判断した。すなわち、求職者が求人に応募したか否かについて、確たる証拠があるわけではない。事実関係を総合的に判断すると、求人に応募していないという不作為の蓋然性（balance of probabilities）がきわめて高い。そして、求職者は応募していないことに関する正当な理由があったということは主張していない。求職者は仕事を探そうという真実の努力をしていたわけではなく、それよりも可能な限り給付を得たいと考えていたのである。以上の理由で、求職者には給付制限を行うことが適当であり、その限りでの上訴を棄却する、と。

　④長期失業と職能資格、求人内容の相当性

　拒否の正当事由に関する数少ない裁判例としては次のようなものがある[52]。

　求職者は29歳の女性であり、1998年にNVQ2の資格を取得していた[53]。彼女は求職者手当を受給する前は、事務員補助として働いていた。彼女は離職したので2006年11月27日より求職者協定を締結して求職者手当を受給していた。

　雇用事務官と彼女との間で締結していた求職者協定には、求職活動の当初に求職条件として賃金額を記載する欄があった。しかし、彼女はそれに希望賃金額を記入していなかった。2008年4月10日、雇用事務官によって彼女はスーパーマーケットのレジ係の求人を紹介されたが、彼女はそれに応募しなかった。その理由は、彼女が3年を費やして資格の取得に励んできたにもかかわらず、特別の資格を必要としないスーパーマーケットのレジ係に応募するという

---

52)　*HS v Secretary of State for Work and Pensions* (JSA) [2009] UKUT 177 (ACC); [2010] AACR 10.

53)　NVQについては、柳田雅明『イギリスにおける「資格制度」の研究』（多賀出版、2004年）参照。

第4章　労働市場と社会保障法

ことは、彼女の職業能力と資格を反故にしてしまうということであった。

　雇用事務官は2008年6月25日、法の規定に基づいて18週間の給付制限を決定した。その理由は、正当な理由なく提示された求人に応募しなかったというものであった。

　ところが、彼女は2008年7月2日になって求職者協定に関して次のような主張をした。すなわち、彼女が協定した求職内容はその職種を事務員補助、データ入力、書類整理としていたのであるが、ジョブセンタープラスが彼女の了解なく勝手に職種を「問わない」と変更したのである、それでそれ以外の求人に対して応ずる必要がないものと考えた、と。

　これに対し、国務大臣側は次のように主張した。第1に、求職者手当規則72条2項a号によれば、法19条6項c号の「正当な理由」を判断するに際して、就労可能性の事情から限定を加えることができる求職者の事情を考慮してもなお、求職者協定が正当に締結されたのであるから、それに応じて職種の限定を考えるべきである。彼女の求職者協定には職種に関する事項として限定を加える記述はなかった。第2に、彼女は既に18か月にわたって求職者手当を受給しているのであり、彼女の居住する地域には彼女が求めるような求人があまりなく、そもそも居住地域以外での電話セールスや販売助手の求人に応募したこともある。したがって、彼女には今回の求人に応募しないことの正当な理由はない、と。

　本件の審問期間中である2008年月27日に、彼女はパートタイムのNHSの保健記録員としての雇用を得ることができた。他方で、社会保障審判所は次のように判断した。

　社会保障審判所は、給付制限期間が18週であることを6週に軽減する限りにおいて、彼女の訴えを認めた。これには、事実関係からみて、自分自身が居住する地域において職を得る努力をしたにもかかわらず18か月にもわたってそれが得られなかったということに着目し、求人の申込をしなかったことには正当な理由がないと判断したのである。彼女は「特に優れた特殊技能を持っているわけではなく、特に高度の職務に長期間従事してきたわけでもなく、特殊な職業訓練を受けてきたわけでもない。彼女が持っている技能は全く普通のもので

ある」とされた。審判所は「彼女はもはや求職にあたっての視野を広げて別の職種を探すとか、短期間の仕事を探すといったような時期にきているのである」と指摘した。求職者協定に職種限定があったか否かについては、「法律ないしその関連規定の合理的な解釈からして、求職者はその条件について求職者協定に記載することが必要であり、そうしなければ効力が発生しない」と理解した。

これに対し、求職者は裁判所に上訴した。上訴裁判所は次のように述べて訴えを棄却した。

求職者手当の受給者には求職者協定を締結することが義務づけられているが、その内容には職種、勤務地、労働時間、求職活動の方法などをその希望に応じて書き込むことができる旨、法律あるいはその規則で保障されている。それにもかかわらず彼女はそのような希望をほとんど記入しておらず、とりわけ職種に関しては自由記載欄ではなく希望職種欄が設けられていたにもかかわらずそこに記入していなかった。そうすると、職種の限定がなかったものとして把握することが自然である。求職者協定には「適切な求人が提示されたならば採用面接を受ける」との文言があるけれども、実際に提示された職種は彼女が離職前に従事していた雇用形態ないし職種にきわめて類似している。求職者協定にある「適切な」という文言については、雇用の性質を制限するような文言として使用してはならないと考える。それ故に、社会保障不服審判所の判断は支持される、と。

本件では、職種限定に正当事由なしとされたのである。注目すべきはその判断方法である。求職者協定に職種限定が記載されている限り、そのことが尊重され、当事者が拘束されると考えているのである。つまり、適職選択の権利は、当事者間の約定によって保障されうる、ということになるのである。

⑤求人申込の不作為

法19条6項d号では、求人申込に正当な理由なく懈怠したことを制裁事由として定めている。法20条3項ではこの制裁措置を免れる規定を置いており、制裁措置を免れる例を規則74条が定めている。それは、採用後5週間から13週間までの「試用期間」に前職を離職した場合である。

それ以外の離職に関しては、求人の申込を指示されたにもかかわらず正当な理由なくそれを履行しないときに制裁措置を受けるということになる。この場合の「正当な理由」とは、一般的にいって作為義務に基づいてなされた履行内容の適切性（上記の拒否の正当事由）と相当程度重複して判断されている。

かつて、求人申込不作為に関する事例が見られることはほとんどなかった。かなり例外的な事例において、かつての使用者からの職業紹介があったとき、それに対する面接を思い止まった事例くらいであった。[54] そして、このような場合には規則18条4項で正当性を認めるようにしたために、求職者がかつて働いていた使用者（ないしその継承者）が、かつて働いていたときの賃金及び労働条件に比べて低下することを理由とする拒否について正当性があるのか、という観点で評価されることになった。

これに加え、規則72条9項にいう、前職の離職と制裁事由の発生日との間が1年を超えてはならないということが問題になった。労働年金省の給付決定に係るガイド説明によれば、事業場の操業停止によってレイオフされた労働者が、事業場の再始動にかかわらず職場復帰をしなかった場合や、1996年雇用権法71条の規定によって権利保障されている職場復帰を果たさなかった場合である。[55]

この不作為という文言に関しては、何らかのポストに黙示的に応募しなかったことを意味するのであり、応募しないということを公言している状態を含むものではない。たとえば、不潔で、髪やひげの手入れと洗濯をしていない状態で面接に現れるような場合である。[56] 利用可能な求人を利用しなかったということは、職業に就くことそのものの明示的な拒否と、職を得るための条件を明確に満たさない（その努力をしない）ということをも含んでいる。[57]

(3) 拒否・懈怠の正当事由をめぐって

以上の検討から、提示された求人を拒否ないし申込をしない場合の正当事由

---

54) R (U) 28/55.
55) DWP, *Decision Makers' Guide* Vol.06, para 34597.
56) R (U) 28/55.
57) R (U) 5/71.

の解釈については次のようなことがいえよう。

　まず第1に、意思表示の在り方である。拒否の意思表示は、それ自体が正当なものであるのかどうかを判断させる唯一の材料である。しかしながら、その表示意思の形成過程において、いかなる考慮要素に基づいて拒否の意思表示が行われたのかを勘案しているように思われる。このことは、表示意思の形成過程における内心の探求になるので、求職者とその利用可能な労働市場から見て推認せざるを得ないという限界を持つ。

　第2に、雇用事務官の求職活動支援に向けて正当と考えている援助内容・方法と求職者にとって最大限尊重されるべきであると考えている事項は、しばしば衝突するということである。再就職することが求職者手当財政に貢献するとともに、公共に福祉に寄与するという、いわば公共人としての社会的・法的要請と、維持されるべき個人の尊厳との間には衝突する場面があり、その調和点を求めるということが重要になる。この場合、いずれかといえば個人の自由を尊重するよりも、労働市場に参入して雇用労働を獲得するということの方が、重要な価値であると考えられているようである。

　第3に、職業能力（キャリア）は、失業期間の経過ともに減少していくのが通常なのであるから、その保護の程度も時間の経過と共に減少していくということである。しかしながら、それには求職者協定の約定内容によって求職条件が担保される。したがって、当事者が自由な意思に基づいて合意した内容が当事者を拘束し、求職者の権利保障の観点からは非常に重要な役割を担っているということがいえよう。

第5節　小　　括

1　辞職の自由と労働法、社会保障法

　雇用契約の解除をもたらす意思表示は、解雇と辞職、合意解約と契約期間の満了等があるけれども、社会保障給付の発生要件たる失業に関してはその外形がいかなる態様であろうともそれが絶対視されない。これは、労働法学においては解雇該当行為であればその有効性が、辞職であれば表示意思の瑕疵を問題

にするのに対して、社会保障法においてはそれが必ずしも必要ではないということになろう。

第2に、上記に関連し、雇用契約の解除それ自体は労使間の二者関係を規律する法構造の下にその意義が展開される。これに対して雇用契約の解除を発生要件とする社会保障給付においては、その当事者が労使と保険者、財源拠出者としての国という多角的な構造の中で、いかなる失業を保障対象とすべきかが決定されることになる。その意味で労働法と社会保障法では相対的な思考方法を用いる場合がある。

第3に、社会保障法が独自の思考方法で判断するとしても、その核心部分は労働契約法の原則に依存しているということである。雇用関係の終了にあたっての意思表示には、第1義的に先制的意思表示論が支配する。これを修正させるのが契約意思の探求という意思解釈の問題である。いかなる場合に即時の生活保障を与えるかについては、社会保障法によってさらなる修正が加えられる。

2　所得保障による求職条件の制限
(1)　適職選択権の法的位置付け

制定法のレベルで見ると、1911年国民保険法から1930年失業保険法の制定までは、職業紹介拒否が給付制限事由にはならなかった。

1930年失業保険法で求職申込拒否を給付制限事由としたが、そこには適職を選択することが法的に保障されていたといえる。そしてこのような法的状態は、1960年代に一定の修正がなされたものの、1989年社会保障法まで継続した。

1989年社会保障法では「適切な雇用」の保障を排したものの、判例法理として形成されてきた拒否の正当事由でこれを拘束するという効果を持っていた。したがって、適切な雇用でなければそれを拒否することが、法的に保障されていたということができる。

ところが、これに転機をもたらしたのが1995年求職者法である。求職者法は、求職活動にあたって、雇用事務官が発した求職者指令に従わなければ給付制限（制裁）を受け、その上で雇用事務官と求職者が合意によって締結した求職者協定に反して求職活動を行わない場合にも、給付制限（制裁）を受けると

いう構造になった。この指示や協定内容に関して、適切な雇用、あるいは求職者の具体的事情に鑑みた求職条件等についての法的保障は存在しないということになった。ただこれに限定を加えることができるのが、求職者協定であった。

そもそも「福祉から就労へ」を推し進める政策動向にあって、求職条件に固執することが法的にあまり評価されなくなってきたといえよう。これにより、法的紛争が頻発したのであるが、求職者の具体的状況や職業生活上の希望に応じた求職活動が、あまり評価されなくなってきたということがいえよう。

このことは、求職者手当が、行政機関が是とする求職活動を行わなければ求職者手当を支給しない、という条件付き給付に変容してきたということができ、この点を多くの論者が指摘している[58]。それでは次に「条件」を形成する「協定」の法的意味についての議論を見てみよう。

(2) 適職選択権における求職者協定の法的意味

イギリスの労使関係から考えると、1995年求職者法による求職者協定の導入は革新的であった。同法は、従前に求職活動に関する指導を事実上のそれから法的義務にまで高めた。既に指摘したように、求職者協定は双方の合意に基づいて締結されるものであり、これに拘束された求職者が、合意に基づく求職活動を履行している限りにおいて求職者手当の給付が行われる。すなわち、この求職者協定は法律的には契約としての意味を持っている[59]、と説明されるのである。

このような、社会保障において国家と市民との協同関係が不可欠の要素であるとの考え方は、ベヴァリッジも指摘していた[60]。また、T.H.マーシャルも、市民権が保障されるということが、これに対応した義務があるということを無

---

58) Laura Lundry "From Welfare to Work? Social Security and Unemployment" Neville Harris ed., *Social Security Law in Context* (Oxford University Press, 2000) p.292, Amir Paz-Fuchs, *Welfare to Work: Conditional Rights in Social Policy* (Oxford University Press, 2008) p.152.

59) Paz-Fuchs, *ibid.*, p.29.

60) W. Beveridge, *Social Insurance and Allied Services* (Stationery Office Books, 1942) [Cmnd. 6404].

第4章　労働市場と社会保障法

視することができないと指摘していた。[61] その程度は別としても、生存のための権利を獲得する手段として、何らかの貢献をなすことが法的に要請されるということについては、戦後のイギリス社会保障法の特徴であったといえよう。

　求職者協定が求職者手当受給のための契約であると理解するのならば、その契約には真実の意味で任意性が担保されていなければならない。ところが、この任意性については法律制定当初から疑念があった。国会では求職者協定の性質について「（求職活動方針の指示という）本来有さないはずの雇用事務官の権限を踰越し、雇用事務官が策定する協定文言内容についてもその権限を濫用したものである」と批評された。

　実際にも、求職者協定の締結に当たっては、各種の報告書で求職者の特性、家庭状況、職歴などに応じた個別的な求職活動方法、内容が策定されているとは言い難い。協定締結にあたっても、雇用事務官と求職者との間ではごく短時間の話し合いがもたれているだけであり、求職者も単に提示された求職者協定の文言にそのまま同意しているに過ぎない、とも指摘される。[62]

(3)　労働権の多面的評価

　一般に、雇用の適切性は、裁判所や行政機関の解釈に委ねられている。したがって、求職者の意思が尊重されるとは必ずしもいえない。適職選択権は、労働条件、職歴、家庭生活、思想信条等、求職者の希望を尊重する概念として使用されているというよりはむしろ、職業紹介を受けたときに、その職への応募が拒否できない、という消極的側面として機能しているのが現実であろう。[63]

　したがって、求職者の適職選択権と、求職者手当を通した勤労の義務とは、衝突する場面が生じる。ただそこには求職者と国家という二者間の法律関係から観察するに止まっている。イギリスの経験では、そこにキャリア形成する権利をいかに保障するか、労働市場からそれがいかに評価されうるか、求職者の生活をいかに保障するか、失業関連給付に依存して社会的排除状態にある者を

---

61)　T.H. Marshall, *Citizenship and Social Class* (Cambridge, 1950).
62)　Paz-Fuchs, *supra* note 58 at p.128.
63)　ダニー・ピーテルス（河野正輝監訳）『社会保障の基本原則』（法律文化社、2011年）102頁。

いかに包摂していくのか、といった多面的な評価が必要であるということを学ぶことができる。

他方で、調査報告によると、職業訓練出席拒否に対する給付制限（制裁）は、求職者の意欲向上にとって有効ではないどころか、不必要な措置であるとも指摘されている。今後はこのような社会的統合の法的視点からの検討も不可欠である。

---

64) Richard Dorsett, Heather Rolfe and Anitha George, *The Jobseeker's Allowance Skills Conditionality Pilot*, Department for Work and Pensions Research Report No.768 (DWP, 2011).

65) Kenneth A. Armstrong, *Governing Social Inclusion: Europeanization Through Policy Coordination* (Oxford UP, 2010).

第5章　求職者支援と社会保障法・労働法

第1節　求職者支援サービス法

1　求職者支援に関する国家の役割
(1)　労働党政権までの国家の役割
　国家は国民に対して直接に職業能力を涵養する法的責任を有するものではない。むしろ、使用者ないし経営団体が全体として労働市場に順応する労働者を養成することが適切なのであり、これを国家が後見的に支援するという形式が適合的である。そこでの国家の役割は、単なる自由放任主義に帰するのではなく、労働市場形成機能おける国家の役割と、求職者の就労阻害要因に適合的な類型的な支援と個別化が必要であることについては、労働党、保守党の政権にかかわらず、通底する認識であったといえよう。
　1980年代の積極的雇用政策において重要視されてきたのは、長期失業者と若年失業者であった。長期失業者に対してはマクロ経済政策による雇用創出を通じて雇用機会を増やすことが重視された。そして、失業期間の長期化によって失われる職業能力ないし就業意欲の低下を防ぐために、再出発のためのインタビューなどを個別的に行うようになった。若年失業者に対しては、若年者に対する教育的意義ないし治安維持の観点から、あるいは長期的な熟練労働者養成の観点から、若年者訓練制度が行われた。とりわけ若年者雇用に関しては多くの予算が投じられたが、長期失業者対策も含めてそれほど十分な成果を上げるには至らなかった。
(2)　民間の役割と労働党政権への継受
　確かに80年代の求職者支援制度は十分な成果を上げなかったが、それは失業

者の減少に結びつかなかったということであって、国家の後見的な求職者支援策自体が方向性を見失ったということを意味しない。むしろ、民間活動を基調とする、個別的な求職者に対する就労支援策が機能するようになった。これには、地域的に発生する産業構造の変化には地域社会が対応するのが効率的であるという事情があった。そもそも中世以来の伝統を持つ行政サービス提供主体としてのチャリティ（Charity）がうまく機能していたことは特筆に値する。とりわけ、労働党政権以降のニューディールの担い手としての社会的企業（social enterprise）が注目を集め、それを法的統制の下に置き、法的責任を明確化した2006年のチャリティ法の制定によって、民間組織の柔軟性と組織の継続性、財政基盤の確立といった社会的要請を満たすようになったことは、強調されてよいだろう。[1]

　そうすると、国家は、いかなる求職者を類型化し、民間活動をどのようにして支援しているのかを検討する必要がある。現在の求職者支援の法制度が1997年労働党政権が標榜した福祉から就労へ（welfare to work）の延長上にあるものであるから、まず、労働党政権以降の就労支援プログラムを確認する。その上で2013年求職者手当（就労支援スキーム）規則によってようやく明文化されたプログラムの概要を検討する。これに加え、同スキームの中核である、ワーク・プログラムの構造を確認することによって、就労支援制度の全体像を把握しよう。

2　「福祉から就労へ」プログラムの推移

(1)　ブレア労働党政権期における求職者支援プログラム

　1998年にニューディールが開始されたとき、その対象者は若年者と長期失業者であった。これらの者は稼働能力がある限りにおいて社会的包摂策の対象とされ、予算も集中的に投じられた。18歳から24歳までの6か月以上求職者手当

1）　2006年チャリティ法については、永井伸美「イギリス『2006年チャリティ法』にみる非営利組織の新展開」同志社法学59巻4号（2007年）、石村耕治「イギリスのチャリティ制度改革(1)—法制と税制の分析を中心に」白鷗法学15巻2号（2008年）、岡田章宏「2006年チャリティ法の歴史的位相とその制度」榊原秀訓『行政サービスの提供主体の多様化と行政法—イギリスモデルの構造と展開』（日本評論社、2012年）53頁。

第5章 求職者支援と社会保障法・労働法

を受給している者に対しては、ジョブセンターを通じて若年者向けニューディールへの参加が義務づけられた。18か月以上失業している25歳以上の者に対しても、ジョブセンターが長期失業者向けニューディールへの参加を義務づけた。そして、ジョブセンターがニューディールの対象者に対して集中的な個別面談等を行うゲートウェイ、アドバイザーによる求職活動支援などが行われるフォロースルー、助成金付きの雇用か職業訓練、就業体験から何か選択することを求められるオプションといった各段階で、求職者支援が行われることになった。

　ニューディールは当初、稼働能力がありながらも就労していない者を中心に制度を構築してきた。そこで問題となるのは、稼働能力があっても就労阻害要因があることによって稼働能力を発揮できない者の就労支援であった。とりわけ、ひとり親の就労支援は社会的にも問題となっていた。そこで、ニューディールでは就労を前提としない給付を受けている類型である、所得補助を受けている16歳未満の子を養育するひとり親を対象とすることとした。所得補助を受けているひとり親は労働市場テストの要件を課せられず、その結果として就労に関連する活動を行わなかったとしても給付が制限されることがなかった。そうすると、子が成長することで所得補助の対象でなくなって求職者手当の対象となったときに、就労可能性の要件なり積極的に求職活動を行っていることの要件が新たに課せられることになる。その時点では稼働能力も就労意欲も低下していることから、労働市場において活用可能な能力を備えておくことが必要となった。そこで、このような所得補助を受給しているひとり親に対しては、任意事業としてニューディールを活用できるようにしたのである。

　ところで、1998年に提出された政府緑書「福祉のための新たな契約」[2]では、単に稼働能力の有無によって就労支援策を講じるよりはむしろ、従来支援の対象とは考えられなかった、非就労層（inactives）と位置づけられた障害者やひとり親、高齢者に対しても、その稼働能力と就労阻害要因に応じて可能な限り就労を支援するしくみが大切であるとされた。そこで、2000年には50歳以上向け

---

2) DWP, *New Ambitions for our Country: A New Contract for Welfare* (H.M.S.O., 1998) [Cmnd. 3805].

のニューディールが、2001年には就労不能給付を受給している障害者向けのニューディールが開始された。50歳以上の者は求職者法によって積極的求職活動要件が課されていたものの、事実上厳しく運用されてこなかった。このような事情から、高齢者と障害者に対しては、ニューディールへの参加が任意とされたのであった。

　2002年には職業紹介事業と社会保障給付を一元化して行うジョブセンタープラスが順次設置されていった。ジョブセンタープラスでは、地域における社会資源活用を有効ならしめるため、地方によってはパイロット事業が展開された。2001年に開始されていた子が5-6歳のひとり親に対しては、就労に関する聴聞が地域によっては所得補助を受給するための事業とされることがあった。また、2002年には就労不能給付を受給している障害者に対して就労へのパスウェイ事業がパイロット事業で導入され、順次拡大されていった。[3]

　ただしこれらの「義務付け」は、法的な意味での義務付けというよりはむしろ、事実上の義務付け—ジョブセンタープラスと求職者との交渉力格差を背景とした—に止まった。これらニューディールは、多額の予算が投じられたにもかかわらず根拠となる法律を欠くばかりでなく、求職者法との関係も明示されていなかったのである。これらの事業に従事すること自体は受給要件として位置づけられなかったけれども、求職者手当の受給要件であった積極的求職活動要件の充足判断において、あるいは、求職活動の指示内容においてこれらのプログラムが明示されることが、事実上行われていたのであった。

(2)　ブラウン労働党政権期における求職者支援プログラム

　ブラウン労働党政権期には、各ニューディール事業の見直しが行われた。2007年福祉改革法による雇用支援手当は稼働能力がない者に対する就労支援策を強化することにつながったし、稼働能力がある求職者手当の受給者に対しては2009年からは自己の利益のための就労事業が開始された。

　これら事業は、ニューディール事業によっても再就職することが困難な対象者を中心に、就労困難者への支援を行うこととして再構成された。労働市場に

---

3) Pete Alock, Margalet May and Sharon Wright, *Social Policy [4th ed.]* (Willy-Blackwell, 2012) p.329.

おいてスキルが低いが故に就労することが困難な者には同時に何らかの就労阻害要因を抱えていることが多く、そのような者への支援を一層進める必要性が認識された。

　これと同時に、稼働能力が低い者が就労支援事業へと取り組む際のスローガンとして、社会保障給付を受ける権利と引き替えの就労への取組みに関する義務が強調されるようになった。これには就労困難者への個別的且つ集中的な支援が必要であるため、比較的就労可能な者に対するジョブセンタープラスによる支援ではなく、支援団体等民間活動を財政的にも支援するようなしくみ作りが必要とされた。

　そこで、従来年齢や稼働能力の有無によってカテゴライズされてきたニューディールを、個々人の就労困難性に着目した支援体制に変更する必要が認識されるに至った。対象者類型別の就労支援プログラムを一元化した2009年のフレキシブル・ニューディールはそのような意図の下に行われたものであった。これにより、就労支援事業は障害者を対象とするパスウェイ事業と、稼働能力がある者に対するフレキシブル・ニューディール事業へ再編されることになった。

　フレキシブル・ニューディールは、ニューディールよりも個々人の状況に応じて弾力的に介入するために、ジョブセンター・プラスのパーソナルアドバイザーによる積極的な介入が行われた。事業対象者は、求職期間ないし就労困難性に応じて4つの段階に区分された。第1段階がプログラム開始後3か月間で、自助努力による求職活動を支援するものであった。その内容は、求職者手当の受給要件である求職者協定の中に盛り込まれ、パーソナルアドバイザーがそれをもとに具体的な求職活動指示を行うものであり、就労意欲があり、就労阻害要因の少ない者にとっては成果を上げた。

　第2段階は、プログラム開始後3か月を経過しても就職することができない者を対象に、職業能力をつけるための訓練の指示や、求職活動条件の緩和などが求められた。これらは特別の支援を必要とするために、パーソナルアドバイザーが求職者へ接触する機会を多く持つこととなった。

　第3段階は、開始後6か月を経過しても就職することのできない者に対するアクションプランの策定と、それに基づく具体的な求職活動ないし職業訓練を

指示するものであった。この指示内容は、ニューディールにおけるオプションと同様に何らかの就労関連活動を選択するものであるが、その内容は単一の活動ではなく、たとえば就労準備活動とボランティア活動といったような複数のプログラムを組み合わせて受けなければならないものであった。これにより、能力開発のみならず適性発見に資することを目的として付与されるようになった。

　第４段階は、プログラム開始後12か月を経過しても就職することのできない者に対するアクションプログラムである。公的な機関であるジョブセンタープラスよりはむしろ、ジョブセンタープラスから委託を受けた民間団体が日常的に対象者と相対して支援を行うものである。その内容は、４週間以上継続した無給あるいは有給の就労関連活動ないし就労体験を義務づけるものであった。そのマネジメントを民間団体が行い、これを裏づけるアクションプランを履行しない場合には給付の制裁措置が加えられることになった。

　ただ、フレキシブル・ニューディールも、事業自体に関する法的基盤と、社会保障給付との関係における法的関連性という点においては、その根拠が脆弱なままであった。フレキシブル・ニューディールでは、求職者手当の受給期間が長期化するにつれてジョブセンター・プラスのパーソナルアドバイザーとの接触が深くなり、それと同時にパーソナルアドバイザーの指示事項への不履行に関する制裁措置も厳しくなるよう設計されていた。このようなしくみは、パーソナルアドバイザーと求職者との間の接触期間の長期化することによって、信頼関係が構築されることになるであろうという制度設計に基づいていたといえよう。しかしながら、すべての支援者と被支援者との間で適切な信頼関係が構築されるとは限らず、法的基盤が脆弱なままで運用されていたことについては、法的課題を残す結果となった。

(3)　キャメロン連立政権期における求職者支援プログラム

　2008年末のリーマンショックはイギリス国内に多大な影響を与えた。堅調であった国内景気は不況期に入り、労働市場が必要とするようなスキルを持たない失業者が溢れかえった。2000年以降の継続的な労働力不足の中、増大する失業者と失業の長期化問題に直面するに至ったのである。

第5章　求職者支援と社会保障法・労働法

　そのような中、2010年には労働党政権から保守自民連立政権への政権交代が生じた。それは2012年のロンドンオリンピックをはじめとする景気回復への期待を集めた結果であった。失業者対策として労働党が進めていた就労支援プログラムのニューディール、フレキシブル・ニューディールは結果として失業者の社会保障給付への依存を高め、コストがかかるものとされ、これに替えて、より低コストで集中的なプログラムへであるワーク・プログラムを中心とするプログラムへと変更された。ワーク・プログラムは、対象者の年齢や心身の状況、失業期間などに応じて有効に支援し、地域局地的な労働市場問題に対応するための地域パイロット事業や新たな試行的プログラムが設定された。そのため多種多様なものに細分化され、その全体像を把握することはきわめて困難なほどに複雑化した。

　ワーク・プログラムは各種の社会保障給付を受給しながら、一定期間就労して就業体系を事業が中心であり、それにはジョブセンター・プラスと民間事業者との協働が不可欠であった。それで民間事業者が行う支援が拡大してきたのであったが、問題はそれが適切に規制され、管理されているかということであった。イギリスには就労支援を行う団体（民間企業）が複数存在する。地域毎に就労支援事業を民間団体（プロバイダー）に委託し、プロバイダーが地域資源を活用して、地域の各種団体（営利企業を含む）と協働して就労支援プログラムを実施している。

　民間プロバイダーの最大手企業に、A4e（Action for Employment）というのがある。A4eは1991年にシェフィールドの製鉄産業を整理解雇された労働者たちの再就職支援のために設置された会社で、97年の労働党政権下のニューディールプロバイダーとして最大シェアを誇るなどその勢力を拡大し、現在はオーストラリア、フランス、ドイツなどにも進出している。

　プロバイダーに対する公金の支出は、通常、就労支援プログラムの継続中と訓練生の再就職後に成功報酬として支払われることが多い。このようなしくみの下、2009年にA4eは訓練生が就職した事業主から雇用したことの証明として送付される「雇用確認書」の署名を偽造しているとの報道がなされた。事業

主署名欄が改竄されていたというのである。同時に地方の職業紹介機関の署名も偽造されているものが発見された。Ａ４ｅの内部調査によると、改竄とされたほとんどの事例は実際に就職しているのであるが、その雇用先は補助金支給基準に満たないものであった。訓練生と就職先企業、職業紹介機関のそれぞれが思い違いをしていたことが原因であった、と結論づけた。

翌2010年には、Ａ４ｅの従業員がコンピューターの盗難に遭った。コンピューターには２万5000人にも及ぶ訓練生の個人情報が入っていた。実際の被害は確認されなかったものの、個人情報は暗号化されておらず、情報管理体制に疑念が生じた。結局Ａ４ｅはこの個人情報流失の件で６万ポンドの罰金刑を受けた。

2012年には再度文書偽造が発覚した。これは訓練生のサインを偽造したものであり、Ａ４ｅはこのプロジェクトからの撤退を余儀なくされた。さらに同年、Ａ４ｅの内部調査により2010年に大規模な会計上の不正行為があったことが発覚した。これによりかつての従業員４人が逮捕された。また、2005年には就労支援プログラムの訓練生を無報酬でＡ４ｅの事務所で働かせていたことが、労働年金省の調査によって明らかにされた。これによって不正に受け取ったとされた補助金の返還を求められた。さらには経営者に多額の配当金が支払われてることや、経営者が保有する不動産にＡ４ｅが賃料を支払っていたことなどをめぐって批判されている。これらの事態を受けて政府は契約の打ち切りなどを行い、結果として就労支援事業を受ける者の地位が脅かされる事態が生じたのであった。結局これによって不正受給とされた補助金は30万ポンドとなり、10名が懲役刑を含む有罪判決を受けるに至った。

そもそも実績を挙げていたとされるＡ４ｅでも、2008年の就職目標が30％であったのに対して実績は９％に止まっていた。政府でもコストがかかる割に実績が上がっていないことが批判の的になった。保守連立政権で集中的な支援が行われていたとしても、ワーク・プログラム修了者のうち、比較的稼働能力が高い求職者手当を受給していた者で１年以上の継続的な雇用に結びついたのは

---

4) S. Rajeev and H. Toby, "Fraud inquiry into government jobs scheme" *The Observer*, 28 June 2009.

5) A4e. 28 June 2009.

30％程度であり、雇用支援手当のそれに至っては僅か5％に止まった。そもそもの目標値の半分以下であるというこの数字は批判されている。それは、安定的雇用に結びついた割合が低くコストがかかるから、という意味ではない。そもそも長期失業状態や疾病障害により労働市場に参入することが困難な阻害要因を抱えた者に対する就職というのは難しいものなのであり、目標値の設定が高すぎるのだ、というのである。

就労支援プログラムは訓練生が納得の上で自分の雇用される能力を向上させるために使用されることが原則である。そして、国の委託を受けたプロバイダーは、訓練生の状況と地域の特性に応じた就労支援プログラムを提供することで安定的な雇用を得ることができるように支援する。そして、安定的な雇用を得たことで成功報酬を受け取り、就労支援サービスの維持向上が図られる、ということが期待されていた。しかし、訓練生に選択の余地は少なく、訓練過程における保護立法が適用されることが少なく、一部のプロバイダーは成功を偽装した不正が疑われている、という実態があった。

それでもやはりプログラムそのものに対する批判は絶えない。訓練生にとっては自らのキャリア形成に役立つプログラムが少なく、自分の希望とは無関係な訓練を指示されることが少なくないことである。訓練生にとっては不本意なプログラムであっても、それへの参加が社会保障給付を受けるための受給要件となっているため参加せざるを得ないのである。

3　現行就労支援プログラムの概要

就労支援プログラムは、対象となる者の家庭状況や生育歴、就労阻害要因の有無やその態様に応じてかなり多様なものとならざるを得ない。これに加え、就労支援事業の担い手も公的責任一本で行われるのではなく、多様な民間団体が参入し、公的にそれを規制し支援するという構造が採用されている。それでは現在の法的枠組みの下で、いかなる就労支援のプログラムが行われているのか。

2013年に成立施行された2013年求職者手当（就労支援スキーム）規則により、2013年現在の就労支援プログラムは次のように整理されることになった。

①義務的就労活動

義務的就労活動は、求職者手当を3か月以上にわたって受給している者を対象としており、年齢制限はない。本スキームは、週あたり30時間以上、4週間にわたって行われるスキームであり、雇用に必要な生活習慣や規律を習得することを目的としている。具体的には、「地域コミュニティへの利益になる活動」を行うこととしており、住宅改修や家具改修、非営利団体での補助的活動や営利団体での就労等、幅広いものが予定されている。国務大臣によって対象者として選抜された者は、この参加を拒否することができず、正当な理由なく参加しない、あるいは参加中断すれば制裁措置を受ける。

なお、本スキームは2013年法によって追認された2011年求職者手当（義務的就労活動スキーム）規則[6]に基づいて行われる。2011年5月から2012年8月までの間に9万人がこの対象者となっており、実際にスキームが開始されたのはこのうち3万3000人程度である[7]。

②若年者のための一日支援（Day One Support for Young People）：規則3条2項

本スキームは、若年者に対して「僅かでも就労体験を付与すること」を目的として設置された。参加者は週30時間以内の地域活動を行い、その後は10時間以内の支援付き求職活動を13週間以上にわたって行う。対象者は18歳から24歳までの、学校教育課程修了後の就労経験（雇用、ボランティア、インターンシップ、職業体験を含む）が6か月未満の者となっている。

このスキームは、第三者プロバイダー機関によって提供される。現在は2012年11月から開始されている北ロンドン及び南ロンドンだけでのパイロット事業である。

③ダービーシャー州若年者義務的就労活動プログラム（The Derbyshire Mandatory Youth Activity Programme）：規則3条3項

ダービーシャー州地区のジョブセンタープラスで行われている、週30時間以

---

[6] The Jobseeker's Allowance (Mandatory Work Activity Scheme) Regulations 2011, SI. 268.

[7] DWP, *Mandatory Programmes Official Statistics.*

内の地域コミュニティへの利益になる活動プログラムであり、週8時間を超える求職活動支援が8週間以上にわたって行われる。対象者は18歳から34歳までである。このプログラムは第三者プロバイダーが提供し、2012年度と2013年度の時限パイロット事業である。

④フルタイム柔軟性訓練（Full-time Training Flexibility）：規則3条4項

求職者手当を受給し始めて26週間未満の者を対象に、週あたり16時間以上30時間未満の訓練を行うものである。その内容は初歩的な計算能力の向上、リテラシーや一般的な職業技能の向上を図るものである。

⑤新事業手当（New Enterprise Allowance）：規則3条5項

自営業希望の者に対し、ビジネスメンターによって提供されるガイダンスと支援プログラムである。開業資金の調達方法に関する相談を受け、求職者手当の受給をやめてから最長26週間の間手当を受給することができる。

ところで、自営業設立希望の者に対して国家がそれを支援する構造は、サッチャー政権期に遡る。1983年に開始された自営業者開設援助手当制度（Enterprise Allcwance Scheme）は、ふたつの目的を持っていた。ひとつは、産業構造の変化によって生じていた失業者を自営業者に転換させることである。もうひとつは、新設された自営業から新しい雇用機会が創出されることを期待したものであった。この制度は、自営業開設希望者に対する経営アドバイス、銀行融資保証などのサービス提供のみならず、週40ポンドの手当を最長52週間にわたって支給する所得保障制度も兼ね備えていた。83年の制度は1000ポンドの資本金を有する失業給付か補足給付を受給している者が基本的な対象となっていたが、現在の制度ではユニバーサル・クレジットの受給者を対象としないことになっている。

⑥業種別ワークアカデミー（The sector-based work academy）：規則3条6項

受給者が基本的な技能を身につけ、就労体験を持つことができるように行われるスキームである。対象者は使用者または使用者の依頼に基づく支援者との間で行われるインタビューを経て、いかなる事業に配置され、それがどの程度の期間継続するのか決定されるという、合意に基づいて詳細が決定される。対象者は求職者手当の受給者であり、このスキームに参加するかどうかは受給者

の任意である。しかし、一旦参加が決定されたならば、スキーム継続が義務的なものになり、正当な理由なく中断すれば制裁措置を受けることになる。このスキーム対象者は比較的就労阻害要因が少なく、特別なスキルを必要としない雇用を目指しており、短期間での雇用が可能なものを対象としている。業種は小売、介護等が一般的であり、これらに関する短期間での資格取得を目的に教育訓練を行う。訓練は実際の求人があるところを活用し、受給者は一定期間のプログラム係属中ないし終了時において、採用面接の機会が提供される。 なお、対象者は実際に就労するものの、労働法上の被用者 (employee) でも労働者 (worker) でもないとされており、それ故に使用者は賃金支払義務を負わない。

⑦条件付き技能 (Skills Conditionality)：規則3条7項

雇用を得るための技能習得に向けた支援計画の策定とその実施に係る包括的なスキームである。受給者は、自己の雇用計画に向けて必要な技能が欠如しているとされる場合、職業訓練や就労体験に従事しなければならない義務的スキームである。

2011年度のインタビュー対象者は約18万人、実際にそれに参加した者は6万7000人に過ぎなかった。また、政府が提供するキャリアサービスの対象者は25万人であったが、利用者は約11万人であった。[8]

⑧ワーク・プログラム (The Work Programme)：規則3条8項

ワーク・プログラムは、2年以上にわたる長期失業者のリスクを軽減するために策定された。受給者はワーク・プログラムのプロバイダーから支援を受け、自らの状況に応じた支援策を検討する。プロバイダーにはスキームに係る最低水準の条件を定められているが、サービス受給者の希望や状況に応じた支援内容を自由に決定することができる。これにより雇用される能力の向上と安定的な雇用を獲得するための能力向上を図るとともに、求職活動が容易になるような支援を行う。 それにはコミュニティの利益になるような活動、就業体験、受け入れ企業での職業訓練など、多様なプログラムが含まれている。

求職者手当の受給者は、基本的にワーク・プログラムの対象者になる。 対象者は段階毎に設定され、18-24歳では求職者手当受給開始後9か月後、25歳以

---

8) DWP, *Get Britain Working Measures Official Statistics*.

上は12か月後に対象者となる。対象者は2年間にわたってこのプログラムを受講しなければならない。

4 ワーク・プログラム

次に、現在の就労支援プログラムのうちかなり大規模に行われているワーク・プログラムを例に、その構造を見てみよう。

(1) 対　象　者

労働年金省の資料[9]によると、2011年から開始されたワーク・プログラムの参加者は2014年度末に150万人を超えているが、その大多数はプログラムを終了しているのではなくプログラムに参加し続けている。これは、以下に見るように就労し始めてもプログラムの対象者であり続ける制度上の特色なのであり、必ずしも再就職者が少ないことを意味しない。そもそもワーク・プログラムの参加対象者は2年以上の長期失業者なのであり、就労意欲、稼働能力が低く、多くの就労阻害要因を抱えることが少なくない。そのような者を最低2年間継続的に支援するプログラムなのであるから、その支援期間が長期化することは避けられないのである。

ワーク・プログラムの参加対象者は9つの類型に分けられている[10]。受給者グループ第1から第4が稼働能力を有する者が対象となる。第1と第2が年齢に応じて設定されており、元ホームレス、元ドラッグ中毒者などを対象とする第3、かつて障害者として分類されていたこと就労不能給付の元受給者を対象とする第4である。つまり、稼働能力のある者は年齢と就労阻害要因によって分類され、支援体制もこれら類型に応じて設定される。なお、第1から第4に該当する者については原則的にこれらのプログラムに従事しなければ、求職者手当またはユニバーサル・クレジットを受給することができない。

第5から第7までが稼働能力が低く、就労困難な者を対象とする。主として拠出制の雇用支援手当、資力調査制の雇用支援手当を受給している者が対象となる（資力調査制雇用支援手当はユニバーサル・クレジットへ移行する）。これらの者

---

9) DWP, *Work Programme Official Statistics to March 2014* (2014).
10) DWP, *Work Programme Official Statistics: Background Information Note* (2013).

は雇用支援手当の分類である就労関連活動グループ（稼働能力があるとみなされる）、支援グループ（稼働能力が低いとみなされる）に分類され、さらに5歳未満の子を養育する責任があるかといった就労阻害要因に応じて支援体制が組まれることになる。これら第5から第7に該当する者については、稼働能力があるとみなされる限りにおいてプログラムへ参加することが事実上の受給要件と位置づけられる。また、第8は雇用支援手当の受給要件である労働能力評価を未だ受けていないことから稼働能力の有無が判定されていない者を対象としており、その支援は任意ながら雇用支援手当における労働能力評価を受けることがその内容となる。したがって、雇用支援手当移行への経過期間終了後には廃止されることになる。

　第8は、元受刑者である。刑務所出所後の雇用につき、パイロット事業の対象者となった者について、民間プロバイダーがその支援を強化することになっている。

(2)　ワーク・プログラムの流れ

①申入れ（referral）

　ワーク・プログラムの参加対象者は、ジョブセンター・プラスが決定することになる。ただ、事実上、求職者手当と雇用支援手当の受給者には必ずその利用を申し入れることになる。それ以外の給付、たとえば就労することが受給要件となっていないような就労不能給付と所得補助の受給者に参加を申し入れても、それに応ずるか否かは任意である。

　ジョブセンター・プラスは、参加対象者にワーク・プログラムの利用を申し入れる。対象者はその状況に応じて対象者グループ（第1から第8）を割り当てられ、その居住する地域で利用可能なワーク・プログラムのプロバイダーに配属決定がなされる。ジョブセンター・プラスは、対象者の状況を見てワーク・プログラムへの参加開始時期や参加形態を指示する。

②配属（attachment）

　配属されるプロバイダーは全国に18社あり、プロバイダーと国との間で40の契約がある。ジョブセンター・プラスから配属を受けた対象者は、プロバイダー毎にワーク・プログラムの登録者として登録され、プロバイダーは登録者

第5章　求職者支援と社会保障法・労働法

へ個別に連絡をとる。これと同時に、対象者グループ毎に設定された配属手当（Attachment Fee）がプロバイダーに対して政府より一時金で支給される。配属手当は受託報酬というよりはむしろ対象者に係る情報収集経費として支給される性格のものであり、稼働能力がある者については400ポンドが、稼働能力に制限を受ける者についても600ポンドである。

　プロバイダーが個別に対象者と相対し、継続的に支援を行う。その支援内容は、プロバイダー自身が直接提供することもあるが、多くはプロバイダーが契約する外部事業者へ委託してなされる個別の職業訓練事業等であって、プロバイダーは対象者との間でいかなる内容、形態、時期の職業区連活動等を行うべきかを決定することになる。

　プロバイダーは、継続的に対象者へと支援活動を行いつつ、それが定期的に評価されることになる。プロバイダーは、支援対象者との間で継続的に連絡を受けつつ、その状況に応じて実績報告を行う。その報告により、給付グループ毎に最低実績をクリアしたかどうかについて、会計年度毎に審査されることになる。

(3)　事業者への報酬

　プロバイダーは、支援対象者の配属を受けた時点で一時金で配属手当を受けることになる。これに加え、支援対象者の支援が継続している間、その費用がプロバイダーに対して支給される。これには二種類ある。

　ひとつは、就労成果手当（Job Outcome Payment）である。ワーク・プログラムは就労体験などの事業を外部委託することが多いが、これが一定期間継続している場合にはプログラムそのものの継続が成功しているということで支払われるものである。就労阻害要因のある第3から第8グループ（元犯罪者、ホームレス、障害者など）が13週間継続して就労している場合には、プロバイダーに対して就労成果手当が支給される。支給額は就労阻害要因の程度に応じて決定され、雇用支援手当で就労関連活動グループに分類された比較的稼働能力の制限を受けない者に関しては1000ポンド、稼働能力が低いと分類されていたが支援の程度によって就労することが可能となりそうな、積極的な支援を継続的に行

---

11)　*Work Programme Provider Guidance 2014. Chapter 9.*

うことによって自立することが見込まれるような支援対象者に関しては3500ポンド、その他は1200ポンドとなっている。また、これら就労阻害要因の少ないグループ（第1及び第2、第8）に関しては、より長期の継続が必要であるとの観点から、就労成果手当が支給されるのは就労開始後26週後であり、その支給額は1200ポンドとなっている。したがって、プロバイダーとしては、就労阻害要因の多い者を積極的に受け入れるか、就労阻害要因の少ない者について継続的な支援を行う経済的な動機付けを与えられるシステムになっている。

　もうひとつは、継続雇用手当（Sustainment Payment）であり、プロバイダーが就労成果手当を受領している場合に、雇用が継続している4週間毎に支給されるものである。手当額は受給者グループ毎に異なっており、就労阻害要因の程度によって異なった基準が設定されている。また、継続雇用手当は4週間毎に支給されるものであるが、就労阻害要因のあるグループについては最長20週、就労阻害要因がないグループについては最長13週間にわたって支給される。ただ、支援対象者が3日以上雇用を中断している場合には手当を返還しなければならないために、プロバイダーとしても日常的・継続的に支援することが必要なしくみとなっている。

　このように、求職者支援に必要と思われる支援の継続性、個別性、就労阻害要因の有無程度によらない普遍性という要請を、民間団体に対する経済的誘導策によって担保する者として制度設計されているといえる。

(4) **プログラムの継続と終了**

　ワーク・プログラムは、参加者が死亡した場合、ジョブセンター・プラスが他の制度の利用を指示した場合には終了する。また、支援対象者が受給している社会保障給付の受給を辞退したとき、社会保障給付の給付種別を変更したことによって就労関連活動に関する要件に変動を生じたとき、支援対象者が雇用されたことによってプログラム参加への必要性が消滅したときには、プログラムが終了する。

　プログラムは最長104週間であり、それを超えて同一のプログラムを継続することができない。そして支援対象者はこれを更新して再度ワーク・プログラムを利用するように求めることができないので、期間更新は不可能なものとさ

れている。ただ、104週を超えて同事業主に雇用されている場合には、プロバイダーに対して就労成果手当が支給される。他方で、104週を超えて就職することができなかったときには、稼働能力の評価か就労阻害要因の評価において再度の評価と計画策定が必要となることから、プロバイダーの手を離れて再度ジョブセンター・プラスへ付託される。そこで再度自立に向けた支援体制が検討構築されていくことになる。

第2節　求職者支援サービス受給者の労働法上の地位

1　求職者支援サービス受給者の法的地位

就労支援サービス給付がサービス受給者の状況に応じた態様でのサービスが提供されるに伴い、そこでの法的地位も各種様々な態様になる。制定法では、「雇用」の意味を「雇用契約、徒弟契約若しくは人的就労契約」と位置づけており、必ずしも労働と賃金との双務契約だけを意味するのではく、雇用契約よりも広い概念でとらえている。しかしながら、雇用契約を中核とする労働関係立法と、その周辺的契約類型とでは、法的な保護対象が必ずしも一致するわけではない。そもそもイギリスにおける「被用者」概念の生成は、雇用契約の当事者が誰か、雇用法における当事者性の決定という問題から出発したのではない。ある就業者が被用者にあたるかどうかの判断は、当該就業者の契約が雇用契約であるかどうかという性質決定を行うことと同義であり、結局のところは裁判所の判断で定まってきたということができる。そもそも被用者性概念の確定は、制定法適用の有無の文脈で形成されてきたのではなく、社会保険の適用関係などの法分野を参照して生成されてきたのであり、社会保険の適用範囲としての被用者が個別的労働関係法における被用者へと転換し、それが再び社会保障法上の労働者を確定させるという、循環的な議論の構造を有しているも

---

12) Equality Act 2010, s.83 (2).
13) 林和彦「労働契約の概念」秋田成就編著『労働契約の法理論』（総合労働研究所、1993年）77頁、岩永昌晃「イギリスにおける労働法の適用対象者(1)」法学論叢157巻5号（2005年）58頁など。

のといえる。

ここでは、(1)徒弟契約（apprentices）、(2)訓練生（trainees）、(3)ボランティア労働（voluntary worker）について、労働法の適用関係について見ておこう。

2　徒弟契約
(1)　徒弟制の変容と拡大

イギリスにおける徒弟制は、そもそも使用者と訓練者との間で、OJTの方法による訓練と労働との双務契約であると位置づけられてきた。徒弟契約は、労働者が使用者に使用に雇用されて労務を提供することを約するに止まらず、使用者から指導・訓練を受ける権利を与えられたものと位置づけられる。徒弟は技能を習得するための訓練費用を使用者に負担しなければならないのであるが、そのコストを労務の提供という形で負担する。徒弟は技能を十分に習得しているわけではないので、労務のアウトカムが十分ではないからである。したがって、徒弟契約は無償契約であり、契約上の権利義務もコモンロー上の独自の法理が形成されてきた。[14] Wynn事件においてDunn判事は、[15]「契約の主たる目的が技能の教育や知識の習得にある場合、それは雇用契約ではない。合意内容が雇用契約と一致しているような事実があれば、当事者関係の終局的な目的が技能の教育や知識の習得にあるということではないということになる」とした。それ故に、徒弟契約の当事者関係は雇用契約概念とは全く別のものであると観念され、両当事者の意思も雇用契約とは全く別のものとして分析されてきた。[16] また、徒弟は通常使用者である親方の自宅に5年から7年にわたって住み込みで技能習得をするため、マスターとサーヴァントの関係にも例えられた。

このような徒弟制は19世紀を通じて拡大したものの、20世紀には衰退の一途をたどる。1960年代頃から産業構造の変化とともに、徒弟制度の見直しに関する議論が活発化する。それが終結したのが1993年の白書『競争力—ビジネスの

14）　小宮文人『現代イギリス雇用法』（信山社、2006年）67-68頁。
15）　*Whitshire Police Authority v Wynn* [1980] ICR at paras 649, 661.
16）　*Horan v Hayhoe* [1904] 1 KB at para 288; *Whitshire Police Authority v Wynn* [1980] ICR at para 649.

勝利への支援』である。白書は徒弟制を現代的にアレンジして復活させることを提言した。それによると、「新しい徒弟制（Modern apprenticeship）」というものを導入し、徒弟期間中の費用負担を国家・使用者・徒弟の三者で負担することにし、政府は補助金を支払うことで徒弟契約に介入することにした。さらに、伝統的な徒弟制が建設業等に集中していたのを、新しい徒弟制の下ではサービス業や情報関連産業等にも拡大することにしたのである。そして、このような新しい徒弟制を活用したOJTによる職業訓練は、1997年のブレア労働党政権によって職業訓練プログラムの一種として位置づけられ、拡大されるようになった。[18]

(2) 徒弟契約

徒弟は、徒弟契約（contract of apprenticeship）に基づいて開始される。新しい徒弟契約は雇用契約に包含されるので、雇用保護立法の適用対象となる。[19]

徒弟契約の本質的な要素は、使用者が徒弟に対して特定の技術技能を習得させることにあり、徒弟はその見返りに使用者に対して労務を提供するというものである。Dunk事件[20]では、「徒弟契約は、徒弟に対して3つの事項を保障している。第1が、徒弟契約期間中の賃金受領である。第2が、徒弟の職業人生に必要な技能を習得することができるよう訓練を受けることである。第3が、そのような地位を設定されることである」としたのがその特徴を示している。

徒弟契約は通常有期契約であり、契約期間中は合意によらなければ終了することができない。このため、通常の労働契約における労働者の非違行為を理由とした解雇よりも、徒弟の非違行為を理由とした解約は制限されるものと解されている。もちろん、当事者が合意によって契約期間中に解約することは許容

---

17) Department of Trade and Industry, *Competitiveness: helping business to win* (H.M.S.O., 1993) [Cmnd. 2563].
18) 齊藤健太郎「近年におけるイギリスの職業訓練政策の変遷と『新しい徒弟制度』」京都産業大学論集社会科学系30号（2013年）239頁。
19) Simon Deakin and Gillan S. Morris, *Labour Law [5th ed.]* (Hart Publishing, 2009) p.144. 内藤忍「イギリスにおける個人請負・業務委託型就業者（the self-employed）の保護の現状」季刊労働法241号（2013年）83頁、長谷川聡「イギリスにおける差別禁止法と労働法の人的適用範囲」季刊労働法241号（2013年）72頁。
20) *Dunk v George Waller & Son Ltd.* [1970] 2 QB 168-169.

されており、その場合に使用者は徒弟に対して訓練を行う義務を免じられると同時に、剰員解雇手当を支払う必要もない。

　政府は、徒弟契約を活用した就労支援施策の拡大政策を採用してきているが、実際には徒弟契約による徒弟の数は1970年代以来減少している。政府は訓練事業者に対する賃金補助の助成金を行い、これと同時に訓練プロセスないしプログラムの策定による体系的プログラムの提供とそれへの徒弟契約を編入することによって、1970年代の徒弟契約とは大きく異なる様相を呈している。Daley事件[21]では、「若年者訓練制度（Youth Training Scheme）」の下で訓練していた徒弟が、何ら契約を締結していないのではないか、ということが争われた。これは、徒弟の訓練条件が政府機関（当時はマンパワーサービスコミッション）が指示するプログラム内容によって決定されているものであり、当事者の合意によって策定されていたものではなかったのである。同様の事例であるHawley事件[22]では「マンパワーサービスコミッションによる介入があることで、原告と被告との関係は、当事者の合意があろうとも当事者自治に介入を許すものであり、それは、本件の場合、使用者と労働者との関係とは決定的に異なるのである」とした。

　このように徒弟契約の当事者関係が労働契約における労使関係と異なるとということは、批判の対象になっている。[23] 労働契約というのは、契約の文言や外形から性質決定されるのではなく、契約内容の実質において性質決定されるべきものだからである。とりわけDaley事件における「訓練契約」との文言が雇用契約や徒弟契約とは異なるとの判断は、「両当事者の契約に内在する目的が使用者と労働者の関係によって成立するのではなく、原告が職業能力・技能と職業経験を得るための契約である」との説明については、徒弟契約の本質である「職業能力・技能の移転」ということと「労働」を交換するという基本原理から乖離している、というのである。このような意味において、コモンロー上は契約内容に使用者の本質的な義務を読み込み、解釈するということが一般的

---

21) *Daley v Allied Suppliers Ltd.* [1983] IRLR 14 (EAT).
22) *Hawley v Fieldcasle & Co. Ltd.* [1982] IRLR 223.
23) Deakin and Morris, *supra* 19 note at p.145.

になっているのである[24]。

このような裁判例の動向を受けて、徒弟契約上明確には被用者性が認められない徒弟の法的地位について、安全衛生や労働時間、差別については被用者と同等の権利を制定法上付与されることになった。ただ、19歳未満の徒弟、26歳未満で徒弟1年未満の者については、最低賃金の適用を排除される。

3 訓練生と訓練契約

(1) 訓練生の法的地位

訓練生（trainee）の法的地位は、訓練プログラムが政府のプログラムによるものかどうかによって大きく変わる。政府が所管する訓練プログラムとしては、かつて若年者訓練プログラム（Youth Training Programme）によるものが代表的であった。

政府が所管するプログラムにおける訓練生の地位は、1988年雇用法が定めている[25]。その26条では、訓練生の法的地位について次のように規定している。

まず、1998年雇用法が適用対象とする訓練は、1973年雇用訓練法2条の規定基づく職業訓練であって、報酬を受けるものである[26]。そのような訓練生につき、その訓練が雇用であるか否かを問わず、いかなる場合に訓練施設を利用する権利を取得するか、いかなる場合に当事者関係を雇用とみなすか、報酬をいかにして決定するか、等について、国務大臣が命令（order）を定める権限を付与される（1988年雇用法26条1項）。この国務大臣の命令によって、求職者支援プログラム毎に労働者保護立法の適用があるかどうかが決せられる、という構造になっている。

労働党政権以降のニューディール等については、2000年学習及び技能法が制定されたことに伴い、1998年雇用法26条に1A項を挿入した[27]。同項によると、学習技能委員会（Learning and Skills Council）が賃金支払義務があると認め[28]

---

24) *Whiteley v Marton Electrical Ltd.* [2003] IRLR 197.
25) Employment Act 1988, s.26.
26) Employment and Training Act 1973, s.2.
27) Learning and Skills Act 2000, s.149.
28) 職業能力開発施策の実施管理と予算配分を所管する。2010年からは技能助成局（Skills

た訓練について、上記と同じ規則を定める命令を国務大臣に付与した。

　国務大臣は、１Ｂ項の規定に基づき、訓練生に対して報酬を支払うことができる命令を定めることができる。それは、2002年教育法の定める国務大臣の権能、2009年徒弟、技能、児童及び学習法100条１項ｃ号及びｄ号に基づく技能基金の最高責任者による命令などに基づくものである。これらの命令は、訓練生の範囲とその中でも雇用関係を生じさせる訓練生の範囲、報酬の支払義務を生じさせる訓練生の範囲などを含むことになる。

　この規定に基づき、各種の訓練プログラム毎に命令が策定された。ひとつ例にあげると、1998年社会保障（雇用訓練：給付）命令は、賃金支払義務があることを前提にして、国民保険料のクラス１保険料とクラス２保険料の納付義務を免じない、ということを定めている。このようにして、政府が所管する訓練については、訓練生に対してその訓練条件を明示されるとともに、訓練基盤が法的に担保されているものといえる。

　しかしながら、政府が所管する訓練といえども、すべてが労働者保護立法の対象となっているわけではない。むしろ、訓練者は労働能力が劣る場合が少なくないだけではく、使用者が訓練コストを負担しなければならない場合が少なくない。そこで、政府が所管する就労支援プログラムであっても、賃金支払義務が免じられるなどの形態が少なくないのである。

　　　Funding Agency）と若年学習支援局（Young People's Learning Agency）に移管された。
29)　Employment Act 1988, s.26（１Ａ）.
30)　Employment Act 1988, s.26（１Ｂ）.
31)　2013年現在、この規定に基づく命令は次の通りである（地方パイロット事業を除く）。1988年社会保障（雇用訓練：給付）命令（SI 1988/1409）、1993年コミュニティアクション（雑則）命令（SI1933/1949）、1995年職業学習（雑則）命令（SI1995/1780）、1996年プロジェクト労働（雑則）命令（SI1996/1623）、1998年ニューディール（雑則）命令（SI1998/1425）、1998年職業訓練（雑則）命令（SI1998/1426）、1999年ニューディール（25歳以上）（雑則）命令（SI1999/779）、2001年ニューディール（雑則）命令（SI2001/970）、2001年ニューディール（ひとり親）命令（SI2001/2915）、2009年フレキシブル・ニューディール（雑則）命令（SI2009/1562）、2010年コミュニティタスクフォース（雑則）命令（SI2010/349）。
32)　Social Security (Employment Training: Payments) Order 1998, SI 1998/1409.

第 5 章　求職者支援と社会保障法・労働法

(2) 訓練契約

ところが実際は多くの訓練が政府が所管するものではない。訓練生が訓練機関との間で締結した訓練契約によって内容が決定され、開始されるものが少なくない。

そもそもイギリスでは、かなり多くの労働者がその職業生活を開始するに当たって訓練契約を締結して職業能力を養成しているのが現実である。徒弟契約が労働契約として構成され、労務に対する反対給付が保障されているのと比べると、訓練契約は通常そのような規定を持っていない。訓練契約には職場へ入ることを許可され、そこで実務を観察し、時には技能を磨く、ということだけが契約内容になっていることが多い。訓練生は賃金を支払われない結果、1988年雇用法の適用対象から除外され、それ故に労働保護法規の適用を受けないことが少なくない[33]。

このような訓練契約は、技能習得に向けて必要なものとして位置づけられているが、既述のように必ずしも政府の所管する就労支援プログラムの一環として行われているわけではない。政府が所管するプログラムについては、使用者と訓練生という法律関係に置くことが少なくなく、法的保護の対象とされうる。政府が所管しない場合には、必ずしも契約内容について最低基準が定められているわけではなく、契約に第三者が介入して公正性を担保することが義務づけられているわけでもない。見習い法廷弁護士の訓練契約に関する事例は[34]次のようなものであった。

原告のEdmondsは、被告の法廷弁護士事務所で無給の見習い弁護士として12か月間の訓練を受けていた。それは、法廷弁護人としての資格を得るためには必要な訓練であった。被告弁護士は契約上、教育と就労経験を付与する義務を負っており、見習い弁護士は労働義務を負っていなかった。しかし、見習い弁護士は熱心に訓練を受けており、契約上の文言にはなかった最低賃金の支払

---

33) Stephen Taylor and Astra Emir, *Employment Law: An Introduction [2nd ed.]* (Oxford University Press, 2009) p.72, Hugh Collins, K. D. Ewing and Allen McColgan, *Labour Law Text and Materials* (Hart Publishing, 2005) p.177.
34) *Edmonds v Lawson QC* [2000] IRLR 391 CA.

いを求めたのが本件である。控訴院は、見習い訓練契約が雇用契約でも徒弟契約でもないことを認めた。その理由は、見習い弁護士が契約上弁護士事務所の下での労働を義務づけられていなかったからである。それ故に、見習い弁護士は1998年国家最低賃金法にいう労働者（worker）にあたらず、弁護士事務所は賃金支払義務を負わない、と判断した。

このように、職業能力向上のためにOJTによる訓練が少なからず行われているのであるが、政府が所管するものを除けば、必ずしも法的規制が万全であるわけではない。

4　ボランティア労働者
(1)　ボランティア労働者の法的地位

労働党政権期における「福祉から就労へ」政策は、労働市場から遠い者に対して、就労阻害要因を除去すると共に就労経験を付与し、最終的には雇用労働へと向かわせることが最終的な目的であった。そのためには、ボランティア労働を積極的に活用する必要があった。

労働党政権は、チャリティやNPO、ボランティアセクターの活用を通じて、就労経験を付与して雇用労働へと編入されるような道筋を作った。ボランティア機関は、ボランティアに対し、契約上の規定がなければ賃金支払義務を負わない。

ボランティア労働は、当事者が無償で何らかのサービスを提供する合意によって成立する契約である。ボランティア労働契約は、雇用契約の成立を排し、特定のサービスに関する給付義務を排除する契約として成立する。しかし、このボランティア契約については、法的紛争が少なくない[35]。というのは、非営利団体等で活動することを約したボランティア労働者は、通常、そこでの活動に必要な経費が非営利団体から支弁されることを期待する。しかしながら、ボランティア契約は、雇用契約や人的サービス契約のように双務関係によって成立するのではなく、契約期間内において当事者は自己の費用で契約を

---

35)　Deakin and Morris, *supra* 19 note at p.158, D. Morris, "Volunteering and Employment Status" 29 *Industrial Law Journal*（1999）p.249.

遂行する義務を負うことになる。これを避けるために、当事者は何ら法的義務を負わないということを約した契約を締結することがあるのである。そして、この場合にはボランティア労働の必要経費として何らかの金銭を支払うとを約するというのである。

　このような法的状況を受け、判例法理では、ボランティア労働が労働者保護立法の適用を潜脱するために偽装されたものであり、金銭の支払いが実際には労務の対価であるとみなされるような場合については、雇用契約であると判断してきた。

(2)　ボランティア労働の法規制議論

　1998年最低賃金法は、その44条でボランティア労働者（チャリティ、ボランティア機関、資金集め団体その他法律で定義する団体で働く者であって、実費以外の資金提供を受けない者）については、適用を除外する旨の規定を設けている。これに関し、真なる意味でのボランティアには、最低賃金法や労働者保護立法の適用がないとしても、ボランティア労働を継続する上での保護立法を制定すべきではないか、という議論がある。たとえば、安全衛生に関する規定、人種、信条、性別といった平等取扱に関する法規制をすべきではないか、というのである。現行法ではボランティア労働者は労働者保護立法の規制対象となる「被用者」ではないことから、これら保護法規を適用させるためには「被用者」の定義を拡大するか、新たな立法が必要とされるであろう。それ故に、現在の議論としては、将来的には職場における基本的な保護立法と同じ程度の保護を、ボランティア労働者にも付与するような法律を制定すべきであるとされている。

第3節　職業訓練受講拒否を理由とする失業給付の給付制限

1　職業訓練への従事と失業給付

　失業者の生活保障と就職支援に関する規範的根拠が生存権、労働権（勤労権と勤労の義務）から重畳的に構成されると考える場合、そこからは求職者の国家

---

36)　Hugh Collins, K.D. Ewing and Allen McColgan, *Labour Law* (Cambridge University Press, 2012) pp.206-207.

に対する適職選択権を導出しうる。

　求職者が失業関連給付を受給する際、求職活動や職業訓練などの積極的活動を行うことが国家より指示され、それと引き替えに受給権を取得するという関係に置く法的構造を採用するのが国際的な潮流である。ただこれには、受給権を取得するための条件として何らかの活動を行うことが位置づけられるのか（永続的給付制限ないし受給要件の非充足）、法的ないし行政上指示された事項を履行しないことが給付に何らかの影響を受ける（たとえば、一定期間の給付を停止されるといった一時的給付制限措置）といったようなものか、あるいはこれら指示が単なる努力義務に過ぎず、事実上の強制関係に止まると把握するのかまで、その態様は様々である。

　そもそもこのような積極的活動を行わないことが給付に影響を与えるということについて、その理論的根拠は様々に主張されてきた。たとえば、失業保険財政に与える影響と求職者の行動との利害が一致しないための措置であるとか、福祉依存からの脱却を法的に表明したものであるとか、労働市場への長期的な接触を維持するためであるとか、一定の政策目的を持って労働市場を形成誘導するためには求職者に動機付けを与えることが不可欠であるとか、である。

　イギリス法におけるこの給付制限をめぐる問題は、頻繁に法的紛争として表面化している。そして、司法ないし審判所・コミッショナー[37]において示された判断方法ないし判断基準が、事実上給付を所管する給付判定官の裁量を拘束している。

　そこで、職業訓練の受講拒否を理由とする給付制限の法構造とその判断について、裁判例と社会保障コミッショナーの裁決例を中心に検討する。この作業によって、1997年以降に強い影響力を持った「福祉から就労へプログラム」の法的基盤について、イギリス法の議論を参考に検討を加えることにしよう。

---

[37] 労働党政権下の社会保障審判所制度改革については、伊藤治彦「1998年イギリス社会保障法における審判所の構成についての一考察」川上宏二郎先生古稀記念論文集刊行委員会編著『情報社会の公法学』(2002年、信山社) 375頁以下、山下慎一「イギリス社会保障法領域における審判所の『職権主義』の生成と展開」九大法学103号 (2011年) 1頁参照。

2 職業訓練に関する指示違反

(1) 求職者指令の指示違反――法律の定め

1995年求職者法19条1項は次のように規定している。

> 「申請者が求職者手当の受給権を取得しているとしても、本条5項から7項に規定する場合には手当を支給しない」

そして、これを受けた同条5項では次のように定めている。

> 求職者の具体的な生活環境を前提にして、雇用事務官が合理的なものであるとして発した求職者指令 (jobseeker's direction) に対して、正当な理由なくその履行を拒んでいるとき (同条5項a号)、あるいは正当な理由なくして職業訓練・雇用プログラムへの参加を正当な理由なく拒んだとき、ないしそれらの訓練やプログラム課程を中途で放棄したとき、出席が強制されているにもかかわらず欠席したとき (b号)、訓練やプログラムを求職者の非違行為によって除籍処分とされたとき (c号) には、規則の定めにしたがって1週間以上26週間以内で支給が停止される (同条2項)。

1980年代の保守党政権は、給付制限の期間が最大6週間であったのを二度にわたって拡大し、現在は最高26週間にまで及んでいる。さらに、受給要件として1989年法には「積極的に求職活動をしていること」を挿入し、求職者に課す義務を強化するなどの対応をとってきた。このような事情を反映して、それまで「欠格」と呼ばれてきたこれらの措置が、法律上も「制裁 (sanction)」と呼ばれるようになった。職業訓練の受講拒否を理由とする給付制限も、この文脈で理解されるものである。

ただし、実際には雇用事務官が行う欠格期間の決定は、規則によってその裁量が狭められた。規則69条によれば、4週間の欠格が付与されるのが過去12か月以内に職業訓練・雇用プログラムの拒否等を理由として給付制限を受けた者が再度これに該当するようになった場合であり、2週間の制限を受けるのがそれ以外の場合とされている。

ただ、非違行為の回数程度に応じて給付制限の期間設定が行われるので、実際はこれよりも長期の給付制限 (制裁) を受けることがありうる。

さらに、ニューディールの「オプション」に関連して、過去12か月以内に2

度以上の違反行為があった場合には、給付制限の最大欠格期間である26週間を課せられる（規則69条1項c号）。このように、ニューディールへの従事は、それ自体が法的な義務として位置づけられたのではなく、給付制限の脅威を背景として半ば強制的なものとして機能したということができるであろう。

(2) 職業訓練・雇用プログラムに関する拒否の正当事由

1996年求職者手当規則73条は、職業訓練ないし雇用プログラムを拒否することができる正当な理由について、次のように規定している。

> (a)求職者の心身状態（疾病ないし障害）により、職業訓練や雇用プログラムへの参加が不可能であるとき、あるいは参加することでその状態が悪化するとき、参加することによって他の受講生に健康被害を及ぼす恐れがあるとき
> (b)申請者の真意に基づく宗教上若しくは信念上、職業訓練や雇用プログラムに参加することを拒否するとき
> (c)求職者の居住地から合理的な方法による交通で1時間以内に、適切な職業訓練若しくは雇用プログラムが存在していないとき
> (d)求職者に介護責任があり、且つ申請者と同居する適切な介護者がいない場合、あるいはその代わりとなるような手段がないとき
> (e)求職者が裁判所への出頭を命じられているとき
> (f)求職者の近親者が死亡したことにより、その葬儀に参列するとき
> (g)救命艇を発進させ、あるいは消防隊としての職務を遂行しなければならないとき
> (h)求職者の近隣地域における緊急事態が発生したとき

以上のような場合には、職業訓練等拒否の正当事由があるものとして取り扱われることになる。

ここで留意すべきは、拒否の正当事由判断にあたって、求職者の置かれた具体的生活状況と、職業訓練プログラムの内容の適性については検討を加えないということである。ただしこれらは規則に例示された回避条項が例示に過ぎないという点から、正当であるか否かの解釈問題に帰することになる。

3 職業訓練・求職活動指示違反に関する裁判例・裁決例

それでは、これらの給付制限（制裁措置）に関して、いかなる場合に「正当な理由」があり、これを回避することができるのか。換言すれば、求職者が保有

することのできる職業活動に関する自由と、求職者手当の給付目的である生活保障を行うとともに求職活動を強制するという、生活保障とひきかえの自由の制約に関し、いかに調和点を見出してきたのかを検討する必要がある。そこで、ここでは上記の給付制限（制裁措置）の正当性について、裁判所の判例と社会保障（及び児童援護）コミッショナーの裁決がどのように判断してきたのかについて検討を加える。

(1) 求職者指令の指示違反

①求職者指令

求職者指令というのは、雇用事務官（国務大臣あるいは国務大臣から指示されその任務を代理して遂行することが予定されている者（法19条1項a号）で、通常はジョブセンタープラスのパーソナルアドバイザーがこの任務にあたる）から提示された求職者の雇用獲得に向けた支援の観点からの文書による指示、あるいは申請者が雇用を獲得するための見込みを改善するために行われる文書指導指示書のことを指している（法19条10項b号）。

雇用事務官は求職者に対して、現存する「職業能力ないし雇用される能力」[38]の開発向上のために、求職活動の技能及びモチベーションの改善を図るべく、コースへの参加を命じることができる。このような意味から、求職者指令は雇用される能力の向上を通して再就職を支援する計画内容とその実施プログラムと位置づけられ、再就職にとって実際上非常に重要な意味を持っている。本条項が規定される以前は、求職者が再就職にあたって策定された計画に基づいて何らかの能力開発プログラムなどを受講しても、それは自発的なものに過ぎずに法律的な位置付けが何もなかったことが指摘されていた。求職者指令はこれに法的な位置付けを与えたものとして評価されている。

ただ、求職者がこの指示内容を不服に感じたとしても、それ自体に関する不服を申し立てる権利は法律上予定されていない。つまり、法的に指示内容の変更を求める権利が存在しているわけではないのである。そこにあるのは、指示違反を理由として行われた制裁措置の有効性を争う場合に限られている点に留意が必要である。

---

38) DSS/DE, *Jobseeker's Allowance* (1994) [Cmnd. 2687], para4.18.

なお、この求職者指令の義務違反とは別個に、雇用事務官と求職者との間で締結される求職者協定に関しては、その履行が義務づけられている。求職者協定には求職条件や求職活動内容などが明記されるが、それに反している場合には受給要件として規定されている就労可能性がないか、あるいは積極的に求職活動を遂行していないと判断されるので、一時的な停止・欠格をもたらすのではなく、その求職者協定義務違反が継続する限りにおいて永続的に給付が停止されることになる（法9条）。

　それでは、両者の関係はいかなるものか。求職者協定は、求職活動中に「最低限すべきこと」が明記され、これに反した場合の支給停止処分が予定されているのに対して、求職者指令は求職活動にあたって「再就職に資すると考えられる手段」を指示しているのであるから、その法的評価が異なるのは当然ともいえよう。さらに、求職者と雇用事務官との間で「合意に基づいて」作成される求職者協定（法9条）は、両者の合意によって変更されることが原則であることから、求職者協定と求職者指令とでは、根本的に両者の法的性格が異なるものとして位置づけられよう。

　ところで、雇用事務官が「求職者の個人的状況に鑑みた」指示の「合理性」と、求職者がそれを拒否することの「正当性」が一定程度重複することはやむを得ないものと考えられている。そこで、結局は指示違反に関する「正当な理由」の解釈に委ねられるということになる。

　②求職者指令拒否に関する事例

　この求職者指令の拒否に関し、2004年の王座裁判所の判決がある。[39]

　Pattison氏は、2003年3月2日、雇用事務官（ジョブセンタープラス職員）との間で、求職者法上の義務である求職者協定を締結した。彼は求職の職種として非民間部門の事務員、図書館助手、公務部門の事務職員を希望した。この文章では、彼の求職条件として、居住地域から公共交通機関で通勤可能な範囲での求人に応じるということが表明されていた。

　2003年3月21日、Pattison氏に対し、雇用事務官は集中的な求職条件適性調

---

39) *R.(Pattison) v Social Security and Child Support Commissioners*, [QB] 2004, [2004] EWHC 2370 (Admin).

査を行った。その結果に基づき、雇用事務官は倉庫の事務職の求人を提示した。Pattison氏はこれを受け入れなかったため、正当な理由なく求人の受諾を拒否したとして給付制限を受けた。社会保障不服審判所は、Pattison氏の拒否に正当な理由があるかどうかについて検討を加えた。審判所は規則72条を勘案し、これに正当な理由がないと判断した。

> 「本件の場合、Pattison氏は徹頭徹尾、資本主義経済や経済、労働者階級に対する異論があって、この拒否が申し立てられているものと判断される。審判所はこれらの異議が法的に保護される良心に基づいて発せられたものとはいえないと判断する。Pattison氏の異議申し立てはいかなる事情があろうとも不合理なものである。審判所としては、Pattison氏が1991年から（12年間も）継続的に失業状態にあった事実を重視し、合理的な人間ならば自己の良心に照らし、事の重大さに鑑み、提示された求人を受諾するであろうと判断する」

審判所はこのように述べて、Pattison氏の拒否が求職者協定違反にあたるものと判断し、訴えを棄却した。

これに対し、Pattison氏は民間部門で働くことに関してずっと異議を唱えてきたとの理由で司法審査を求め、社会保障コミッショナーに上訴した。次のように主張した。

> 「私は民間の商業部門で働きたくはない。そのことはずっと言い続けていた。雇用事務官は私が民間部門で働きたくないということを書面の裏側に書く一方で、私に民間部門の求人を提示し続けていたのです。私は何度も何度も民間企業に就職したくないといって、それを断り続けてきました。その理由は、民間企業には、利潤をあげる労働者を雇用し続ける義務がないということに関して、民主的な説明責任を果たしていないと感じていたからです。そうでないとしても、使用者は労働者個人の努力から収益を得ているにもかかわらず、それを認めようとはしない、というのが拒否する理由です」

Pattison氏は三点を理由に上訴した。

第1に、民間部門の求人を紹介するということ自体が求職者協定違反にあたるというのである。その協定の締結と変更は正当に行われたものであるが、民間部門にまで広げても良いということに関しては同意していない。雇用事務官

のAuburn氏は、非民間部門に限って求職活動を行うという条件を付すことそのものが議論にならないとしていたけれども、Pattison氏はこれに同意せずに求職活動を続けさせられたというのである。

第2の理由は、その決定が欧州人権条約6条に違反するというものである。彼は良心の自由を認めずに不公正な行政決定がなされていると主張している。

第3の理由として、Pattison氏はまた、すべての人に思想、良心及び信仰の自由を保障している同条約9条にも違反しているということを指摘している。この結果、彼に経済的な打撃を加えることが認められないと主張する。彼は求職者手当の目的というのは雇用への励ましになるために設けられたものであると、政府が考えていると主張する。そうであるならば、Pattison氏の民間部門での雇用を拒否するということが求職者手当を受給する権利として含まれているのであり、法の根底にはそれを保障するということが存在しているのである、と主張するのである。

これに対し、判決は次のように判断した。

> 「法律の目的と制度構造をみると、規則72条の規定には良心の自由を議論する余地がなく、それらの規定には法の目的から効果を発生させるに過ぎないということが素直な理解である。しかし、私はPattison氏の欧州人権条約9条に関する議論には傾聴に値するものがあると考える。このことは、換言すれば、彼の主張が人権条約9条にいう保護されるべき良心にあたるか否か、という問題でもある。審判所の裁決において、Pattison氏の信念は保護されるべき良心にはあたらないものと判断された(このことは証拠として採用された学生時代の証拠書類からも明らかである)」

Auburn氏はPattison氏の異議が不合理であるということを、審判所の判断に先んじて確認した。その理由は、とりわけ、彼の長期にわたる失業にあった。Auburn氏はそもそも最初は9条の規定の適用を認めていなかったのであるが、それが深慮に基づいて発せられたものでないことを指摘したのである。このことは、1978年のArrowsmith事件でも明らかなように、9条にいう良心の自由には該当しないと考えたのである。

---

40) *Arrowsmith v United Kingdom* [1978] 3 EHRR 218.

第5章　求職者支援と社会保障法・労働法

「しかし、私はコミッショナーの欧州人権条約9条違反に関する議論には、次の理由で同意すべきでないと考える。第1に、求職者契約（筆者注：求職者協定）の含意には、市民として求職者手当を請求する権利が含まれているのであり、市民一般がそれに従わなければならない行為規範が明記されているわけではない。したがって、求職者法とその規則の制度構造の枠内で生じた何らかの制限というものとは、不可避且つ本質的に市民一般に制限を加えるものであってはならないのである－たとえそれが雇用されていない者に圧力を与えるような方法であったとしても。Pattison氏は、それが強要であったと主張しているが、求職者協定と求職者指令の文言にしたがった場合に給付がなされるということを意味しているのである。現実問題は別にしても、私の見方では、給付申請の結果として、提示された条件を受諾するということが含意されているものと思われるのである。

　第2に、しかし、そうはいっても、この事例では審判所の事実認定、とりわけPattison氏が数年間民間部門で働いてきたという事実について重視すべきである。Pattison氏は離職当初民間部門で働くことをそれほど拒否していたわけではなかったのであるが、失業の長期化に応じて徐々に態度が硬化してきており、それに基づいてなされた拒否に正当事由がないとされたのである。それでもやはり、Pattison氏は求職手当を受給することを選び、求職者協定を締結しているという事実は、欧州人権条約9条に関する議論は考慮しなくても良いということになると思われる。それゆえに、本上訴は棄却するのが適当である」

　つまり、この事件では求職者の思想・信条の自由が最大限尊重されるべきであり、その範囲を超える制裁を加えることができない、と判断するのである。他方で、事実関係からは、その思想・信条が法的保護に値しないと評価されたことによって、訴えが認められない、ということになろう。この評価には、12年という失業期間の長期化によって、その保護の程度が低下するのだ、ということが容認されているようにも思われる。そうすると、長期失業という状態そのものは、適職選択の権利をめぐる権利制約事由となりうる、ということになろう。

(ε)　職業訓練制度若しくは雇用プログラムの受講拒否を理由とする制裁

　職業訓練拒否等に関する給付制限は、いくつかの場面を想定して規定している。先にも述べたように、正当な理由なくして職業訓練・雇用プログラムへの参加を正当な理由なく拒んだとき、ないしそれらの訓練やプログラム課程を中途で放棄したとき、出席が強制されているにもかかわらず欠席したときがこれ

にあたる。

　この中でも、欠席に関する事例として次のようなものがある。[41]

　求職者は、求職者手当規則75条1項4号に基づく13週間の集中的求職活動期間にあった。その職業訓練課程は2005年3月21日の朝9時30分から開始が予定されていたが、その日は遅刻して10時30分から11時30分の間に出頭してしまった。彼の到着が遅れてしまったために、彼はその日のプログラムすべてを受講することができなくなってしまった。給付判定官は、規則69条1項a号に基づいて、正当な理由なくプログラムに参加しなかったとして2週間の支給停止決定を行った。求職者はこれに対して以下の理由で不服を申し立てた。彼の同居する祖母が病院に行くのに付き添っていたので帰宅が深夜になり、翌日寝過ごしてしまった、というものであった。社会保障審判所は、プログラムに遅刻したことに関しては正当な理由がない、と判断して求職者の訴えを退けた。求職者が社会保障コミッショナーに上訴したのが本件である。

　社会保障コミッショナーは次のように述べて上訴を棄却した。

　(1)社会保障上訴審判所は、規則73条2項a号から同項j号に規定に照らして「正当な理由」については正しい解釈を行っている。

　(2)審判所は、「出席」という文言が「そのコース提供主体が定める開始時刻に遅刻せずに出席する」というように理解していることは、正しい理解である。その一方で、求職者が僅か数分遅刻することはありうることであるが、そのような場合にもプログラム提供主体が1時間のプログラムに参加することを拒否するという取扱いを行うこともまた、ありうることである。[42]その理由は、法

---

41) CJSA/2501/2005, to be reported as R (JSA) 2/06.

42) 本件で先例として引用されていた1961年のHinchley事件とは次のようなものであった。Stephan Hinchleyは、1960年1月から3月の間、義務教育学校に7回登校して29回欠席していることとされ、その親権者であるSamuel Hinchley氏が1944年教育法（「すべての子どもの親は、適切な年齢に応じてフルタイムの教育を受けさせる義務を負い、定刻に通学させる義務を負う」）の規定に基づき、起訴された。Stephanの学校では9時15分に出席をとるが、授業開始時刻は9時45分とされていた。この間に登校しても欠席の扱いとされており、1月から3月までの間で9時15分までの間に登校したのが7回、9時15分から9時45分までの間に登校したのが29回であり、実際には授業を受けていたにもかかわらず欠席の扱いとされていることについて不服を申し立てた。そもそも出席

第5章　求職者支援と社会保障法・労働法

が求めているプログラムの参加というものが、求職者の能力開発・向上に資するものである以上、その能力開発に向けた個別のプログラムの有効性を踏みにじるような結果になることは、法が認めていないのである。

①非違行為による除籍処分と給付制限（制裁）事例

　求職者の雇用プログラム等に関して自ら招いた非違行為で除籍処分とされた場合、かつてはそれに正当事由による保護がなされてこなかった。すなわち、正当な理由があろうとなかろうと、除籍処分には即給付制限が加えられてきたのである。

　そこで、この「非違行為」に関する定義規定は、現在でも法律ないし規則に明記されていない。しかしながら、失業給付から求職者法に至るまで、非違行為による解雇（有責解雇）に関しては給付制限が加えられることとされており、これと同じ意味であると把握された[43]。次のような事例である[44]。

　ニューディール25＋の集中的求職活動期に指定されていた当時46歳の上訴人は、そのプログラムについて非違行為を理由として除籍処分を受けた。彼の非違行為というのは、薬物の影響下で二度ほど他人に暴言を吐いたというものであった（プログラム側は暴行を加えたとの主張したが、裁決ではこれを否定した）。暴言を理由として訓練プログラムは彼を除籍処分としたことを受け、その結果彼は「非違行為に基づく除籍処分」であるということから求職者手当を2週間欠格する処分を受けた。

　彼は社会保障不服審判所に給付制限を不服として訴えた。審判所は、彼の行動が非違行為に該当すると判断し、これに基づく除籍処分と給付制限（制裁）が正当なものと判断して訴えを棄却した。これに対し彼は法律上の過誤を主張して社会保障コミッショナーに上訴した。社会保障コミッショナーは以下のように述べて上訴自体は認めたものの、審判所の判断自体の変更は行わなかった。

　　　時刻の記録は書面によって確認されていたわけではなかった。王座裁判所は、子女に教育を受けさせる義務というものの本質から、決まった時期の決まった時刻に登校することが正当であるとして、親権者であるSamuelに有罪判決を下した。*Hinchley v Rankin* [1961] 1 WLR 421.

43)　CJSA/3790/2001は、両者が同義であるとした。

44)　CJSA/3790/2001.

「上訴人の行為が非違行為に該当するか否かは、その行為が雇用を決定する使用者が受け入れることができるかという観点から判断すべきである。原審の審判所ではこれを受け入れないであろうと判断したが、上訴人はそのように考えていない。当コミッショナーとしては、上訴人がスタッフを罵ったことによっていかなる処分を受けうるかを了知していたものと考え、それが暴力行為によって傷害を加えるようなものではなかったとしても、ペナルティを加えるのに十分なものであると判断する。この非違行為による給付制限は裁量の余地なく2週間の給付を停止すべきものと考える」

この事例では、一般論として職業訓練ないし雇用プログラムについて、非違行為に基づいて除籍処分を受けたことの正当事由を、「プログラムそのものの継続可能性を脅かす事態」と、「当該非違行為が採用時に使用者にとってなされる評価」の二点から判断しているものと考えられる。そして、この二点は、雇用契約の解除事由としての非違行為の評価と、プログラム解除事由としての非違行為の評価が、同一のものであってもよい、ということを意味している。

結局、非違行為に基づく除籍処分が給付制限相当とされるためには、職業訓練課程や雇用プログラムの目的を遂行する上で、その継続を不可能にするような非難可能性や有責性があることが必要である、との判断が一般的な理解であるといえよう。[45]

第4節　就労支援の強制労働性——Reilly と Wilson 事件の影響

1　就労支援の根拠法と給付制限の根拠

求職者に対して就労支援サービス給付を行うと同時に、就労支援サービス給付を社会保障給付の受給要件として位置づけることは、ふたつの意味がある。

ひとつは、社会保障給付の財源負担者にとって、公正な資源配分をすることである。わが国の朝日訴訟大法廷判決に見られる「国民感情」論[46]やイギリスの Crewe 事件に見られる被保険者コミュニティ利益論[47]がそうである。これによ

---

45) CSJSA/495/2007 と CSJSA/505/2007 も同様の理解を示している。
46) 最大判昭42・5・24民集21巻5号1043頁。
47) *Crewe v Social Security Commissioner* [1982] 2 All ER 745, CA.

り、自己責任を基調とする社会において、社会構成員の利益を擁護しようとするのである。

　もうひとつは、社会保障の目的・機能のひとつに、市民の自立を支援することが強調されるようになってきたことである。その具体化として勤労の義務を現実のものにすることは、同時に労働を強制することをも意味する。これは、市民が意に反した強制労働の関連活動に従事しなければならず、自己の自由を奪われてしまう、ということを含意する。この論点に関して、イギリスでも明示的・直接的に争う事案は見当たらなかった。

　2013年2月、控訴院は就労支援に関して特筆すべき判決を下した。Reilly and Wilson v Secretary of State for Work and Pensions[48]がそうである。結論を先取りしていえば、この判決は就労支援施策の根拠法が薄弱であることを指摘し、施策の無効を宣言することになった。法の無効が宣言されたことによって、就労支援施策一般が無効となり、かなり大きな影響を及ぼすことになった。

2　事案の概要

　本件は、Reilly氏とWilson氏に係る別個の事案を併合した司法審査の事案である。両件とも事実関係はさほど複雑でないが、ジョブセンタープラスのパーソナルアドバイザー、就労支援プロバイダー、下請事業者、求職者との間でいかなるやりとりがなされているのかをめぐって、わかりやすく現状を認識することができる。冗長ではあるが、以下では事実関係を判決に沿って確認しておこう。

(1)　Reilly氏

①大学卒業と就労体験

　Caitlin Reilly氏は、2010年6月バーミンガム大学で地質学の理学士を取得し、2010年8月から求職者手当を受給していた。彼女は学生時代博物館で専門的知識と経験を積み重ねてきており、継続的に博物館で働くことを希望してい

---

48)　*Reilly and Wilson v Secretary of State for Work and Pensions* [2013] EWCA Civ 66. この事例については、神吉知郁子「『就労価値』の法政策論」日本労働法学会誌124号（2014年）134頁。

た。2010年11月、Reilly氏は若年者向け就労体験プログラムにより、バーミンガムの博物館で有給の職業体験員として配属された。Reilly氏が就労体験プログラムを受けている間は最低賃金が支払われており、その賃金は政府の若年者向け就労支援基金（Future Job Fund）によって博物館に支払われた助成金によって賄われていた。

2011年5月に有給プログラムが終了したとき、Reilly氏はさらなる知識と技能の向上のために、博物館の同じ部署でのボランティア労働を継続するつもりであった。Reilly氏は当初、パーソナルアドバイザーとの面談の際、博物館への就職は競争率が高いのでなかなか就職できそうにないので、できるだけたくさんの就労体験をすることが必要なのだとアドバイザーに説明していた。ボランティア労働は無給であった。

②求職者手当の申請

Railly氏は2011年7月22日、二度目の求職者手当給付申請を行った。2011年10月20日、パーソナルアドバイザーはReilly氏に対し、求職者手当を受給するためにはバーミンガムにある小売業での一日就労体験に参加することが必要であることを告知した。そのプログラムは、プロバイダーであるSeetecが、業種別ワークアカデミー（sbwa）を利用したPoundlandでの雇用を募集しているものを受けたものであった。Seetecの求人票には次のように明示されていた。『小売販売業補助、午前8時から午後6時まで、応募者はフルタイムで働く。勤務表によっては週末に働くこともある。バーミンガム地区。経験不問で完全に訓練指導をする。興味があれば2011年10月24日、一日就労体験に参加すること。採用前訓練、就労体験修了者については、本採用試験を行う。』と。

Reilly氏は博物館での就労、あるいは博物館でのボランティアを希望していた。それにもかかわらずパーソナルアドバイザーが小売業の就労体験プログラムを選択し、それを勧めたのは、Reilly氏が自己の求職者協定における求職条件として小売業も選択肢のうちのひとつとして書き込んでいたことに由来していた。パーソナルアドバイザーは小売業がReilly氏の第1希望でなく、Reilly氏のキャリア形成の上で役に立たないものであるとしても、有給の仕事に就くことがReilly氏にとっては幸福であると考え、そのような提案をしたのであっ

た。なお、小売業希望を含む書面化した求職者協定についてパーソナルアドバイザーとReilly氏との間で意見が食い違うようなことはなかった。

③一日就労体験への参加

Reilly氏はパーソナルアドバイザーから、この一日就労体験に参加し、就労体験を続けたならば、その1週間後に小売業大手のPoundlandのようなところの就職面接を受けることができると説明されていた。ところが、それ以上の説明はなく、Reilly氏はパーソナルアドバイザーから「訓練」の詳細については説明を受けておらず、無給の仕事を続けることによってどうなるのかも説明されてはいなかった。

Reilly氏はPoundlandでの一日就労体験に参加し、数学と一般教養の試験を受けた（その就労体験には25名の求職者が参加していた）。Poundlandによりそこで初めて「訓練」が6週間継続するものであるとの説明を受けた。Reilly氏は6週間にもわたる「訓練」が長期に過ぎ、博物館でのボランティアを続けることができなくなってしまうと考えた。

④「訓練」スキームへの参加

Reilly氏は一日体験の数日後、「訓練」に適格であるので10月31日から訓練を開始する旨の通知を受けた。それで、Reilly氏は訓練への参加が不本意であり、パーソナルアドバイザーとの面談において訓練期間が長すぎるので自分で仕事を探しながら博物館でのボランティアを継続したいと言った。それでもパーソナルアドバイザーは、Reilly氏にとってPoundlandでの「訓練」が良い機会であり、代えがたい体験を積むことができ、履歴書に有利であると主張した。Reilly氏は今までアルバイトでの小売業での就労経験が豊富であることを説明し、訓練への参加は必要なく、そのスキームに参加したくないということを繰り返し述べた。

このようなやりとりの後、パーソナルアドバイザーは「いずれにしても、これは強制なのです。必ず参加してもらう事になります。」と告げ、もしも参加しなければ求職者手当の支給停止や一部減額といった「制裁」のリスクがあると説明した。しかし、パーソナルアドバイザーはどの程度の期間支給停止になるのか、いくらの減額になるのかの説明はしなかった。Reilly氏はこれを受け、

295

もしも拒否すれば短期的とはいえども給付を受けられなくなったり、減額されたりすることから、実際には自分には「訓練」に参加するかどうかの選択権はないのだ、というように理解した。

　Reilly氏はこの「訓練」が自己のキャリアにとって無益であると考えていた。当初の一日就労体験から1週間後、Reilly氏は11月2日から2週間、KingsHeathにあるPoundlandの店舗に配属されることになった。Reilly氏によると、そこでの労働条件は1日5時間、週5日の「訓練」を受けることとなっており、無給であった。しかもPoundlandでの訓練初日になってようやく訓練条件と詳細な内容が明らかになったのであった。Reilly氏はここで訓練を受けても全く役に立たないどころか、訓練に必要なごく基本的なことに関しても訓練上の指導・指示がないと感じた。結局Reilly氏は2週間の訓練を続けたのであるが、その後も最初と同じような条件での訓練を継続することになった。

　⑤司法審査

　訓練終了の12月8日、Reilly氏はPoundlandの採用試験に関する電話を受け損ねたので翌日電話したところ、電子メッセージに応答されただけで、Poundlandから電話がかかってくることはなかった。

　Reilly氏は就業体験を強制された上、就労体験プログラム内容やプログラム期間、拒否時の制裁内容について正確な情報提供を受けておらず、これらを不服に感じていた。しかしReilly氏は業種別ワークアカデミーの就業体験を受講したので、1995年求職者法17A条による給付制限を受けることはなかった。それで、1998年社会保障法による第1層社会保障審判所への上訴をすることができなかった。そこで高等法院に対して司法審査を求めたのが本件である。

---

49) Social Security Act 1998, s.12.
50) 社会保障給付不支給処分等の不服については、通常、社会的資格室 (Social Entitlement Chamber) に対して審査を請求し、これが第1審を代替する審級省略の役割を担う (First-tier Tribunal and Upper Tribunal (Chambers) Order 2008 (SI 2008/2684), art 3.)。しかし、個別法に審査についての根拠がない場合については、審判所による審査を経ずに司法裁判所（高等法院）に対して司法審査を求めることができる。審判所は当・不当の問題を扱うことができるのに対して、司法審査では行政決定の適法性を審査するに止まる。

(2) Wilson氏
①経歴

　Jamieson Wilson氏はバーミンガム生まれでノッティンガムに居住する40歳の男性である。Wilson氏は重量物運搬車の資格を保有しており、1994年から2008年までの間重量物運搬のドライバーとして複数の会社で働いていた。Wilson氏には3人の子どもがいたが、離婚し、妻は子どもを連れてアイルランドに帰ってしまった。2008年に15歳の長女がノッティンガムに戻ってWilson氏と同居し始めたが、Wilson氏はその年の暮れに解雇されてしまった。Wilson氏は娘との生活に不安を感じ、所得補助と児童手当を受給するようになった。児童手当の給付申請が遅れたのは、Wilson氏の経済状態が悪化したために一時的に長女がアイルランドに戻っていたからであった。

②求職者手当の受給

　Wilson氏はその後に求職者手当を受給するようになったが、求職者手当を受けるための条件には不満を感じていた。Wilson氏はいつも、重量物運搬ドライバーのような孤独を感じる仕事ではなく、仲間と共にできるような仕事を継続的に探していた。Wilson氏が離婚とほぼ同時に解雇されたこともあって、時間の経過と共に自尊心を失いつつあるからであった。Wilson氏は賃金を得て働くことが幸福だと感じており、それができなければ求職者手当で生活することもやむを得ないと考えていた。Wilson氏によると、それでもやはり求職者手当の給付水準が低いので、生活が困難であるということであった。

　2011年8月24日、パーソナルアドバイザーは、求職者手当を受給し続けるために、Wilson氏が居住している地域で試行されている新しいプログラムへ参加することを求めた。Wilson氏はその前年、大手プロバイダーであるワーキングリンクス社が行うプログラムに参加していたが、最終的に雇用には結びつかなかった。

③コミュニティアクションプログラムへの参加

　Wilson氏は、自力で3か月以内に仕事を見つけることができなかった場合、コミュニティアクションプログラム（CAP）に参加して「毎週、求職活動の支援を受けながら、最高6か月間、フルタイムの就労体験に従事すること」という

文書を交付された。これを拒否した場合には給付が得られなくなるものとされていた。このコミュニティアクションプログラムというのは、長期失業状態にある者に対して6か月以上の就業体験を施すというプログラムであって、Wilson氏の居住している地域がパイロット事業として先駆的に開始されていたのであった。このプログラムは、労働市場において有用な労働力の養成をはかり、労働供給側の需要に応じた職業能力を獲得することができるよう、就業体験を行わせることによって労働生活習慣を獲得させることを目的としている。つまり、労働環境における継続的な労働生活習慣を身につけさせることによって、雇用される機会を増大させることを目的としていた。

Wilson氏はこれを放置したので、「求職者手当の受給資格を喪失する場合」に該当するものとされた。その文書には何か問題があればパーソナルアドバイザーへ相談すること、と記載されていた。2011年9月21日の面談の際、パーソナルアドバイザーは、2か月以内に仕事を見つけなければ、コミュニティアクションプログラムが開始される、という別の文書を交付した。それから再びコミュニティアクションプログラムに参加しなかった場合には制裁措置を受ける旨の告知がなされた。2011年10月19日、別の面談ではその期限を1か月とする別の告知がなされたばかりであった。

2011年11月16日、アドバイザーはコミュニティアクションプログラムへの参加を促し、次のような条件を文書によって提示した。

「本日の面談において、パーソナルアドバイザーは2011年11月16日からのコミュニティアクションプログラムへの参加を指示しました。プロバイダーであるIngusが近いうちにあなたに調整の連絡をします。コミュニティアクションプログラムは、フルタイムに近い就労体験を最高6か月にわたって行うもので、これに加えて毎週求職活動の支援を行うことになります。コミュニティアクションプログラムは2011年求職者手当（雇用、技能及び事業スキーム）規則によって設置された雇用プログラム（employment programme）です。

求職者手当を受給し続けるには、参加終了を指示されるまでコミュニティアクションプログラムに参加し続けなければなりません。そうでなければ求職者手当は支給停止されることになります。なお、これらの活動はすべてIngusによって指示されることになります。

第5章　求職者支援と社会保障法・労働法

あなたがコミュニティアクションプログラムに参加しなければ、2011年求職者手当（雇用、技能及び事業スキーム）規則の規定に基づいて、あなたの求職者手当が最高26週間支給停止されることになります。これとともに、国民保険料の保険料免除クレジットも失うことになります。

この件に関して不明な点は、ジョブセンタープラスのアドバイザーにお尋ねください」

④参加手続

このときの面談でWilson氏はプログラムのプロバイダーであるIngusと初回面談を受けることとなっていることを知った。Wilson氏は1週間後Ingusで初回面談を受け、その結果2011年11月28日から未使用品家具の再生とその配送事業に配属されることになった。Wilson氏は1週間30時間、26週間にわたってこの仕事を継続するか、週16時間以上の仕事を見つけるまではこの事業を継続することになっていた。Wilson氏によると、これらの詳細が文書化されることはなかった。Wilson氏はこの事業が価値のある事業であって、これを支援することは大切だと感じていたが、その一方で、このような長期にわたって無給の雇用に従事する心づもりがないと感じていた。Wilson氏は、6か月も無給の仕事に従事させられることはフェアではないと感じていたのである。Wilson氏の考えは、次の一文に集約されている。

「もしも自分にとって具体的に利益をもたらすような訓練コースが提案されたのならば、喜んでそれに参加するだろう。しかし、提案されている内容は、私のニーズを見てアレンジされたものでなければ、私が労働市場に参入するために何をすべきか、ポイントを外しているように思うのだ」

ジョブセンタープラスの説明によると、プログラムに参加しなかった場合の制裁は26週間の支給停止と国民保険料のクレジットを失うことであった。しかしながら、実際は2011年規則によると、初回の参加拒否に対する支給停止は2週間に止まるものであったし、国民保険料クレジットに至ってはそのような定めがないのであった。このように、パーソナルアドバイザーが故意に虚偽の情報提供をなしたのは、当地で開催されているパイロット事業への参加を促すた

めであった。

Wilson氏の担当プロバイダーはPinnacle Peopleに変更されたが、そこでも同様にWilson氏は参加に異を唱えていた。プロバイダーは再度2、3日の考え直す時間を与えたが、それでも参加する意向がないことを受けて、Pinnacle Peopleはその旨の報告をジョブセンタープラスに報告した。

⑤制裁と司法審査

Wilson氏は、2011年12月23日付で事務弁護士に対して司法審査に関する文書提出を依頼し、労働年金省に対して司法審査を行う旨の意思表示を行った。Wilson氏は2012年5月3日、Leister給付事務所から文書を受け取った。それには次のように記されていた。

「2012年5月3日より、あなたには求職者手当を支給することができなくなりました。雇用プログラムへの参加拒否について、我々はあなたがそれを故意に参加せず、不参加には正当な理由がないものと判断します。この決定は2012年5月3日から同年同月16日まで適用されます」

また、この文書の末尾には、「独立上訴審判所（independent appeal tribunal）への上訴手続についてはジョブセンターや社会保障事務所で詳細を聞くこと」、ということが記載されていた。これに続けて次のような記載があった。

「もしもこの決定が誤っている場合、独立上訴審判所が決定を変更することができる。しかし、審判所は次のことを行うことができない。
● 処分の根拠となった法律を改正すること。
● 法の規定に基づく給付水準を超える給付決定を行うこと。
● あなたの保険料拠出記録を確認したり変更したりすること」

Wilson氏はこの通知を受け、ジョブセンタープラスのパーソナルアドバイザーの元を訪れ、そこでも2週間の支給停止という制裁処分について通知を受けた。パーソナルアドバイザーの上司からは、現在のシステムでは2週間を超えるより厳しい支給停止処分もありうるということの説明を受けた。それでもWilson氏はコミュニティアクションプログラムへの参加をしなかったので、

さらなる給付の制裁処分を受けることとなった。

　Wilson氏は2012年5月10日付でLeister給付事務所から文書を受け、そこには2009年12月から2012年4月までの間給付された求職者手当の長いリストが記載されていると同時に、次のような記載があった。

> 「我々は2012年5月3日から求職者手当をあなたに支給することができません。この理由はすでにお知らせしている通りです。あなたは、雇用サービスアドバイザーとのインタビューに出頭していないようです。それで、次のような決定を行いました。
> 　国民保険拠出のクレジットをこの期間は適用しません。
> 　2012年5月17日からの求職者手当を支給しません。
> 　クレジットの停止期間において、クラス1の国民保険の拠出がなされなければ、その期間については給付に反映しないものとします」

　さらに支給停止処分は2週間後の5月30日まで継続したが、さらに5月31日から6月27日までの4週間の支給停止処分と、同期間の国民保険料クレジットの停止処分が決定され、その旨通知された。

　つまり、第1回目の支給停止が2週間、第2回目も2週間、3回目が4週間の停止処分になっていたのであった。これは、本来ならば2011年規則上、2回目の支給停止処分が4週間にされなければならなかったのであるが、誤って2週間の決定がなされたのであった。過誤の理由は明らかにならなかった。なお、3回目の支給停止処分は26週間になるはずであった。

　Wilson氏は実のところ、送付されてきた文書内容について理解できておらず、2つ目の通知は、既に2週間の支給停止処分を受けていたことから、制裁処分が二度と行われないものだと誤解していたのであった。それというのも、Wilson氏は4月4日に受領した文書において、同月11日に開催されるPinnacle Peopleでの求職者セッションに参加することになっていたが、これに参加しなかったことに由来するのだと誤解していたのであった。本来ならばこの給付制限は4週間になるところが、決定文書には2週間になっていたのであった。

　Willson氏はこの給付制限について第1層社会保障審判所へ申し立てることはしなかった。そこで、本件の給付制限の違法性を確認するために高等法院に対して司法審査を求めた。

3 高等法院判決[51]

(1) 法律の構成

Reilly氏とWilson氏のケースで適用された当時の法律は次のような構成であった。

①1995年求職者法

まず、1条1項では「この法律の要件を満たす限り、求職者手当が支給される。」と規定している。

同条2項では「給付の申請者は次の要件を満たす限りにおいて求職者手当を受給することができる。」の要件として「就労可能性があること」「有効な求職者協定を締結していること」「積極的に求職活動を行ってていること」などと定めている。

就労支援施策については17A条が定めている。この17A条は、2009年福祉改革法によって1995年求職者法に挿入されたものである。

17A条のタイトルは「雇用を得るための支援スキーム：『自己の利益のための労働』スキーム」とされている。

ところが、法17A条は、スキーム内容やスキームの実施についてほとんど何も定めていないに等しい。いかなる場合にスキーム参加を義務づけるのか（1項）、いかなる就労あるいは就労関連活動を義務づけ、どの程度の期間それを義務づけるのか（2項）、いかなる場合にスキーム参加を免じるのか（4項）、参加拒否の正当事由（5項）、拒否等の制裁処分としての支給停止期間（6項）などについて、すべて規則（制定法的文書）に委任して定めることにしている。

本条に基づいて制定されていた規則は、2011年求職者手当（強制的就労活動スキーム）規則[52]と、2011年求職者手当（雇用、技能及び事業スキーム）規則[53]のふたつである。

---

51) *Caitlin Reilly and Jamieson Wilson v Secretary of State for Work and Pensions* [2012] EWHC 2292 (Admin), QB.

52) Jobseeker's Allowance (Mandatory Work Activity Scheme) Regulations 2011 (SI 2011/688) (April 25, 2011)

53) Jobseeker's Allowance (Employment, Skills and Enterprise Scheme) Regulations 2011 (SI 2011/917) (May 20, 2011).

第 5 章　求職者支援と社会保障法・労働法

②2011年求職者手当（雇用、技能及び事業スキーム）規則

この事例で適用されたのは2011年求職者手当（雇用、技能及び事業スキーム）規則である。

規則では、国務大臣に当該「スキーム」への参加者を選抜する権限を付与し（3条）、選抜された者に対して対象者になっていること、参加開始時期、当該スキーム参加によって行われる詳細事項、国務大臣の指示なく参加を拒否してはならず、拒否すれば求職者手当が支給されないこと、スキーム中断の場合の不利益処分内容について、それぞれ告知されなければならないことが定められる（4条）。

この制裁処分について、正当な理由（good cause）があれば制裁措置を回避することができる（7条）が、この制裁処分の期間については第1回目の非違行為について2週間、直近処分から12か月以内における第2回目の非違行為が4週間、さらに直近処分から12か月以内における第3回目の非違行為については26週以内の給付制限が課されるということが定められている（8条）。

③規則の適用関係

Wilson氏の事例においては、2011年求職者手当（雇用、技能及び事業スキーム）規則8条の規定に基づいて制裁処置がなされたかのような外観を呈していた。Reilly氏の場合も、この規則に基づいた制裁処分が行われる可能性が示唆されたため、意に反したプログラムへの参加を強制されたともいえる。

しかしながら、Reilly氏の場合には「業種別ワークアカデミー」が、Wilson氏では「長期失業者向けコミュニティアクションプログラム」が、それぞれ2011年求職者手当（雇用、技能及び事業スキーム）にいう「スキーム」に該当するのか、という問題が生じた。つまり、両者に参加を強制された「プログラム」は、法的根拠があるのか、ないとすれば、強制は求職者法17A条の権限を越えるもの（権限踰越）なのではないか、という問題が生じたのである。

(2) 請求原因

Reilly氏とWilson氏の請求原因は、以下の4点にある。

①2011年規則が1995年法17A条の規定による国務大臣の委任を超え、あるいは国務大臣が法に基づかずに上訴人に対して2011年規則を準用したことが権限踰越にあたるか。

②公的に認めた文書がない中で、Reilly氏とWilson氏に対して規則の適用を強いることができるのか。
③規則4条2項にいう適切な情報提供ないし告知がなされたといえるか。
④本件の各処分が欧州人権条約4条2項にいう「何人も、奴隷的拘束または強制労働を要求されない」との規定に反するか。
ということが問題になった。

(3) **判決要旨**

Foskette判事は次のように判断して、原告の訴えを退けた。
①規則は法の委任を超えたものか

　規則が法に適合するかどうかについて判断する際の裁判所の役割というのは、法律の文言に照らして規則の文言がそれに適合するのかどうかを判断するという、比較的狭い役割しか持たない。本件の場合、多少躊躇うところはあるのだが、規則は法17A条の要請を満たしているものということができる。

②規則の適用を強いることができるのか

　すべてのスキームないしプログラムの詳細な事項について公表をすることは、現実的には不可能である。しかし、それでも公平さと情報開示の原則が確立してることは必要なことである。なぜならば、個人が何を選択すべきかを考える際には、それらが存在していることが必要不可欠だからである。プログラムに参加するかどうかは、実際には書類にどのように書かれているかに係っているのではなく、単にプログラムへの参加に約束するかどうかについてのインフォームド・チョイスの機会があったかどうかによるのである。ただ本件では、両件ともに熟考の末に選択する機会が保障されていたものとして、違法性はないものとした。

③情報提供、告知義務違反

規則第4条では情報提供を定めているが、Wilson氏の事例において、2011年11月16日の第1回目のプログラム参加を促す文書について次のように判断した。

　この文書はフェアであるとはいえないし、誰かに対してはっきりと、あるいは正確に参加することを告知した文章であるとも思えない。それは、違反した場合には2週

間の支給停止を伴うものであるのにもかかわらず、それが「最高26週間」の制裁措置が加えられる可能性がある、との（瑕疵ある）告知だったのである。この文章表現には、特定の状況下で正当な理由なく（without good cause）参加しなかった場合には制裁を回避することができるといったようなことが書かれていないし、制裁措置が加えられたとしても2週間の支給停止に止まるというようなことも書かれていない。

また、不参加を繰り返した場合に支給停止期間が延長されるといったようなことも記載されていないのである。私だったらWilson氏に出された文章には給付が「停止されることがある」という部分を強調するために下線を引き、制裁措置が必ずしも自動的に適用されるわけではない、ということを印象づけて伝えるであろう。

しかしながら、規則は制裁措置が強制であるといった意図を有していることが明らかであると思われる。これは、当該スキーム不参加についての正当な理由を証明できなかった場合、「（1995年）法17A条の規定の目的に沿った適切な措置を講ずる」とされた規則8条1項の規定から導かれる。これが正しい規則の解釈であるとするならば、Wilson氏に提出された文章の文言はより直接的に明示されて然るべきであった。

Reilly氏の不服は、当該スキームへの参加が強制されているとの誤った指示をされたことによって、(a)自らのキャリアを維持向上する上で重要な、彼女の自発的な努力を妨害したこと、(b)彼女を長期的なキャリア形成の観点からは不利益になるような配置をしているにもかかわらず、それに替わるキャリアパスの上で有益な措置を講じていなかったことについて不満を感じていたのである。Wilson氏の場合はもっと単純に、無給の労働を強制されることが不服だったのであり、それはWilson氏の希望に沿ったものではなく、彼の求職活動を妨害するものであったし、それ以上に何らかの提案がなされたものではなかったのである。

いずれの事例も「雇用、技能及び事業スキーム」初期段階で発生したものであり、このスキームについてまだ慣れていないパーソナルアドバイザーにとって、十分な知識技能を有していなかったことは理解できる。さらに、その上でスキーム自体の変更もなされているのであり、プログラムの初期段階においては、いかなる制裁措置を講ずべきかについての標準的な文言についても変更されうるという余地を残していたのである。

このように、一見情報提供・告知義務を果たしていないかのように見えるけれども、それは適切ではないというだけで、違法性はない、というように判断したのである。

④欧州人権条約4条違反

判決はベルギー法律家協会の事案であるMussele事件[54]を引用した上で、次のように結論づけた[55]。

「Reilly氏は確かに民間会社での無給労働に従事することしか選択肢を与えられていなかったことからすると、『背後にペナルティのある脅迫』の状態にあったことは疑う余地がない。私は*Van der Mussele*の事例とは本質的には異ならないものだと思う。…(中略)…しかし、問題は調査が正しいかどうか、業種別ワークアカデミーあるいはコミュニティアクションプログラムの労働が強制であったということにあるのではない。欧州人権条約4条の制定趣旨は、植民地における強制労働による搾取を排除することにあったのである。もちろん、条約は、植民地における生活手段、途上国を現代的な状況にまで発展させること、といったような必要性に基づいてつくられている。…(中略)…そのような意味からすれば、『自己の利益のための労働』というものは、『奴隷制』や『強制労働』といったようなものとは、現代的な意味において全く異なるのである」。したがって、欧州人権条約4条にいう『強制労働』にはあたらない。

このように、高等法院は各争点について違法性がないものと判断したのである。

4 控訴院判決[56]

(1) 求職者手当と就労支援スキームの状況

控訴院判決は、各判断に入る前に求職者手当と就労支援スキームの現状について説明している。まず、ここでは実態を知る上で引用しておこう。

①求職者手当の状況

2012年3月現在、求職者手当の受給者数は161万人にのぼっており、これは労働力人口の4.9%にもなる。さらにこのうち35万7000人が12か月以上の長期

---

54) *Van der Mussele v Belgium* (1983) 6 EHRR 163.
55) *Caitlin Reilly and Jamieson Wilson v Secretary of State for Work and Pensions* [2012] EWHC 2292 (Admin) at para 172.
56) *Caitlin Reilly and Jamieson Wilson v Secretary of State for work and Pensions* [2013] EWCA Civ 66, CA.

失業者であり、48万人が18歳から24歳の若年者である。若年者のうち12か月以上の長期失業者は5万5000人にものぼっている。2011年度求職者手当の予算は49億ポンドが見込まれている。

このように、長期失業者の問題が労働市場政策において看過できないこと、とりわけ若年長期失業者問題が深刻であることが、判決においても確認された。
②求職者支援スキーム

求職者支援のスキームは、政権交代や政策の変更が頻繁に行われた。これに応じた規則が頻繁に改定されるたびに、数多くのプログラムもまた改正されてきた。たとえば、判決当時のジョブセンタープラスが提供するものに限ってみても、最近では「ゲット・ブリテン・ワーキング」や「ワーク・プログラム」、「長期失業者支援」といったようなものである。

2011年規則では「雇用、技能及び事業所スキーム」を導入すると同時に、このスキームの運営に関する権限を国務大臣に付与した。そのスキームに含まれるサブスキームを設置することもまた、国務大臣の権限とされた。このような就労支援には制度運営上のフレキシビリティが肝要なのであるが、この権限付与によって国務大臣がその目的を完遂させることができるようにしたのである。

このような権限を行使する目的で、国務大臣は業種別ワークアカデミーやコミュニティアクションプログラムのガイダンスを詳細に作成している。それらはウェブサイトで確認することができる。ジョブセンタープラスはこのガイダンスに沿って業務を遂行する。通常は、受給者をサービスプロバイダーに紹介する前の段階でジョブセンタープラスの個別ミーティングでスキームについての一般的な説明がなされる。ただ、そうは言っても、ワークアカデミーは民間事業者が提供するプログラムであるので、関係する事業主によってその内容が大きく異なるのが通常であり、すべての正確な情報を提供することは、現実的には不可能に近いのである。

コミュニティアクションプログラムについては、プロバイダーが提示しているガイダンスが100頁を超えており、それは労働年金省のウェブサイトで確認することができる。コミュニティアクションプログラムに関する情報については、ジョブセンタープラスにおけるアドバイザーと受給者とのミーティングで

説明され、それを受けて受給者をプロバイダーに紹介することになっている。コミュニティアクションプログラムはまだ試行段階なので、参加者はランダムに割り当てられている。

判決は、このような事実認定を前提にして、支援の個別化とフレキシビリティの名の下に先行している事実に関して、いかに法的評価を加えるか、という視点で検討していく。

(2) **判決要旨**

①**規則委任の権限踰越**

控訴院は高等法院が示した2011年規則が1995年法の授権を超えていないとの判断を破棄し、下記のように権限踰越との判断を示した。

> 法律が委任している明示文書による規則制定権につき、2011年規則2条と3条がそれを満たしているということはできない。
> 規則は1995年法17A条に基づいて制定されなければならないのであるが、それはスキームの詳細を規則中に明示して定めておかなければならないことを意味する。規則に詳細が定められていないにもかかわらず国務大臣の権限で詳細を定め、実行することでは、規則で詳細にそれらを定めたものということはできない。法律上の要請は、あくまでも規則において定められなければならないのである。
> また、別の視点からすると、国務大臣が必要だからといって国務大臣の独断で制裁措置をより厳格に行うことは、議会による規則の制定と改正による手続を経たものでない限りは、困難なものになるであろう。行政上はそのような必要性があるということは理解できるが、そのことだけで法17A条の文言を満たすものということはできないであろう。

このようにして、2011年規則は1995年法17A条の委任を満たしておらず無効であるものと判断した。

②**規則に基づかない強制の可能性**

控訴院判決では明確に区別して述べているわけではないが、高等法院判決で論点となった規則に基づかない行政上の運用によってプログラム参加を強制することができるのか、という論点について判断している。Pill判事は次のように述べる。

「私は、(参加を強制するためには)国務大臣が公式の政策文書を提出するだけでは足りないと思う。政策は法律によって定められるべきである。まず第1に必要なことは、いかなる種類の施策が講じられるのかということが規則において示されるべきなのであり、それが国務大臣によって承認されたものであるということを公示されているということである。とりわけ、このような就労支援プログラムの性質からすると、就労支援サービス受給者の要望とその置かれている状況、サービス提供プロバイダーが提供できるサービスの種類内容程度に鑑み、提供されるサービス内容にフレキシビリティが必要になることは理解できる。次に重要なのは、就労支援サービス受給者自身が、プログラム係属中にいかなる目的を達成させなければならないのかを知っていることが必要不可欠なのである。それには、当該スキームによって、就労支援サービス受給者の就労支援を通じて、支援対象者の雇用を得る見込みを最大化するためにはいかなるサービスが必要なのかという視点に立脚して制度設計されなければならないのである」

このように、就労支援サービスの実効性を担保するためにはフレキシビリティが不可欠であることを指摘する。そして就労支援サービスには強制の性質が不可避であるといったサービスの本質論からすれば、個人に対して強制をするために法律上の根拠が必要であるとした。法律と規則(制定法的文書)の性格からだけで判断されるのではなく、本質論から帰納した違法性の判断を行っていることが特徴的である。

③情報提供

「2011年規則4条が受給者に対して適切な情報提供をすべきことを定めている趣旨は、私人に対する制裁措置における手続規制という行政法上の一般原則に従ったものである。受給者は、いかなる場合にいかなる内容の制裁措置が適用されるのかを知っている場合に限って、そのような制裁措置を受忍する法的義務を負うことになる」。

そのような意味では、Wilson氏に対して適切な情報提供が行われたとはいえない。しかしながら、国務大臣は当該スキーム実施についての一般的な告知をすれば足り、それ以上の広範囲にわたる詳細な情報提供の法的義務を負うわけではない、とした。

④欧州人権条約4条該当性

　高等法院判決を受け、メディアでは就労支援プログラムが欧州人権条約4条にいう「強制労働」に該当しない、ということがかなり報道された。実際には高等法院ではこの論点についてさほど踏み込んだ判断をしていたわけではなく、控訴院でもあまり踏み込んだ判断をしているわけではなかった。高等法院でも引用された*Van der Mussele v Belgium*事件と*R (Nikiforofa) v The Secretary of State*事件[57]を引用し、欧州人権条約4条を侵害しているとはしなかった。[58]

5　規則制定による控訴院判決への対応

　控訴院判決は2011年規則の無効を宣言した。この無効判決はふたつの意味を有している。ひとつは、2011年規則を根拠とした制裁措置を無効にするということである。もうひとつは、進行している就労支援施策の法的根拠を失わせるということである。特に2点目については、控訴院判決が処分の違法を確認した根拠であることから、早急な立法上の措置が必要とされた。

　そこで、控訴院判決を受けた労働年金省は、国会に対し、2013年求職者手当（就労支援スキーム）規則[59]を提出し、同日施行された。控訴院判決と同日の2013年2月12日のことであった。[60]

　同規則は、控訴院判決で指摘された事項をすべてクリアするために制定され

---

57) *R (Nikiforofa) v The Secretary of State* [2012] EWHC 805 (Admin).
58) *Caitlin Reilly and Jamieson Wilson v Secretary of State for work and Pensions* [2013] EWCA Civ 66 at para 66.
59) Jobseeker's Allowance (Schemes for Assisting Persons to Obtain Employment Regulations) 2013 (SI 2013/276).
60) このような制定法文書の立案・策定・施行方法は3つの意味で異例である。ひとつは、控訴院判決の同日に国会へ提出されていたことである。ふたつ目は、制定法的文書は通常、国会に提出されてから成立するまでに21日間かかるのであるが、本規則は提出の同日に成立し、同日に施行されている。判決の将来効を封じるために行われた異例措置である。3つ目が、国務大臣の署名には「午後4時10分」と分単位の記載がされ、規則1条にいう施行年月日を「2012年2月12日午後6時45分」と定め、分単位でのスケジュールが定められていることである。いかに迅速且つ拙速に進めなければならなかったのかを物語っている。

た。すなわち、次の事項が含まれている。

①1995年法17A条にいう「自己の利益のための労働」や判決で問題になった「産業別ワークアカデミー」、「ワーク・プログラム」などの、合計8種類の就労支援スキームについて、規則上の根拠を持たせた。[61]

②対象者については国務大臣が選抜を行い[62]、国務大臣が就労支援サービス受給者に対してスキーム内容や手続等に関する説明義務を負うものとした。[63]

しかしながら、この2013年規則は単に施行されている各種スキームに根拠を与えるに止まり、今後の制裁措置を有効にするものではなかった。そこで、新法の成立が必要とされたのであった。

6　2013年求職者（復職スキーム）法

(1) 法の制定理由

控訴院判決は2011年規則の無効を宣言すると同時に、法の委任関係を見直す必要性を指摘した。そこで、これを整理する法律案が国会に提出された。控訴院判決からわずか1か月後の3月14日のことであった。提出された求職者（復職スキーム）法案[64]は「早期審議手続（fast-track）」に乗せられ、提案からわずか12日後の3月26日には、女王の裁可を得て可決成立した。[65]

法案の説明文書によると、この法案の理由は次の通りである。[66]

---

61) Jobseeker's Allowance (Schemes for Assisting Persons to Obtain Employment Regulations) 2013 (SI 2013/276), reg.3.
62) Jobseeker's Allowance (Schemes for Assisting Persons to Obtain Employment Regulations) 2013 (SI 2013/276), reg.4.
63) Jobseeker's Allowance (Schemes for Assisting Persons to Obtain Employment Regulations) 2013 (SI 2013/276), reg.5.
64) 2013 Jobseekers (Back to Work Schemes) Bill.
65) Jobseekers (Back to Work Schemes) Act 2013. 早期審議手続に乗せたのは、①労働年金省が最高裁判所への上訴許可を求めているが、これが認められなければ2011年規則に基づいて制裁を受けた者に対する返金を免れる法律を策定しなければならず、これは政府の方針であること、②制裁措置を課し続けるためには緊急の立法措置が必要であることをあげている。see, Explanatory Notes on Jobseekers (Back to Work Schemes) Act 2013, at paras 13-14.
66) Jobseekers (Back to Work Schemes) Bill 2013 Explanatory Notes, at paras 9-11.

①控訴院判決で2011年規則の無効を宣言されたことを受け、同規則によってスキーム参加拒否等を理由とする制裁措置を受けていた者に対し、本来支給されるべきであった手当を支給しなければならない。もしもこれを支払わなければならないとすると、そのコストである１億3000万ポンドを納税者が負担しなければならないことになる。

②控訴院判決によって法の欠缺状態が発生していることになるので、将来にわたる制裁措置を講ずることができなくなってしまう。

③この法案は、控訴院判決で無効にされた2011年規則に基づく制裁処分について、不服申立てを不可能にする。これにより、政府は以前の制裁措置の効力を維持させることができる。

④控訴院判決では問題にならなかった2011年義務的就労活動規則に基づく制裁措置についても同様に、この法律によって不服申立てをできなくさせる。

このように、法案は、控訴院判決を全面的に覆して従前通りの政策を実行することを主たる目的としていたのである。

(2) **2013年法の概要**

可決成立したこの法律は、就労支援スキームに関する施策に根拠を与えると同時に、当該スキームへの参加に関する告知についての事項を定めるものである。2013年求職者（復職スキーム）法は、僅か３条から構成され、その主要な内容は１条に規定されている。主たる内容は次の４点に集約される。

まず法１条１項では、2011年規則で定められ、既に施行されている雇用、技能及び事業スキームが1995年求職者法との関係で根拠を持っていなかったことを受け、これを1995年法17A条に位置づけた[67]。これにより、控訴院が規則が法の権限踰越状態にあると位置づけたことに関して、これを回避したのである。

第２に、上記のような規則に関する法律上の根拠付けが将来に向けたものに過ぎないことから、過去に施行されていた2011年規則を遡って1995年法の17A条に根拠づける、という遡求適用を定めた[68]。これにより、過去についても権限踰越状態が発生していなかったことにしたのである。

---

67) Jobseekers (Back to Work Schemes) Act 2013, s.1 (1).
68) Jobseekers (Back to Work Schemes) Act 2013, s.1 (2).

第5章　求職者支援と社会保障法・労働法

　第3に、2011年規則で定められていた情報提供につき、規則で定められていた程度内容の情報提供を行っていなかったとしても、それが適法である旨の規定を設けた[69]。この点は控訴院判決では明確に違法性を宣言し、高等法院判決でも違法性を暗示していた事項であったが、いわば、過去の違法を立法によって合法化したことになった。

　第4に、上記のような措置を、判決では直接の争点とならなかった義務的就労活動スキームに拡大する規定を設けた[70]。

　2013年法は、このようにして控訴院判決で宣言された違法性について、遡求して、あるいは将来に向かって、適法にするという規定を設けたのであった。これにより、求職者手当受給者で、2011年規則に基づいてスキーム参加を強制されていたにもかかわらず参加しなかった等の理由により制裁措置を受けた者に関しては、控訴院判決にもかかわらず返金されないことになった。それだけでなく、今後も制裁措置は有効なものとして、状況が変わらない限りは求職者手当の支給停止が継続することになる。

(3) 欧州人権条約4条への配慮

　高等法院判決及び控訴院判決においては、欧州人権条約4条の強制労働が問題となった。2013年法に直接反映されることはなかったが、国務大臣は、就労支援スキームと欧州人権条約とは矛盾せず両立するとしている[71]が、2013年法案説明文書ではこれにいくつか敷衍して言及している。

　まず、この改正は、過去制裁処分を受けた者に対して返金しなければならないことを回避するものであるが、このような措置を講じなければ公金を支出しなければならないことになる。公益目的からこのような措置は正当化することができ、それは欧州人権条約1条の人権尊重義務に反しないものとした[72]。

　また、本来ならば制裁措置を受けていた受給者は、返還金を受領する権利を取得することになるのであるが、この権利を喪失させる立法措置は欧州人権条

---

69) Jobseekers (Back to Work Schemes) Act 2013, s.1 (4) and (5).
70) Jobseekers (Back to Work Schemes) Act 2013, s.1 (7) to (9).
71) Steven Kennedy, Roderick McInnes and Feargal McGuiness "Jobseekers (Back to Work Schemes) Bill 2012-13", SN06587 (2013) at para 3.2.
72) Jobseekers (Back to Work Schemes) Bill 2013 Explanatory Notes, at para 43.

約6条にいう公平な裁判を受ける権利を侵害するものではない。[73] また、ジョブセンタープラスでの指示に従わずに制裁措置を受けた場合であっても、その適法性について司法審査することができなくなったことについても、欧州人権条約6条には反しないとことになる。[74]

2013年法は、司法判断に関して立法的措置により適法にするというものであった。したがって、この立法措置そのものの適法性が問われうる。この点に関し、欧州人権条約との関係で適法であることを確認することによって、あらかじめこのような議論を封じ込めたということができよう。

7　最高裁判所判決[75]

(1)　上　告

控訴院判決を受け、ReillyとWilsonのケースは立法的に解決された。しかし、これに止まらず労働年金省は最高裁に上告した。最高裁判所は、2013年法の制定や規則の改正を加味しても、控訴院判決が妥当であるとした。2013年法制定から7か月経った2013年10月30日のことであった。

最高裁の判決は、1995年求職者法の下で行われた2011年求職者手当規則に基づいて行われたReilly氏とWilson氏に対する処分の無効を宣言した控訴院判決への上告審であると同時に、控訴院で否定された国務大臣の周知徹底義務と欧州人権条約4条に関する事項について、Reilly氏とWilson氏が上告したのが本件である。最高裁判所は、これらの訴えに対して次のように判断した。

(2)　違　法　性

Reilly氏が対象となった業種別ワークアカデミーとWilson氏のコミュニティアクションプログラムは、2011年規則に基づいて行われたものである。しかし、当該規則2条においては、両者に関する所定の記載事項に関する定めがない。いくらスキームに関するフレキシビリティが大切であることを勘案したとしても、法が人の生活に相当なインパクトを与えるような事柄について規則で定めることを委任しているような

---

73)　Jobseekers (Back to Work Schemes) Bill 2013 Explanatory Notes, at para 44.
74)　Jobseekers (Back to Work Schemes) Bill 2013 Explanatory Notes, at paras 45-46.
75)　*R (on the application of Reilly and another)(Respondents) v Secretary of State for Work and Pensions (Appellant)* [2013] UKSC 68.

場合においては、法的確実性を担保することが決定的に重要なのである。これを意味のあるものにするためには、所定の記載事項を1995年法の文言にしたがって規則に加えなければならない。したがって、2011年規則は違法である。しかし、「所定の場合」については規則3条と4条の趣旨からすると、スキームのフレキシビリティを確保することが肝要であることが明白である。同様の理由で、「所定の期間」が無期限であるともまた、合法である。

(3) 告　　知

Wilson氏に対してなされた情報提供は、コミュニティアクションプログラムを運営している請負事業者から告知された「何らかの活動」を行うということに過ぎない。それには、職務内容、職務の性質、従事すべき時間と場所などについて、具体的な指示が全くなされていなかった。このことは、「当該スキームに参加するための必要条件である（Wilson氏に対する）条件明示義務」を定めた、規則4条2項c号の要請を全く満たしていない。しかし、プログラムに参加しなかった場合の取扱いについては、かなり詳細に明示されていた。その一方でその情報が不完全であったために、Wilson氏はそんなに大きな誤解や偏見を持っていたとはいえないのである。

(4) 広　　報

規則は違反すると給付を失うという条件で就労を強制することができる法的権限に関して定めることになっている。それ故に、受給者には、いかなる決定をなすかについて十分な情報が提供された上で、熟慮に基づいて決定すべきことが求められ、それが公平性を担保するためには必要なことである。そのことについて、国務大臣は行っていなかったと認められる。

(5) 強制労働

欧州人権条約4条は、「何人も、強制労働に服することを要求されない」と定めている。しかし、この規定は「通常の市民的義務」を構成するような労働を含んでいるものではない（欧州人権条約4条3項d号）。後段の文言は前段の文言とは区別される。それ故に、合法的に課された市民的義務を履行しなかったということが、欧州人権条約にいう強制労働の脅威による労働であるというのは、誤った見解である。求職者手当は求職者のための給付なのであり、2011年規則ではその目的を実現するために支給要件を設定しているのである。このことは、欧州人権条約4条が禁じている搾取的行為類型とは程遠いのである。国内法との関係では、第1審被告の告知義務違反による違法性と、このこととは何の関係もないのである。

8 さらなる司法審査

(1) Reilly氏とDaniel氏による司法審査

立法的に解決されたReillyらの事件は、その対応の正当性をめぐってさらなる司法審査が提起されることになった。この事件の原告の1人であるReilly氏が、Daniel氏と一緒に第2次訴訟を高等法院へ提起したのである。

第2次訴訟で原告に加わったDaniel氏は、第1次訴訟での原告ではなかったが、第1次訴訟の判決で影響を受ける立場にある、ということを理由として訴訟当事者となることが認められた。Daniel氏は、2008年から求職者手当を受給していたが、リーマンショックと犯罪歴からなかなか再就職が決まらなかった。ワーク・プログラムを受講しつつ再就職を目指していたが、プログラム参加のための交通費を工面できず、プログラム内容が自身に適合的ではないと感じていたため、プログラム途中で辞めていた。そこで求職者手当の給付制限がなされていたのであった。

両氏が求めたのは、2013年法の制定が欧州人権条約6条にいう「公正な裁判を受ける権利」と人権及び基本的自由の保護のための条約についての議定書（欧州人権第1議定書）1条にいう「財産の保護」に反する、というものであった。これを判断するに際して法の遡求効についての前提を確認しなければならないため、判決の直接的な争点は立法による遡求効と公正な裁判を受ける権利、そして財産の保護の三点になった。

(2) 遡求効の禁止

判決は、合衆国憲法が過去の行為に関する制定法による遡求効が明確に禁止されていることを引用し、イギリス法判例においてもそれを確認していること[76]を指摘する。つまり、一般原則としては立法による遡求効は禁止されているというのである。

議会による統治と成文憲法の不在に特徴付けられるイギリス国会には、立法目的が適合的である限りにおいて立法による遡求効を認めることが可能であることを指摘する。そうすると、原則禁止の遡求効立法も、例外的に立法目的に

---

76) *L'Office Cherifien des Phosphates v Yamashita-Shinnihon Steamship Co. Ltd.* [1994] 1 AC 486, per Lord Mustill at 525.

よっては正当に効力を有する立法が可能となる。

　この例外的措置による立法であっても、欧州人権条約との関係で問題にならない場合がある。1998年イギリス人権法4条において国内法と欧州人権条約とが一致しない場合に「不一致宣言(Declaration of incompatibility)」を行うことができる旨定めているからである。ただ、この規定によって既に生じている当事者間の法律関係を変動させることはできず、本判決の原告との関係では法律関係に問題が残る。

　そもそも遡求効を有する立法は人権を侵害するものであり、欧州人権条約と同様に、1966年国際規約においても禁止されている。ただ、これら遡求効禁止原則は刑事法を念頭に置いたものであり、民事上の法律関係を当然に拘束するわけではない。したがって、立法による遡求効禁止の解除は、公共の利益によって正当化される。そこで、問題はこのような措置が公共の利益によって正当化されるかどうか、ということに転化し、結局は欧州人権条約6条の公平な裁判を受ける権利との関係で遡求効を有する立法がいかなる意味を有しているかということと問題性を共通にする、ということになる。

(3)　公平な裁判を受ける権利

　高等法院は、原告ら個別の対応に関して、欧州人権条約6条に照らして遡求効を有効にするような当該立法措置につき、特別の理由を見出すことができないと判断した。それ故に、裁判所としては、立法によって影響を受けるすべての者に対して無効を宣言するのではなく、訴訟当事者としてのReilly氏とDaniel氏に限って無効を宣言した。

(4)　財産の保護

　原告であるReilly氏は、結果的に財産上の損失を受けていないために、この争点に関してはDaniel氏固有の主張ということになる。欧州人権第1議定書には次のように定めている。

> 「すべての自然又は法人は、その財産を平和的に享有する。何人も、公益のために、かつ、法律及び国際法の一般原則で定める条件に従う場合を除くほか、その財産を奪われない。
> 　ただし、前の規定は、国が一般的利益に基づいて財産の使用を規制するため、又は

税その他の拠出若しくは罰金の支払いを確保するために必要とみなす法律を実施する権利を決して妨げるものではない」

　高等法院は、①Daniel氏が「財産」を「奪われ」たといえるかどうか、②Daniel氏に制裁措置が課されたことによって求職者手当の支給停止処分がなされたということが積極的財産権を侵害したといえるかどうか、というふたつに分けて検討した。特に②の論点は、被告である国側が、資力調査制求職者手当が保険料拠出に基づく給付ではないために、対価性のある財産権とはいえないのだ、という主張に対応するものであった。
　まず①について、高等法院はそのような状態があったという認定をした。
　そして、②について、高等法院はまず保険料拠出に基づく給付ではないとしても、法で受給権が明定されている以上は財産権を構成することを前提に判断した。[77] その上で、行政法の一般原則として不利益処分が有効且つ適法に行われるためには、担当大臣による正当な方法による決定が必要なのであり、その観点からすると法による行政の原理に基づいた処分がなされるべき事を確認する。そして、Daniel氏が適法に給付を受けることができたにもかかわらず実際にそれを受けることができなかったということは、財産権が侵害された状態を作出されたと同様の状態になる。
　しかしながら、Daniel氏は、Reilly氏の第1事件判決を受けて社会保障審判所へ不服審査を申し立てており、認容裁決を受けていた。その後のDaniel氏の事情変更が求職者手当の受給要件ないし制裁措置との関連での違法性ないし適法性を左右するものではない。したがって、適法になされた処分後の財産権については侵害状態が発生しておらず、請求は棄却されるべきだとしたのであった。

(5)　判決の結論と控訴
　これらの結果、高等法院は2013年求職者（復職制度）法が欧州人権条約6条第

---

77)　*Stec v United Kingdom (Admissibility)* (2005) 41 EHRR SE18, *R (on the application of RJM) v Secretary of State for Work and Pensions* [2009] 1 AC 311, per Lord Neuberger at 31-32.

1項に反しすることを宣言した。ただその効力は原告のみに発生するのであり、Reilly氏らの第1事件のように、すべての処分の効力に派生することはなかった。

このように、2014年の判決は個別的な問題の解決にのみ収束するものであったが、国にとっては同様の事情にある受給者・もと受給者からの訴訟リスクを抱えることになってしまった。2015年現在、労働年金省はこの訴訟にたいして上訴を検討しているようである。[78]

9 Reilly事件の示唆

(1) 第1事件と立法措置

ReillyとWilson事件は、就労支援施策が強制労働にあたるのかどうか、という論点で大きな注目を集めた。また、控訴院判決を受けた立法措置についても、立法による解決が政治的に妥当かという点からも議論を呼んだ。しかしここでは次の点を確認しておかなければならないであろう。

社会保障給付受給者の就労支援策というものが、その実効性をあげるために支援プログラムへの参加を一定程度給付の要件とすることは、どの国でもどの時代でもありうることである。しかし、社会保障給付の制約は生存を脅かし、就労支援プログラムへの参加は支援サービス受給者の自由を制約することが不可避である。その一方で、就労支援プログラムは、就労支援サービス受給者の状況や意思、意欲の程度といった受給者の環境と状況、地域における社会資源と労働市場の状況といったものは、千差万別である。そのような中でいかなる資源を活用し、いかなる就労支援の目的を設定し、いかなる方法でそれを実現していくのかを決定し、それを組み合わせて実行するといった、就労支援プログラムは個別化せざるを得ない性格を、元来有している。

そう考えると、就労支援サービス受給者にとって不利益となりうる事情については、あらかじめ法律で定め、不利益内容を確実に情報提供し、可能な限り合意を得ることが必要になる。これらは、法律による行政の原理に支配されて

---

78) https://www.gov.uk/government/news/dwp-response-to-the-high-court-judgment-on-hewstone

おり、法律で定めなければならない事項となる。いわば、法律によって当事者の行動を制約する、ハードローによる規制手法が馴染むことになろう。

一方で就労支援プログラムは、個別の事情に基づいて策定され、変更されうるものである。そして、合意に基づいて開始された内容であったとしても、合意内容に反する事態が発生したからといってすぐに不利益処分を課すことは、必ずしも目的達成の上で有効ではない。そうすると、合意内容に反する事態が発生したときには、合意内容を見直し、その内容を変更するか、継続するか、それとも不利益処分を課すか、というような方策で検討しなければならないであろう。このように考えると、就労支援プログラム策定と実施に関する規制方法は、当事者の合意を変更を中核とするソフトロー的な規制手段に馴染むものだということができる。

(2) 立法措置と第2事件

一方、Reilly第2事件は立法による司法救済の限界を示したのであった。第1事件判決が関係者すべての関係当事者に影響を及ぼすものであったが故に、立法による解決も関係当事者すべてに影響を及ぼすものであったといえよう。

ところが、立法による解決は遡求効禁止原則から逸脱している。これはイギリス法だけでなく、EU法、国際人権規約に照らして原則として違法な措置となる。そこで司法解決が行われたのが第2事件であった。司法解決はその性格上、訴訟当事者にのみ拘束が及ぶ。それ故に、第2事件の拘束力も個別の法律関係だけに及ぶのであって、そこに司法救済の限界がある。ただ、これは同時に国が訴訟リスクを負うことになるのであり、法律関係を著しく不安定にさせるのである。

第5節　小　　括

1　労働権 (right to work) から見た適職選択の権利

Freedlandは次のように述べる。[79]

---

[79] Mark Freedland "Active Labour Market Policies: Between 'Right to Work' and 'Workfare'", Mark Freedland FBA, Paul Craig QC FBA, Catherine Jacqueson, and

近年のヨーロッパ諸国における積極的雇用政策の展開は、社会保障制度を利用することに関して、労働市場に参入するために何らかの努力を行うということが強制され、その強制的な性格を増しているのが共通した動向である。このような傾向は、失業者の自由権を侵害するのではないかという問題を生じさせることになろう。それによって、国家と市民との新しい緊張関係を生じさせるかもしれない。「勤労の義務」という概念は、かつてよりも現在が、現在よりも将来には強制的な文言として使用されることになろう。一方、「労働権」という文言は、「社会契約 (social contract)」という文言で表現される意味内容に変化していく。つまり、労働権が保障されている以上、国家は国民に対してディーセントな職業を提供する義務を、かつてよりも負うことになるのである。そうすると、国家が保障すべきディーセントな労働に従事することができない場合には、社会保障給付が権利として保障されなければならない、ということになるのである。

 以上のような議論を前提にして、「労働の自由、ディーセントで適切な、報われる労働を選択する権利」について、次のように議論する。

 失業者にとって「報われる」雇用を選択する権利が保障されているのであろうか。この問題に関して、求職者は自らが保有するキャリア形成の観点から、特定の求人や訓練を拒否することができるのか、という問題に帰着する。とくにキャリアから見てたいへん勇敢な挑戦をしているという場合、それが拒否されるか否かは現代の労働市場の状況と、人材管理理論 (human resource management) から判断されよう。フルタイムで終身雇用を標準的なモデルとする雇用契約に基づく労使関係においては、実際にキャリア形成する権利は雇用を通じた企業内部、すなわち内部労働市場において確保されている。しかしこのモデルは流動的である。これからの労働市場の在り方は、内部労働市場におけるキャリア形成と、外部労働市場でも通用しうるキャリア形成との両方が、労働者にとって保障されなければならない。これが、労働市場における顕在的ないし潜在的な参加者にとっての「雇用される能力 (employability)」を促進さ

 Nicola Kountouris *Public Employment Services and European Law* (Oxford, 2007) p.195.

せ、保障していくという核心部分になるのである[80]。

このような視点からすると、求職者にかかる労働権実現のために多様な就労支プログラムが準備されていることがわかる。それが、求職者の自由を尊重しつつ、他方で外部労働市場に適合的な支援をいかに行うべきか――それは自由の制約を不可避的に内在するということについては、試行錯誤を繰り返しているものと評価できよう。

2 職業紹介と社会保障給付

まず、イギリスにおいては、1980年代以降失業関連給付の給付制限を強化する改正を随時行ってきた。このことは、求職者の求職条件や求職活動方法に関する自由を制限する側面がある。これら改正は、求職者の自由を制限することを通して就労関連活動を強制することにより、給付との関連を密接に結びつけるものである、ということができる。

このような目的を達成するためには、職業訓練を求職活動に実効的ならしめなければならない。この目的達成手段として、給付制限規定の活用を促しているものと評価できよう。それ故に、求職者が（再）就職という目的達成を毀損するような行動をとった場合、これをかなり明確に給付制限の対象と位置づけ、これに止まらず制裁措置を加えるという構造を採用している。

しかしながら、裁判例によるとこれら自由の制約は無制限に認められているわけではない。求職者は、自らが失業関連給付の受給者であるという従属的関係故に無制限に自由を制限されてもよい、というわけではないのである。Pattison事件に見られるように、求職者と雇用事務官との合意によって自由が制約されることがあるとしても、それが自由意思による合意を基礎としてなされたものである限りにおいて、社会通念上相当とみなされる範囲において、自由の制約が承認されるのである。そしてこの制約は、失業関連給付の受給者だけにとって特別に認められる制約なのではなく、非受給者にとっても社会通念上制約可能であるとされる制約の範囲に限られるのである。

それでも失業関連給付の受給者にとっては、失業の罠の問題は残る。その一

---

[80] Freedland, *ibid.*, p.230.

方で労働市場との接触を持ち続けることが重要なことなのであるから、雇用事務官と求職者とのコミュニケーションによる自立に向けたコミュニケーションは不可欠となる。わが国の法制でも給付制限と権利としてのパーソナルサービスないし積極的労働市場政策とは、密接に関連するものとしての議論を行う必要があろう。

3　就労支援プログラムの強制労働性

　Reilly事件の発端は、就労支援のプログラムの法的根拠が曖昧であっただけでなく、関係当事者を規律する法律関係が曖昧であったことに由来している。それではなぜこのような曖昧さがもたらされたのか。これには主として三点の問題に由来しているように思われる。

　第1が、労働市場の状況と就労支援プログラムの柔軟性である。産業構造の変化、景気変動、労働市場法制の規制方法の変化は、労働市場において必要とされる能力の変容を必然的に生じさせる。変容する求められる能力に対応するため、就労支援プログラムが刻一刻と変化しなければならないのは当然のこととなる。それ故に、就労支援プログラムは、一見時代を超えて普遍的なもののように見えても、その内実は時代だけでなく、地域における労働市場等に応じて変化し続けなければならない。そうであるとするならば、これを支える法的根拠が変更しづらいものであってはならないことになろう。それ故に、就労支援プログラムの柔軟性を保持するためには、ある程度柔軟な法的枠組みの下に行うことが重要になってくる。

　第2が、継続的支援関係の維持である。求職者の就労支援は、それを行えばすぐに目的が達成されるものではない。いったん就職したとしても、その職業によって生計を維持し続けることができるかどうかは別問題である。また、生計を維持し続けることができるような、労働市場において価値ある職業能力ないし尊厳ある個人の生を獲得できるようにするためには、かなり継続的な支援を行うことが必要な場合が少なくない。そのためには、刻々と変化する状況を見ながら、適合的な支援体制を構築し続けることが必要になる。そうだとするならば、就労支援を枠づける法システムは、標準化されたプログラムを遂行す

るための約款のようなものでは困難であり、支援者との間で構築されていく性格を有するものとなるであろう。

　第3が、就労支援プログラムの個別化である。求職者が有する就労阻害要因は、たとえば就労経験が少ないといったような事情であったり、家庭責任を有するといったような事情のように一定程度類型化することが可能なものがある。しかし、その類型に応じてプログラムを設定したとしても、それが必ずしも適合的であるとは限らない。同じ阻害要因であったとしても、ある者には重大な阻害要因となり、またある者にはあまり就労に支障を及ぼさない阻害要因であるかもしれない。そうだとすれば、一定程度の類型化の下、プログラムの個別化を図ることは当然必要となる。

　これらの特性から見ると、求職者に対する就労支援プログラムが一定程度類型化され、予算が投じられたとしても、当事者の合意を基礎とするソフトロー的な対応にならざるを得ない。イギリス法の支援体制に法的な根拠と枠組みが欠如したまま動いているのは、このような目的の特性に由来しているものといえる。

　このように考えると、確かに、司法審査を通して法的根拠と枠組みの欠如が確認できるのは止む得ないものともいえる。そうであるとするならば、所得保障の法体系に比して脆弱な求職者支援法の対象者の法的権利を画するためには、求職者に対するサービス給付の法体系ではなく、また、事業者規制法でもなく、当事者間の契約を規律するための契約法体系のようなものが必要になるように思われる。このような観点からすると、求職者がなにをなすべきであって、国家が何を提供しなければならないかを明示した、ユニバーサル・クレジットにおける受給者誓約は、一定の答えを出しているように思われるのである。

第6章　求職者法試論

第1節　はじめに

1　イギリス法が日本法へ与える示唆

　ここまで検討したように、イギリス法は求職者の状況について、所得保障法と求職活動サービス法が不可分のものとして結合していることがわかった。所得ニーズや求職活動ニーズが融合している故に、求職者の置かれた社会環境の中でいかなる地位を獲得し、いかなる社会関係を構築しようとしているのか、といった視点で所得と求職活動ニーズを把握しようとしている。

　ひるがえって、わが国の求職者を取り巻く法の環境は、所得保障ニーズと求職活動ニーズ、これに加えて社会関係の構築ニーズは、近年の自立概念に応じて分断された法体系が構築されているように思われる。

　それでは、日本の社会保障法学ないし社会法学の立場から、求職者を取り巻く状況についていかなる法の構造を把握すべきか。本書では、社会法学の礎を築いた荒木誠之教授の理論を、イギリス法の知見を踏まえた現代日本法の法状況とを比較しながら検討したい。これを踏まえ、本書では社会保障法学ないし新しい社会法学の分析方法として、「求職者法」の検討視角の必要性を構想するものである。

2　失業の役割分担

　荒木は、『社会保障の法的構造』（有斐閣、1983年）において失業者に対する法学的アプローチについて次のように論じている。

「労働法と社会保障法との間には、失業をめぐって一種の役割分担があるといってもよい。つまり、失業の防止は労働法が、失業が発生した後の生活保障は社会保障法が受け持ち、さらに失業者の労働関係への復帰については労働立法としての雇用対策諸法が取り扱うという相互分担が認められる」[1]

もちろんこの「役割分担」は、「社会保障法と労働法とがそれぞれに、どのような法原理的・法構造的独自性をもちながら、他方でどのような協働もしくは補完関係にあるかを、全般的なパースペクティヴのなかで具体的に把握する」[2]説明のための便宜である。したがって、この分析が実際の法解釈や立法政策上の指針を直接に導くものではないであろう。

他方で、現実には労働法と社会保障法は、一体不可分のものとして機能している。たとえば、雇用保険の求職者給付基本手当や健康保険法の傷病手当金などを受給できるかどうかは雇用関係を前提とした保険関係の成立に左右される。このように、今日の労働関係ないし労働市場の変容が、労働生活の外延にある生活保障機能の弱体化をもたらすことを看過すべきではないであろう。つまり、社会保障法と労働法の「役割分担」ないし「補完関係」の在り方を再検討する必要性に気づくのである。

3　長期雇用の労働関係

それではなぜ荒木理論においては、失業者に対する法的アプローチにつき労働法と社会保障法の役割分担が所与のものとされたのであろうか。これには荒木理論が当時の労働関係を基盤として構成されていたことに由来する。荒木が描いた労働関係は、労働者保護法と集団的労働関係による労働条件決定によって労働関係を形成し、これによって長期雇用を維持するという正規雇用型の法的人間像を前提としていた。また、荒木の『社会保障の法的構造』が所与の前提条件としていた家族形態は、男性稼ぎ手モデルであった。これを可能にして

---

1) 荒木誠之「労働関係における労働法原理と保障原理―両法の特質と関連態様」荒木誠之『社会保障の法的構造』(有斐閣、1983年)(以下、『法的構造』と略) 99頁 (初出、沼田稲次郎教授還暦記念論文発起人会編『現代法と労働法学の課題―沼田稲次郎先生還暦記念上巻』(総合労働研究書、1974年) =「社会保障法と労働法 (再論)」を改題)。

2) 『法的構造』83頁。

いたのは長期雇用モデルなのであり、長期雇用モデルを支えていたのは工場労働者保険として出発した社会保険制度なのであった。このような状況下において、労働法と社会保障法の役割分担を強調することは、当時の法状況からして無理からぬことであった。

4 現代の失業者像

しかしながら、改めて指摘するまでもないことではあるが、現代の労働法学が措定している労働者・失業者といった人間像は、おそらく当時のそれとでは大きく異なるのではないだろうか。そうだとすれば、荒木が想定していた労働法学の任務である防止されるべき失業の性格が変容し、失業時の生活保障を受け持つべき社会保障法における失業の概念も変容しても不思議ではないということになる。

労働法学にいう失業者像と社会保障法学における失業者像について、現代は、社会保障法学の理論的フレームが形成された時期とは異なる人間像を措定しなければならない時期にある。これを確定させる作業によって新たな失業者像を想定したとき、失業者の権利—それは労働権保障と生存権保障から構成される—が再構築されなければならないことになる。ここから、労働法と社会保障法の「特質と関連態様」を現代の法的状況に照らして考えるとき、「新しい社会法」の在り方を検討する必要性もまた生じているのである。[3]

そうはいうものの、こんにちの労働市場において、失業の予防としての労働法を論ずることは筆者の能力を超えている。そこで、かかる問題意識の下、本書では労働権論の理論動向[4]に着目しながら、「求職者法」概念を提唱するものである。

---

[3] 菊池馨実『社会保障の将来構想』(有斐閣、2010年) 343頁、菊池馨実＝野田進＝駒村康平＝岩田正美「貧困・格差をめぐる諸問題と社会法 [座談会]」季刊労働法226号 (2009年) 4頁、小宮ほか編『社会法の再構築』(旬報社、2011年)、丸谷浩介「社会保障法からみたセーフティネットのあり方」労働法律旬報 1687＝1688号 (2009年) 18頁など。

[4] 有田謙司「労働法における労働権論の現代的展開—包括的基本権としての労働権 (試論)」山田晋ほか編『社会法の基本理念と法政策』(法律文化社、2011年) 27頁。

第2節　社会保障法学における失業労働法

1　社会保障法体系における失業の位置付け

　社会保障の法体系論を構築した荒木は、生活保障を目的とする社会的諸給付を定める立法の趣旨と目的に照らし、失業という要保障事故を生活危険に対する所得保障給付法に位置づける[5]。そして、所得の停止を生ずる一切の事故を要保障事故としてとらえ、これに対して生活保障の観点から必要な給付を行う生活危険給付法における要保障事故の失業を、次のように表現する。

　　「失業は、労働の意思と能力を有するにもかかわらず、労働の機会を奪われている状態であるから、社会的な原因による労働不能である。これは労働者に特有な生活危険であるが、労働不能によって所得の停止を生じている点で、要保障事故となる」[6]

　つまり、荒木理論における失業者は、労使関係法の側面で維持されなければならない雇用を破壊された者と位置づけるのである。それゆえに失業者とは労働市場に復帰する意思と能力を維持したまま復帰を希求し続ける者ということになる。

2　「失業労働法」の構造的把握

　これが具体化されたのが、失業者に対する法的装置の構造的把握である。荒木はわが国の法体系が失業者に対して三層構造の法的装置を用意していると指摘する。

　　「第1には、失業保険法による失業保険金の支給があり、第2には職業安定法による就職のあっせんが定められた。そして失業保険の給付期間がすぎてなお就職できない者に対して、第3の措置として緊急失業対策法による失業対策事業が提供された。この三つの法制度を失業労働法と呼ぶとすれば、失業労働法のうち、いわゆる雇用対

5）　『法的構造』36頁。
6）　荒木誠之『社会保障法』（ミネルヴァ書房、1970年）（以下、『社会保障法』と略）53頁。

策と直結するのは職業安定法と緊急失業対策法とであった[7]」

　荒木理論は失業に関して「失業労働法」との用語を用いることにより、労働権と生存権の重畳領域の法領域を作りだそうと試みていた。ただ、失業労働法の法体系は「労働法」との用語使用に現れているように、労働市場への再統合を希求するという側面が強調される。それ故に、失業者が労働者たる地位を獲得するまでの間に生活保障給付を行うことは必然ではあるけれども、あくまでもそれは副次的な地位に止まるものと見ていたといってよいだろう。
　それでは、荒木理論における失業労働法の構造はどのような構成要素から成り立っていたのか。次に見ていこう。

3　失業労働法における失業時生活保障法

　荒木理論は、社会保障法における法主体を生活主体概念で把握するから[8]、失業という要保障事故の発生と継続の間、生活保障が行われて然るべきということになろう。社会保障法という法領域は生活主体に対して生存権規範が無媒介に浸透するけれども、生活保障の責任主体は誰なのかということは、失業という要保障事故の場合に再度の検討を要する。つまり、失業者に対する生存権保障義務者は憲法（基本権）上の責任を負う国家にあるのか、それとも労働契約関係を解消させた使用者に求めるべきか、それとも両者の帰責はいずれか一方が選択的になされるのではなく、いずれに責任の程度を重視すべきであるのか、という問題である。
　国家が労働を配置し、労働市場が国の介入政策から完全に自由ではない以上、あるいは労働者が自由意思で労働市場から撤退することがある以上、生存権保障義務の責任主体がいずれかひとつに収斂されることはない。そして、失業者が労働市場から撤退した理由や、労働市場に参入することを妨げている事情が個別的であることからすれば、この生存権保障の責任主体には様々なバリ

---

7)　『法的構造』197頁。なお、「失業労働法」との表現を用いて失業者に対する法的装置を説明したのはこの箇所だけである。
8)　『法的構造』30-35頁。

エーションから構成されていることがわかる。失業時の生存権保障責任には、国労使三者がそれぞれ登場することになるが、それらにはレベルの差があることに留意しなければならないであろう。

国家の責任について見てみよう。産業構造の変化によってもたらされた失業は、その責任を個々の労使関係のみに求めることはできない。荒木はそれ故に、国家がその責任において解消すべきであることから、その間の失業給付に関する国家責任を肯定するという結論を導く。失業は社会保障法上の要保障事故で有り続けるのだから、失業給付（雇用保険法による求職者給付基本手当）が継続的に支給されなければならないと考える。

国家の責任に関して、荒木は次の三点を指摘する。

「第1に、生活危険としての失業が、資本制経済機構の必然的にもたらす社会的病理現象であり、それゆえに失業者の生活保障に対して、資本の社会的責任が当然に重視されなければならない。（中略）第2に、失業給付の法的基礎として、生存権のほかに労働権がある。労働権は、労働の意思と能力を有する者が、国に対して労働の機会を要求する権利であるが、失業給付は労働権に対応する給付としての性格をも有している。したがって、失業者が労働の意思を有しないと認められる場合、又は労働能力を現実に喪失した場合には、給付請求権を失うことになる。（中略）第3に、失業給付立法の通例として、給付期間が失業の全期間でなく、短期に限定されている[9]」

このように、荒木理論における失業時の生活保障は、社会保障法における法関係の当事者を、生活主体としての国民と全体社会の権力的組織体としての国家から構成されると見る。国家は生活主体の生存権・生活権を保障する義務を負う法関係の一方的当事者として現れてくることになるから[10]、国家の生活主体に対する公法関係としての法的責任を認めるのである。

しかしながら、失業という要保障事故は、労働関係に固有な現象である。ここから、使用者の失業に関する法的責任を2通りで認める。ひとつは、解雇の防止である。雇用保障法論の中核を構成するのは解雇制限なのであり、労働契

9）『社会保障法』168頁。
10）『法的構造』30頁。

第6章　求職者法試論

約の解除に対する法規制に関して、雇用保障法は無関心でいられない。[11] しかし、労基法等制定法上の解雇制限規定と学説、判例上展開されている解雇制限法理（すなわちそれは労働契約法としての解雇制限法理を意味する）と、雇用保障法としての解雇制限法理は、質的に異なるのではないかとの疑問を呈するのである。[12]

もうひとつの使用者の法的責任として、失業者の生活保障に対して使用者の拠出義務をあげる。[13] これは当時の失業保険法を念頭に置いた記述であるため、「労災保険のように、全額使用者負担とすることは困難であろうが、業務外の傷病給付と同じく労使折半という方式は、失業の社会構造からみて検討の余地があろう」[14]とする。

そして給付が短期に限定されている点については「社会保障原理に対する雇用政策ないし労働政策の優越のあらわれとみるべき」であり、「社会保障給付としての失業給付の内容が、労働関係における企業＝資本の利害によって制約されている」から、そのような社会保障原理に対する制約を疑問視する。[15] 荒木理論における使用者の責任は、失業時生活保障にとって限定的な役割しか担っていないということができよう。これには、使用者の責任が労働法における解雇制限法理の当事者であるということを強調することと関係している。すなわち、荒木理論における使用者の生活保障責任は、個別労使関係における使用者責任を中核に据えるのであるが、一旦失業が発生してしまったときには、個別使用者の責任が使用者集団＝「総体としての資本」へと転化するのである。[16]

以上を要するに、荒木理論における失業時生活保障の特徴は次の三点に求められよう。第1が、資本主義経済体制下における従属的労働関係において、失業者は社会的に保護されるべき客体として位置づけられる。すなわち、労使関係においては解雇制限により保護され、公法関係においては社会保障給付の受

---

11)　『法的構造』204頁。
12)　『法的構造』205頁。
13)　『社会保障法』168頁。
14)　『社会保障法』168頁。
15)　『法的構造』99-100頁。
16)　『法的構造』58頁。

給権者としての人間像を描くのである。

　第2に、失業に至る離職の原因を労働者の意に反する事象（典型的には解雇）を前提にしていることである。離職を余儀なくされ、それによって生活保障の必要性が発生しており、労働関係に再統合されることによって生活関係を構築しようとする者を念頭に置いているのである。したがってここでは私事による自己都合退職や、転職による労働移動を希求している求職者は、一応議論の枠外にある。

　第3に、失業という要保障事故には生存権が無媒介的に介入するから、社会保障原理（生存権原理）と労働法原理（労働権原理）とでは社会保障原理が優越しなければならないと考えている。

　これらの理解は、当時の社会経済状況ないし法的状況からすれば当然のことであった。荒木理論における3つの特徴は、当時の法状況に照らした視角なのである。当時の解雇制限法理は解雇に関して使用者に正当事由がなければならないとする正当事由説に基づくべきと考えられていた。しかし、解雇は使用者の権利であるとする解雇権濫用法理が定着するにつれ、労働法による市場統制機能が柔軟化してきた。[17] このような法状況はパラダイムシフト[18]ともいえるものであった。

　それでもやはり、荒木理論が提示したいわば理念系としての失業概念は現代においても大きく異なるものではない。現実の立法政策もこれに沿って行われてきたということができよう。

4　積極的雇用政策と労働権論

　これに対し、失業者に対する再就職の支援（職業安定法による就職のあっせん）については、生存権原理でなく労働法原理が支配するものと理解する。

>　「失業者の労働関係への復帰は、それが望ましいことは当然だとしても、社会保障法の直接の関心事とはならず、労働法にそれを委ねる」[19]

---

17)　日本食塩製造事件（最2小判昭50・4・25民集29巻4号456頁）。
18)　荒木誠之『生活保障法理の展開』（法律文化社、1999年）22-24頁。
19)　『法的構造』98-99頁。

その一方で、1980年に失業保険法から雇用保険法へと改正された折、その法原理が失業時生活保障から労働力流動化政策における就職促進へと比重を移していったことに対して批判を加える。

　「失業保険法から雇用保険法への転換は、失業保障から雇用政策への重点の推移を明瞭に示したものであった」から、いわゆる雇用三事業は「社会保障法としての要素は極めて乏しい。それらはむしろ職業安定法や職業訓練法と同じ性格のものであって、文字通り雇用立法そのものである」[20]。

　このように、失業労働法の規範原理が生存権と労働権によって重畳的に構成され両者が補完的な関係を持っているとしても、それは規範論のレベルに止まるのであり、必ずしも現実の立法に対する分析軸として構成されているわけではないことに気づく。
　そして、労働法が労働関係への復帰に関心を示す規範的根拠は労働権に由来するのであるが、それは単に労働契約の締結のみを含むものではなく、その外延として生活関係をも含むものだと把握する。
　「かつての労働権の理解においては、失業からの脱出の権利という側面に重点がおかれ、失業状態において生ずる権利、端的にいえば職を求める権利と開始、就労状態での労働権については少数の先駆的学説のほかはさして関心を示さなかった」という反省に立ち、「敗戦後の経済的混乱と大量失業期に理解された労働権保障の意味を、高度に発達し独占化した現下の経済社会条件のもとで再構成するのでなければ、労働者の基本的人権としての実質が著しく失われるおそれも生じたのである」[21]とする。
　ここから敷衍して、荒木は「雇用保障を念頭において労働権を考えるとき、労働権を単に失業状態における権利に限定せず、労働生活全般を通じての基本権としての把握する方向をとるのは必然である。就労状態においては、人たるに値する労働条件をうける権利として、また正当な理由なく解雇されない権利

---

20)　『法的構造』200頁。
21)　荒木誠之『労働条件法理の形成』（法律文化社、1981年）（以下、『労働条件法理』と略）7頁。

として具体化される[22]」とする。

このように、就労状態における労働権論を指摘していたことは特筆に値する[23]。ただ、実際に労働権論が分析の視角として用いられたのは失業対策事業であった。

5　失業対策事業の評価と労働権

荒木理論では失業時生活保障と職業紹介事業が批判的に分析されるのに対して、失業対策事業はこれと異なる取扱いが行われる。

荒木は、憲法27条に基づく労働権の現実化として、緊急失業対策法（1949年制定）の改正（1963年）によって設けられた失業対策事業を積極的に評価する。それは「労働の意思と能力を有するにもかかわらず就職できない失業者に、労働の機会を提供するのが失業対策事業であったから、それは直接に労働権の実現をめざす唯一の法的装置であった[24]」からである。

ところが失業対策事業は、経済成長による労働力不足とは裏腹に就業者の滞留・固定化・高齢化が顕著になり、1960年代から徐々に縮小・実質的な廃止へと向かった（緊急失業対策法廃止法が成立して法律上廃止されたのは1995年のことである）。

失業対策事業の縮小・実質的な廃止という措置については、「失業対策法を原則的に機能停止させるのは、労働権保障の後退と評すべきであって、実際上の影響いかんにかかわらず雇用対策の労働法体系に対する修正としては、もっとも注目されるべきであった」ことから、「法的にかなり重要な問題を含んでいる」と指摘する[25]。このように、荒木理論における労働権保障は、それが国

---

22) 『労働条件法理』8頁。
23) 片岡昇「『雇用保障法』の概念について」沼田稲次郎編『労働法の解釈理論』（有斐閣、1976年）493頁。
24) 『法的構造』198頁。
25) 『法的構造』198頁。もっとも、失業対策事業について近年では消極的な評価も見られる。代表的には濱口桂一郎「公的雇用創出事業の80年」季刊労働法233号（2011年）180頁以下において、失対事業が失業時の一時的な生活保障と再就職までの労働力保全という本来的意味が失われ、就労者の「定職」へと転化していったことが制度的欠陥であったことを指摘している。

家の保障義務からみると失業対策事業に焦点化されていたものと見ることができる。

留意すべきは、荒木理論における労働権の位置付けである。これを検討するために通説的見解を見てみよう。

日本国憲法27条1項は、「すべて国民は、勤労の権利を有し、義務を負う」と定め、労働権を保障する。労働権は、国民がすべて自由に労働するべく国が不当にこれを妨げることはできないとする自由権として把握されるのではなく、国の積極的関与を基礎づけ、雇用の保障を国家に求めることができる権利として把握される。[26]

この権利の内容としては、国家には労働者が自己の能力と適性を生かした労働の機会を得られるように労働市場の体制を整える義務があり、そのような労働の機会が得られない労働者に対しては生活の保障をする義務があるということになる。

ところが、この法規範内容は一義的に明確ではない。学説では、憲法27条1項の法規範性についておよそ3通りの理解をしてきた。[27] 第1に、憲法27条1項は国の立法政策指針を定めた単なるプログラム規定であって、個々の国民に就労の機会やそれを現実化させる立法作用を請求する具体的権利を付与したものではないとするものである。その根拠は、①資本主義体制下においては完全雇用を実現してすべての国民に雇用を保障することはできず、権利としての労働権を保障する経済的基盤を欠いていること、②法の規定が簡素に過ぎ、権利実現に必要な法律上の保障規定が明確でなく、実現すべき権利が明らかでないこと、③憲法が強制労働を禁止することから勤労の義務が個々の国民に具体的な義務を課すことができない一方で、労働権のみを具体的権利と理解することは均衡を失することなどであった。[28]

第2に、同条項が国に政策的指針を課しているとしても、その内容をいかに

---

26) 片岡曻「労働権の理念と課題」季刊労働法100号（1976年）16頁。
27) 黒川道代「雇用政策法としての職業能力開発(1)」法協112号（1995年）49頁。
28) 伊藤正己『憲法新版』（弘文堂、1990年）381頁、奥平康弘『憲法Ⅲ』（有斐閣、1993年）261頁、佐藤幸治『憲法』（青林書院、1981年）428頁など。

把握するかが問題になる。これについて学説では、国は労働の意思と能力を持つ国民が適当な就労の機会を得られるように配慮しつつ、それでも就労の機会を得られない国民に生活保障を行うことの政策的義務を課したものだと理解している。これに基づき、雇用対策法等によって求職活動支援を行い、雇用保険法等によって失業時の生活保障を行うべきだとするのである。

第3に、同条項は勤労の義務をも定めているが、それ自体では国民に具体的な勤労の義務を課しているものではないという理解である。前述のように、憲法が強制労働と奴隷的拘束を禁止し、苦役からの自由を保障している以上、そのような理解を得ることができよう。

このうち荒木は、労働権の規範的内容が第2のような政策的指針に止まるものだと理解しているように思われる。そうすると、労働権から導かれる立法政策は「失業労働法」に結実したものということができよう。しかしながら、労働権から何故に失業労働法が構造的に把握され、それがこの三要素から成立しなければならないのかの理由はさほど明らかではない。それゆえに、労働権の後退を示すような失業対策事業の実質的廃止に関する批判的分析については、理論的根拠が明確ではないとの印象を受けるのである。

ひとつ想定されるのは、荒木理論における労働権は労働市場の調整機能を重視していなかった、あるいは労働者の国家に対する請求権が市場調整機能を優越すると考えていたことである。それ故に雇用保険法を嚆矢とする積極的雇用政策立法については「労働者の主体性が無視され、労働力資源の効率的使用の観点が貫かれていたと評しうる」として厳しく批判するのである。

---

29) 伊藤正己・尾吹善人・樋口陽一・戸松秀典『注釈憲法(新版)』(有斐閣、1983年) 78頁。
30) ただ、生活保護法4条1項にいう「利用し得る…能力…の活用」を保護の受給要件としている(いわゆる稼働能力活用要件)以上、就労の意思がない者にも生活保障を行うことについては、否定的に把握するのが多数説である。なお、新宿七夕訴訟(東京高判平24・7・18賃社1570号42頁)は就労の意思を軸に本要件を充足するかを判断した。
31) 『労働条件法理』7頁。

第3節　失業者像の法的再構成

1　失業労働法の現代的課題

　このような荒木理論における「失業労働法」は、現在の法状況でも十分に通用するであろう。ところが、社会保障法の生成的性格からすれば、失業労働法の内包と外延を確定させるのみならず、法的根拠もまた生成的・可変的なものでなければならない。具体的法的問題から抽象的法命題を帰納していく社会保障法学[32]にとって、これは避けられないのである。そこで、荒木が失業労働法を構想した頃と現代とで、労働関係ないし失業者の状況がいかに変容したのかを確認する必要が生じる。

　現在の失業者の現状を見ると、「失業労働法」の措定する法的人間像の転換を図る必要性があることもまた否定できない。低成長期を経てバブル崩壊、デフレ経済、リーマンショック、東日本大震災の諸影響といった経済状況、人口高齢化に伴う労働力人口の減少による経済成長の鈍化といった状況下、労働法の柔軟化によって雇用関係が大きく変容させられると同時に、失業者像も大きく変わってしまったことはいうまでもない。具体的には、次の四点を指摘することができよう。

2　長期失業と潜在的失業

　『平成23年版　労働経済白書』では、失業期間が1年以上の長期失業者数が過去最多を記録し、完全失業者中3人に1人が長期失業者となったと報告した。そして26年版の同白書によると、2002年から2013年にかけて長期失業者割合（完全失業者数に占める1年以上の失業者割合）が29.2％から39.2％へと10ポイントもの増加を見せている。[33]

　これと同時に長期失業者の男性・低年齢化が進行している。23年版白書は

---

32)　倉田聡『社会保険の構造分析—社会保障における「連帯」のかたち』（北海道大学出版会、2009年）62頁。

33)　『平成26年版　労働経済白書—人材力の最大発揮に向けて』（日経印刷、2014年）241頁。

「失業の深刻さがを（ママ）増しており、失業期間が長期化することにより、求職意欲も低下するなど再就職が難しくなることが懸念される」と指摘する。

これに加え、同白書は「求職活動をあきらめ非労働力化している潜在失業層が増加」していることを問題視する。[34] 潜在失業者は、リーマンショック後の2009年から増加しており改善の兆しが見えない。潜在失業者は労働法・社会保障法の各種立法政策の対象とならないばかりか、労働力人口を減少させる効果を持つ。

それ故に、長期的にはわが国の労働市場にとって大きな影響を与えるとともに、長期雇用慣行下における人材育成についても問題を抱えることになる。労働の意思と能力を持ちつつ求職活動を行うということが、社会保障法と労働法、失業労働法が所与の前提としていた失業者であった。これを喪失した場合には既に法体系の枠外に放置される。したがって、求職者が「意欲を喪失していく」過程をいかに把握していくか、ということが問題となるであろう。つまり社会保障法にとって単に失業時の生活保障を行えばよい、労働法にとっては労働市場調整機能に委ねてマッチングの支援を行えばよい、というわけにはいかないということが示唆されるのである。

法律学において長期失業者という概念は、どのような状態にある者として把握されているのであろうか。そもそも長期失業者という用語は制定法上の概念として使用されているわけでなく、裁判例でもこの用語を用いたものは見当たらない。近時の立法政策指針としては、「平成23年度雇用政策実施方針の策定に関する指針」（平成23年3月31日厚生労働省告示第98号）において、「非正規労働者や長期失業者が増大する中で、雇用保険の失業等給付を受給できない求職者に対する第2のセーフティネットの強化が重要である」との趣旨から、長期失業者とは特定求職者支援法による生活支援と職業訓練の対象となる者であると位置づけている。このように、労働政策の対象者として把握されているということになろう。

これら労働政策対象者としての長期失業者の位置付けを見ると、次の3つの

34）『平成23年版　労働経済白書―世代ごとにみた働き方と雇用管理の動向』（ぎょうせい、2011年）19頁。

特徴を指摘することができる。①雇用保険給付や生活保護給付を受給していないなど、生活保障が欠如している現状を改善する必要があり、②職業能力が欠如していることから、職業訓練や就労支援策を講じることによってこれを補うことで再就職に結びつくことが期待されており、③長期失業者に欠如しているスキルや意欲の向上を図る施策の必要性を訴えていることが、立法政策指針の所与の前提とされている、ということである。

ここから帰納されるのは、①「生活を保障することを直接の目的として、社会的給付を行う法関係」[35]である社会保障法が、いかなる失業者を対象として把握してきたのか、②失業時の社会的給付の受給要件として関連づけられることが多い積極的雇用政策につき[36]、社会保障法学としていかに把握すべきであるか、③こんにちの問題状況を踏まえ、長期失業者に対する生活保障と積極的雇用政策の双方について、社会法学としていかにとらえ直すべきか、ということがさしあたり問題になろう。

3 雇止めと断続的・反復的失業者

労働市場の柔軟化が進行する中、長期雇用を前提としない有期労働契約を締結する労働者が増加している。有期労働契約の一般的呼称である「契約社員・嘱託」の労働者は300万人を超え、2009年以降も増加傾向である[37]。このような有期契約労働者は「いつ解雇や雇止めされるかわからない」という不安を持つ者が有期契約労働者全体の41.1％に上っており、雇止めに係る紛争も増加している[38]。このような雇用の不安定さのみならず、有期労働契約締結の理由として「正社員としての働き口がなかったから」とする者が38.7％である一方で「先が見えない不安や頑張ってもステップアップが見込めないことなどから、働く意欲の向上や職業能力形成への取組が十分ではない実態が見られる[39]」。

---

35) 荒木誠之『社会保障法読本（第3版）』（有斐閣、2002年）249頁。
36) この点を指摘するものとして、清正寛「雇用政策と所得保障」日本社会保障法学会編『講座社会保障法第2巻 所得保障法』（法律文化社、2001年）222頁。
37) 平成23年度労働力調査。
38) 「有期労働契約研究会報告書」(2011年)。
39) 「有期労働契約研究会報告書」(2011年)。

このように、有期労働契約の労働者の多くは、安定的な長期雇用を希望しながらも、雇止めの不安に耐えながら労働している。雇止めを行ったことのある企業はさほど多くないともいわれているが、契約更新のために使用者に対する従属性は正社員よりも高まる。本来的には使用者に対する労働者の人的従属を如何に排除していくのか、というのが労働法学の基本的な視点であったはずである。かかる観点からすれば、労働権保障の視点から雇止め法理を再構築する必要性も生じるであろう。

　ところで、雇止めに関しては2012年の労働契約法改正によって一応のルールが明確にされた。すなわち、判例法理であった雇止め法理が法律上明文化されるとともに（労働契約法19条）、有期労働契約が5年を超えて反復更新された場合に労働者の申込によって無期労働契約へと転換させることとなった。

　このうち、無期労働契約への転換については学説上の批判がある。通算契約期間（5年）前の雇止めを誘発するというのがその理由である。確かに、有期契約労働者の一定程度の雇用を保障することはできようが、契約期間を反復更新されてきた有期契約労働者が失職することは否定できない。労働者が雇用の継続を希望しているにもかかわらず、失業を余儀なくされる場面が生じるのである。

　さらに、労働契約法は6か月間のクーリング期間を設ければ当該労働者を有期契約で雇い続けることを許容したので、当該労働者が5年のうちに6か月間は失業することになる。この場合には雇用保険法から求職者給付が支給されることになるが、いわば予定された失業であるために、法本来の目的である求職時の生活保障給付ではなく、退職金として機能してしまう恐れが生じる。

　雇用保険法における反復継続的な失業状態に対する給付としては、短期雇用

---

40)　「有期労働契約研究会報告書」(2011年)。
41)　西谷敏『人権としてのディーセント・ワーク』(旬報社、2011年) 43-44頁は、労働権の観点から解雇・雇止めが回避されるべきとする。
42)　日立メディコ事件（最1小判昭61・12・4労判486号6頁）、東芝柳町工場事件（最1小判昭49・7・2民集28巻5号927頁）。
43)　代表的なものとして川田知子「有期労働契約法制の新動向—改正法案の評価と有期労働契約法制の今後の課題」季刊労働法237号 (2012年) 2頁。

特例被保険者に対する特例一時金の支給（雇用保険法38条）と日雇労働被保険者に対する日雇労働求職者給付金（雇用保険法45条）といった類型しか設けていなかった。それ以外は登録型派遣労働者に対する被保険者期間の通算といった程度であった。有期契約労働者の失職やクーリング期間における所得保障は、おそらく雇用保険の一般原則に立ち返って適用されることになるのであろう。雇用保険給付の発生事由は労使の意思によって左右することができるのであるから、使用者が雇用保険法を脱法的に利用することを避けることができないのである。しかしながら、これを労働権保障の観点からすると容易に首肯できないのである。このように見ると、有期契約労働者が使用者に対して従属しているだけでなく、労働市場全体に対して従属的関係を余儀なくされていると見ることもできよう。

4　パートタイム労働と就労中の労働権保障

パートタイム労働者は、全雇用者のうち4人に1人以上を超えており、依然として増加傾向にある[44]。パートタイム労働者の年齢別属性は、高齢者と若年者に偏っている。このうち高齢者は人口高齢化と高年法改正による継続雇用の影響もあって、今後とも増加し続けるであろう。とりわけ若年パートタイム労働者については、その多くが正社員化を希望しているにもかかわらず、正社員への転換制度を設けている企業はそれほど多くなく、設けていたとしてもフルタイム契約社員（有期契約労働）のような中間的形態のものが多い。パートタイム労働者は正社員に比して賃金とその上昇率を低く抑えられており、企業内職業訓練からも遠ざけられている現状からすれば、正社員化を希望しているがそれが叶えられない労働者が多数居ることが想定される。

EUのパートタイム労働指令[45]は、パートタイム労働であるという理由だけで

---

44)　「今後のパートタイム労働対策に関する研究会報告書」（2011年）。

45)　Council Directive of 15 December 1997 concerning the Framework Agreement on part-time work　concluded by UNICE, CEEP and the ETUC (97/81/EC OJ L 14, 20.1.1998); Council Directive of 7 April 1998 on the extension of Directive 97/81/EC on the framework agreement on part-time work concluded by UNICE, CEEP and the ETUC to the United Kingdom of Great Britain and Northern Ireland (98/23/EC OJ L

の不合理な差別を禁止するとともに、パートタイムからフルタイムへの、フルタイムからパートタイムへの転換制度を使用者に努力義務を課すなど、均衡待遇と労働時間におけるダイヴァーシティを実現するための法政策を採用している[46]。これを受けてわが国でもパートタイム労働に関して合理的な理由のない差別を禁止する方向での議論が進んでいるところである[47]。

このようなパートタイム労働者は、就業中であるために法的な意味での失業者ではない。しかしながら、企業内職業訓練を受講する機会を奪われているために内部労働市場における正社員への転換がうまくいかない。そのことによって、安定的な働き方を獲得すべく外部労働市場を活用した労働移動が円滑に行われているとも言い難い状況である。すなわち、パートタイム労働者の中には、真に労働移動を希求するけれどもそれを妨げられている状況があり、失業者ではないために社会保障法の保護も受けられないという事態が生じているのである。このような労働法と社会保障法が対象とし得ない労働移動を、労働権と生存権の観点からいかに構成すべきかということが目下の課題となっているのである。

5 労働者と自営業者──完全参加型社会

近年、労働法規（とりわけ労働者保護法）を潜脱する目的で、個人事業主（請負）の形態で就労する者が増加している[48]。その法的評価は、労働基準法上の労働者性をめぐる問題に還元されるのであるが、請負契約によって生計を維持している以上は生存権保障の観点から問題ないようにも見える。しかしながら、契約上の地位によって労働者保護法の適用を受けることができず、業務受注量は注文者の裁量に委ねられているために、経済的にも人的にも支配従属の関係に

131, 5.5.1998).

46) 森戸英幸・水町勇一郎編著『差別禁止法の新展開──ダイヴァーシティの実現を目指して』（日本評論社、2008年）。

47) 「今後のパートタイム労働対策に関する研究会報告書」（2011年）。

48) 脇田滋「個人請負労働者と『労働基準法上の労働者』をめぐる問題」労働法律旬報1742号（2011年）17頁。ソクハイ事件（東京地判平22・4・28労判1010号25頁）。

あるといえる。そもそも請負契約を締結するに至るのは、それが労働契約から請負契約への契約変更の場合であっても、使用者ないし注文者のイニシアチブにあるのである。それ故に、労働契約における使用者に対する使用従属関係が強固であればあるほど、請負のような法律構成へと変更を余儀なくされるのである。

これに対し、社会保障法から労働者保護法上の労働者性を見ると次のようなことがいえるであろう。被用者保険の被保険者は、「使用される者（健康保険法3条1項、厚生年金保険法9条）」、「雇用される労働者（雇用保険法4条1項）」のように、労働基準法上の労働者（労基法9条）とは一致しない。しかしながら、現実の運用基準としては、両者はほとんど重複して被保険者の範囲を確定させている。すなわち、労働契約の当事者であることと、被用者保険の被保険者資格は、法的な必然性なくして一体のものとして把握されているのである。このような業務請負契約が広がりつつある現状に鑑みると、契約当事者の意思によって労働者保護法の適用を潜脱することと、それによって社会保障法の適用関係までも潜脱することには疑問なしとしないのである。

ところで、この労働者性の問題は別の局面からも現れてきている。東日本大震災をはじめとする震災復興ボランティアが市民に定着し、Cash for Work 構想が現実化してくるなど、社会的意義のある仕事の重要性が注目された。また、高齢者の生きがい就労や完全参加型社会における就労、ワーカーズコレクティブなど、必ずしも賃金を得ることを目的とせず、働くこと、社会とのつながりを得ることを目的に就労するという形態が広がっていることもまた、留

---

49) 生活保護国家賠償請求事件（最1小判平26・10・23集民248号1頁）。
50) もちろん、契約上の地位と労働者保護法の適用関係は全く別問題である。裁判例では横浜南労基署長（旭紙業）事件（最1小判平8・11・28集民180号857頁）がある。裁判例として取り上げられるのは問題が発生したときなのであり、業務請負の平時状態はソクハイ事件のように、社会保険の適用関係を排除する運用がなされている。
51) 大真実業事件（大阪地判平18・1・2労判912号51頁）、グローバルアイ事件（東京地判平18・11・1労判926号93頁）、豊國工業事件（奈良地判平18・9・5労判925号53頁）。
52) 必ずしも労働契約の可能性や労働者性を否定することを意味しているのではない。シルバー人材センターの労働者性に関するものとして、綾瀬市シルバー人材センター（I工業所）事件（横浜地判平15・5・13労判850号12頁）。

意しなければならない。このような「働き方」は、使用従属関係を基調とする労働法や要保障事故に対する給付と費用負担関係から構成される社会保障法においては、無視されてきたといっても過言ではない。

だからといってこのような新しい働き方が、生存権や労働権の保障とは切断された原理によって成立しているものということはできないであろう。人権カタログの総論である人間の尊厳（憲法13条）からすれば、それを満足させるために生存権や労働権を否定することはできないのである。そうだとすれば、「職業に就いていない」が「労働契約の締結を希求しない」者の労働権と生存権をいかに構成するか、ということは別途考えられても良いのではないだろうか。

第4節　労働市場法、雇用政策法、雇用保障法

このような労働移動保障を法的枠組みで把握する場合、労働法学においては多様な把握の方法があった。労働市場法論、雇用政策法論、そして雇用保障法論である。本書が提唱する求職者法はこれらとは独自の意義を有する。これらの法体系がいかなる意味を持って主張されてきたのか確認しよう。

1　労働市場法

労働市場法とは、労働の需要と供給を調整する市場のルールを設定するために、関係当事者（求職者、求人者、市場サービス提供者）の法的関係を整序し、当事者関係の準則を設定することで、効率的且つ公正な市場を形成する法の体系である[53]。

労働市場法論によれば、国家が労働市場へと介入するのには私法秩序を維持するに止める消極的介入と、消極的介入による市場の失敗をとらえて労働法や社会保障法による積極的介入を是とするものとに大別される。この消極主義と積極主義で共通するのは、公正な労働市場の維持強化なのであり、求職者の権利という視点で法体系を構想するものではない。

---

53)　諏訪康雄「労働市場法の理念と体系」日本労働法学会編『講座二一世紀の労働法　第2巻』（有斐閣、2000年）2頁。

第6章 求職者法試論

　労働市場法論からはそれを敷衍する形で求職者の権利としての「キャリア権」が構想される。キャリア権は、憲法13条、22条、25条、26条、27条を憲法上の根拠として、労働の質的保障と動的な意味での職業生活の安定を実現しようとする権利概念であり、労働法の核となる重要な鍵概念であるとされた[54]。

　確かにキャリア権論は、求職者ないし労働者の権利概念として傾聴に値する事柄が少なくない。しかし、キャリア権はいわばミクロの労働権の具体化なのであり、労働市場法論が構想するマクロの労働権とは異なる。マクロの労働権は、公正な労働市場形成のための積極的介入を根拠づけるものであり、ミクロの権利義務関係を直接に導くものではない。いわば別系統の権利の体系を労働市場法という概念で構成することについては、両者の関係が必然でないという批判を免れない。

　むしろ、社会法論は市場統制機能というマクロの関係と、求職者ないし労働者の権利というミクロの関係とを対置させてはこなかった。社会法論はマクロとミクロの関係を並立させることよりはむしろ、国民の権利保障をまず第一義的に考え、それをマクロの市場でいかに実現させるかという観点で法体系を構想してきたはずである。

　労働市場法論は、市場の失敗を是正ないし緩和するための積極的雇用政策の必要性を説く。そして、各論的には失業時の生活保障や職業紹介事業などが、求人と求職のマッチングを円滑に行うための法的装置としてとらえられる。そうすると、生活保障や職業紹介事業に関する関係当事者の行為準則の定立が導かれるのであるが、そこには生活主体としての法的人間像が欠落するのである。そうすると、現代的な失業の態様からすれば、こぼれ落ちてしまう対象が生じてしまうという欠陥を持ち、ややもすれば労働市場におけるマッチングにのみ力点が置かれ、労働市場における量的な整合の視点だけから判断される可能性もある。そうすれば、法の体系を構想する際には、やはり個人の権利からこれを組み立てる必要があるのではないだろうか。

54）　諏訪前掲注(53)16頁。

2　雇用政策法

　雇用政策法とは、「労働市場（外部労働市場・内部労働市場を含む）の制度的な環境を整えたり当事者の行動に影響を与えたりすることによって、労働市場のあり方を積極的な政策目的に向かって誘導するための法」と定義される[55]。

　雇用政策法は、あるべき労働市場を形成ないし統制するために国家による積極的な市場への介入を許容する。そして、あるべき政策は憲法規範から演繹されるものと想定し、市場のセーフティネットを準備した上で公正な取引を円滑に進めることができる労働市場を形成するための政策の束を法的に把握する試みであった。

　そうすると、雇用政策法は労働市場法論と規範的根拠を同じくし、その構成要素も同じように思える。労働市場法論者によれば、雇用政策法は労働市場法と内容的に「ほぼ重なる」ものであるが、「労働市場を対象として、その独自性・自律性を尊重しつつ、必要な法政策的対応をとるという核心からすると、この種の呼び名（筆者註：「労働市場法」）の方がより包括的」であるとされている[56]。両者は規範的核心部分がどこにあるのか、という位相の問題ということができ、整理された法の体系はさほど変わるものではない。

　そうすると、本書の関心事からすると、雇用政策法が持つ論点は労働市場法論とのそれと変わりないものということができよう。したがって、個人の権利保障からこれを把握すべきと考える本書の立場からは問題把握の関心が異なるということになる。

3　雇用保障法

　そうすると、本書の関心事に近いのは雇用保障法論であろう。初期には雇用保障法を「労働者に対して雇用関係の成立及び維持の保障を行うとともに、雇用関係の成立が不可能なときはそれにかわる保障を行うことを目的とする法の領域」と定義されていた[57]。

---

55)　黒川前掲注(27)47-48頁。
56)　諏訪前掲注(53)3頁。
57)　林迪廣「雇用保障法についての覚え書き」山中教授還暦記念論文集『近代法と現代法』

このように、雇用保障法論は労働者個人の権利から出発して法体系を構築することに特色があり、その点において労働市場法論（雇用政策法論）とは明確に異なる。雇用関係の維持から雇用関係の消滅時において、個人の権利の視点からこれを構想することは、本書の立場と同じくする。

　労働市場法論が雇用保障法論を批判するのは、個人の権利と健全な労働市場の形成という政策目的とを調整する必要があることに対して無関心であることである。これは、両者が異なる位相を想定していることから生じるものであって、批判の対象とはなり得ない。しかしながら、その後の学説の展開において、雇用保障法論と労働市場法論の対象領域がさほど変わらないものとして論じられるようになった。そのことによって、雇用保障法が持つ意義を曖昧にさせているといっても過言ではないであろう。

　そうはいっても雇用保障法論にも限界はある。既に見たような現代の雇用失業情勢が大きな変容を遂げたことからすれば、その理論の前提が変わっているのである。たとえば、雇用保障法論は、長期雇用を是として、労働者が雇用の維持を望んでいるにもかかわらず長期雇用から排除されている状態を防ぐことが重要な課題であるように位置づけている。これにより雇用保障法論の核心部分は解雇制限なのであり、失業からの自由をいかに保障するのか、ということが理論的前提であったといってよい。不幸にして離職を迫られたという場合に、失業時の生活保障と再就職のための職業訓練などの重要性を説くものの、そのような状態が望ましくない故に、そのような状態から脱するための法的手段として構成されている。すなわち、就業中であると離職状態であるとを問わず、労働移動を希求している状態における求職者の権利という視点では把握していないように思われるのである。

4　従属労働概念

　以上のように、雇用保障法の中核に雇用の維持を据えるとき、長期雇用を維持する、あるいは速やかなる労働移動を重要な価値と見ることになろう。しかしながら、バブル以降のグローバル化経済においては、雇用の維持をさほど重

（法律文化社、1973年）355頁。

要な価値であると把握せず、柔軟な労働移動によって個人の選択の自由を保障することを重視する政策がとられてきたのは周知の事実である。

労働法学においても、従属的労働者（弱く保護されるべき客体としての労働者像）から自律的（自立的）労働者（強く主体的な労働者像）へと労働者像の転換が図られてきた。これは画一的・取締的・強行的な規制に馴染む「集団としての労働者」から、個別的・自由意思を尊重し任意的な規制が適切な「個人としての労働者」への転換といってもよいであろう[58]。これに基づくと、個人としての労働者の自由を過度に制限するような労働法による市場介入的立法は避けられるべきであり、労働法の目的は自律的労働者の市場取引行為を円滑に行うことをサポートするシステム（サポートシステム論）として構成されるべきと主張されたのである。

そして、立法の場面でも、労働者派遣や民営職業紹介事業の拡大といった外部労働市場（転職市場）を拡大するための諸施策が講じられ、内部労働市場においても有期労働契約や労働時間法の弾力化などの施策が講じられたのであった。

長期フルタイム労働者のうち、労働移動を求める「失業者」に位置づけられるのはプロレイバー労働法学における使用従属関係にある従属労働者である。ただ、従来とは異なる評価が可能となる。つまり市場従属的な労働者は、集団的労使関係における労使の交渉が万全に機能していない現実がある一方で、強い労働者像が措定する個別的労働条件交渉についてもその余地が実質的に認められておらず、いわば集団においても個別においても法システムが十分に機能していないという現実がある。このために労使間の対話ではなく労働関係からの退出を選択せざるを得ず、ディーセントな労働・労働生活を保障されるために労働移動を希求するという構造になる。しかしながら現実的にそのような強い労働者はごく僅かなのであるから、経済的従属の故に労働移動を容易には選択できない労働者像として把握される。

この場合、ふたつの方法によって交渉力を強化させ、市場従属性を緩和させることが考えられる。ひとつは、市場従属性の存在そのものには直接の法的規

---

58) 菅野和夫・諏訪康雄「労働市場の変化と労働法の課題—新たなサポートシステムを求めて」日本労働研究雑誌418号（1994年）2頁。

第 6 章　求職者法試論

制・介入をせず、集団の再生や事業所委員会の設置を通した労使コミュニケーションを活発化させることによって従属性を緩和させるという、いわば旧来のアプローチを採用することである。[59] もうひとつは、労働市場の規制が緩和され続けたことに問題の発端を認め、立法的に労働市場へ規制・介入することによって市場従属性を排除することである。つまり再び労働市場の規制を強化するというアプローチである。この場合、外部労働市場の健全化と内部労働市場における最低保障機能の強化を期待できる。しかしながら、労働市場の規制強化はそれによって労使間における交渉力が強化されるわけではなく、内部労働市場へ滞留することが余儀なくされてしまうという限界を持つ。

　もちろん、このような自律的労働者像を基軸とする労働法学の再構成には、批判が加えられた。[60] サポートシステム論が念頭に置いている労働者像が、労働者を過度に抽象化し、あるいは一部の労働者を普遍化することによって現実の労働市場とは乖離しているというのである。そして、現実の労働者は使用者との交渉力を欠いたまま労働市場の流動化政策の渦中に陥れられたと評価するのである。

　荒木理論における労働法の法的人間像は、総資本ないし個別の労使関係において従属労働関係におかれた労働者を想定してきたということができよう。しかしこれではもはや不十分である。サポートシステム論以降の労働者像は、個別の労使関係において従属しているというよりはむしろ、総体として柔軟化し

---

59)　ヨーロッパ的な法的介入による規制解決が適当ではなく、かといってアメリカ的な自由主義による市場統制力によって労使間の自浄作用を期待できないとし、わが国の法状況としてはソフトローアプローチが適切とするものとして、水町勇一郎「『同一労働同一賃金』は幻想か？―正規・非正規労働者間の格差是正のための法原則のあり方」鶴光太郎・樋口美雄・水町勇一郎編著『非正規雇用改革―日本の働き方をいかに変えるか』（日本評論社、2011年）、荒木尚志「労働立法における努力義務規定の機能―日本型ソフトロー・アプローチ？」中嶋士元也先生還暦記念刊行記念論集委員会『労働関係法の現代的展開』（信山社、2004年）19頁。

60)　脇田滋「派遣・職業紹介と雇用保障法制の緩和」萬井隆令・脇田滋・伍賀一道編『規制緩和と労働者・労働法制』（旬報社、2001年）169頁、三井正信「労働法の新たなパラダイムのための一試論(2)」広島法学24巻4号（2001年）49頁、和田肇『人権保障と労働法』（日本評論社、2008年）295頁。

349

ている労働市場において、市場従属型の弱者としての人間像を想定することになる。つまり、荒木理論が想定していた従属的労働関係は個別労働関係における従属性を強調するあまり、解雇制限を雇用保障の中核に置かざるを得なかった。[61] 解雇制限自体を否定するのではないのであるが、現代の労働市場から見ると、個別の労働契約関係に依存して生計を維持するということよりはむしろ、労働市場全体に従属してしまわなければならないということを強調しなければならないのである。[62]

そうであるならば、個別労使関係における雇用の維持を中核とした失業労働法を構想するのは不十分だということになる。労働市場に参入を希望する、あるいは自らの自己実現の方法として労働市場を活用しようとする者の法的権利を構想することが必要になる。このような状態を対象に法体系を構想する場合、その法主体は失業という状態概念で把握されるべきではなく、求職の意思によって把握される。

そうすれば、新たな法体系の構築にあたっては、失業に関する制定法上の定義である「離職し、労働の意思及び能力を有するにもかかわらず、職業に就くことができない状態（雇用保険法4条3項）」から一旦離れて考える必要がある。

第5節　求職者法の構想

1　前提条件

求職者法の体系を構想する際、対象の把握と内容の確定について前提条件となる事柄が4点ほどある。

---

61) 林迪廣「雇用保障法の研究序説」林迪廣ほか『雇用保障法研究序説』（法律文化社、1975年）11頁、清正寛『雇用保障法の研究』（法律文化社、1987年）73-77頁。

62) 沼田稲次郎『社会法理論の総括』（勁草書房、1975年）252頁は、労働法上の従属的労働概念を規定するモメントとして、「いわゆる経済的従属性」と「人格的従属性」をあげる。西谷教授は、経済的従属性の問題について労働者保護法や労働組合法が発展した段階においても看過できない現実の労働者個々人の経済的従属性をあげ、労働法の弾力化・規制緩和に批判的な態度をとる。西谷敏『規制が支える自己決定—労働法的規制システムの再構築』（法律文化社、2004年）218頁。

(1) 市場従属性の緩和

　近年の労働者及び求職者は、個別労働関係に従属しているというよりはむしろ、労働市場全体に従属せざるを得ない人間として把握される。これを緩和除去することが肝要である。そのためにはふたつの方法が採用される。

　ひとつは、ジョブ型外部労働市場の発達を通して、外部労働市場における求職者の市場交渉力を強化することである。つまり、求人側からこれを見た場合、労働力需要側が労働市場において調達する労働力について、標準化された労働能力評価を指標として客観的な指標を利用して健全な労働市場中で調達するということになる。この結果、求職者側からこれを見れば、労働市場において到達している労働能力を客観化に示すことができ、認定職業訓練（特定求職者支援法4条2項）や生活保護法の被保護者就労支援事業（生活保護法55条の6）を通して、その能力を獲得することを希求する状態を法的に評価する、ということになる。

　しかしながら、これが機能するためにはいくつかの前提条件がある。まず、外部労働市場がジョブ型に発達することが必要となる。同一（価値）労働同一賃金の観点からはこれが望ましい、ということになろうが、メンバーシップ型労働市場を特色とする日本の労使慣行ないし社会経済システムからすれば、[63]さほど容易に変更可能であるわけではない。そもそも客観的な職業能力評価がさほど容易でないことは判例学説が認めるところである。[64][65] また、労働権から導出される職業訓練を受ける権利がその内容範囲を確定させていないこと[66]からも、それが実効的でないことは認めなければならない。

---

63) 濱口桂一郎『新しい労働社会—雇用システムの再構築へ』（岩波書店、2009年）。
64) 目標管理制度の人事考課による等級引き下げが人事権濫用にあたらないとするものとして、三井住友海上火災保険事件・東京地判平16・9・29労判882号5頁がある。これは、使用者には労働契約上、公正評価義務が課せられていることの裏付けとなる。
65) 三井正信『現代雇用社会と労働契約法』（成文堂、2010年）216頁。なお、イギリスの全国職業資格（National Vocational Qualification: NVQ）につき、柳田雅明『イギリスにおける「資格制度」の研究』（多賀出版、2004年）参照。
66) この点は1970年代から指摘されているが（片岡前掲注(23)494頁）、現在でも具体的な制度は未発達のままである。

(2) 適切な生活保障の権利

　雇用保険法や生活保護法のような所得保障給付法によるものはもちろん、就労中の者にとっては賃金と所得保障給付との組み合わせによって生活が保障されることが要請される。とりわけ本書がいうところの求職時の所得保障の役割を担うのは国家の役割を絶対視するのではなく、賃金や退職給付などとの関係の中で決せられる。

　所得保障の法の分析は、その給付責任主体と費用負担関係、給付日数と給付水準であろう。これに受給要件も組み合わせて制度の基本的な性格を考察することになる。生存権と労働権からこれを見る場合、雇用関係の喪失故に発生している稼働所得の喪失を要保障事故ととらえることになり、そのような要保障事故が継続している間は継続的に給付されなければならないのであろう。また給付水準の決定は最低所得保障か従前生活保障（報酬比例）であるかによって決まるということになるであろう。

　しかしながら、給付日数と給付水準の在り方は、労働権保障の観点からはふたつの異なる問題を発生させる。ひとつは、労働権の規範的要請として適職選択権保障をあげるとするならば、労働力の不当廉売を防止するような給付日数と給付水準を設定することが必要となる。もうひとつはこれと逆に、給付日数と給付水準が寛大であればあるほど失業が長期化し、ひいては再就職を困難にさせることが実証されている。雇用保険の所定給付日数が終了する間際で就職率が高まるというスパイク効果はこのひとつの現れである。したがって、雇用される能力、あるいは労働市場におけるパフォーマンスが低下しないような給付水準と給付日数の設定が必要となる。ただこのふたつは相反する性格を有している。現実の立法政策ではこれらの適切な組み合わせを追求せざるを得ないのである。

(3) 就労可能性の社会関係モデル

　所得状況によって人間の行動を規律する政策（経済的誘導・インセンティブ）は必要ではあるがそれが絶対視されるわけではない。労働権保障の観点からは、雇用されうる意思と能力を維持向上させるためのしくみ自体が必要とされよう。これには労働市場における求人と求職のマッチングではなく、求職者の自

己実現のために必要なサービス提供が求められよう。

　現行法の求職者に関する支援は、医学モデルの就労阻害要因に着目して構築されてきた。所得保障に関していえば、医学的に稼働能力がないものと判断されるのであれば障害年金が、稼働能力があると判断されるのであれば特定求職者支援法による職業訓練受講給付金（特定求職者支援法7条）や雇用保険法の求職者給付基本手当（雇用保険法13条）などが行われてきた。

　しかしながら、稼働能力の存否は医学的に決まるものではない。生活保護法が「利用し得る」稼働能力を「活用」することを保護の要件としているように（生活保護法4条1項）、利用しうるか否か、活用しうるか否かということは、医学的事象だけで決まるものではない。身体的能力さえあれば何らかの就職関連活動を行う事で人たるに値する生活が獲得できる雇用を手に入れることができるというのは、論理の飛躍である。

　そこで、本書では法主体としての求職者を把握するための分析軸として、就労可能性の社会関係モデルを提唱する。[67] 雇用関係の成立という就労状態が可能になるのは、労働市場の需給関係と関係当事者の具体的状況において決せられるという性格が不可避であるが故に、社会的に醸成された就労阻害要因の除去が鍵となる。

　長期失業者や就労経験の少ない者が労働市場に参入することをためらっているのは、就労を阻害する要因を除去できないことに起因することが少なくない。就労意欲の喪失減退は、疾患による医学的原因と社会関係の中で醸成されてきた就労阻害要因によるものに大別されよう。法的概念としては、医学的原因による就労意欲の喪失減退については医療の問題として把握され、雇用保険法でも生活保護法でも対象となることができた。しかしながら、就労阻害要因が社会関係において醸成されるものについては、それが適切な支援を必要とするにもかかわらず、労働法と社会保障法の視点からは対象となり得なかったのである。これを支援することは、人口減少社会においては労働市場にとって有益でもあるし、憲法上も許容されよう。このように、就労可能性を医学モデル

---

67) 山森亮「福祉国家における生存権と労働」山森亮編『労働再審六　労働と生存権』（大月書店、2012年）41頁。

から社会関係モデルへと転換させることが、現代の社会法にとっては必要なことであるものと思われるのである。

(4) 雇用労働の相対化

生活主体が労働市場に従属するが故に、生活手段を獲得するためには自らの尊厳を抑圧してまで不本意な労働を受け入れなければならないことが少なくない。労働市場における求人と求職のマッチングからしても、雇用の量的側面を強調するが故に権利の視点がないがしろにされる。そもそも雇用を正規／非正規／失業の三分法からだけ構成されると考えるのはもはや適切ではなく、雇用と仕事との適切な組み合わせの中で自己実現を図ることを支援する法体系が求められよう。つまり、雇用には、それがどのような形態のものであるにせよ、それ自身に価値があることを労働者自身が見出すことができ、雇用によって得ることができる生活が人たるに値するものであるということが権利として保障されるような法体系を構築しておく必要があるのである。

そうすると、求職者法の目的とすることは第1義的にはディーセントな雇用を得ることによって人たるに値する生活を獲得することになるから、必ずしも賃労働に限られるものではないということもできよう。[68] ただ、現実の立法政策としては賃金によって自らの生計を維持することができるように誘導する必要が生じようが、賃労働に限られない「仕事」の有益性（ないし本人にとっての価値）を否定することは許されなくなるであろう。[69]

2 求職者法の規範的根拠

失業ではなく求職という状態を法概念の中核に据えるのであれば、その規範

---

68) ILOのディーセント・ワーク概念については、「講演録 日本ILO協会・ILO駐日事務所共催 すべての人に『ディーセントワーク』を―経済危機下の雇用」世界の労働60巻6号（2010年）10頁など参照。

69) たとえば、アクティベーション論が雇用と社会保障との新しい連携において重要視する参加支援がこれにあたる（宮本太郎『生活保障』（岩波書店、2009年）143頁）。EUのアクティベーション戦略については Rik van Berkel and Iver Hornemann Møller, "The concept of activation", Rik van Berkel and Iver Hornemann Møller, *Active Social Policies in The EU* (The Policy Press, 2002) p.45. Amilcar Moreira, *The Activation Dilemma* (The Policy Press, 2008).

的根拠をまず確定させておかなければならない。

　求職者法は、人間の尊厳（憲法13条）を基礎として、労働権（憲法27条）と生存権（憲法25条）を中核的構成要素とし、その上に教育権（憲法26条）を規範理念として据えることになる。つまり、人たるに値する生活を獲得することを希求する生活主体としての求職者が、労働生活を通して自らの尊厳を獲得する法の体系として構成されることになる。このような法を求職者法ということにしよう。[70]

　そうすると、労働市場法論や雇用保障法論との異同が問題になる。求職者法がその規範的根拠とするのは労働市場法論や雇用保障法論とはそれほど異なるものではなく、むしろ多くの共通点を有する。

3　求職者法の法主体

　労働市場法論や雇用保障法論は失業者のみならず、在職中の者も対象とする。求職者法は失業者でも在職者でもない者をも含むことになる。在職中の者が労働権保障の主体となりうることは既に見たとおりである。しかし、それにもかかわらず在職中の者はややもすると現実の立法では労働法（とりわけ労働市場法）や社会保障法の対象とはなり得なかったのである。求職者法では狭義の失業者（意思と能力を有するけれども職業に就くことができない状態にある者）のみならず、意思と能力と職業に就いている状態の三要素を具備する必要がない。それならば求職者法の法主体をどこまでと把握し、確定させるべきであろうか。

　求職者法の中核となる法主体は、労働市場への参入を希求する者である。その希求の意思は外形的には判断されず、医学的に確定されるものでもない。具体的には次の6つの態様である。

（1）　長期・フルタイム雇用に従事している労働者であるけれども、人的・経済的従属関係から逃れるために労働移動を希求する者

（2）　有期労働契約を締結することを余儀なくされ、労働生活における雇用保障に欠ける者

---

70)　法律上の概念としては「職業生活」が使用される。諏訪康雄「職業能力開発をめぐる法的課題―『職業生活』をどう位置づけるか？」日本労働研究機構雑誌618号（2012年）4頁。

(3) 労働時間が僅少、あるいは低賃金であるために人たるに値する生活を営むことが困難であり、それ故に使用者との関係で強い従属関係にあるけれども、人たるに値する生活を希求する労働者（部分失業者）

(4) 労働市場への参入を希求するけれども、心身の状況や家庭責任といった就労阻害要因の故に就労意欲が喪失あるいは低下し、労働市場参入が困難な状態にある者。つまり、労働の意思を有するが活用可能な労働の能力を制限されている者

(5) 労働の能力を有するが、労働の意思が低下ないし喪失しており、それ故に職業に就くことができない状態にある者

(6) 労働の意思と能力を有するにもかかわらず、職業に就くことができない状態にある者

4　社会的包摂／排除と法

このうち意欲が喪失低下した者を対象に含めることについては異論もあろう。これについては近年のイギリス労働法学がいうところの社会的排除概念によって説明される。

コリンズは、労働市場において労働が配置された結果、次の3つが生じるという。ひとつは使用者にとっての労働の有用性であり、ふたつが労働者とその扶養家族にとっての生活手段であり、3つが社会的包摂であるとする。

「労働からの排除は、共同体がもたらす無形の利益を享受する機会を個人から奪う。労働から生じる無形の利益には、友人関係を形成し、共同体で社会的地位を獲得し、共同体への参加をはじめとする有意義な活動に従事する機会が含まれる」ので、「働かなければ、市場社会における市民同士を結びつける共同体の細い糸が断ち切られ、時として秩序や社会的結合を破壊してしまうことになるのである」[71]とするのである。

このような状態は、もはや労働の意思がないから生計が維持できないということを是としない。労働そのものが価値を有し、労働により市民の紐帯がもた

---

71) ヒュー・コリンズ（イギリス労働法研究会訳）『イギリス雇用法』（成文堂、2008年）24-25頁。

らす社会的包摂が、保護されるべき法益であると見る。

　さらに、ディーキン＝ウィルキンソンは、社会的排除が多様な要因が複雑に関係し、歴史的・累積的に生み出されるものであるから、教育・職業訓練へのアクセスや自己の生活環境を含めた潜在能力を高めることによって社会的排除を克服し、それによって市場を活性化させることが肝要であると述べる[72]。

　ここから、医学モデルで見た就労可能性に基づく意思の存否によって対象者を絞り込むのではなく、法対象を可能な限り拡大すべきことが帰納される。このようなアプローチは、完全参加型社会ないしアクティベーションのアプローチに親和性を持つということになろう[73]。

5　求職者法の体系

　このように見てくると、求職者法の体系は広範且つ複合的な構造を持つことになろう。

　求職者法は、人間の尊厳（憲法13条）を基礎として、労働権（憲法27条）と生存権（憲法25条）を中核的構成要素とし、その上に教育権（憲法26条）を規範理念として据えられる。その法体系を構想する際の基本的な視点としては、次の3つが考えられる。

　ひとつは、現行法制を整理して構造的に把握するための法体系である。ところが、本書が検討しているイギリスの求職者法から日本法を概観したとき、そこには一貫した法理念ないし政策理念で体系的に法制度が構築されてきたとは言いがたい状況がある。求職者法はむしろ、現実の立法状況から離れて、求職者の権利の視点から労働市場との関わりの中でいかなる法体系が構築されるべきかが問われる。

---

72)　Simon Deakin and Frank Wilkinson, *The Law of Labour Market* (OUP, 2005) pp.290-303. 石田信平「イギリス労働法のあらたな動向を支える基礎理論と概念―システム理論、制度経済学、社会的包摂論、Capability Approach」イギリス労働法研究会編『イギリス労働法の新展開』（成文堂、2009年）62頁。なお、Kenneth A. Armstrong, *Governing Social Inclusion: Europeanization though Policy Coordination* (OUP, 2010) も参照。

73)　宮本太郎『福祉政治―日本の生活保障とデモクラシー』（有斐閣、2008年）、福士正博『完全従事社会の可能性―仕事と福祉の新構想』（日本経済評論社、2009年）。

ふたつ目が、現実に生じる法的紛争を解決するための法解釈論に資するための法体系である。確かに、社会保障制度のカタログがそろった現在において、社会保障法学における法体系論を論じることは、それほど実益がある議論ではないかもしれない。それ故に社会保障制度を構成する各制度に沿って社会保障制法を体系化すれば十分であり、それが現実に生じた法的紛争に対して解決の指針を与えるような法体系であれば十分かもしれない。しかし、求職者法は社会保障法学内部で閉じられた法解釈を必要とするのではなく、労働法学などの知見も参照しつつ、現実に生じた法的紛争の解決指針を必要とする。のみならず、求職者法における法的紛争は現実の立法政策動向によって大きく左右されるのであるから、法解釈のみを志向する法体系は不十分である。

　そうすると、立法政策指針としての法体系が考えられる。立法政策が立法裁量に属することはいうまでもなく、その限りで立法政策指針は法解釈論に還元されるともいえる。しかし、司法における立法裁量は政策政策立案過程の適法性を判断するに止まり、立案過程における政策の望ましさとは一応別個のものである。したがって、求職者法は立法政策指針を提供ことが可能になる。

　それでは求職者法の体系はどのように構想されるか。おそらく多様な視点が可能になるであろう。第1に、国家が労働市場へ介入する程度に着目し、消極的労働市場法と積極的労働市場法という分類が可能であろう。労働市場における最低限度の規制と労働の需給マッチングの法的なしくみの提供、失業者に対する生存権保障というものを内容とする消極的労働市場法と、失業の予防から失業者に係る職業能力開発、産業構造の変化に対応する労働力政策を含む積極的労働市場法から構成されると考える。しかしこのような分類方法は、労働市場における国家の介入に応じたものであり、求職者の権利から見た法の体系ということができない。

　第2に、求職者の類型に応じて体系化することが可能である。就労経験のない者、在職者、離職者といった人的な類型に応じて、所得保障と職業能力開発の法体系を考えることは、現実に生じている法的紛争解決指針なり立法政策指針に資するかもしれない。しかしながら、人間が可変的な存在である一方で、

　74）　岩村正彦『社会保障法Ⅰ』（弘文堂、2001年）17頁。

人的な構成要素によって根拠となる法規範が異なるものとはなく、また、望ましくもない。したがって、求職者の類型に応じた法体系は適切でない。

第3に、労働市場における機能に着目し、労働市場に有用な職業能力開発、労働力の需給調整機能、労働需要喚起機能といった分類も可能であろう。しかし、労働市場を分析軸に据えた法体系は、労働市場に従属的な求職者の権利保障という観点からは容易に首肯できないものがある。

そこで本書では、求職者の人間の尊厳を尊重しつつ、労働権と生存権を実現するための法体系として、次のように構想する。

(1) 労働市場法

求職者法は求職者の権利から構想される。しかしながら、求職者の権利も無制限であるわけではなく、常に労働市場の状態において調整を余儀なくされる側面が生じてくる。

そうすると、従来の学説が指摘するような公正な労働市場を形成し、それと求職者の権利との間で調和させるような法の在り方が必要になる。労働市場への積極介入を通じて「職業の安定」（職業安定法1条）を図ることでマクロレベルで「完全雇用の達成」（雇用対策法1条）をしつつ「雇用の安定」（雇用保険法1条）を構築するような市場形成システムを構築する。その上で、労働市場における各種のプレイヤー（求職者、求人者、職業紹介機関、職業訓練機関、労働市場計画の策定者、就労支援マネジメント策定者、苦情解決機関など）の行為準則を定立し、求職者の権利を保障するという構造が考えられる。

(2) 生活保障法

改めて繰り返すまでもないが、求職者が生存を保障されるだけでなく労働力の不当廉売を防止することで尊厳が保持されるような法システムを構想する。社会保障法における所得保障給付（公的扶助法あるいは社会保険法）によるものと、税制を通じた所得保障、雇用関係から生じる給付等、種々の制度が保障する所得をいかに組み合わせるかということが課題となる。

(3) 就労支援法

生活障害の法としての求職者法では、就労支援サービスについていかなるプログラムが法的に保障されなければならないのか。これを掌握するのが就労支

援法である。これは就労阻害要因と稼働能力の程度に応じて次のような法分野から構成される。

まず、すべての段階において必要とされるのが個別対象者に適切なプログラムが設定され、実行され、変更されることである。就労支援マネジメント法は、プログラム対象者の選定、相談援助、プログラム策定への参与、プログラムへの同意、プログラム実施、変更、終了といった一連のプロセスにおいて、当事者が正しく参与していくことが肝要となる。これらは生活保障給付の受給要件とは一応切断され、マネジメント自体がすぐれた法的価値を持つように構想されなければならないであろう。

就労支援マネジメント法を基盤とし、これを実行するための法システムとして、就労阻害要因除去サービス法、職業訓練法[75](職業訓練プログラムの設置改廃に関する法、職業訓練組織法、職業訓練財政法からなる)、職業紹介法から構成される。これを就労支援法と呼ぶこととしたい。

(4) **苦情解決・権利救済法**

以上のような求職者法の当事者は、自己の権利侵害に不服がある場合に適切な機関によって救済されなければならない。とりわけ求職者は就労阻害要因除去プログラムの当事者からは生活関係における従属を、職業訓練機関からは教育上の従属を、求人側からは採用上の従属性を、国家からは社会保障給付の受給権者として従属的立場に置かれやすい。そうであるならば、関係当事者による権利侵害が必ずしも適切に解決されるわけではない。また逆に、求職者もその権利が無制限であるわけではなく、労働市場との関係で決まる社会的な存在なのである。これは当事者の交渉によって決まるという性格のものでもない。それ故に、当事者による自主的な解決を望むことができない。したがって、第三者による公正な解決機関を構想することが必要となる。

この苦情解決システムは、権利侵害の時期・程度・内容によって救済内容が異なるであろう。それ故に、行政不服審査のような判定的解決のみならず、第三者が関与する調整的解決が必要になる場面が生じるであろう。さらに司法審

---

75) 生活保護法における自立支援プログラムの日常生活自立、社会生活自立のための支援といったように、自立プロセス支援の法である。

査による判定的解決と裁量統制機能を看過すべきではない。このように見ると、苦情解決と権利救済システムを、求職者法のステージに応じた適切な方法で構想していく必要性に気づくのである。

第6節　求職者法の限界と課題

　本書は、イギリスにおける求職者法の制度史、求職者法の体系と法の解釈から、日本の求職者法を構想する示唆を得た。もちろん、ある国の法律は、その国の歴史、法体系、法文化から自由ではない。それ故に比較法学から得られた知見から日本法への示唆を直接に得ることができるわけではない。したがって、本書が求職者法を構想するのには無理があるようにも思われる。

　本書がいう求職者法の構想は、就労支援サービスと所得保障給付体系とを別個の法体系にあるものとし、それぞれの法的権利が別個に構築されるものである。そうすると、求職者に対する国家からの強制的契機を伴わない就労支援マネジメントは無関係に、無条件の所得保障法体系があるべき立法政策となるのかという疑問が呈されよう[76]。イギリス法はユニバーサル・クレジットによってこの点の大転換を見せた。その評価なり具体的に生じた法的紛争をより詳細に、そして法の規範としてより深く考察する必要性がまだまだ残されている。そして求職者法が現実の法解釈や立法政策指針としていかなる機能を有するのか、まだまだ検討の余地が残されている。イギリス法研究の深化は求職者法の構想に寄与するものと思われるのである。

　比較法学は、法文化や法体系が異なることを所与の前提として、間接的に新たな知見を得ることができる。これまで法的な考察があまり行われてこなかった求職者法の分野について、いくつかの新たな検討課題を浮かび上がらせることができた。それと同時に筆者には多くの課題が残された。今後もそれを検討し続ける所存である。

---

[76]　菊池馨実「書評『労働関係と社会保障法』」法律時報86巻5号（2014年）147頁。

索　引

あ　行

アクティベーション　11
荒木誠之　325
欧州人権条約　304, 306, 313-317
オンライン　121, 124

か　行

解　雇　227, 231, 252
改正救貧法（1834年）　20
家族手当法（1945年）　43
完全参加型社会　343
規　則　309
キャリア権　345
求職活動要件　176
求職者協定　165, 168
求職者指令　283
求職者手当　71
求職者手当（雇用、技能及び事業スキーム）規則（2011年）　303
求職者手当（就労支援スキーム）規則（2013年）　265, 310, 311
求職者法（1995年）　70, 131, 136, 165, 235, 296
救貧法　17
教育権　355
強制労働　315, 323
共同申請者　129, 134, 197
勤労控除　208
勤労の義務　321
訓　練　295
訓練契約　279
訓練生　277
契約的性質　188, 189

権限踰越　308
国民扶助法（1948年）　47, 157
国民保険　104
国民保険（業務災害）法（1946年）　43
国民保険（第2部）（軍事産業労働者）法（1916年）　33
国民保健サービス法（1946年）　43
国民保険法（1911年）　27, 29, 219, 234
国民保険法（1946年）　43
国民保険法（1965年）　54
雇用訓練法（1948年）　49
雇用訓練法（1973年）　58
雇用訓練法（1981年）　63
雇用契約　108, 109, 150
雇用支援手当　86
雇用政策法　346, 355
雇用対策法
雇用法（1988年）　68
雇用保険法　2, 5, 7, 352
雇用保護法（1995年）　110
雇用保障法　346

さ　行

サポートシステム　348
産業訓練法（1964年）　52
自営業者　203
資　産　145, 148
失業扶助　34, 40
失業法（1934年）　38
失業保険　40
失業保険（農業）法（1936年）　41
失業保険法（1920年）　27, 34, 220
失業保険法（1927年）　37
失業保険法（1930年）　38, 235

失業保険法（1935年）　39, 40
失業労働法　328, 337
自発的離職　219
社会基金　67, 128
社会保障管理運営法（1992年）　156
社会保障拠出給付法（1992年）　69, 220, 238
社会保障省法（1966年）　49, 57
社会保障法（1973年）　58
社会保障法（1980年）　61
社会保障法（1986年）　67
社会保障法（1989年）　68, 235
社会保障法（1998年）　296
周期的再現　145
従属労働　347
集団的自由放任主義　24, 53
集中的労働インタビュー　175
就労可能性　165, 166
就労可能要件　177
就労準備要件　176
就労調整　113
受給者誓約　126, 173, 179
職業安定法　6
職業訓練　9, 45, 281, 289
職業紹介　8, 45, 240, 322, 334
職業紹介法（1909年）　26, 28
職業紹介法（1973年）　113
職業選択法（1910年）　26
職業能力開発促進法　6
職人規制法（1563年）　18
所　得　145, 149
所得補助　67, 92, 259
ジョブ型外部労働市場　351
ジョブセンタープラス　76, 83, 91, 121, 260
人権法（1998年）　317
スピーナムランド　22
生活困窮者自立支援法　8
生活保護法　2, 4, 6, 352
制　裁　186, 221
生存権　355
全般的団結禁止法（1800年）　23

遡求効　316

た　行

タックスクレジット　95, 97, 117, 198
団結禁止法（1799年）　23
特定求職者支援法　3, 4, 7
徒弟契約　108, 274, 275

な　行

ナショナルミニマム　48, 55
ナッチブル法（1722年）　21
ニード決定法（1941年）　41
二重の保障　241
ニューディール　77, 85, 88, 260, 283
人間の尊厳　355
年金クレジット　140

は　行

パーソナルアドバイザー　295
必要経費控除　207
被用者　108, 109, 273
福祉改革法（2007年）　85
福祉改革法（2009年）　85, 91
福祉改革法（2012年）　99, 115, 131
福祉給付改訂法（2013年）　156
ブレア, T　75
フレキシブル・ニューディール　88, 261
プロバイダー　263, 265, 270, 271, 294, 297, 299, 300
ベヴァリッジ　28, 38, 41, 43, 54, 139, 233, 254
補足給付　57, 132
ボランティア　280, 294

ま　行

民営職業紹介業法（1973年）　58
名目所得　209

や　行

ユニバーサル・クレジット　94, 95, 115

索　引

ら 行

リーマンショック　84
労働局（ロンドン）法（1902年）　26
労働契約　108, 150
労働権　255, 320, 332, 334, 355

労働市場法　344, 355
労働者　109

わ 行

ワーク・プログラム　263, 268-270
ワークフェア　11

■著者紹介

丸谷 浩介（まるたに　こうすけ）

1971年　長崎県生まれ
千葉大学法経学部卒業
熊本大学大学院法学研究科修了、九州大学大学院法学研究科博士後期課程退学
西九州大学講師を経て
現　在　佐賀大学経済学部教授

Horitsu Bunka Sha

佐賀大学経済学会叢書20

求職者支援と社会保障
——イギリスにおける労働権保障の法政策分析

2015年12月10日　初版第1刷発行

著　者　丸　谷　浩　介
発行者　田　靡　純　子
発行所　株式会社 法律文化社

〒603-8053
京都市北区上賀茂岩ヶ垣内町71
電話 075(791)7131　FAX 075(721)8400
http://www.hou-bun.com/

＊乱丁など不良本がありましたら、ご連絡ください。
　お取り替えいたします。

印刷：中村印刷㈱／製本：㈱藤沢製本
装幀：前田俊平
ISBN 978-4-589-03706-0

Ⓒ2015 Kosuke Marutani Printed in Japan

JCOPY　〈(社)出版者著作権管理機構　委託出版物〉

本書の無断複写は著作権法上での例外を除き禁じられています。複写される
場合は、そのつど事前に、(社)出版者著作権管理機構（電話 03-3513-6969、
FAX 03-3513-6979、e-mail: info@jcopy.or.jp）の許諾を得てください。

河野正輝・江口隆裕編

レクチャー社会保障法〔第2版〕

A5判・320頁・2900円

社会保障法の基本的な法理を概説した標準的教科書。法理の理念・原則をふまえ、法制度のしくみや機能に加え、社会保障制度の改革動向や諸課題に言及する。初版刊行以降の動向と法改正をふまえ、全面改訂。

河野正輝・中島 誠・西田和弘編

社 会 保 障 論〔第3版〕

四六判・368頁・2600円

社会保障制度のしくみをわかりやすく概説した入門書。より深く学べるように制度の背景にある考え方や理念がどのように反映されているのかについても言及。旧版刊行（2011年）以降の法改正や関連動向をふまえ全面改訂。

大原利夫著

社会保障の権利擁護
―アメリカの法理と制度―

A5判・314頁・6000円

意思決定の支援として権利擁護について、その法理と制度が発達しているアメリカを比較法研究の対象とし分析する。日本において受給者の主体的意思決定の支援をどのように実質的に保障すべきかへの示唆を探る。

山下慎一著

社会保障の権利救済
―イギリス審判所制度の独立性と積極的職権行使―

A5判・334頁・6700円

イギリスにおける社会保障法領域の権利救済システムを「独立性」と「職権主義」という分析軸を用いて実証的・理論的に解明。比較法分析によって日本法への示唆を得るとともに、法的権利救済制度の構築へ向けた理論モデルを提示する。

長沼建一郎著

個人年金保険の研究

A5判・208頁・2800円

日本の個人年金保険の商品としての基本的内容を丁寧に詳解する。また、年金の公私役割分担論を法制度的観点から分析し、年金および社会保障全般にかかわる重要な論点を検証する。

ウィリアム・ベヴァリッジ著／一圓光彌監訳・全国社会保険労務士会連合会企画

ベヴァリッジ報告
―社会保険および関連サービス―

A5判・310頁・4200円

日本の制度構築に大きな影響を与え、社会保険の役割と制度体系を初めて明らかにした「古典」の新訳。原書刊行後70年が経過し旧訳を手にすることができないなか、監訳者による詳細な解題を付し、歴史的・現代的な意義を再考する。

―法律文化社―

表示価格は本体（税別）価格です